Sammlung Metzler
Band 283

Clemens Ottmers

Rhetorik

Verlag J.B. Metzler
Stuttgart · Weimar

Die Deutsche Bibliothek – CIP-Einheitsaufnahme

Ottmers, Clemens:
Rhetorik / Clemens Ottmers.
– Stuttgart ; Weimar : Metzler, 1996
(Sammlung Metzler ; Bd. 283)
ISBN 3–476–10283–1
NE: GT

ISBN 3–476–10283–1
ISSN 0558 3667

SM 283

Dieses Werk einschließlich aller seiner Teile ist urheberrechtlich
geschützt. Jede Verwertung außerhalb der engen Grenzen des
Urheberrechtsgesetzes ist ohne Zustimmung des Verlages
unzulässig und strafbar. Das gilt insbesondere für
Vervielfältigungen, Übersetzungen, Mikroverfilmungen
und die Einspeicherung und Verarbeitung in
elektronischen Systemen.

© 1996 J.B. Metzlersche Verlagsbuchhandlung
und Carl Ernst Poeschel Verlag GmbH in Stuttgart
Einbandgestaltung: Kurt Heger
Satz: Johanna Boy, Brennberg
Druck und Bindung: Franz Spiegel Buch GmbH, Ulm-Jungingen
Printed in Germany

Verlag J.B. Metzler Stuttgart · Weimar

Inhalt

I. Einleitung 1
   1. Einführung und geschichtlicher Überblick 1
   2. Grundlagen: Definition und Funktion der Rhetorik 5
   3. Zu diesem Band 15

II. Die rhetorischen Gattungen 17
   1. Die drei klassischen Gattungen 18
   2. Formen und Funktionen der politischen Rhetorik 25
   3. Formen der epideiktischen Rhetorik 28
   4. Die Erweiterung der klassischen Gattungstrias:
      Predigt und Brief 30
   5. Ausdifferenzierung der rhetorischen Gattungen
      im 17. und 18. Jahrhundert 40
   6. Gattungsvielfalt in der Moderne: ein kursorischer
      Überblick 42
   7. Ein besonderes Kapitel: Rhetorik und Dichtung 46

III. Die Redeteile 53
   1. Die vier klassischen Redeteile 54
   2. Variationen der Redeteile in anderen rhetorischen
      Gattungen 61
   3. ›Moderne‹ Gliederungsschemata 62
   4. Eine Ausnahme: Die Teile der Lobrede 63

IV. Argumentationstheorie 65
   1. Argumentationslehre 67
      1.1. Grundbegriffe und Voraussetzungen 67
      1.2. Enthymemargumentation 73
         Exkurs I: Das Epicheirem 79
      1.3. Beispielargumentation 81
         Exkurs II: Indizienargumentation 85
      1.4. Topik 86
         1.4.1. Topoi mit alltagslogischen Schlußregeln 93
            1.4.1.1. Kausalschlüsse 93
            1.4.1.2. Vergleichsschlüsse 97
            1.4.1.3. Gegensatzschlüsse 100
            1.4.1.4. Einordnungsschlüsse 105

		1.4.1.5. Topos aus dem Beispiel	109
	1.4.2.	Topoi mit konventionalisierten Schlußregeln	109
2.	Affektenlehre		117
3.	Dispositionslehre		127
4.	Versprachlichung der Argumentation		135
5.	Aus der Geschichte der Argumentationstheorie		136

V. Stiltheorie 145
  1. Die Stilprinzipien 146
  2. Figurenlehre 155
    2.1. Amplifikationsfiguren 158
      2.1.1. Wiederholungsfiguren 159
      2.1.2. Kürzungsfiguren 163
      2.1.3. Positionsfiguren 164
    2.2. Substitutionsfiguren (Tropen) 166
      2.2.1. Austausch semantischer Ähnlichkeiten 167
      2.2.2. Austausch klanglicher Ähnlichkeiten 179
      2.2.3. Austausch durch Steigerung 180
      2.2.4. Austausch durch Umschreibung 181
    2.3. Argumentationsfiguren 182
      2.3.1. Kommunikative und appellative Figuren 183
      2.3.2. Semantische Figuren 186
        2.3.2.1. Die semantischen Figuren zur Argumentationsführung 186
        2.3.2.2. Die semantischen Figuren zur Explikation und Veranschaulichung 189
        2.3.2.3. Die semantischen Figuren zur Gedankenzuspitzung 193
      2.3.3. Personale Figuren 196
    2.4. Die Compositio 197
  3. Rhetorische Stillehre 198
  4. Aus der Geschichte der rhetorischen Stiltheorie 205

VI. Die Performanzstadien der Rede 212
  1. Memoria 212
  2. Actio 217
  3. Aus der Geschichte der Performanzstadien 221

VII. Abkürzungs- und Zeitschriftenverzeichnis 225

VIII. Literaturverzeichnis 227
    1. Quellentexte zur Rhetorik 227
    2. Grundlagenwerke, Gesamtdarstellungen
       und Sammelbände 232
    3. Forschungsliteratur zu einzelnen Aspekten 233

Sachregister 246

Angaben zum Autor 255

I.
Einleitung

1. Einführung und geschichtlicher Überblick

Die Antike ist die erste Blütezeit in der nunmehr zweieinhalbtausendjährigen Geschichte der Rhetorik: Seit der attischen Demokratie trugen zahlreiche Redner, Rhetoriklehrer und Theoretiker nicht nur die Bausteine zu einer umfangreichen Theorie der Rhetorik zusammen, sondern hinterließen uns auch Zeugnisse einer hochentwickelten Redekunst. Innerhalb der Antike verlief die Entwicklung der Rhetorik allerdings nicht so geradlinig, wie es uns heute im Rückblick erscheinen mag. Als eine besondere Schwierigkeit erweist sich zudem, daß die rhetorische Theorie keineswegs vollständig tradiert worden ist. Und wenngleich uns mit einiger Sicherheit die wichtigsten Werke vorliegen, so wird doch unser Wissen um die Genese der Rhetorik geschmälert und erschwert durch zahlreiche Lücken in der Überlieferungsgeschichte. Aus einer sehr viel reicheren Tradition ist uns leider nur ein Teil bekannt – die Reden einiger Rhetoren und Politiker und einige komplette systematische Lehrbücher – von denen eines allerdings, die *Rhetorik* des Aristoteles (entst. 340/330 v. Chr.), als das »bedeutendste aller existierenden Lehrbücher« zur Rhetorik gilt (Hommel 1965, 2614).

Eine erste Blüte der praktischen Beredsamkeit hatte aber schon die Phase der Demokratisierung in Athen im 5. und 4. vorchristlichen Jahrhundert eingeleitet, in der auch erste Theorien zur Rhetorik entwickelt wurden, und zwar von den sogenannten Sophisten, den Philosophen dieser Zeit. Auf sie gehen Argumentationstechniken zurück, anhand derer die Relativität eines jeden Tatbestandes und Sachverhaltes demonstriert werden konnte: Sie lehrten, daß jedes Argument durch ein entsprechendes Gegenargument widerlegt, jeder unterlegene Standpunkt zu einer überlegenen Position gemacht werden konnte – was natürlich dazu verführen konnte, in jeder nur denkbaren Argumentationssituation die jeweils vertretene Sache auch durchzusetzen, ohne Rücksicht auf sachliche Bezüge oder moralische Kriterien.

Diese Einstellung legen die wenig erhaltenen Zeugnisse der sophistischen Rhetoriktheorie nahe, unter anderem die Übungsreden des bedeutendsten Vertreters der griechischen Rhetorik, des Rhetors und Redelehrers Gorgias von Leontinoi (um 485-380 v.Chr.). Seine

Auffassung, daß der geschulte Redner jede nur gewünschte Wirkung beim Publikum erzielen könne, löste allerdings heftige Reaktionen aus. Zwar ist das erste uns erhalten gebliebene Rhetoriklehrbuch, die sogenannte *Rhetorik an Alexander* (um 340 v.Chr.), als deren Autor man Anaximenes von Lampsakos vermutet, noch ganz der gorgianischen Position verpflichtet – in der Geschichte der Rhetorik wirkungsmächtiger aber ist der Chor der Stimmen, die sich gegen Gorgias erheben. Isokrates (436-338 v.Chr.), ein Schüler von Gorgias und einer der berühmtesten Redner der Antike, entwirft erstmals die Grundlinien einer rhetorischen Ethik, die die rednerischen Mittel beschränkt und zugleich eine Idealvorstellung des sittlich-moralischen, gebildeten Redners skizziert.

Diese ethisch-sittliche Komponente wird später, in der römischen Rhetorik, aufgegriffen und weiterentwickelt, überaus kritisch dagegen setzt sich zunächst Platon (427-348/47 v.Chr.) mit der Rhetorik auseinander, die er als Scheinwissenschaft abtut. Obwohl Platon vorrangig die sophistische Rhetorik bekämpft, so hat er doch die Rhetorik als solche wenig geschätzt, auf jeden Fall haben seine kritischen Lehrdialoge *Gorgias* und *Phaidros* das überaus spannungsvolle Verhältnis von Rhetorik und Philosophie eingeleitet.

Der platonischen Kritik widersprochen hat dann der griechische Philosoph und Redelehrer Aristoteles (384-322 v.Chr.), dessen leider nur als Manuskript erhaltenes Lehrbuch *téchnē rhētorikḗ* die Rhetorik als wissenschaftliche Disziplin begründet hat. Aristoteles ist nicht an der Vermittlung praktischer, ›technischer‹ Fähigkeiten interessiert, sondern untersucht die rhetorischen Prozesse analytisch. Als formale Disziplin bestimmt er die Rhetorik in enger Verwandtschaft zur Dialektik (also zur Disputations- beziehungsweise Argumentationskunst) und damit zur Logik; sie dient in erster Linie dem (ethisch bestimmten) politischen Handeln. Sein Schüler Theophrast (um 370-285 v.Chr.) scheint einiges davon weiterentwickelt zu haben, doch sind nicht nur seine Schriften zur Beredsamkeit verlorengegangen, sondern mit ihm beginnt eine fast 250jährige Überlieferungslücke in der Rhetorikgeschichte: Zwischen dem Ende des 4. und dem Beginn des 1. vorchristlichen Jahrhunderts fehlen uns die unmittelbaren Zeugnisse, die die weitere Entwicklungslinie der griechischen Rhetorik dokumentieren.

Erst aus der Zeit um 90 v.Chr. besitzen wir wieder Quellen, und zwar lateinische Lehrbücher, die am Beginn der Blütezeit der römischen Rhetorik stehen. Dazu gehört das frühe Werk des berühmten Redners Marcus Tullius Cicero (106-43 v.Chr.), *De inventione* (ca. 88 v.Chr.), von dem er sich später allerdings distanziert hat, und ein komplettes Lehrbuch, von dem wir weder den Verfasser noch den genauen Titel wissen und das nach dem Mann genannt wird, dem es einst gewidmet war, *Rhetorica ad Herennium* (ca. 85 v.Chr.), und dessen unbekannter Autor der Einfachheit halber ›Auctor ad Herennium‹ genannt wird. Anhand dieser Schriften läßt sich erkennen, daß sich die römische Rhetorik in erster Linie zur juristischen Rhetorik gewandelt hat. Cicero selbst ist ja der berühmteste Prozeßredner Roms, der auch zur Theorie der Rhetorik überaus wirkungsmächtige Schriften verfaßt: Sein ›rhetorisches‹ Hauptwerk *De oratore* (*Über den Redner*, 55 v.Chr.), das er durch den *Orator* (*Der Redner*, 46 v.Chr.) ergänzt, dann die kleine Systematik *Partitiones oratoriae* (*Rhetorik in Frage und Antwort*, um 54 v.Chr.) und schließlich eine Geschichte der damaligen Rhetorik, *Brutus* (46 v.Chr.) genannt.

Cicero knüpft nicht nur an Isokrates' ethisches Ideal an, sondern verbindet Rhetorik und Philosophie in der Gestalt es vollendeten Redners (*perfectus orator*). Allerdings verschieben sich damit einige Grundkonstituenten der rhetorischen Lehre, wie sie uns von Aristoteles bekannt ist: Bei Cicero rückt die Person des Redners ganz in den Vordergrund der rhetorischen Lehre, während Aristoteles weitgehend das Prinzip und das ›Funktionieren‹ der rhetorischen Argumentation untersucht hatte. Die allmähliche Vernachlässigung der Argumentationstheorie und die Konzeption des Redners als Vorläufer des universal gebildeten humanistischen Gelehrten setzt sich beim letzten großen antiken Theoretiker fort, bei Marcus Fabius Quintilian (30-96 n.Chr.): Er, der 95 n.Chr. sein monumentales Lehrbuch *Instititio oratoria* (*Ausbildung des Redners*) vorlegt, liefert nicht nur ein umfassendes pädagogisches Konzept zur Verwirklichung des Rednerideals, sondern steigert dieses noch zum *vir bonus*, zum gebildeten, sittlichen und rhetorisch geschulten Menschen. Die zunehmende Bedeutung der sprachlich-stilistischen Komponenten wird sowohl bei Quintilian wie auch in der Schrift *perì hýpsous* (*Vom Erhabenen*, um 25/40 n.Chr.) sichtbar, in der ein uns unbekannter Autor, hinter dem man lange und fälschlich einen Longinus vermutete (und der deshalb heute auch Pseudo-Longin genannt wird), eine reine Stilrhetorik entwirft.

Mit Quintilian erlischt die rhetorische Theoriebildung weitgehend, schon vor ihm war allgemein ein enormer Verfall der Beredsamkeit während der Kaiserzeit beklagt worden. In der Spätantike wird die Rhetorik aus dem heidnischen in den mittelalterlich-christlichen Kulturkreis übertragen – in erster Linie durch den Kirchenvater Augustinus, der im vierten Buch von *Doctrina christiana* (entst. 425/26 v. Chr.) eine Rhetorik der Predigt konzipiert. Rhetorisches Wissen war dem Mittelalter aber auch durch die Enzyklopädisten gesichert (Boethius, Cassidor, Isidor von Sevilla), die zumindest die

Grundlagen der Rhetorik gesichert hatten, während die klassischen Autoren meist nur verkürzt in Form von Kompendien zur Kenntnis genommen wurden. Trotz einiger kleiner ›Renaissancen‹ während des Hochmittelalters erweckte erst die Renaissance am Beginn der Frühen Neuzeit die hochentwickelte rhetorische Kultur der Antike wieder zum Leben. Nachdem man die Schriften Ciceros (1421) und Quintilians (1416) wiedergefunden und damit ein breites Fundament wieder zur Verfügung hatte, avancierte die Rhetorik schnell zur beherrschenden Bildungsmacht – zuerst in Italien, im Humanismus dann in ganz Europa. Rhetorik war die unabdingbare Voraussetzung und zugleich die Vollendung jeder Bildungsanstrengung, das grenzenlose Vertrauen auf die Macht der Sprache zur Regelung aller gesellschaftlichen, politischen und sozialen Konflikte bescherte der Rhetorik eine über dreihundertjährige Blütezeit.

Allerdings wurden zunächst keine eigenen Theorieschriften verfaßt – eine Ausnahme sind Georgois Trapezuntios' *Rhetoricorum libri V* (1433/34) –, weil man sich ganz auf die antiken Autoren konzentrierte, diese aber mit Eifer studierte und kommentierte – es wird vermutet, daß bis zum Jahre 1600 über 5.000 Schriften zur Rhetorik entstanden sind. Im europäischen Humanismus setzt die rhetorische Theoriebildung dann wieder mit Macht ein. Fast jeder berühmte Gelehrte hat (mindestens) ein Lehrbuch zur Rhetorik und zu rhetorischen Themen oder Problemen verfaßt, darunter auch Erasmus von Rotterdam und Melanchthon. Im 17. Jahrhundert entstehen umfassende Lehrschriften zur (nach wie vor lateinischen) Rhetorik (Vossius, Saorez), neben denen allmählich immer mehr nationalsprachige Lehrbücher entstehen.

Die bei Cicero und Quintilian zu beobachtenden Tendenzen setzen sich in der Rhetorik der Frühen Neuzeit fort: Die Argumentationstheorie wird zugunsten sprachlich-stilistischer Aspekte vernachlässigt, der *vir bonus* ist das Idealbild der Epoche. Innerhalb des rhetorischen Systems kommt es allerdings zu Verwerfungen, die den Niedergang der Rhetorik im 18. Jahrhundert zumindest schon ankündigen. Von Petrus Ramus wird Ende des 16. Jahrhunderts die gesamte Argumentation aus der Rhetorik herausgebrochen und der (spätscholastischen) Logik überantwortet, so daß die Rhetorik selbst nur noch auf die stilistischen Mittel (und den Redevortrag) verwiesen ist. Obwohl Ramus vor allem in Frankreich und England überaus erfolgreich ist, kann er die umfassende Konzeption der Rhetorik noch nicht beseitigen, das 17. Jahrhundert vermag diese Fehlentwicklung noch einmal zu korrigieren. Der entscheidende Schlag gegen die Rhetorik erfolgt durch den Cartesianismus, der eine scharfe Trennung zwischen Denken und Sprechen durchsetzt, ersteres der

Philosophie, letzteres der Rhetorik zuordnet und damit der Rhetorik praktisch die Existenzberechtigung abspricht: Die Sprache gilt als sekundäre, im Grunde genommen das ›klare‹ Denken nur verwässernde Erscheinung.

Diese Auffassung setzt sich vor allem in Frankreich und Großbritannien durch, während in Deutschland die Rhetorik in der ersten Hälfte des 18. Jahrhunderts dagegen noch einmal eine kurze Blütezeit erfährt: Gottsched, Hallbauer und Fabricius entwerfen für ihre Zeit überaus moderne Lehrschriften. Doch gegen die Jahrhundertmitte erlischt die Theoriebildung auch in Deutschland, und es kommt zu einem markanten Bruch in der Rhetoriktradition, wobei die genauen Gründe bislang nur ansatzweise erforscht sind. Mit dazu beigetragen hat ein umfassender Paradigmenwechsel innerhalb der Epoche der Aufklärung, bei dem die Ästhetik zunächst in Konkurrenz zur Rhetorik entwickelt und dann in vollem Umfang an ihre Stelle gesetzt worden ist.

Der Niedergang der Rhetorik im 18. Jahrhundert läßt sich, mit unterschiedlicher Geschwindigkeit, Intensität und Ausprägung, in allen europäischen Ländern beobachten. Erst im Laufe des 20. Jahrhunderts kam es wieder zu einer ›Renaissance‹ der Rhetorik, seit den 30er Jahren im angloamerikanischen Kulturraum (*new rhetoric*), seit den 50er Jahren im fanzösischen und seit den 60er Jahren auch im deutschsprachigen Raum. Dabei wurden (und werden) teilweise neue, umfassende kommunikationstheoretische Perspektiven eröffnet, dabei wird aber auch die nicht minder umfassende rhetorische Theorie der Antike wiederentdeckt, neu akzentuiert und damit wiederbelebt. Offenbar befinden wir uns derzeit am Beginn eines Zeitalters, das die fast zweihundertjährige ›Lücke‹ in der Rhetorikgeschichte überwunden hat, und dem die Verfahren und Möglichkeiten der neben der Philosophie ältesten und bedeutsamsten Bildungsmacht allmählich wieder bewußt werden.

2. Grundlagen: Definition und Funktion der Rhetorik

»Rhetorice ars est bene dicendi.« Als der römische Rhetoriklehrer Quintilian die Rhetorik gegen Ende des ersten Jahrhunderts mit diesem Satz definiert – Rhetorik sei die Kunst, gut zu reden (*Inst.or.* II.17.37) –, blickt diese Disziplin bereits auf eine fünfhundertjährige Theoriegeschichte zurück. Als Motor und Katalysator der Theoriebildung hatten im fünften und vierten vorchristlichen Jahrhundert die Einführung der Demokratie in Griechenland und die Lehre der Sophisten gewirkt. Die politischen und gesellschaftlichen Umwälzungen und die sie begleitende, radikal aufklärerische Philosophie hatten nicht nur einen enormen Bedarf an qualifizierten Rednern, sondern auch das Bewußtsein dafür geschaffen, daß die ›gute‹ Rede systematisierbar, daß sie lehr- und lernbar ist. Seit ihren Anfängen bezeichnet Rhetorik daher nicht nur die gute, d.h. die effektive Kommunikation, sondern sie ist auch zu verstehen als eine auf Beobachtung und Reflexion gegründete Erfahrungswissenschaft, die – teilweise auch als »scientia rhetorica« bezeichnet – zwar keine reine Erkenntnis vermittelt, dafür aber eine von allen Wissenschaften in Anspruch genommene Disziplin der sprachlichen Kommunikation ist.

Diese doppelte Funktion der Rhetorik – sowohl praktische Redekunst als auch Theorie der Beredsamkeit zu sein – ist auch mit *ars oratoria* und *ars rhetorica* bezeichnet worden, wobei jedoch zu bedenken ist, daß beide Ausdrücke in der Antike noch synonym verwendet wurden und sich eine begriffliche Trennung erst seit dem 17. Jahrhundert beobachten läßt. Im deutschen Sprachgebrauch haben sich die Bezeichnungen ›Angewandte‹ oder ›Praktische Rhetorik‹ und ›Theorie der Rhetorik‹ durchgesetzt, die zusammen die ›Allgemeine Rhetorik‹ bilden.

In Quintilians Rhetorikdefinition wird freilich nur einer von (mindestens) zwei rhetorischen Tätigkeitsbereichen explizit genannt: das mündliche Sprechen. Zur Rhetorik gehört jedoch auch der gesamte Bereich der schriftlichen Kommunikation (ohne die fiktionale Erzähl- und Dichtkunst), so daß die Definition der Rhetorik als *ars bene dicendi* eigentlich um die einer *ars bene scribendi* erweitert werden müßte (Jens 1977, 432). Während in der Antike die mündliche Rhetorik zweifellos sehr viel größere Bedeutung als die schriftliche besaß, hat letztere seit der Frühen Neuzeit immer größeres Gewicht erlangt. Heute zählt man sämtliche Formen der mündlichen und schriftlichen Beredsamkeit zum Gegenstandsbereich der Allgemeinen Rhetorik. Dazu gehört in erster Linie die monologische, mehr oder weniger frei vorgetragene Rede zu allen öffentlichen und privaten Anlässen – einschließlich einer für die abendländische Kulturtradition bedeutsamen Redegattung: der Predigt –, dazu zählen aber auch dialogische Redeformen wie das Lehrgespräch oder Streitgespräche, also Diskussionen und Debatten, oder Verhandlungen und selbst Verkaufsgespräche. Obwohl die Lehrschriften zur Rhetorik in überwiegender Zahl scheinbar eindeutig Anleitung nur zur freien Rede geben, so ist der rhetorische Prozeß seit dem Beginn der Theoriebildung dennoch nicht ausschließlich nur als ein monologischer, von bloß einem Redner gestalteter, sondern stets als ein dialogischer Prozeß gedacht worden.

Dieses grundlegende dialogische Rhetorikverständnis hängt mit den Ursprungsbedingungen der Rhetorik aufs engste zusammen: Infolge der Demokratisierung wurde die Macht nicht mehr zentral von nur einem Herrscher ausgeübt, sondern von den Bürgern der Polis, die in der Ratsversammlung zusammenkamen, um die für das Gemeinwesen erforderlichen politischen Entscheidungen zu treffen. Dazu traten verschiedene Redner vor die Volksversammlung und erörterten jeweils ihren Standpunkt zu den anstehenden Sachfragen, wobei den Zuhörern durch die Abfolge der einzelnen Redebeiträge, durch den Wechsel von Rede und Gegenrede das Für und Wider der jeweiligen Sache vor Augen geführt wurde. So konnte es unter den abstimmungsberechtigten Mitgliedern der Volksversammlung zu einer Meinungsbildung und demokratischen Entscheidungsfindung kommen, die letztlich in eine praktische Handlungsanweisung mündete. (Daß schon die klassischen Rhetoriken dialogisch ausgerichtet waren, läßt sich im Detail anhand zahlreicher Argumentationsformen nachweisen, die explizit auf eine Zurückweisung vom Meinungen anderer, auf die Vorwegnahme möglicher Einwände etc. rekurrieren, also als dialogische Sequenzen gedacht und konzipiert sind.)

Doch zur Rhetorik gehören eben nicht nur Rede-, sondern auch schriftliche Darstellungsformen – wie die gesamte nichtbelletristische Sach- und Fachliteratur und praktisch sämtliche journalistische Textsorten. Dazu zählen aber auch ästhetisch anspruchsvolle, ›literarische‹ Genres wie die sogenannte Kunstprosa (z.B. der Reisebericht oder der Essay) und die Briefliteratur sowie die Geschichtsschreibung und – zumindest in der Frühen Neuzeit – selbst Formen der Dichtung. Nur mit Vorbehalten als eine dritte Abteilung der Rhetorik können dagegen jene ›neuen‹, durch die audiovisuellen Medien übermittelten Prozesse gelten, die zwar der traditionellen Rhetorik einerseits neue Bereiche eröffnet haben, die sich andererseits aber von den ›herkömmlichen‹ rhetorischen Abläufen nicht grundsätzlich unterscheiden – eine Rede vor einem Millionenpublikum am Bildschirm ist und bleibt zunächst einmal eine Rede und ein Skript zu einem Fernsehmagazin ein rhetorischer Text –, wenngleich sich natürlich die Wirkungsmöglichkeiten der audiovisuellen gegenüber der klassischen Rhetorik geändert haben (s.S.44 ff.).

Theorie und Praxis der *ars rhetorica* sind wechselseitig und untrennbar miteinander verbunden: Die Theorie der Rhetorik ist einerseits aus der Praxis hervorgegangen, sie soll andererseits auf diese zurückwirken (und sie dabei verbessern). Dabei fällt der Theorie selbst eine doppelte Aufgabe zu, denn sie soll sowohl eine Anleitung zum ›guten‹ Reden und Schreiben liefern, also ein durchschaubares

System präskriptiver Regeln aufstellen, als auch die Mittel und Verfahren verfügbar machen, Reden und Texte zu analysieren und auf ihre Wirkung hin zu untersuchen. In den meisten Lehrbüchern zur Redekunst dominiert seit der Antike zwar die erste, die heuristische Funktion der Rhetorik, während das analytische oder texthermeneutische Verfahren im Grunde erst seit der wissenschaftlichen Beschäftigung mit der Rhetorik im 20. Jahrhundert als gleichberechtigte Funktion anerkannt ist, doch darf an dieser Stelle nicht aus dem Blickfeld geraten, daß die antiken Lehrschriften den analytischen Aspekt (wenngleich mehr implizit) doch schon mitbedacht haben: Denn die effiziente Erwiderung in einer Diskussion und die überzeugende Widerlegung von Argumenten ist nur dann möglich, wenn Verfahrensweisen und Taktiken der ›Gegenseite‹ vorher erkannt und durchschaut worden sind.

In dieser doppelten Ausrichtung – als Produktionsanleitung und als Analyseverfahren – überschreitet die Rhetorik jenen engen Kreis, der ihr als bloßes Herstellungswissen im Sinne einer rein mechanischen Anleitung gezogen ist: Als Theorie der wirkungsvollen Kommunikation stellt sie Regeln auf, durch deren Anwendung ursprüngliche und erfahrene Fähigkeiten zu einem lehr- und lernbaren Wissen werden. Dabei wurde schon in der Antike nicht verkannt, daß jene außerhalb der Theorie liegenden Komponenten durchaus von Bedeutung sind: Zunächst die Naturbegabung des Redners, also die angeborene Veranlagung (*natura*), aber auch die praktische Erfahrung (*usus*), die er als Redner sammelt und die ihm hilft, seine Urteilsfähigkeit (*iudicum*) zu schulen, also zu entscheiden, was für seine Absichten am wirkungsvollsten und welche Redestrategien erfolgversprechend sind. Die Regeln selbst (*praecepta*) sollen dann im Rahmen des Unterrichts (*doctrina*) der rhetorischen Kunstlehre (*téchnē*; *ars*) vermittelt und zunächst durch kreative Nachahmung (*imitatio*) exemplarischer Vorbilder und Beispiele (*exempla*) angewandt und dann durch rhetorische Übungen (*exercitatio*) systematisch geschult werden. Theoretisches Wissen, Anschaulichkeit anhand von Übungsmaterial und praxisnahe Vorbereitung sind die Grundpfeiler des rhetorischen Studiums, das über die Beherrschung der Regeln zum souveränen, freien Umgang mit den zur Verfügung stehenden Mitteln erziehen will. Weil aber die Rhetorik das gesammelte Erfahrungswissen nicht nur systematisiert hat, sondern auch darüber reflektiert, auf welchem Wissen sie beruht, wird sie selbst zum ›Reflexionswissen‹.

Den engagiertesten Versuch, Rhetorik als Reflexionswissen zu begründen, unternahm schon Aristoteles, der die Bedingungen und Möglichkeiten der rhetorischen Kommunikation unter wissenschaftlichen Gesichtspunkten untersuchte und dabei herausfand, was den rhetorischen Prozeß effektiv, also was die Rede ›gut‹ macht. Die Rhetorik vermittelt die Fähigkeit, so lautet seine berühmte Definition, »bei jedem Gegenstand das möglicherweise Glaubenerweckende zu erkennen« (*Rhet.* I.2.1). In dieser überaus knappen Bestimmung verdichtet sich, wie unter einem Brennglas, das umfassende Rhetorikverständnis des Aristoteles: Gegenstand der Rhetorik ist für ihn das »Glaubenerweckende«, sei es als Aufgabe, dies im rhetorischen Prozeß erst herzustellen, sei es, dies nachträglich zu analysieren. Aristoteles meint damit jene Mittel, die Plausibilität erzeugen, die also eine Rede oder einen Text plausibel, die deren Inhalte glaubhaft oder – wie es auch oft ausgedrückt wird – ›wahrscheinlich‹ machen. Bei der Erzeugung von Plausibilität (beziehungsweise bei deren Analyse) bezieht sich die Rhetorik stets auf konkrete Fälle, also auf den individuellen und situationsabhängigen Einzelfall. Rhetorisches Sprechen und Schreiben ist demnach die Fähigkeit, dasjenige erst zu erkennen und dann bewußt einzusetzen, was jeden Einzelfall glaubhaft macht. Diese auf plausible Wirkung bedachte Form des Kommunizierens wird als *persuasiv* bezeichnet, weshalb die Rhetorik demnach auch als eine intentionale, auf Wirkung abzielende Persuasionstechnik verstanden wird – als die Kunst, in Rede oder Schrift situationsbezogen und wirkungsvoll zu kommunizieren. Ueding/ Steinbrink übersetzen die Definition von der Rhetorik als *ars bene dicendi* denn auch umfassender als »die Kunst, gut und wirkungsvoll« zu reden (Ueding/Steinbrink ³1994, 1). Weil aber nach dem antiken Rhetorikverständnis jede Rede immer nur Teil eines größeren, umfassenderen Kommunikationsprozesses ist, erklärt sich auch, daß unter ›Wirksamkeit‹ im wesentlichen die Fähigkeit verstanden wurde, den eigenen Standpunkt mit der größtmöglichen Geschicklichkeit und Nachdrücklichkeit zu vertreten: Zum einen, weil der jeweilige Redner seiner eigenen Position im Konzert der zahlreichen Stimmen Nachdruck verleihen mußte, zum anderen, weil er sehr wohl wußte, daß er in Konkurrenz zu anderen Rednern und anderen Standpunkten steht, daß die eigene Sichtweise also immer auch relativiert werden würde. »Nur so wird begreiflich, daß die Wahrheit bei der einzelnen Rede nicht immer gut aufgehoben zu sein braucht, daß eine Tendenz, ein gewisses Maß von Subjektivität sogar zu den Obliegenheiten einer guten Rede gehört« (Fuhrmann 1983, 11).

Der einzelne Redner strebt demnach gar nicht nur nach einer möglichst unparteiischen Darstellung, sondern sucht die eigene Meinung – von deren Richtigkeit, Moralität und Integrität er freilich überzeugt sein muß! – der Mehrheit der Zuhörer als akzeptable Lösung zu präsentieren. Dazu steht ihm eine breite Palette an Wirkungsmöglichkeiten (*officia oratoris*) zur Verfügung, er kann beispielsweise über Sachverhalte lediglich informieren und seine Zuhörer belehren (*docere*), er kann Themen anschaulich darbieten und unterhaltsam präsentieren (*delectare*), er kann aber emotionalisieren und an die Leidenschaften und Affekte appellieren (*movere*).

Versteht man die Rhetorik prinzipiell als dialogischen Prozeß, dann wird verständlich, warum sie sich vordergründig mit der Durchsetzung parteigebundener und subjektiver Standpunkte beschäftigt. Daß dies nicht mit parteiischer Einseitigkeit zu verwechseln ist, macht das übergeordnete, demokratische Prinzip der rhetorischen Kommunikation deutlich, bei der Gegenmeinungen nicht nur zugelassen, sondern im Grunde unverzichtbar sind. In der antiken Ratsversammlung wurde über – im weitesten Sinne – politische Angelegenheiten debattiert, bei denen sich nicht mit letzter Sicherheit feststellen ließ, welche Entscheidung sich als richtig und welche sich im nachhinein als falsch, welche Prognose sich als wahr und welche als unzutreffend erweisen würde.

Die Frage nach absoluter Richtigkeit, nach der ›Wahrheit‹, konnte und kann in der Rhetorik nicht endgültig, sondern immer nur annähernd geklärt werden – und zwar um so intensiver, je mehr Standpunkte in Rede und Gegenrede erörtert werden. Die Rhetorik geht deshalb nicht von der ›Wahrheit‹, sondern konsequent von der ›Wahrscheinlichkeit‹ als Maxime aus, also von der größtmöglichen Annäherung an die Wahrheit, und sie sieht die Aufgabe des Redners darin, den höchsten Grad an Wahrscheinlichkeit herzustellen, also so plausibel, überzeugend und glaubhaft wie möglich zu agieren. Jeder Redner, so läßt sich aus Aristoteles' Definition folgern, muß seinen Redegegenstand auf seine Plausibilität hin untersuchen, er muß die geeignetsten Argumente daraus ableiten und die überzeugendsten Strategien dafür entwerfen können. »Der einzelne Redner sollte das je Gegebene in sich stimmig, jedoch in seinem Sinne interpretieren: seine Perspektive wurde ja durch die der anderen Redner korrigiert, und so ergab sich – jedenfalls der Idee nach – aus dem Ensemble der vorgetragenen Meinungen ein Bild, das eine möglichst objektive Entscheidung verbürgte« (Fuhrmann 1983, 12). Ziel dieses Prozesses ist die Befähigung zum praktischen (politischen) Handeln – aufgrund von Meinungsbildung und demokratischer Entscheidungsfindung.

Als die geeigneten Mittel erachtete Aristoteles vor allem die sachlichen Überzeugungstechniken, also das sachlogische, rationale Argumentationsverfahren, doch wußte er auch, daß diese nicht immer und in allen Kommunikationssituationen genügen, um die angestrebte Überzeugung zu garantieren. Deshalb hat er sich nicht allein mit den rationalen Argumentationstechniken beschäftigt, sondern ihnen affektische Argumentationsverfahren an die Seite gestellt, worunter einerseits die Selbstdarstellung des Redners als sachkundiger und integrer Argumentationspartner zu verstehen ist, worunter Aristoteles aber auch die emotionale Beeinflussung des Publikums faßt. Diese beiden Teil- und zugleich Kernbereiche der rhetorischen Theorie, die sachbezogene und die affektische Argumentation, erklären sich aus der Zielrichtung des rhetorischen Prozesses, denn Reden oder Texte können sowohl den Verstand und das Reflexionsvermögen der Rezipienten ansprechen als auch an deren Gefühle und Affekte appellieren. Beide Komponenten schließen sich keineswegs aus, idealiter kommen sie im Rede- und Textganzen wohl abgewogen vor, doch kann – je nach Redeabsicht – eine der beiden dominieren, beispielsweise die nüchterne Argumentation beim rein auf Informationsvermittlung bedachten wissenschaftlichen Vortrag oder die Affekterregung in der kämpferischen, politischen Meinungsrede.

Der Rhetorik ist es darum zu tun, den Menschen in seiner Ganzheit anzusprechen, als rationales *und* emotionales Wesen – und damit auch die Begrenztheit des rein rationalen Redens (und Denkens) zu überschreiten. Doch gerade der Gebrauch auch der affektischen Überzeugungsmittel – die oft als ›bloßes Überreden‹, als ›Überrumpeln‹ oder gar als ›Täuschen‹ und ›Betrügen‹ mißverstanden werden –, und vor allem das Grundprinzip der ›nur‹ auf Plausibilität und nicht auf endgültige, gesicherte Wahrheit abzielenden Persuasion haben zu erheblichen Vorbehalten gegenüber der Rhetorik geführt. Als Blendwerk und Taschenspielerei, als Instrument der Manipulation bediene sich die Rhetorik letztlich doch nur »der Schwächen der Menschen« und sei deshalb, so formuliert es Immanuel Kant in seiner ebenso furiosen wie polemisch einseitigen und ungerechten Rhetorikkritik, »gar keiner Achtung würdig« (*Kritik der Urteilskraft*, 185). Dieser Vorwurf, der die Rhetorik seit Platons rhetorikkritischen, wenn nicht gar rhetorikfeindlichen Schriften begleitet, wird freilich dem Selbstverständnis, aber auch dem ›Wesen‹ der Rhetorik nicht gerecht. Tatsache ist, daß die Rhetorik nicht notwendig zur Manipulation führt oder gar mit Manipulation identisch ist. Tatsache ist aber auch, daß sich die rhetorische Theorie, eigentlich ein ›wertfreies‹ Arsenal möglicher persuasiver Mittel, zu manipulativen und propagandistischen Zwecken mißbrauchen läßt. Die Fixierung auf das ›Wahrscheinliche‹ vermag eben nicht grundsätzlich auszuschließen, daß in der Argumentation falsche Schlüsse gezogen werden, mag dies nun unbeabsichtigt oder bewußt geschehen.

Doch der mögliche Mißbrauch rhetorischer Techniken wird in der Rhetorik selbst – gleichsam auf einer höheren Ebene – wieder ›entschärft‹. Denn zum einen ist die Rhetorik ja als dialogischer Vorgang gedacht, bei dem jede vertretene Position grundsätzlich als relativ gegenüber anderen anzusehen ist, so daß Betrug und Manipulation einen längeren Prozeß zu durchlaufen haben, bei dem sie – zumindest im Idealfall – als solche erkannt und ›aussortiert‹ werden können. Wichtiger aber noch als dieses dialogische Prinzip ist die doppelte Aufgabe der rhetorischen Theorie, Plausibilität nicht nur herstellen, sondern nur scheinbare Plausibilität auch durchschauen und sich unter Umständen dagegen zur Wehr setzen zu können. Der Doppelcharakter der Rhetorik als Produktions- und als Analyseverfahren ist der Grund dafür, daß die Mittel gegen den möglichen Mißbrauch der Rhetorik von der Rhetorik sozusagen gleich mitgeliefert werden. Wenn man also die Rhetorik als eine Waffe ansieht, deren Gefahr in ihrem Mißbrauch liegt, dann muß man gleichzeitig anerkennen, daß dieselbe Rhetorik auch die geeigneten Abwehr- und Verteidigungstechniken bereitstellt, daß sie also diese Waffe auch gegen sich selbst zu führen weiß.

Rhetorik ist eine Sozialtechnik, die aus sich heraus weder gut noch schlecht ist, sondern ihren Sinn erst aus der Entscheidung dessen empfängt, der sie gebraucht – oder mißbraucht. Daß gerade aber dies der Rhetorik immer wieder zum Vorwurf gemacht worden ist, hat schon die antiken Theoretiker der Rhetorik nicht ruhen lassen. Anstatt die Wirksamkeit der *rhetorica contra rhetoricam* zu betonen, waren sie in erster Linie darum bemüht, das ›Technische‹ der Rhetorik ethisch zu verankern. Dazu entwickelten sie Vorstellungen von der moralischen Qualifikation des Redners, die letztlich die Wahl seiner Mittel bestimmt und beschränkt. Danach übrigens meint die Definition der Rhetorik als der Kunst, ›gut‹ zu reden, nicht nur die technisch-persuasive Fähigkeit des Redners, sondern ausdrücklich auch dessen ethisch-moralische Befähigung, meint das *bene dicere* nicht nur das Produkt des rhetorischen Agierens, sondern auch den rhetorisch Handelnden. Obwohl vor allem die römischen Rhetoren diese Idee begeistert aufgegriffen und zum Ideal eines *perfectus orator* (Cicero) und *vir bonus* (Quintilian) gesteigert haben, läßt sich der genaue Gehalt dieser moralischen Qualifikation trotz aller Bemühungen nicht eindeutig bestimmen, und eine präzise und allgemein verbindliche Fundierung einer rhetorischen Ethik steht im Grunde bis heute noch aus.

Auf eine dritte und letzte Verständnismöglichkeit der Rhetorik als *ars bene dicendi* ist abschließend hinzuweisen: Die Kunst des ›guten‹ Redens und Schreibens meint nicht zuletzt auch die ästhetisch anspruchsvolle Kommunikation in Wort und Schrift, und deshalb befaßt sich die Rhetorik neben den Überzeugungstechniken intensiv auch mit den sprachlich-stilistischen Möglichkeiten einer über die bloße Alltagssprache hinausgehenden, ›schönen‹ Rede. »Rhetorica ars est bene dicendi« – wenn man diese Definition in ihrer ganzen Dimension ausleuchten wollte, so müßte man sie wie folgt übersetzen: Rhetorik ist die Kunst des wirkungsvollen und auf Überzeugung beziehungsweise Plausibilität gerichteten, des moralisch integeren und des ästhetisch anspruchsvollen Redens und Schreibens, und zwar als Anleitung und Analyseinstrumentarium persuasiver Kommunikation.

Schon die hellenistischen, noch mehr aber die lateinischen Theoretiker haben die umfangreiche Theorie dieser persuasiven Kommunikation nach einem auf den ersten Blick durchaus überzeugenden Modell zu gliedern gewußt, das sie aus den konkreten Erfahrungen bei der Redevorbereitung abgeleitet hatten: Danach geht der Redner planvoll und schrittweise vor, indem er zuerst die passenden Argumente zusammenträgt, diese hinsichtlich ihrer Überzeugungskraft ordnet, sie anschließend in einen kompletten, ausgearbeiteten Redetext einbettet, diesen dann entweder auswendig lernt oder sich zumindest gedächtnismäßig aneignet, und schließlich die fertige Rede vorträgt.

Diese fünf Arbeitsschritte oder ›Aufgaben‹, die der Redner nacheinander zu absolvieren hat (teilweise ebenfalls als die *officia oratoris* bezeichnet, s.S.10), bilden die fünf Produktionsstadien (*partes artis*, auch *partes rhetorices*), die eine Rede bei ihrer Herstellung durchläuft: (1) In der *inventio* muß der Redner die zum Thema passenden und hinsichtlich seiner eigenen Redeabsicht besonders überzeugenden Argumente suchen und finden und (2) sie in der *dispositio* in eine plausible Reihenfolge bringen. (3) In der *elocutio* wird der Redetext sprachlich und stilistisch ausgearbeitet, (4) in der *memoria* erfolgt die gedankliche Aneignung der eigenen Rede, (5) die *actio* beziehungsweise *pronuntiatio* bezeichnet schließlich den Redevortrag selbst, also die gestische, mimische und körpersprachliche rednerische Aktion sowie die stimmliche Präsentation. (Bei allen schriftlichen Gattungen entfallen die beiden letzten Produktionsphasen, die sogenannten Performanzstadien, die *partes artis* umfassen hier also nur drei Textproduktionsstadien.)

Die Gliederung des rhetorischen Lehrstoffes gemäß den Produktionsstadien hat den Vorteil, daß darin die wichtigsten Komponenten des rhetorischen Regelwerks einheitlich zusammengefaßt und gleichsam als organische Abfolge einzelner Arbeitsschritte dargestellt werden können. Aufgrund dieser Einheitlichkeit ist dieses Strukturprinzip die gesamte Rhetorikgeschichte über tradiert und dabei kaum verändert worden. Doch bringt eine derartige Systematisierung der rhetorischen Theorie auch gravierende Probleme mit sich, und in der jüngsten Vergangenheit hat es nicht an Versuchen gefehlt, die starre Ordnung der Produktionsstadien aufzulösen und das Regelwerk zu modifizieren. Als Nachteil hat sich beispielsweise erwiesen, daß Teile der rhetorischen Theorie davon nicht oder nur unzureichend erfaßt werden, beispielsweise die Affektenlehre oder die Dreistillehre. Gravierender noch macht sich das Ungleichgewicht zwischen den fünf Arbeitsstadien bemerkbar: Vor allem die *inventio* mit der Darstellung der rhetorischen Gattungen, der Redeteile, der Argumentationslehre und der Topik, aber auch die *elocutio* mit ihrer umfangreichen Figurenlehre wirken hoffnungslos überlastet, während dagegen die übrigen Stadien, vor allem die *dispositio*, eigentümlich leer bleiben. Eine solche Konzentration der Kernbereiche der rhetorischen Lehre in nur zwei Arbeitsstadien hat mit dazu geführt, daß eine Gesamtdarstellung des rhetorischen Systems zu einer immer größeren Verschachtelung geführt hat, was sich schon bei Quintilian beobachten läßt, was aber spätestens in Heinrich Lausbergs *Handbuch der literarischen Rhetorik* (^{3}1990) zu einer Unübersichtlichkeit geführt hat, die den Wert dieses an sich verdienstvollen Werks erheblich mindert – nicht ganz zu Unrecht wird Lausbergs Lehrbuch von den Studenten der Rhetorik regelrecht gefürchtet.

Das weitaus größte Problem aber stellt die rhetorische Textproduktion im engeren Sinne dar. Das sukzessive Vorgehen des Redners im Produktionsstadienmodell suggeriert nämlich, daß die gedanklichen, kognitiven Vorgänge in *inventio* und *dispositio* von den sprachlichen in der *elocutio* abgetrennt sind, daß eine Rede oder ein Text erst nach Abschluß der ›Gedankenarbeit‹, sozusagen in einem zweiten, separaten Arbeitsschritt, sprachlich ausgestaltet beziehungsweise rhetorisch ›aufpoliert‹ wird. Das aber würde eine Scheidung von zwei elementaren Bestandteilen des rhetorischen Prozesses bedeuten, nämlich eine Trennung von den gedanklichen und den sprachlich-stilistischen Aspekten (*res* und *verba*), die in Wahrheit jedoch untrennbar miteinander verbunden sind. Anders als es im Produktionsstadienmodell den Anschein hat, geht die Rhetorik eben nicht davon aus, daß es – quasi *vor* der Sprache – eine Phänomenwelt gibt: Die Phänomene sind nicht *vor*, sondern *in* und *mit* der Sprache, und nicht zuletzt denkt der Mensch ja auch in und mit der Sprache. Cicero hat diesen Zusammenhang folgendermaßen ausgedrückt: »Denn da sich jede Rede aus der Sache und der Formulierung zusammensetzt, kann einerseits die Formulierung keine Basis haben, wenn man die Sache wegnimmt, andererseits fehlt der Sache die Erhellung, wenn man die Formulierung von ihr trennt« (*De or.* III.19).

3. Zu diesem Band

Die vorliegende Einführung skizziert die Theorie der persuasiven Kommunikation, die die Rhetorik in wesentlichen Zügen schon in der Antike entwickelt, im Verlauf der Rhetorikgeschichte aber ausgebaut und teilweise modifiziert hat. Mein Buch kann und will keine Anleitung zur praktischen Beredsamkeit (im Sinne einer Redelehre) sein, es kann leider auch nur in Ausnahmefällen das komplexe Wechselverhältnis von rhetorischer Theorie und oratorischer Praxis beleuchten. Ausgangspunkt der Darstellung ist die antike Rhetoriktheorie, also jenes klassische ›Lehrgebäude‹, das uns seit den Zeiten des Aristoteles, dann aber und vor allem aus der römischen Rhetorik bekannt ist, und das gemäß der fünf Produktionsstadien der Rede aufgebaut ist.

Angesichts der nicht gerade unerheblichen Probleme, die das Produktionsstadienmodell aber aufwirft, werde ich es – als Strukturskelett der gesamten Rhetoriktheorie – im vorliegenden Band nicht einfach übernehmen, sondern es modifizieren: nicht zuletzt, um die *partes artis* zu ›entschachteln‹ und damit das Lehrgebäude der Rhetorik übersichtlicher zu gestalten. Damit werden die Grundlagen der klassischen Rhetorik zwar nicht verlassen, gleichzeitig aber Wege der Darstellung weiterverfolgt, die richtungsweisend bereits Ueding/Steinbrink eingeschlagen haben (*Grundriß der Rhetorik* [3]1994). An die Einleitung schließt sich die Darstellung der rhetorischen Gattungen an, wobei die drei klassischen *genera* (Beratungsrede, Gerichtsrede und epideiktische Rede) um all jene Varianten ergänzt werden, die im Laufe der Rhetorikgeschichte in den Theoriekomplex der Rhetorik ›eingedrungen‹ sind, darunter Predigt und Brief sowie zahlreiche Untergattungen der bürgerlichen Beredsamkeit. Das besondere Verhältnis von Rhetorik und Dichtkunst beschließt dieses zweite Kapitel, das von der Darstellung der Redeteile gefolgt wird. Das vierte Kapitel beinhaltet die rhetorische Argumentationstheorie, die ihrerseits die sachbezogene Argumentationslehre (samt Topik), die Affektenlehre und die Dispositionslehre umfaßt. Im Kapitel zur Stiltheorie werden neben den Stilprinzipien die Figurenlehre und die rhetorische Stillehre präsentiert. Die Darstellung der beiden Performanzstadien *memoria* und *actio* beschließt den vorliegenden Einführungsband.

Alle Kapitel zur Theorie geben zunächst einen systematischen Überblick über den Stoff, der durch historische Perspektiven ergänzt wird, wobei die Grundlegung in der Antike im Vordergrund steht und daran anschließend Veränderungen oder Weiterentwicklungen aufgezeigt werden. Trotz der ›Dominanz‹ der antiken Rhetorik sollte kein von allen historischen Bedingungen abstrahierendes Modell entworfen, sondern umgekehrt ein davon geprägtes und geformtes Theoriemodell nachgezeichnet werden.

Alle rhetorischen Fachtermini werden mit den in der Forschungsliteratur üblichen lateinischen Begriffen bezeichnet und zusätzlich mit den griechischen Bezeichnungen versehen, wenn diese sich bei Aristoteles nachweisen lassen. Leider bietet die lateinische Terminologie einige Überschneidungen und Doppelungen (vor allem in der Figurenlehre).

Anders als viele Darstellungen, die in erster Linie auf den Werken von Cicero und Quintilian aufbauen, beziehe ich mich, wenn immer möglich, auch auf die *Rhetorik* von Aristoteles, die leider in einer nicht immer überzeugenden deutschen Übersetzung (von Franz G. Sieveke) und einer eher spärlich zu nennenden Kommentierung vorliegt. Interessierten Lesern und besonders allen Studierenden der Rhetorik sei daher zusätzlich die englische Übersetzung von George A. Kennedy sowie die französische Textfassung von Médéric Dufour und André Wartelle empfohlen, wobei letztere auch den griechischen Originaltext präsentiert. Alle anderen Quellentexte zur Rhetorik sind nach den ›gängigen‹ Ausgaben beziehungsweise deutschen Übersetzungen zitiert, die im Literaturverzeichnis (Kapitel VIII) aufgelistet und nach Epochen geordnet sind, während die Forschungsliteratur dagegen der Kapiteleinteilung meines Bandes folgt. Eine Liste mit Lehrbüchern, Standardwerken zur Forschung und häufig zitierten Sammelwerken leitet die spezielle Forschungsliteratur ein (VIII.2); ein Abkürzungs- und Zeitschriftenverzeichnis (VII) und ein Sachregister runden diesen Band ab.

II.
Die rhetorischen Gattungen

Die Analyse und Beurteilung tatsächlich gehaltener Reden oder niedergeschriebener Texte bildet die Grundlage jeder rhetorischen Theorie. Diese ist demnach ein nachträglicher Reflex auf die praktische Beredsamkeit, wobei allerdings die Theorie der Redewirklichkeit nicht in allen Aspekten entsprechen muß, sondern zu einem umfassenden, systematisierten und teilweise auch idealisierten Theoriegebäude ausgearbeitet werden kann. Ein solches, in sich geschlossenes System der Rhetorik ist erstmals von Aristoteles aufgestellt worden, der in seiner *rhētorikḗ téchnē* keine aus konkreten Erfahrungen gezogene Anweisungen an einen Rhetorikschüler gibt, sondern das Zustandekommen der Rede und ihre Wirkungsmechanismen wissenschaftlich untersucht. Um das komplexe Lehrgebäude der Rhetorik in allen seinen Facetten anschaulich darstellen zu können, wählt Aristoteles – und nach ihm auch alle anderen Theoretiker der Rhetorik – unter sämtlichen Redeformen drei Redegattungen aus (*génē tōn lógōn; genera causarum*, auch *genera rhetorices* genannt):

(1) Die beratende oder die politische Staatsrede (*génos dēmēgorikón* bzw. *symbouleutikón; genus deliberativum*, auch *genus contionale*), in der der Redner vor dem beratenden Gremium der Volksversammlung über öffentliche Angelegenheiten spricht und dabei die von ihm als nützlich und sinnvoll erachteten Sachverhalte durch seine Rede unterstützt (*protropḗ; suasio*), von den schädlichen dagegen abrät (*apotropḗ; dissuasio*).

(2) Bei der juristischen oder Gerichtsrede (*génos dikanikón; genus iudiciale*) wendet sich der Redner an den Richter oder die Geschworenen, seine Aufgabe ist es, gegenüber dem Schuldigen als Ankläger aufzutreten (*katēgoría; intentio, accusatio* bzw. *petitio*) oder den Unschuldigen zu verteidigen (*apología; depulsio, defensio*).

(3) Die Gelegenheits- oder Festrede (*génos epideiktikón* bzw. *panēgyrikón; genus demonstrativum* bzw. *laudativum*) ist dem Lob (*épainos; laus*) oder dem Tadel (*psógos; vituperatio*) vorbehalten, wobei sich der Redner auf eine bestimmte Person, eine Gemeinschaft, auf Institutionen, spezielle Tätigkeiten oder besondere Leistungen beziehen kann, aber auch – vor allem in der Antike – auf Städte, Landschaften und Bauwerke. Die bekannteste Form der epideiktischen Rede ist wohl das Personenlob (Laudatio), die uns auch in Gestalt

des Nachrufs auf einen Verstorbenen (Nekrolog) vertraut ist, zu ihr gehören aber auch die Festrede (*panēgyrikós*), die Lobrede im engeren Sinne (*enkōmion*), das Siegerlob (*epiníkion*) und natürlich viele Formen privater Beredsamkeit.

Schon in der Antike repräsentieren diese drei Gattungen keineswegs alle bekannten Arten der Rede, doch konzentrieren sich die Lehrschriften auf diese Gattungstrias, weil sie ausreicht, sämtliche Aspekte der mündlichen und schriftlichen Beredsamkeit zu demonstrieren und zu erläutern – und die somit zum Fundament des gesamten Lehrgebäudes der Rhetorik wird. Weil die drei klassischen *genera* ebenso grundlegend wie umfassend die rhetorische Theorie veranschaulichen, werden sie nicht nur seit der Antike in allen Lehrbüchern zur Rhetorik behandelt, sondern haben durch ihre Dominanz scheinbar auch verhindert, daß andere Redegattungen dort präsentiert werden: In einem seltsam starren Konservatismus sind in den rhetorischen Lehrschriften tatsächlich fast ausnahmslos nur die beratende, die juristische und die epideiktische Rede dargestellt worden, bis dann im 17. und 18. Jahrhundert auch ›modernere‹ Gattungen Eingang in die Theorie finden und die klassische Gattungstrias allmählich verdrängen. Allerdings wurden schon seit der Spätantike und dem Mittelalter zwei weitere Gattungen unter rhetorischen Gesichtspunkten gelehrt und praktiziert: die Kanzelrede (Predigt) und der Brief.

1. Die drei klassischen Gattungen

Die drei klassischen rhetorischen Gattungen sind uns sowohl aus der griechischen als auch aus der römischen Redepraxis bekannt. Erste Zeugnisse für die beratende und die juristische Rede finden wir bei Homer, der in der *Ilias* Volks- und Gerichtsversammlungen mitsamt den dort gehaltenen Reden beschreibt. Die attische Demokratie und die Sophistik bringen zahlreiche politische Redner hervor, von den beiden Heerführern Miltiades und Themistokles über Perikles bis hin zu Isokrates und Demosthenes, dem wohl größten Redner Griechenlands; als Prozeßredner glänzen – unter vielen anderen – Antiphon und Lysias von Syrakus. Auch die Gelegenheitsrede ist uns seit den Anfängen der Rhetorik bekannt; im Zuge der Demokratisierung wird die öffentliche Festrede in Athen sogar institutionell gefördert: Zu den Feierlichkeiten anläßlich der Heldengedenktage sind Grabreden (*epitáphioi lógoi*) ein fester Bestandteil der Zeremonie, bei den zahlreichen Nationalfesten werden Lobreden auf

Staat und Stadt gehalten, von denen der *Panegyrikos* des Isokrates das wohl beste Beispiel ist. Auch den Sophisten Gorgias kennen wir als herausragenden Festredner. Zu den berühmten Rednern der römischen Antike gehören Cato der Ältere, Marcus Antonius und Lucius Licinius Crassus (beide macht Cicero später zu den Wortführern in seinem Werk *De oratore*) sowie viele bedeutende Politiker der späten Republik, wie Caesar, Brutus und – allen voran – Cicero.

Schon die griechische Rhetorik hat die drei klassischen rhetorischen Gattungen auch theoretisch behandelt. Aus dem ältesten erhaltenen Rhetoriklehrbuch, der *Alexander-Rhetorik* des Anaximenes, ist uns zwar noch eine weitere Redegattung bekannt – die prüfende Rede, die Widersprüche und Unstimmigkeiten aufdecken soll –, doch hat sie keinen Eingang in den Überlieferungskanon gefunden. Traditionsbildend war dagegen die Definition von Aristoteles, der die drei Redegattungen aus ihren unterschiedlichen Redegegenständen und Redeintentionen ableitet. Für ihn verkörpert besonders die politische Beratungsrede eines der Wesensmerkmale der Rhetorik: In der Volksversammlung beratschlagen die Bürger der Polis alle öffentlichen Angelegenheiten, wobei sie die unterschiedlichen Standpunkte in Rede und Gegenrede vortragen – mit dem Ziel, Mehrheiten unter den stimmberechtigten Zuhörern zu finden, um letztlich politische Entschlüsse fassen und Handlungsanweisungen geben zu können. Anhand der beratschlagenden Rede, in deren Definition sich die Entstehungsgeschichte der Rhetorik mit Nachdruck eingeschrieben hat, läßt sich der grundlegende dialogische Charakter der Rhetorik erkennen: Sie geht aus dem urdemokratischen Prinzip der Wechselrede hervor, wenngleich jeder Redner zunächst einmal sein eigenes Parteiinteresse verfolgt und natürlich seinen Standpunkt durchsetzen will (s.S.9f.).

Einem ähnlichen Prinzip gehorcht die juristische Rede, in der Ankläger und Verteidiger den zur Verhandlung anstehenden Fall dialektisch erörtern, wiederum mit dem erklärten Ziel, eine Entscheidung herbeizuführen, und zwar das Urteil des Richters beziehungsweise das der Geschworenen (in Athen wurden bis zu 501 Laienrichter eingesetzt). Auch das richterliche Urteil führt letztlich zu einer Handlungsanweisung, nämlich zur Verurteilung oder zum Freispruch des Angeklagten. Im Gegensatz zur beratenden Rede ist die durch den ritualisierten Prozeßablauf sehr viel stärker reglementierte Gerichtsrede allerdings besser geeignet, die Kernstücke der rhetorischen Theorie anschaulich zu vermitteln, besonders die Argumentationstheorie (s.S.65ff.). Wohl deshalb bildet die Gerichtsrede und nicht die Staatsrede die eigentliche Grundlage aller antiken Rhetoriklehrbücher von Aristoteles bis Quintilian.

Speziell anhand der Gerichtsrede hat die Antike übrigens noch ein zweites Modell der Redegattungen entwickelt, das außerhalb des *genus iudiciale* allerdings keine Anwendung fand und mit der klassischen Gattungstrias nicht ernsthaft konkurrieren konnte. Danach wurden Reden eingeteilt in solche, in denen allgemeine Fragen im Vordergrund stehen, zu denen man keine speziellen Vorkenntnisse benötigt (*thésis*; *quaestio civilis generalis* bzw. *quaestio infinita*), und in solche, bei denen Fachwissen Voraussetzung ist (*hypóthesis*; *quaestio civilis specialis* bzw. *quaestio finita*) – womit ganz konkret der zu verhandelnde Streitfall gemeint war und wie man ihn am effektivsten löst. Natürlich interessierten sich die juristischen Rhetoren weniger für die allgemeinen als vielmehr für die juristischen Fachfragen, zu denen sie weitergehende Gliederungskriterien entwickelt haben. So wurde gefragt, ob der Streitfall überhaupt vor Gericht verhandelt werden konnte, ob er also eine ›Begründung‹ (*stásis*; *status* bzw. *constitutio*) besitzt oder nicht. Zur weiteren Klärung konnte man die Statuslehre heranziehen, ein in der juristischen Argumentationspraxis geschätztes Hilfsmittel (s.S.140f.).

Im Gegensatz zu den beiden ersten Redegattungen wird das *genus demonstrativum* in den Rhetoriklehrbüchern meist nur sehr knapp abgehandelt, geradezu vernachlässigt. Nicht selten beschränken sich die antiken Theoretiker darauf, einzelne Topoi oder Versatzstücke zu liefern, ohne die Gelegenheitsrede systematisch und analytisch zu durchdringen. Schon Aristoteles begnügt sich mit einigen kurzen Bemerkungen, auch Cicero widmet sich der dritten Gattung in *De oratore* eher beiläufig, fast unwillig. Andere Autoren behelfen sich mit Beispielen aus der Praxis, die sie zu umfangreichen *exempla*-Sammlungen ausweiten und die dem Redner bei der konkreten Textproduktion als Vorlage und Muster dienen sollen.

Diese sehr unterschiedliche Gewichtung der rhetorischen *genera* läßt sich teilweise aus den Entstehungsbedingungen der Rhetorik heraus erklären. In der Hochachtung der politischen Rede spiegelt sich der enorme Bedeutungszuwachs der Redelehre im Zuge der Demokratisierung der griechischen Polis, während die detaillierten Ausführungen zur juristischen Rede eher der Leserschaft der rhetorischen Lehrbücher entgegenkommen – überwiegend sind es angehende oder schon praktizierende Juristen. Für die nur geringe Beachtung der epideiktischen Rede lassen sich mehrere Gründe anführen: Zum einen wurden Lob- und Tadelreden bereits in den rhetorischen Vorübungen (*progymnásmata*; *praeexercitationes*) praktiziert, die jeder Rhetorikschüler vor dem eigentlichen Rhetorikunterricht zu absolvieren hatte, mit denen er also schon aus der Unterrichtspraxis vertraut war, wenn er sich der rhetorischen Theorie zuwandte

– und die deshalb in den Lehrbüchern nicht mehr ausführlich dargestellt werden mußten. Zum anderen sind viele Komponenten des *genus demonstrativum* auch innerhalb der Lehrschriften bereits an anderer Stelle, im Zusammenhang mit den beiden ersten Redegattungen, erörtert worden, deren Behandlung meist vor derjenigen der Festrede erfolgte. Das gilt beispielsweise für die Lobtopoi, die im Zusammenhang mit den *loci a persona* (s.S.115ff.) aufgelistet sind, oder für verschiedene argumentative Strategien, die vor Gericht der Aufwertung des eigenen Mandanten beziehungsweise der Abwertung der gegnerischen Partei dienen.

Für die nur geringe theoretische Durchdringung mag aber auch eine Besonderheit des *genus demonstrativum* beigetragen haben, welche die Gelegenheitsrede grundlegend von den beiden anderen *genera* abgrenzt und sie gleichsam zu einem Sonderfall im rhetorischen Lehrgebäude macht. Denn in ihr findet das eine Grundprinzip des rhetorischen Prozesses, die (demokratische) Wechselrede, keine Anwendung: Nicht in Rede und Gegenrede wird der Redegegenstand erörtert, sondern in Form eines Monologs, der zudem keine Meinungsbildung, Entscheidungs- oder Urteilsfindung anstrebt, sondern in dem es allein um die Präsentation, um die – im eigentlichen Wortsinn – »Zurschaustellung« einer Sache oder einer Person geht. »Damit ist allgemein jede Art fragloser Rede gemeint, d.h. einer Rede, die nicht untersucht, erörtert oder argumentiert, sondern etwas im voraus Feststehendes und Unstrittiges darstellt« (Matuschek 1994, 1258). Zu dieser Darstellungsfunktion kommt hinzu, daß es Aufgabe des Redners ist, den Stoff auch rhetorisch anspruchsvoll darzubieten. Anders als in den beiden ersten Redegattungen, bei denen der in der Rede behandelte Sachverhalt stets im Vordergrund steht, gilt hier nun die Redeleistung dem Redegegenstand gegenüber als gleichwertig, wenn nicht gar als höherwertig. Der Zuhörer wiederum muß nicht über die Redeinhalte entscheiden, sondern soll den Redevortrag ästhetisch genießen. Damit aber wird der Schwerpunkt von den sachlichen Inhalten auf die formale Virtuosität der rhetorischen Präsentation verschoben, und wohl deshalb spricht man in diesem Zusammenhang auch etwas despektierlich von einer »Exhibition der Redekunst« (Lausberg [3]1990, § 239). Nicht ganz zu Unrecht allerdings, hatte doch schon Gorgias in seinem *Lobpreis der Helena* explizit dargelegt, daß es ihm weniger um das Lob der Person als vielmehr darum geht, die von den Sophisten so geschätzte Macht der Rhetorik vorzuführen, nämlich die eigentlich schwächere Sache zur stärkeren zu machen: »Für Gorgias bedeutet also der heikle Stoff der *Helena* eine Kraftprobe für seine Virtuosität als Redner« (Zimmermann 1993, 10), die letztlich Selbstzweck bleibt – weshalb gerade diese Rede als »Propagandastück« der sophistischen Rhetorik gilt (Martin 1974, 196).

Trotz dieser gravierenden Unterschiede zwischen den beiden ersten und der dritten Redegattung ist Aristoteles sichtlich darum bemüht, die Trias der rhetorischen *genera* definitorisch zu festigen. Ihren Zusammenhalt sieht er in der temporalen Struktur der jeweiligen Gattung: Bei der Gerichtsrede, so Aristoteles, wird Vergangenes erörtert und beurteilt – die zu verhandelnde Tat des Angeklagten –, bei der politischen Rede dagegen Zukünftiges, dort geht es um Entscheidungen, die Auswirkungen auf die Zukunft haben. Die Gelegenheitsrede schließlich ist auf die Gegenwart bezogen, auf die Unmittelbarkeit des Augenblicks, in dem der Redner lobt oder tadelt und der Zuhörer die Rede genießt. Um diesen Zusammenhang noch zu untermauern, weicht Aristoteles sogar von der grundlegenden Scheidung ab, wonach die Zuhörer entweder aktiv an der Urteilsfindung beteiligt sind oder lediglich passiv rezipieren. Statt dessen billigt er nun auch den Zuhörern des *genus demonstrativum* Urteilsfähigkeit zu – sie sollen über das rhetorische Vermögen des Redners und die Qualität des Vortrags befinden. In einer der zentralen Passagen seiner *Rhetorik* ist diese komplexe (und in sich nicht ganz stringente) Definition der drei *genera* zusammengefaßt:

»Es gibt drei Arten der Beredsamkeit; sie korrespondieren mit den drei Arten von Zuhörern. [...] Der Zuhörer ist nun notwendig einer, der die Rede genießt, oder einer, der zu urteilen hat, und zwar zu urteilen über das, was geschehen ist oder geschehen soll. Zum Beispiel ist ein Mitglied der Volksversammlung jemand, der über Künftiges zu urteilen hat; wer aber über Geschehenes zu urteilen hat, ist ein Richter; wer schließlich über das rhetorische Vermögen zu urteilen hat, ist jemand, der die Rede genießt.« (*Rhet.* I.3.1 f.).

Daß dieser Definition etwas Willkürliches anhaftet, läßt sich freilich nicht übersehen. Allein die Beschaffenheit des Urteils, das Aristoteles hier auch dem Zuhörer der Festrede zugesteht, weicht grundlegend von dem in der politischen oder der juristischen Rede ab – eben weil es nicht auf konkrete Entscheidung und Handlungsanweisung abzielt, sondern, als rein ästhetisches Urteil, ohne unmittelbare Auswirkung auf die Lebenswirklichkeit bleibt. Doch nicht nur diese Einebnung des Unterschiedes zwischen den Gattungen ist fragwürdig, auch die scheinbar klare und grundlegende Dreiteilung der Gattungen nach ihren Redegegenständen ist gar nicht so eindeutig, wie es auf den ersten Blick erscheint. So ist es zwar ausdrücklich die Aufgabe des Festredners, Lob oder Tadel zu verteilen, doch können beide auch Bestandteil der anderen Redegattungen sein. In der Gerichtsrede beispielsweise ist das Personenlob für die effektvolle Präsentation entweder des bedauernswerten Opfers oder des unschuldig Angeklagten unverzichtbar. Umgekehrt gehört auch der Tadel zum Repertoire der juristischen und der politischen Rede, sei es in der Abwertung des politischen Gegners oder in der Bloßstellung eines für die gerichtliche Beweisführung untauglichen Zeugen. Überhaupt sind die Grenzen zwischen den Gattungen weniger undurchlässig, als es die starre Dreiteilung der *genera* suggeriert: Nicht erst in Rom sind zahlreiche Strafprozesse vor den großen Geschworenengerichten in erster Linie politische Prozesse – man denke nur an Ciceros Prozeß gegen Verres –, sind die großen Anklage- und Verteidigungsreden explizit politische Reden, ist das richterliche Urteil dezidiert eine politische Entscheidung, die auch für die weiteren Geschicke des Staates Bedeutung besitzt. Als noch enger erweist sich diese Beziehung, wenn man die gemeinsamen Entstehungsbedingungen von juristischer und politischer Rede betrachtet. Denn die institutionellen Rahmenbedingungen beider Gattungen, sowohl das Gremium der Volksversammlung als auch die öffentlichen Verfahren vor den Volksgerichten, sind Teile desselben Prozesses, der zur Demokratie geführt hat. Auch in der antiken Theorie von der Entstehung der Rhetorik, die gleich zwei Versionen vom Ursprung der rhetorischen *téchnē* kennt, ist dieser wesensmäßige Zusammenhang noch sichtbar: Nach der einen Fassung ist die politische Rede in der Athener Volksversammlung die eigentliche Keimzelle der Rhetorik, nach der anderen schlägt ihre Geburtsstunde, als nach der Abschaffung der dortigen Tyrannei eine Prozeßlawine die sizilianische Stadt Syrakus überrollt.

Mehr aber noch als mit der juristischen ist die politische mit der epideiktischen Rede verwandt. Denn das Charakteristikum des *genus demonstrativum*, Sachverhalte lediglich darzustellen, ist allen Formen der rhetorischen Präsentation eigen, die nicht auf Entscheidungsfindungen in Rede und Gegenrede basieren, die aber durchaus direkte Handlungsanweisungen geben und zudem eminent politisch sein können. Neben Reden, die der reinen Informationsvermittlung dienen (wie etwa der wissenschaftliche Vortrag), gehört dazu jener große Bereich der politischen Rhetorik, bei der bereits gefallene Entscheidungen nachträglich verkündet, nicht aber zur Diskussion gestellt werden. Schon im römischen Senat, zur Blütezeit der lateinischen Rhetorik also, sind die dort gehaltenen Ansprachen ans Volk »weniger dazu bestimmt, konkrete Entscheidungen herbeizuführen als allgemein auf die öffentliche Meinung zu wirken« (Fuhrmann 1984, 44). Die Funktion des *genus demonstrativum* besteht darin, existierende Meinungen, Annahmen oder Ideologien entweder zu bestätigen oder abzulehnen, diese aber nicht durch Reflexion und Rede herbeizuführen. Die Zuhörer können die vorgebrachten Argumente zwar reflektierend begleiten, sind aber am Meinungsbildungsprozeß und an der Entscheidung nicht beteiligt.

Angesichts eines solchen, erweiterten Verständnisses wird deutlich, daß die antike Definition – sei es hinsichtlich der genußspendenden Rededarbietung, sei es hinsichtlich der Aufgabe des Redners, Lob und Tadel zu verteilen – die Vielschichtigkeit des *genus demonstrativum* nur teilweise erfaßt. Das ist insofern erstaunlich, weil das Ineinander von politischer und epideiktischer Rede in der Praxis durchaus üblich war und es zahlreiche Beispiele einer kritischen und politischen Lobberedsamkeit gibt: Bei Isokrates ist eine politische Haltung in allen seinen Reden leicht auszumachen, seine Begeisterung für die griechische Demokratie macht aus seinen Festreden flammende patriotische Bekenntnisse. Im *Panegyrikos* beispielsweise will er keineswegs nur die Stadt Athen preisen, sondern die Zuhörer auch von der Notwendigkeit eines Feldzugs gegen die Perser überzeugen. Ganz ähnlich Demosthenes, der sich in seinen *Reden gegen Philipp* und den *Olynthischen Reden* vehement gegen die makedonische Expansionspolitik ausspricht. Und auch aus einem weiteren Zusammenhang ist die enge Verzahnung von politischer und epideiktischer Rede bekannt: Gemeint ist die monarchische ›Hofrede‹, jene Form der panegyrischen Beredsamkeit, die zwar nichts mehr mit der politischen Staatsrede gemein hat, wie sie Aristoteles vorschwebt, die aber ein wichtiger Zweig der politischen Beredsamkeit ist, und das die gesamte Rhetorikgeschichte über. Als politische Lobrede ist sie eng mit der monarchischen Staatsform verbunden, während die Beratungsrede (und auch die Gerichtsrede) demokratischer Institutionen bedürfen. In der Monarchie dagegen ersetzt die Hofrede die beratende Staatsrede und avanciert zu der beherrschenden rhetorischen Gattung schlechthin – nicht nur im Hellenismus und später im römischen und byzantinischen Kaiserreich, sondern auch im Absolutismus der Frühen Neuzeit mit einer letzten Blüte im deutschen Barock. Anhand der barocken Hofrede sollen zunächst Gestalt und Funktion der politisch-rhetorischen Panegyrik kurz erläutert werden.

2. Formen und Funktionen der politischen Rhetorik

Die höfische Beredsamkeit ist Ausdruck eines alle Lebensbereiche umfassenden Abhängigkeits- und Untertanenverhältnisses der an den Hof gebundenen Personen gegenüber dem Territorialfürsten, dem *princeps absolutus*. Diese direkte Abhängigkeit des Höflings erlaubt keine beratende Rede, in der gleichberechtigte Redepartner miteinander kommunizieren, sondern verlangt, daß der Höfling sich regelmäßig des Wohlwollens seines fürstlichen Herrens versichert. Dazu bedient er sich der höfischen Lobrede, die keine wie auch immer geartete Form der ›privaten‹ Rede ist, sondern ein ritualisierter Sprechakt mit panegyrischer Erhöhung aller Aussagen, der strikt eingebunden bleibt in einen festen sozialen und kulturellen Bezugsrahmen. Im Grunde ist die Hofrede Teil eines bis ins Detail festgelegten, streng ritualisierten Kommunikationszeremoniells, das keine individuelle, persönliche Äußerung erlaubt. In ihm hat sich der Schwerpunkt der Rede vom Sachaspekt ganz auf den Beziehungsaspekt verlagert, auf die soziale Selbstdarstellung des Höflings vor dem Herrscher. Darin wird aber auch sichtbar, daß es sich nicht um eine rein dekorative und damit unpolitische Redeform handelt, sondern um eine »patriarchalisch und territorialstaatlich domestizierte Redepraxis« (Braungart 1988, 289). Ihre äußeren Kennzeichen sind extrem normierte Formen einzelner Redeteile – der Anrede, der Begrüßung, des Bittgesuchs etc. –, sowie die ›Complimente‹, also kurze und konventionalisierte Höflichkeitsdarbietungen innerhalb eines knappen, sehr genau durchstrukturierten Redebeitrags, die im verwaltungsrechtlichen Bereich ebenso Voraussetzung für das Gelingen der Kommunikation sind wie sie als feste Bestandteile zum aufwendig gestalteten Herrschaftszeremoniell gehören, in das die Lobrede bei allen Anlässen integriert wird – bei der Geburt des Erbprinzen etwa, bei Geburtstagen, Hochzeiten oder beim Tod des Fürsten. Hier geht die Rhetorik eine – für die gesamte Frühe Neuzeit charakteristische – Verbindung mit der zeitgenössischen Gesellschaftstheorie und Verhaltenslehre ein, nach der sprachliches Handeln Teil des sozialen, praktischen Handelns ist und dementsprechend geregelt werden muß. Baldassare Castigliones Ideal vom Hofmann, das er im *Libro del cortegiano* (*Das Buch vom Hofmann*, 1528) entwirft, stellt nicht nur eine den Zeitumständen angepaßte Erneuerung des quintilianischen *vir bonus* dar, sondern liefert erstmals auch die Regeln dafür, sich in einer sozialständisch überaus streng geordneten Gesellschaft ›angemessen‹ und formgewandt zu verhalten und den alle Lebensbereiche durchdringenden zeremoniellen Charakter des öffentlichen Auftretens und Sprechens entsprechend zu schulen.

Mit Blick auf die Gegenwart und auf die Bedingungen der politischen Rhetorik in Deutschland ist festzustellen, daß Aussehen und Aufgabe der Parlamentsrede im wesentlichen darin besteht, bereits getroffene Entscheidungen nachträglich zu verkünden und (beim ›Wahlvolk‹) populär zu machen. Damit entspricht sie allerdings eher dem *genus demonstrativum* als der politischen Beratungsrede gemäß ihrer klassischen Definition, dient sie doch nicht der politischen Entscheidungsfindung selbst, die wiederum eher in den Ausschüssen und Gremien als im Parlament erfolgt. Die aus den Wahlen hervorgegangene Mandatsverteilung und der bei den Parteien inzwischen übliche Fraktionszwang sind die Gründe dafür, daß in den Parlamentsdebatten nicht mehr echte Überzeugungsarbeit geleistet wird – anders übrigens als in den Vereinigten Staaten, wo eine solche ›Parteiräson‹ keineswegs gang und gäbe ist. Dort gehört zum politischen Alltag, was hierzulande die Ausnahme ist, jene Debatten nämlich, in denen kein Fraktionszwang herrscht, in denen keine Gremien die Entscheidungen schon getroffen haben: Auseinandersetzungen wie jüngst über die künftige Hauptstadt der Bundesrepublik gelten aber immer noch als ›Sternstunden‹ des Parlaments, denn hier resultiert die Entscheidungsfindung noch ganz aus dem rhetorischen Prozeß von Pro und Kontra, von Rede und Gegenrede.

Form und Funktion der gegenwärtigen politischen Rhetorik hängen aufs engste mit dem politischen System zusammen, in der sie praktiziert wird. Sie kann durchaus der Propaganda eines diktatorischen Regimes dienen – wie im Dritten Reich – als auch in die Institutionen einer parlamentarischen Demokratie eingebettet sein, in der eine direkte Beteiligung aller Bürger im politischen Entscheidungsprozeß durch ein gestaffeltes System von Wahlen ersetzt ist, das zwar die unmittelbare Entscheidungsfindung wie in der antiken Beratungsrede nicht mehr erlaubt, in der aber – durch die demokratische Verfassung – die politische Rede selbst zum Bestandteil der Demokratie geworden ist. Sicherlich unzutreffend ist es deshalb, das Vorherrschen von beratender oder epideiktisch-politischer Rede immer noch als aussagekräftige Indikatoren für die herrschenden politischen Verhältnisse zu nehmen, weil dies der heutigen Komplexität und Pluralität politischer Meinungsbildung nicht mehr gerecht würde. Und durchaus fraglich ist es, den Funktionswandel des klassischen *genus deliberativum* auch in bezug auf die moderne Demokratie als Verfall der politischen Rede zu werten oder deren Existenz in der jüngeren deutschen Geschichte schlichtweg in Abrede zu stellen – »eine Tradition der politischen Rede mit Vorbildern, Beispielen und Mustern hat sich, von wenigen Ausnahmen abgesehen, zwischen Konstanz und Kiel nie gebildet« (Jens 1969, 27). Es hat den

Anschein, daß hier die im 18. und 19. Jahrhundert stereotyp wiederholte (und damals sicherlich berechtigte) Klage, in Deutschland sei die demokratisch-öffentliche Rede wegen der herrschenden Monarchie unmöglich, kurzerhand auf die gegenwärtige parlamentarische Demokratie der Bundesrepublik übertragen und daß die gegenwärtige politische Rhetorik immer noch allein vor der Folie der antiken Idealdefinition des *genus deliberativum* betrachtet und beurteilt wird. Tatsache ist, daß sich die politische Rede in der Geschichte der Rhetorik mehrfach funktional gewandelt hat und dabei zwischen der klassischen Beratungsrede und dem *genus demonstrativum* changierte. In der Gegenwart fungiert sie in erster Linie im Sinne der Darstellung politischer Prozesse, besitzt aber auch für den Bereich der politischen Verhandlung sowohl im Parlament und in den Gremien als auch zwischen allen gesellschaftspolitisch aktiven Interessengruppen und Verbänden große Bedeutung (Kammerer 1995, 14 ff.).

Eine kritische Analyse der klassischen Redegattungen, so läßt sich an dieser Stelle resümieren, offenbart nicht nur die Probleme einer starren Gattungstrias, sie zeigt auch, daß das antike Gattungsschema manche Verschiebung und Funktionserweiterung der rhetorischen *genera* nur unzureichend erfaßt. Allerdings muß man sich in diesem Zusammenhang in Erinnerung rufen, daß die Gattungseinteilung primär dem Ziel dient, die Theorie der Rhetorik an vereinfachten, idealtypischen Modellen zu demonstrieren, und daß die politische, die juristische und die epideiktische Redegattung kein unmittelbares Abbild der Redewirklichkeit ist. Das läßt sich allein schon anhand der Tatsache belegen, daß entgegen der überaus großen Bedeutung, die das *genus deliberativum* und das *genus iudiciale* für die Theoriebildung hatten, beide Redegattungen für die Redepraxis eine nur geringe Rolle in der Rhetorikgeschichte gespielt haben – sieht man einmal von den vergleichsweise kurzen Zeitspannen der griechischen Demokratie und der späten römischen Republik ab. Solche Höhepunkte der praktischen Beredsamkeit verleiten leicht zu Fehleinschätzungen hinsichtlich ihrer wirklichen Bedeutung. Tatsächlich war die Fest-, Prunk- und Gelegenheitsrede in allen ihren Ausprägungen und Varianten die dominierende Gattung unter den praktizierten Redearten, und sie eröffnet der Rhetorikforschung ein weites Analysefeld, das erst ansatzweise schon bestellt ist. Und bei allen (hier nur skizzierten) Versuchen, die Grenzräume zwischen den klassischen Gattungen auszuleuchten und das *genus demonstrativum* auch unter erweiterter Perspektive zu betrachten, darf nicht übersehen werden, daß die Festrede auch im eigentlichen, ›engeren‹ Sinne überaus bedeutsam war.

3. Formen der epideiktischen Rhetorik

Trotz einiger herausragender Gegenbeispiele hat in der antiken Redepraxis der unpolitische Fest- und Lobredner eindeutig über den politischen und forensischen Redner triumphiert, ist eine epideiktische Beredsamkeit gepflegt worden, bei der die Redeintention mehr vom Beifall des Publikums gelenkt, denn von der Sache selbst bestimmt gewesen ist. Das rhetorische Betätigungsfeld eines solchen Festredners erstreckte sich nicht nur auf die zahlreichen mythologischen Festveranstaltungen, sondern – in der römischen Kaiserzeit – auch auf die öffentlichen Deklamationen, bei denen er historisch-politische Themen (*suasoriae*) oder fingierte Rechtsfälle (*controversiae*) zu erörtern hatte, deren Inhalte jedoch überaus wirklichkeitsfern waren. Die Weltfremdheit des spätrömischen Deklamationsbetriebs, die viel zum allseits beklagten Verfall der Beredsamkeit beigetragen hat, machte aus den Rhetoren zwar virtuose, doch völlig bedeutungslose »Konzertredner« (Hommel 1965, 2619).

Erst in der jüngeren Gegenwart hat sich der affirmative Charakter der Festrede gewandelt und Elemente der kritischen, konfliktorientierten, auch tadelnden Rede in sich aufgenommen. Belege dafür liefern einige der ›Dankesreden‹, die anläßlich der Verleihung des bedeutendsten deutschen Literaturpreises, des Büchnerpreises, gehalten wurden. Wolf Biermann beispielsweise nutzte seine spektakuläre Preisrede *Vom gräßlichen Fatalismus der Geschichte* (1991) nicht nur zur öffentlichen Aufdeckung der Stasiaktivitäten rund um die Künstlergruppe am Prenzlauer Berg, sondern rechnet darin – gewollt parteiisch – mit seiner erzwungenen ›Ausbürgerung‹ und der gesamten DDR-Vergangenheit ab:

»Aber das massenhafte, das breitärschige Selbstmitleid dieser wohlgenährten Untertanen in der ehemaligen DDR widert mich an. Es ging ihnen zu lange zu schlecht, und es ging ihnen dabei offenbar nicht schlecht genug. Ihr Glück, daß nebenan steinreiche Verwandte leben, wird zum Pech. Den ruinierten Tschechen und den verarmten Polen geht es da besser, denn sie wissen, daß sie sich selbst helfen müssen, und sie tun es mit großem Elan. Die meisten Deutschen in der Ex-DDR aber glotzen gelähmt über die geschleifte Mauer auf den wohlsituierten Bruder. Sein Geiz ärgert sie, seine Großzügigkeit kränkt sie. Die Besserwisserei der Wessis beleidigt, sogar ihre Hilfsbereitschaft macht mißtrauisch. Die Cleverneß der Westler treibt die entlassenen Heimkinder des Ostens in eine neue Unmündigkeit.« (*Vom gräßlichen Fatalismus ...*, 229).

Die Geschichte der rhetorischen Praxis zeigt allerdings, daß die Tadelrede nicht nur – wie hier gezeigt – in die Lobrede eingegangen ist, sondern daß sie auch als eigene Redegattung Konjunktur hatte, in manchen Zeiten sogar Hochkonjunktur. Die Frühe Neuzeit, besonders die Reformations- und Gegenreformationszeit, hat eine Fülle von Schmähreden und -schriften hervorgebracht, die größtenteils weit über den (begründeten) Tadel hinausgehen und den Redegegenstand – zumeist eine konkrete Person – unverblümt attackieren und verletzen. Dazu gehören in erster Linie Streitschriften, die in Form von Pamphleten, Pasquillen oder Invektiven, aber auch Personalsatiren und Polemiken verbreitet wurden. Vergleicht man allerdings die praktische Beredsamkeit mit der rhetorischen Theorie, so stößt man auf eine weitere, eine letzte Merkwürdigkeit bei den klassischen Redegattungen: Sind die Ausführungen zum *genus demonstrativum* an sich schon recht knapp, so beziehen sie sich fast ausschließlich nur auf die Lob- und nicht auf die Tadelrede. Aristoteles erwähnt den Tadel nicht einmal explizit, sondern behandelt ihn eher beiläufig in anderem Zusammenhang, und Cicero faßt die »Scheltrede« in nur einem Satz zusammen (*De or.* II.349). Seit dem 3. Jahrhundert n.Chr. ist die Tadelrede sogar ganz aus den Anleitungsbüchern verschwunden.

Die nur sehr knappen Bemerkungen zur *vituperatio* lassen sich darauf zurückführen, daß diese ein kaum kalkulierbares Risiko birgt – ist doch eine direkt gegen Personen gerichtete Schmährede meist nur der Auftakt einer mörderischen und möglicherweise selbstzerstörerischen Redeschlacht (die sich allerdings schon in der antiken Redepraxis größter Beliebtheit erfreut hat). Schwerer noch mag aber gewogen haben, daß der Schmähredner dem ethischen Ideal des *perfectus orator* und des *vir bonus* eklatant widerspricht. Daß man sich entgegen aller ethischen Bedenken mit den Details der *vituperatio* bestens auskannte, belegt manch konkrete Anweisung zur Argumentationspraxis und zur Affekterregung, wie ein Blick in die *Rhetorica ad Herennium* zeigt. Um die eigene Stellung vor Gericht zu festigen, so rät der uns unbekannte Autor, soll die Gegenpartei »dem Haß, der Mißgunst, der Verachtung« ausgesetzt werden:

»Dem Haß geben wir sie preis, wenn wir irgendeine schmutzige, hochmütige, treulose, grausame, unverschämte, boshafte oder lasterhafte Tat von ihnen anführen. In Mißgunst zerren wir sie, wenn wir die Gewalttätigkeit, den Reichtum, die persönliche Macht, die einflußreiche Parteistellung, den Eigennutz [...], die Bekannten und Verwandten unserer Gegner anführen und eröffnen, daß sie mehr auf solche Stützen als auf die Wahrheit vertrauen. Der Verachtung setzen wir sie aus, wenn wir die Trägheit, mangelnde Tatkraft, den Müßiggang und die Verschwendungssucht unserer Gegner anführen.« (*Her.* I.5.8)

Die grundsätzlichen ethischen Bedenken gegenüber der *vituperatio* haben sich in der Frühen Neuzeit wohl endgültig zerstreut, und in den Lehrbüchern werden nicht nur erste Versuche unternommen, die Tadelrede auch theoretisch zu erfassen, sondern zugleich konkrete praktische Anweisungen gegeben, die zumindest mit unseren heutigen ethischen Grundsätzen kaum mehr zu vereinen sind: Vossius beispielsweise liefert ein Kapitel zur Beschimpfung von Krüppeln (»Ratio vituperandi deformes«) (Braungart 1992, 17). Doch abgesehen von moralischen Vorbehalten gibt es auch einen ganz praktischen Grund dafür, daß die Tadelrede in der Rhetoriktheorie kaum berücksichtigt wurde, denn als direktes Gegenstück zur Lobrede konnten die dort aufgeführten Mittel mit lediglich umgekehrten Vorzeichen auch hier eingesetzt werden. Und nicht zuletzt half man sich auch im Falle der *vituperatio* mit *exempla*-Sammlungen, wobei die Reden Ciceros, besonders die zweite Philippika gegen Antonius, zu den wichtigsten Vorbildern gehörten.

Dieses Ungleichgewicht zwischen Lob- und Tadelrede läßt sich übrigens auch in der Redepraxis beobachten: Nahezu in der gesamten abendländischen Geschichte hat das Lob den Tadel überwogen. Die Ursachen sind sozial- und mentalitätsgeschichtlicher Natur, die Pietät vor dem Verstorbenen in der Trauerrede spielt hier eine ebenso große Rolle wie die Einbindung der Lobrede in die Festzeremonie, die auf Harmonie und Feierlichkeit, also Bestätigung ausgerichtet ist. Eine kritische ›Abrechnung‹ mit der zu würdigenden Person oder der Sache wird in den allermeisten Fällen als *aptum*-Verletzung empfunden (s.S.152ff.), sie erzeugt Mißstimmung oder provoziert einen Eklat. Die Rede Wolf Biermanns ist so eine Abrechnung – und entsprechend heftig war die öffentliche Reaktion.

4. Die Erweiterung der klassischen Gattungstrias: Predigt und Brief

Trotz einiger definitorischer Unzulänglichkeiten bildet die klassische Gattungstrias das Fundament aller rhetorischen Lehrbücher in Antike, Mittelalter und Früher Neuzeit, weil sich an ihnen die gesamte Theorie der Rhetorik ebenso umfassend wie anschaulich demonstrieren läßt. Merkwürdig ist trotzdem, daß diese Gattungstrias nicht schon in der Antike durch weitere *genera* bereichert wurde, waren doch schon im Altertum mehr als nur die beratende, die juristische und die epideiktische Rede bekannt – so zum Beispiel der Lehrdialog und das Streitgespräch (*controversia*), aber man kannte auch schriftliche Formen der Rhetorik, beispielsweise den Brief oder die Geschichtsschreibung. Sie alle wurden zwar mehr oder weniger ausdrücklich zur Rhetorik hinzugezählt, waren aber kaum einmal Gegenstand der Lehrbücher. Eine Erweiterung der klassischen Gattungstrias erfolgt erst in der Frühen Neuzeit, als man sich nicht nur intensiv mit den wiedergefundenen Quellentexten beschäftigt, sondern auch versucht, die Ausführungen des Aristoteles, Ciceros und Quintilians der eigenen Lebenswirklichkeit anzupassen. In seiner Enzyklopädie *De expetendis et fugiendis rebus* (1501) führt Giorgio Valla nicht mehr nur die traditionellen drei *genera* auf, sondern fügt ihnen noch drei weitere Bereiche hinzu: *De scribenda historia*, *De dialogo* und *De genere epistolico* (Monfasani 1988, 192). Der Bildungsreformer Melanchthon rechnet sogar noch ein *genus didascalicon* (oder *didacticum*) hinzu, den Lehrvortrag. Mit dieser Erweiterung der antiken Gattungstrias beginnt ein sich allmählich beschleunigender Prozeß einer Ausdifferenzierung der rhetorischen Gattungen, dessen Wurzeln allerdings viel weiter in die Geschichte zurückreichen.

Predigt

Die Spätantike, in der die rhetorische Theoriebildung weitgehend schon erloschen ist, überträgt die Rhetorik aus dem heidnisch-antiken in einen christlich geprägten Kulturkreis und sichert somit ihren Fortbestand im Mittelalter. Im vierten Buch seines Werks *De doctrina christiana* skizziert der Kirchenvater Augustinus eine pragmatische Umformung der Rhetorik, die er ganz dem Zweck verpflichtet, die christliche Botschaft und Lehre zu verkünden. Zur Verkündigung dient ihm eine neue Redeform, die Kanzelrede, also die Predigt (*ars praedicandi*). Im Grunde knüpft diese an die Tradition der epideiktischen Beredsamkeit an, weil auch in ihr kein kontroverser Gegenstand in Rede und Gegenrede erörtert und keine Entscheidung gefällt, sondern das Wort Gottes – die ›göttliche Wahrheit‹ – präsentiert wird. Die Kanzelrede deshalb als »Verrat an der republikanischen Funktion der *ars oratoria*« zu denunzieren (Mainberger 1987, 324) ist schon deshalb ungerechtfertigt, weil hier die enge Verwandtschaft mit dem *genus demonstrativum* keine Beachtung findet: Denn von ihrer Funktion her ist die Predigt eine Anweisungsrhetorik, die uns schon aus der Antike bekannt ist, mögen ihre Inhalte auch andere sein. Umgekehrt kann die Kanzelrede durchaus politisch sein, man denke nur an die Predigten zu Zeiten von Reformation und Gegenreformation, die keineswegs die Zustände nur affirmativ bestätigen, sondern politische Entscheidungen herbeiführen und beeinflussen wollten.

Mit *De doctrina christiana* liefert Augustinus zugleich die erste, wenngleich wenig differenzierte Predigtlehre, die über allgemeine Ausführungen und Mahnungen, den rhetorischen Schmuck maßvoll einzusetzen, nicht hinauskommt. Augustinus wie auch seine wenigen Nachfolger in Sachen Rhetorik und Predigtlehre (Gregor der Große: *Cura pastoralis*, um 590; Hrabanus Maurus: *De clericorum institutione*, 819; Guibert De Nogent: *Liber quo ordine sermo fieri debeat*, 1. Hälfte des 12. Jahrhunderts) haben die Bedürfnisse des frühen und teilweise noch des hohen Mittelalters befriedigt. Eine wirklich systematische Anweisungsliteratur zur Homiletik, zur Predigttheorie, läßt sich dagegen erst im späten 12. Jahrhundert nachweisen (Alain de Lille: *De arte praedicatoria*, 1199). Diese ›Verzögerung‹ in der Theoriebildung mag mit der unangefochtenen Autorität zusammenhängen, die Augustinus auf dem Gebiet der christlichen Rhetorik besaß, in erster Linie erklärt sie sich aber aus dem Umstand, daß eine inhaltlich anspruchsvolle und auch formal kunstvolle Predigt überhaupt erst im Verlauf des Hochmittelalters entsteht. Vorher praktizierte man die Homilie, eine kunstlose, chronologisch Vers für Vers vorgehende Bibellesung und -auslegung, zu der es lediglich ausgearbeiteter Musterpredigten und Exempelsammlungen aus der Bibel bedurfte. Erst die Themenpredigt des 12. Jahrhunderts erlaubt es dagegen den Klerikern, Predigttexte selbständig zu konzipieren und zu formulieren. Im Zuge des ›Bildungsschubs‹ im Hochmittelalter und unter dem Einfluß der im 13. und 14. Jahrhundert neugegründeten Universitäten vollzieht sich eine »homiletic revolution« (Murphy 1974, 310), eine Rhetorisierung der Predigt, in deren Folge in ganz Europa lateinische Predigten mit kunstvollem Aufbau, mit eigenständigem Argumentationsgang und einer individuellen Exemplifikationsstruktur entstehen, die jetzt auch als kunstvolle Rede, als Kunstwerk gelten (Schneyer 1969, 184). Zu ihrer Herstellung bedarf es anderer Hilfsmittel als nur schlichte Exempelsammlungen, und die gestiegenen Ansprüche werden ab dem Beginn des 13. Jahrhunderts von speziellen Predigtlehren befriedigt (die wie die Redegattung ebenfalls *ars praedicandi* genannt werden). Sie bilden einen Teil jener gebrauchsbezogenen Spezialrhetoriken des Mittelalters, die sich zwar ans rhetorische Lehrgebäude anlehnen, doch ihre Materie selektiv daraus auswählen und nach pragmatischen Gesichtspunkten zusammenstellen. Anders als teilweise in der Forschung dargestellt, lösen sich diese Teilrhetoriken nicht von ›der‹ Rhetorik ab, sondern sind originäre Neu- und Weiterentwicklungen rhetorischer *genera*, die das antike System noch nicht erfassen konnte und die keineswegs in Konkurrenz zu diesem stehen. Allerdings offerieren sie nur sehr selten eigenständige Reflexionen zur Theorie, sondern vermitteln in erster Linie praxisbezogenes rhetorisches Wissen, das ausgiebig durch Beispiele illustriert wird und das sich zu reinen Mustersammlungen verselbständigen kann. Diese *artes praedicandi* des hohen und späten Mittelalters geben differenzierte Anweisungen zum Aufbau und zur sprachlichen Gestaltung der Predigt, teilweise wird auch Stimmführung, Vortragstechnik und Gestik behandelt und im Anhang über die maßgeblichen *auctores* und nachahmenswerten *exempla* informiert. Sogar bei der juristischen Beredsamkeit macht man Anleihen: Wie der Anwalt die Sache des Beklagten, so soll der Prediger die Seelen vor Gott vertreten. Beispiele solcher durchstrukturierten *artes praedicandi* sind die Werke *De rhetorica Divina* und *Ars praedicandi* des Wilhelm von Auvergne (1. Hälfte des 13. Jahrhunderts), *De modo predicandi* von Alexander von Ashby (um 1200) und *Summa de arte praedicandi* (1210/15) von Thomas von Salisbury, zu den Höhepunkten des 14. Jahrhunderts gehören die Werke von Thomas Waleys (*De modo componendi sermones*) und Robert von Basevorns (*Forma praedicandi*).

Die weitere Geschichte von Predigttheorie und Kanzelrede, die sich in ungebrochener Kontinuität vom Mittelalter bis zur heutigen Gegenwart erstreckt, ist geprägt von wechselnden Vorlieben für Stil und Stilhöhe, im Grundsatz aber werden die mittelalterlichen Vorschriften weitgehend wiederholt. Die nach wie vor desolate Forschungslage zu diesem Teilbereich der Rhetorik erlaubt allerdings nur einen lückenhaften Überblick. Nach der Wiederentdeckung der antiken Rhetorik in der Frühen Neuzeit orientiert man sich auch in der Predigttheorie ab der Mitte des 15. Jahrhunderts, in den Ländern nördlich der Alpen entsprechend später, wieder stärker an der klassischen Rhetorik. In die nun überaus zahlreich verfaßten Anweisungsschriften, die durchweg selbständige Spezialrhetoriken bleiben, fließen vor allem – allerdings nicht im *Liber congestorum de arte praedicandi* (1504) von Johann Reuchlin oder in Melanchthons, von Veit Dietrich zusammengestellter *Ratio brevis sacrarum concionum tractandarum* (1535) – Überlegungen zur *elocutio* und zur Topik (s.S.86ff.) mit ein. Hinsichtlich der stilistischen Gestaltung lassen sich zwei sehr unterschiedliche Positionen ausmachen: Manche Theoretiker bevorzugen den nüchternen, ganz schmucklosen Stil (wie Reuchlin und Melanchthon), andere dagegen knüpfen an das in der italienischen Renaissance ausgebildete neulateinische Stilideal an und setzen auf den sprachlich anspruchsvollen, ästhetisch gelungenen Predigttext, wie beispielsweise Erasmus von Rotterdam in seiner umfassenden Predigtlehre *Ecclesiastes sive de ratione concionandi* (1535). Auf das Sinnliche der Verkündigungssprache vertrauen später vor allem die Jesuiten – beispielhaft hierfür ist Luis de Granadas überaus erfolgreiches Lehrbuch *Ecclesiastica rhetorica sive de ratione concionandi* (1576) –, während die protestantische Orthodoxie (vor allem in England) eher einer sinnenfeindlichen Sprache zugetan ist. Mit radikalem Eifer verfolgen sie das urhumanistische Anliegen, die Gläubigen in der Predigt zu belehren, während die Parteigänger der Gegenreformation auch die affektische Beeinflussung, das *delectare* und sogar das *movere* zulassen.

Früher noch als in den Theorieschriften wendet man sich in der Kanzelrede der Volkssprachigkeit zu. Obwohl sich die Anfänge der deutschsprachigen Predigt bis auf die karolingische Zeit zurückführen lassen, datiert die erste erhaltene Predigtsammlung aus der Mitte des 12. Jahrhunderts. Einen starken Aufschwung erfährt die deutschsprachige Predigt durch die Mystik im 14. Jahrhundert (Meister Eckhart, Heinrich Seuse, Johannes Tauler), in ihrer Wirkung gar nicht hoch genug einzuschätzen ist schließlich die Bibelübersetzung Martin Luthers – sie dient fortan als Maßstab, Vorbild und Übungsbuch in einem (Dyck [3]1991, 26) – sowie seine Predigten, von denen über zweitausend (wenn auch meist nur in Nachschrift) erhalten sind. Luther, der sich durchaus der persuasiven und sinnlichen Kraft seiner Sprache bewußt ist, spricht und schreibt ein an die damalige Volkssprache angelehntes Deutsch mit lebendig-drastischen Beschreibungen und volkstümlichen Redensarten, das durch Bilderreichtum und Anschaulichkeit bei den ›einfachen‹ Leuten große Wirkung erzielt, weil es auch außerhalb der Gelehrtenstuben verständlich ist.

Seit dem Erfolg Luthers und der Reformation wird auf die rhetorische Ausbildung der Kleriker großer Wert gelegt – bei den Jesuiten sogar noch mehr –, so daß die Predigtliteratur neben den rhetorischen Lehrbüchern ihre Eigenständigkeit behaupten kann. Die Tatsache, daß die *ars praedicandi* in den Lehrbüchern nicht als vierte Redegattung neben die klassische Gattungstrias rückt, hat sie vermutlich davor bewahrt, zusammen mit dem rhetorischen Lehrgebäude im 18. Jahrhundert unterzugehen. Noch heute ist die Homiletik ein lebendiger Zweig der praktischen Rhetorik, zu der es auch eine Fülle von Spezialhandbüchern neben der ›eigentlichen‹ Rhetoriktheorie gibt – wie schon zu Zeiten ihrer Entstehung im Mittelalter.

Brief

Obschon die Rhetorik mit der Kanzelrede wieder an die seit dem Untergang der Antike verschüttete Tradition der praktischen Beredsamkeit anknüpft, eröffnet sie damit zugleich auch das Zeitalter der schriftlichen Rhetorik, denn zumindest bei den uns erhalten gebliebenen Predigttexten des Mittelalters handelt es sich nicht einfach um die verschriftliche Fassung gesprochener Predigten, sondern um von vornherein schriftlich konzipierte Texte (Steer 1987, 319). Während somit die *ars praedicandi* noch eine Zwischenstellung zwischen mündlicher und schriftlicher Beredsamkeit einnimmt, sind die mittelalterlichen Brieflehren Zeugnisse einer genuin schriftlichen Rhetorik. Zwar war die Briefkunst eine schon im Altertum geschätzte Gattung, doch hinterließ sie kaum Spuren im rhetorischen Lehrgebäude – Wirkungsabsicht und sprachlicher Ausdruck waren ohnehin von der Rhetorik geregelt, ansonsten gehörte der Brief eher zum Gebiet der Literatur oder der Philosophie, obwohl er ausdrücklich als eine der Rede verwandte Gattung, ja als die ›Hälfte eines Gesprächs‹ aufgefaßt wurde. Aber als eigene rhetorische Gattung wird der Brief erst im Mittelalter behandelt, wie die Predigt zunächst allerdings in Spezialrhetoriken außerhalb der Lehrbücher. Der Konnex zur mündlichen Beredsamkeit ist im mittelalterlichen Brief dennoch nicht gänzlich verlorengegangen, in den meisten Fällen nämlich wird er dem Adressaten laut vorgelesen.

Der Begriff *ars dictandi* (auch *ars dictaminis*), der sich im Mittelalter für die Briefkunst durchsetzt, bezeichnet eigentlich generell die kunstvolle Textherstellung, die gleichnamigen Lehrschriften vermitteln ganz allgemein die Regeln des ›guten‹ Prosastils. Im Mittelalter dagegen enthalten die Ratgeber ganz spezielle Anweisungen für das korrekte Abfassen von Rechtstexten, vor allem für Urkunden, Gesetze und Verträge. Die Übersetzung mit ›Brieflehre‹ oder ›Briefsteller‹ ist deshalb problematisch, eben weil der mittelalterliche Brief nicht unseren heutigen Vorstellungen entspricht: Dort ist nicht der private, persönliche Brief gemeint, sondern das offizielle, rechtsverbindliche Schreiben, das gewissermaßen die Nachfolge der im Mittelalter kaum praktizierten Gerichtsrede antritt. Anwendung findet die *ars dictandi* in den Schreibstuben und Kanzleien, sie dient der Schulung professioneller Sekretäre und Notare, deren eine differenzierte Rechtskultur bedarf (Worstbrock 1992, X). Sie sind als Reaktion auf die Erfordernis zu verstehen, verbindliche »Regeln für die offizielle Korrespondenz von Kirche und Verwaltung aufzustellen, an denen sich jeder orientieren konnte« (Holtus/Schweickard 1989, 23).

Lehrschriften zur Gestaltung von Rechtsdokumenten sind uns seit dem Ende des 11. Jahrhunderts bekannt – Alberich von Montecassino hatte als erster eine dem rhetorischen Regelapparat entlehnte Brieflehre verfaßt (*Dictaminum radii*, auch *Flores rhetorici* genannt, entst. um 1080) und verschiedene Traktate zur Briefgestaltung geschrieben (*Breviarium* genannt, entst. um 1080) –, doch dürfte die Praxis einer form- und regelgerechten Briefabfassung noch älter sein und vielleicht auf mündliche Überlieferung zurückgehen (Kristeller 1981, 33). Eine wirklich systematische Brieflehre entsteht allerdings erst im Laufe des 12. Jahrhunderts, und zwar in der prosperierenden Stadtkultur Oberitaliens, wo der Bedarf an schriftlicher Regelung von Rechts-, Verwaltungs- und Wirtschaftsangelegenheiten am größten ist (Magister Bernardus: *Rationes dictandi*, um 1140; Transmundus: *Introductiones de arte dictandi*, vor 1188; Boncompagno da Signa: *Rhetorica novissima*, um 1200; Guido Faba: *Summa dictaminis*, um 1230). Vor allem in Bologna, dem Zentrum der Juristenausbildung, werden die meisten Traktate verfaßt, die in Aufbau und Inhalt kaum voneinander abweichen und die rhetorisches Wissen unschwer erkennen lassen: Für den formalen Briefaufbau wird das aus der *Rhetorica ad Herennium* – im Mittelalter neben Ciceros *De inventione* das Standardwerk zur Rhetorik – bekannte Schema der Redeteile nur geringfügig abgewandelt (s.S.53ff.); vor die bekannten Partien ist lediglich eine ausgefeilte Anrede (*salutatio*) gesetzt und dem ganzen Schreiben ein Bittgesuch (*petitio*) hinzugefügt worden. Beiden kommt freilich größte Bedeutung zu, denn trotz seiner rechtsspezifischen Funktion hat der mittelalterlichen Brief auch die Aufgabe, den persönlichen Kontakt zwischen Personen herzustellen. Da sich die Kontaktaufnahme sowohl im Mittelalter als auch über weite Strecken der Frühen Neuzeit innerhalb einer festen sozialen, streng hierarchischen Ordnung vollzieht, müssen in Adresse, Grußformel und in der abschließenden Bitte, in denen das Verhältnis von Absender und Empfänger unmittelbar thematisiert wird, eine Reihe von verbindlichen Regeln genau beachtet werden, beispielsweise die Reihenfolge der genannten Namen oder bestimmte Lob- und Dankesformeln. Neben solchen Anweisungen zum Briefaufbau werden außerdem noch die verschiedenen Stilhöhen und Regeln für den Prosastil samt der rhetorischen Figurenlehre präsentiert sowie die einzelnen Briefarten oder Urkundentypen mit entsprechenden *exempla* und Mustern (*dictamina*) vorgestellt.

Die Theoriebildung der mittelalterlichen Briefsteller ist um die zweite Hälfte des 12. Jahrhunderts bereits abgeschlossen, seit der Mitte des 13. Jahrhunderts ist die florierende *ars dictaminis*-Literatur auch in Frankreich und Deutschland verbreitet. Ein deutlicher Wandel in der Konzeption der Briefsteller vollzieht sich dagegen im 14. Jahrhundert, das durch die zunehmend klare Scheidung in *ars dictandi* und *ars notoriae* den Weg ebnet für die ›moderne‹ Brieflehre (*ars epistolandi*). Nun wird die Rechtsliteratur an die ›Notariatskunst‹ verwiesen, wird die Beurkundung und Erstellung von Rechtsakten in sogenannten *Formularen* abgehandelt, während der Brief (wieder) frei wird für nicht-juristische, persönliche Belange, und die Briefsteller, die, anfänglich unter starker Bezugnahme auf die Antike, allmählich Konzepte für den individuellen Brief mit eigenem, kunstvollen Stil entwerfen. Entscheidend gefördert wird diese Entwicklung durch Petrarcas Fund der Briefe Ciceros im Jahre 1345, die das frühneuzeitliche Stilideal, den sogenannten Ciceronianismus, nachhaltig geprägt haben und dem die berühmten Renaissance-Humanisten des 15. Jahrhunderts allesamt folgen: Leonardo Bruni, Poggio Bracciolini, Enea Silvio Piccolomini, Angelo Poliziano, Lorenzo Valla ebenso wie Coluccio Salutati. Auch in den Brieflehren werden nun die Bezüge der Briefkunst zur antiken Rhetoriktheorie sehr viel ausführlicher behandelt (Aurelio Lippo Brandolini: *De ratione scribendi libri tres*, um 1480; Giammario Filelfo: *Novum epistolarium*, 1477; Giovanni Sulpizio: *Ars epistolandi*, um 1490; Niccolò Sagundino: *De epistolari dicendi genere*, um 1470). Erasmus von Rotterdam, der eine wirkungsmächtige, mehrfach umgearbeitete Brieflehre beisteuert (*De conscribendis epistolis* (1498, 1522, 1534), bereichert sogar die rhetorische Gattungstrias um das *genus familiare* – damit hat sich der Brief nicht nur endgültig »seinen eigenen Platz im System der Rhetorik erobert« (Müller 1994, 62), sondern dringt von nun an auch in die Lehrbücher vor; zum Zeitpunkt des Niedergangs der Rhetorik fehlt der Brief in keiner der großen rhetorischen Lehrschriften mehr. Im Zeitalter von Renaissance und Humanismus rücken, der allgemeinen Tendenz folgend, Fragen zur *elocutio*, speziell zum Stil, in der Vordergrund, die teils in theoretischen Erörterungen diskutiert, oft aber auch nur anhand ausgedehnter Musterbrief-Sammlungen veranschaulicht werden.

Mit der zunehmenden Literarisierung kündigt sich aber schon die allmähliche Lösung der Briefkunst von der Rhetorik an. Während Erasmus noch ganz der rhetorischen Konzeption und der stilistisch anspruchsvollen Gestaltung verpflichtet bleibt, vertritt bereits der spanische Humanist Juan Luis Vives (*De conscribendis epistolis*, 1536) die Meinung, der private Brief bedürfe keiner Literarisierung, sondern müsse schlicht und einfach sein. Zunächst wird hier nichts weiter als ein rhetorischer Paradigmenwechsel vollzogen und nun das Stilideal der Schlichtheit anstelle der kunstvollen Form propagiert, doch erweist sich diese Neuorientierung zugleich als folgenschwere Umwälzung, weil man von jetzt an, d.h. in den folgenden zwei Jahrhunderten, unter der Losung von *plainness* und *simplicité* das rhetorische Regelwerk mehr und mehr als gekünstelt und als unnatürlich ablehnen wird. Diese unter dem Deckmantel der ›Schlichtheit‹ durchgeführte Entrhetorisierung hat sich in den verschiedenen Nationalsprachen, die zwischen dem 16. und 18. Jahrhundert das Lateinische als Briefsprache ablösen, mit unterschiedlicher Geschwindigkeit vollzogen – in der klassizistischen Periode Frankreichs und Englands sehr viel früher als in Deutschland. Speziell im deutschen Absolutismus mit seinem streng normierten höfischen Gesellschaftssystem überlebt der alte Kanzleistil mit seinen Sprachkonventionen (Georg Philipp Harsdörffer: *Teutscher Secretarius*, 1655/59; Kaspar Stieler: *Teutsche Sekretariat-Kunst*, 1673/74) das Barockzeitalter und prägt, wenngleich gemildert durch französische Einflüsse, sogar noch die sogenannten ›galanten‹ Briefsteller von August Bohse (genannt Talander: *Der allzeitfertige Brieffsteller*, 1690; *Getreuer Wegweiser zur Teutschen Rede-Kunst und Brieffverfassung*, 1694) und Christian Friedrich Hunold (genannt Menantes: *Die allerneueste Art höflich und galant zu schreiben*, 1702; *Einleitung zur Teutschen Oratorie und Brief-Verfassung*, 1709) an der Wende zum 18. Jahrhundert.

Gegen diesen galant-barocken Mischstil, der paradoxerweise gerade mit dem Anspruch einer ›natürlichen Schreibart‹ daherkommt, zieht erst um die Mitte des 18. Jahrhunderts Christian Fürchtegott Gellert (*Gedanken von einem guten deutschen Briefe*, 1742; *Briefe, nebst einer praktischen Abhandlung von dem guten Geschmacke in Briefen*, 1751) erfolgreich zu Felde – doch kippt er mit seiner radikalen Abkehr von der barocken Künstlichkeit gleich die gesamte Rhetorik mit über Bord. Der nachhaltige Erfolg, der Gellerts Briefstellern beschieden ist, läßt sich darauf zurückführen, daß mit dem darin konzipierten Natürlichkeitsideal der Kanzleibrief barocker Prägung endgültig beseitigt und zudem der Nerv der Zeit getroffen ist. Die Generation der Stürmer und Dränger greift Gellerts entrhetorisiertes Stilideal auf und radikalisiert es in Richtung auf die entregelte, individualisierte Originalität. Karl Philipp Moritz verwirft in seiner *Anleitung zum Briefschreiben* (1783) jedes rhetorische Regelwerk und damit auch jeden Briefsteller – eine Position, die von Herder, Goethe, Lenz oder Lavater im wesentlichen geteilt wird. »Damit war jeder sich auf Anweisungen und Muster stützenden Brieflehre theoretisch der Boden entzogen – eine ganze Epoche, in der, zuletzt mit abnehmender Tendenz, für die Briefform die Gesetze der Rhetorik gegolten hatten, war zu Ende« (Nickisch 1994, 82). Gegen Ende des 18. Jahrhunderts wird der (schon seit der Antike bekannte) Topos vom Brief als Bild der menschlichen Seele neu belebt und zugleich neu akzentuiert. Nun wird der Brief zum Forum einer radikalen Selbstaussprache, deren Authentizität sich in einer emotionalsubjektiven, ent-regelten Sprache verbürgt. Darin gleicht der Brief einerseits der seit Rousseau ebenfalls extrem subjektivierten Autobiographie, andererseits geht aus ihm eine neue, eine fiktionale Literaturgattung hervor – der Briefroman, mit dem Richardson (*Pamela*, 1740, *Clarissa*, 1747) und Goethe (*Die Leiden des jungen Werther*, 1774) die Literatur revolutionieren.

Paradoxerweise hat die Entrhetorisierung des Briefes nicht zum Verschwinden der Briefsteller geführt – im Gegenteil: Seit dem 19. Jahrhunderts gehören die Briefratgeber zum festen Bestand jener ehemals der Rhetorik verpflichteten Anweisungsliteratur, die mit dem Verlust ihrer rhetorischen Grundlagen einer fortschreitenden Trivialisierung ausgesetzt ist. Mit ihren Musterbriefsammlungen für alle öffentlichen und privaten lebenspraktische Belange fungieren die Briefsteller im bürgerlichen Haushalt als praxisbezogene Ratgeber – und zwar mit großem Erfolg, wie nicht nur der *Universal-Briefsteller* (1834) von Otto Friedrich Rammler beweist, der im Jahre 1907 in der 73. Auflage gedruckt wird (Nickisch 1991, 83). An ihrer Funktion hat sich im Kern bis heute nichts geändert, gewandelt haben sich allein die Anleitungen zur stilistischen Gestaltung des Briefes, und verschwunden sind die bis zu Beginn des 20. Jahrhunderts üblichen Devotionsformeln. Heutzutage ist der Briefinhalt weitgehend versachlicht und auf den informativen Gehalt reduziert, wie überhaupt der Geschäfts- und Behördenbrief das Hauptanliegen der modernen Anleitungsbücher ist. *Perfekte Korrespondenz*, *Geschäftsbriefe mit Pfiff* und *Anleitung zum zeitgemäßen und zielsicheren Brief*, das sind hier beliebig zitierte Titel einer jährlich in großer Zahl auf den Buchmarkt geworfenen Briefliteratur, die neben dem offiziellen und dem Geschäftsbrief auch den privaten, den Freundschafts- und selbst den Liebesbrief noch im Programm hat. Doch in den allermeisten Fällen beschränken sich solche Anleitungen auf Musterbriefsammlungen und verzichten auf eine theoretische Darlegung der rezeptartig formulierten Regeln, geschweige denn, daß sie diese tatsächlich auf ihre rhetorischen Grundlagen zurückführen.

5. Ausdifferenzierung der rhetorischen Gattungen im 17. und 18. Jahrhundert

Im 17. Jahrhundert dringt die Einsicht, die klassischen und mittelalterlichen rhetorischen Gattungen um zeitgemäße Varianten zu bereichern, bis in die volkssprachigen Rhetoriklehrbücher vor. Umgekehrt löst man sich allmählich von der starren Gattungstrias als Demonstrationsfolie des Rhetoriksystems: Der aufklärerische Rhetorikreformer Johann Christoph Gottsched beispielsweise erklärt die politische und juristische Rede kurzerhand zu wirklichkeitsfernen und deshalb untauglichen Überbleibseln einer überholten Beredsamkeit, mit der er sich nicht lange aufhält: »Allein die ganz veränderte Regimentsform hat gemacht, daß man in Deutschland die beyden letzten Arten so eigentlich nicht mehr brauchet« (*Ausführlichen Redekunst*, 67). Statt dessen beschäftigt er sich intensiv mit zahlreichen neuen Formen der Beredsamkeit. Die zunehmende Differenzierung der Kommunikation, die drucktechnischen Verbesserungen sowie das Heranwachsen eines interessierten Lesepublikums und insgesamt das Entstehen einer kritischen Öffentlichkeit sind Voraussetzung und Grund für eine Ausdifferenzierung der rhetorischen *genera*, die – nach der Erweiterung der klassischen Definition – allesamt der epideiktischen Beredsamkeit zuzurechnen wären, die in Wahrheit aber recht eigenständige Zweige im System der Redegattungen ausgebildet haben. Neben den traditionellen Lobreden gehört dazu vor allem die »Bürgerliche Rede«, welche die barocke »Hof-Rede« verdrängt, ohne jedoch alle konventionalisierten Höflichkeits- und Umgangsformen zu tilgen, schon weil die aufkommende bürgerliche Kultur anfänglich das höfische Verhaltensideal kopiert. Erst Mitte des 18. Jahrhunderts löst man sich mehr und mehr von den absolutistischen Lebensformen und bildet eigene, großbürgerlich-kaufmännische Repräsentationsformen aus (Adolph Freiherr von Knigge: *Über den Umgang mit Menschen*, 1788). Doch selbst darin knüpft man durchgehend an die bürgerliche Festberedsamkeit des 17. Jahrhunderts an, die zu praktisch allen privaten und öffentlichen Redeanlässen Kleingattungen ausgebildet hatte. Der ebenso ausführliche wie umständliche Titel des 1660 erstmals gedruckten Lehrbuchs von Balthasar Kindermann verschafft uns eine durchaus repräsentative Übersicht über diese »Reden im gemeinen Leben«:

»Der Deutsche Redner/ In welchen unterschiedene Arten der Reden auff allerley Begebenheiten Auff Verlöbnüsse/ Hochzeiten/ Kind=Tauffen/ Begräbnüsse/ auf Empfah= Huldig= Glückwunsch= Abmahn= und Versöhnungen/ Klag und Trost: wie auch Bitt Vorbitt und Dancksagungen samt dero nothwendigen Zugehör/ von der Hand/ so wol bey hohen/ als niedrigen Mannes und Weibespersonen zuverfertigen enthalten sind.« (*Der Deutsche Redner*, Titelblatt).

Meist werden auch die standardisierten Höflichkeitsfloskeln, die »Complimente«, als eigene Teilgattung abgehandelt, in den Barockrhetoriken sind sie sehr ausdifferenziert (»Gratulations=Complimente«, »Condolenz=Complimente«), in den Aufklärungsrhetoriken werden sie teilweise unter der Rubrik »Gespräche« abgehandelt.

Eine besondere Form der bürgerlichen Beredsamkeit ist die akademische Rede (»Schul-Reden« und »Studenten-Reden«), die sowohl von den Lehrern anläßlich der überaus zahlreichen Schulfeste gehalten als auch von den Schülern geübt werden müssen. Im Schulunterricht kommt der Chrie (*chreía*) besondere Bedeutung zu – in der antiken *proymnásmata* (s.S.20) eigentlich eine kleine Übungsrede, um die Beweisführung zu trainieren, im 17. und 18. Jahrhundert dagegen eine schriftliche Arbeit, die auch als Vorform des Schulaufsatzes angesehen wird. Zur fortgeschrittenen Unterrichtspraxis gehören außerdem die sogenannten Disputationen als Vorübung auf das akademische, das universitäre Disputationswesen (*ars disputandi*, auch *ars argumentandi*). Diese dialogischen Redeübungen in Form streng ritualisierter Streitgespräche wurzeln sowohl im philosophischen Lehrgespräch als auch in den römischen Übungsreden, den *suasoriae* und *controversiae*; seit dem Humanismus dienen sie vornehmlich der Rekapitulation des im Schulunterricht Erlernten. Auf den Universitäten sind die *disputationes* der eigentliche Kern der Lehr- und Lerntätigkeit: »Vom einfachen Scholaren bis hinauf zum Ordinarius für Theologie kommt jeder Angehörige der *universitas docentium ac discentium* fast täglich in irgendeiner Weise mit dem Disputationswesen in Berührung, sei es mitwirkend, sei es nur zuhörend« (Barner 1970, 407). Ähnlich wie auf den Schulen dienen sie der Darbietung des Stoffes – eine öffentliche Disputation ersetzt das heute übliche Examen –, sowie der intellektuellen, argumentativen und sprachlichen Schulung, aber auch der Repräsentation des jeweiligen Faches. Doch die meist exakt vorbereitete *disputatio*, bei der die Thesen in der Regel schon vorab gedruckt und veröffentlicht werden, und ihr präzise festgelegter Ablauf fördern unfreiwillig eine unfruchtbare Streitlust, eine scholastische Spitzfindigkeit, die wenig zur Bereicherung des akademischen Lebens beiträgt. Die einstige Lebendigkeit der Disputationskunst, die aus der theologischen Auseinandersetzung nach der Kirchenspaltung herrührt, ist außerhalb der Theologie schon im Barockzeitalter wieder verlorengegangen, die *ars disputandi* ist – wie bereits im Mittelalter – weitgehend zu einem nutzlosen, weil abgedroschenen Experimentierfeld einer praxisfernen Logik verkommen.

Neben diesen neuen Formen der vorbürgerlichen und bürgerlichen Beredsamkeit lebt natürlich auch die klassische epideiktische Rede weiter, namentlich die Lobrede (»Standreden und Personalien«) und die Trauerrede (auch »Leich=Abdanckung« oder »Parentation« genannt). Die politische Rhetorik ist dagegen kaum noch in den volkssprachigen Lehrbüchern des 18. Jahrhunderts vertreten (»Staats= und Kriegs=Reden«; »Politische Reden und Schreiben«), die juristische Rede ist sogar völlig daraus verschwunden. In keinem der Lehrbücher fehlen dagegen Ausführungen zur Brieflehre, während Anweisungen zur Homiletik (»Von geistlichen Reden«) fast ausnahmslos in eigenständigen Lehrbüchern zu finden sind. Auffällig ist schließlich, daß in den Rhetoriken mündliche und schriftliche Gattungen gleichwertig behandelt, teilweise sogar explizit Hinweise zu »schriftlichen Übungen« gegeben werden.

6. Gattungsvielfalt in der Moderne: ein kursorischer Überblick

Der Bruch in der Rhetoriktradition und das Ende der Theoriebildung im 18. Jahrhundert ist verantwortlich für ein rhetorikgeschichtliches Paradoxon, dessen Ausmaß sich erst heute, im historischen Rückblick offenbart. Die fortschreitende Ausdifferenzierung der Öffentlichkeit, die weiteren Verbesserungen der Drucktechnik, die Voraussetzungen für massenhafte und billige Druckerzeugnisse und schließlich das Aufkommen der elektronischen, audiovisuellen Medien haben einerseits zu einer erheblichen Ausweitung besonders der schriftlichen rhetorischen Gattungen geführt. Andererseits ist diese rasante Evolution der letzten 250 Jahre auf Grund des vorläufigen Endes in der Theoriebildung um die Mitte des 18. Jahrhunderts nicht mehr unter rhetorischen Gesichtspunkten reflektiert worden, geschweige denn in ein rhetorisches Lehrgebäude eingegangen. Einiger dieser neuzeitlichen Gattungen hat sich die Literaturwissenschaft angenommen, nur sehr vereinzelt sind sie – auch in den modernen Lehrbüchern – zum Untersuchungsgegenstand der Rhetorik gemacht worden. Auf keinem anderen Gebiet der rhetorischen Lehre hat die Unterbrechung des Traditionsstrangs so folgenschwer und nachhaltig gewirkt wie im Bereich der modernen *genera*, für die eine systematische Darstellung im Grunde überhaupt erst einzufordern wäre. Die folgenden Bemerkungen können daher nicht mehr als eine

Skizze eines weiten, aber bislang sträflich vernachlässigten Feldes der Rhetorik in der Gegenwart sein.

Zum Kernbestand der schriftlichen *genera* gehören zweifelsohne die journalistischen Gattungen, für die das rhetorische Credo, nämlich zielwirksam, publikumsorientiert und überzeugend zu schreiben, in besonderem Maße gilt. Als Massenpublikationsorgan ist die Zeitung ein Produkt des 18. und 19. Jahrhunderts, und ganz vereinzelt tauchen journalistische Texte auch schon als Gegenstand in den ›letzten‹ rhetorischen Lehrbüchern vor dem Ende der Theoriebildung auf (z.B. Friedrich Christian Baumeister: *Anfangsgründe der Redekunst,* 1754). In den drei Sparten einer heutigen überregionalen Tages- oder Wochenzeitung – Politik, Wirtschaft und Feuilleton (samt Sportteil) – lassen sich zahlreiche Untergattungen der beiden ›klassischen‹ journalistischen Textsorten Bericht und Kommentar ausmachen. Dazu gehören Meldung und Nachricht ebenso wie Kommentar und Leitartikel, Glosse und Kolumne. Im Feuilleton ist die Variationsbreite am größten, sie reicht von der Buchrezension über die Film- und Theaterkritik bis hin zum Ausstellungsbericht, in ihr finden aber auch Mischformen zwischen Bericht und Kommentar – wie Reportage und Feature –, sowie zeitungsgerecht aufgearbeitete Formen des alten *genus demonstrativum* (Laudatio, Porträt, Nekrolog) oder verschriftlichte Gesprächsformen (Interview) ihren Platz. Teilweise sind hier auch ›Grenzfälle‹ der rhetorischen Gattungen zu finden, deren Wurzeln ebenfalls älter sind als das Medium Zeitung, etwa der Reisebericht, die biographische beziehungsweise autobiographische Skizze oder der Essay, also Formen der nicht-fiktionalen Literatur.

Seit dem Wiederaufleben der Rhetorik (in Deutschland) seit den 60er und 70er Jahren des 20. Jahrhunderts ist einem Bereich der praktischen Beredsamkeit besondere Aufmerksamkeit zuteil geworden, infolge dessen sich ein schärferes Gattungsprofil innerhalb der mündlichen Rhetorik herausgebildet hat. Gemeint sind jene ›dialogischen‹ Gattungen, die allesamt auf Formen des Gesprächs basieren, also Diskussionen, Podiumsdiskussionen, Debatten, Talkrunden, aber auch Verhandlungs- und Verkaufsgespräche, Beratungs- und Informationsgespräche, das therapeutische und seelsorgerische Gespräch oder das Interview. Unverständlich ist, daß diese dialogischen *genera* selbst in die anspruchsvollen modernen Lehrbücher nicht vorgedrungen, sondern vornehmlich zur Beute von jenen populärrhetorischen Ratgebern geworden sind, in denen die Rhetorik fast immer zu einem höchst zwielichtigen Trivialwissen zusammengeschrumpft ist. Der dort gelegentlich erhobene Anspruch, die dialogischen Gattungen seien ein Produkt allein der modernen Kommunikation und deren Analyse gehe über das antike Lehrwissen hinaus, zeugt indes von einem ebenso vollmundigen wie beklagenswerten Halbwissen: Mögen die Inhalte der dialogischen Gattungen auch den heutigen Erfordernissen und Bedürfnissen angepaßt sein, so hat doch die klassische Rhetorik immer schon das Dialogische des Kommunikationsprozesses im Auge gehabt – auch wenn die drei klassischen Redegattungen auf den ersten Blick als rein monologische Redeformen erscheinen (s.S.6f.).

Der Blick in die rhetorischen Populärratgeber offenbart allerdings auch, daß das weite Feld der epideiktischen Beredsamkeit in der Praxis nach wie vor gepflegt wird. Obwohl sich viele der Ratgeber in umfangreichen Rede- und Beispielsammlungen erschöpfen, in denen rhetorisches Wissen nur noch als banale Gebrauchswertversprechen (Bremerich-Vos 1991, 45 ff.) in Vor- oder Nachworten vorkommt (»Rhetorik und praktische Arbeitshilfen«, »Kleine Rhetorikschule«), vermitteln diese doch einen recht guten Überblick über die heutige Lebendigkeit und Vielschichtigkeit praktischer Beredsamkeit und demonstrieren damit, daß der Traditionsbruch in der Rhetorikgeschichte zwar die Theoriebildung nachhaltig betroffen hat, daß davon jedoch die praktische Rhetorik kaum beeinträchtigt wurde. Die Gattungsdifferenzierung der Epideiktik, die wir im 17. und 18. Jahrhundert beobachten konnten, hat sich bis heute fortgesetzt und ein nur noch schwer zu überschauendes Terrain der privaten und öffentlichen Rede hinterlassen: Reden zum Geburtstag, zur Taufe, zum Schuleintritt, zu Kommunion oder Konfirmation, zum Schulabschluß, zu Verlobung, Hochzeit und Ehejubiläen, zum Muttertag, zu Einladungen, Festessen, Partys, Familienfeiern sowie zu Beerdigungen und Trauerfeiern finden sich in allen Rederatgebern, dazu kommen die öffentlichen, meist betrieblichen oder geschäftlichen Redeanlässe: Reden zu Jubiläen aller Art, zu Beförderung oder Ruhestand, zu Ehrungen und Auszeichnungen, Betriebsfeiern und -ausflügen, Reden im Vereinsleben, für Festbankette, zur Geschäftseröffnung, Grundsteinlegung, Richtfest und Einweihung usw.

Nicht von den antiken Theoretikern bedacht werden konnten dagegen die durch die audiovisuellen Medien übermittelten Gattungen. Bei ihnen bedeutet sowohl das technische Moment bei der rhetorischen Vermittlung als auch die damit verbundene enorme Ausweitung des Adressatenkreises eine Neuerung gegenüber den bisher behandelten *genera*. Die einzelnen Gattungen und Untergattungen freilich lassen sich mühelos aus dem traditionellen Arsenal der Rhetorik herleiten: die Talkshow als medial inszeniertes Gespräch, die Nachrichtensendung als Informationsrede, die im Fernsehen übertragene Parlamentsrede als eine Form der politischen Rhetorik. Ein echtes Novum hingegen ist wohl die Werbung, übrigens eine wahre Fundgrube für rhetorische Figuren und persuasive Strategien aller Art (vgl. Förster 1982, 59 ff.).

Am Beispiel der politischen Rhetorik lassen sich allerdings auch Veränderungen aufzeigen, die sich unter dem Einfluß und dem Wandel der Medien vollzogen haben. Dazu nur ein kontrastives Exempel: Hatten Redner wie Otto von Bismarck und August Bebel noch Zeit und Gelegenheit, eine im Reichstag gehaltene und dabei mitstenographierte Rede nachträglich gegenzulesen und eventuell zu korrigieren, bevor diese dann in voller Länge in den Zeitungen abgedruckt wurde, so ist heutzutage die rhetorische Wirkung ungleich ›schneller‹, weitreichender und damit auch unkontrollierbarer geworden – ein Sachverhalt, der sich anschaulich im Zusammenhang mit der so arg mißglückten *Gedenkrede aus Anlaß der Pogrome des nationalsozialistischen Regimes gegen die jüdische Bevölkerung* (1988) des ehemaligen Bundestagspräsidenten Philipp Jenninger demonstrieren läßt. Die sicherlich in bester Absicht verfaßte und von der rhetorischen Präsentation her überaus anspruchsvolle, aber in der *actio* vollkommen gescheiterte und dadurch mißverständliche Rede löste bekanntlich unter den anwesenden Parlamentariern einen Sturm der Entrüstung aus, der durch die Liveübertragung im Fernsehen umgehend in Millionen Haushalte übertragen wurde. Dadurch potenzierte sich die Wirkung der katastrophalen Ansprache in einem Maße, die den Schaden irreparabel und eine angemessene Reaktion notwendig machte: Am Tag darauf trat Jenninger von seinem Amt zurück.

Während hier die veränderten Wirkungsbedingungen einer (an sich ja klassischen) Rede zu sehen sind, lassen sich aber auch strukturelle Veränderungen im rhetorischen Prozeß selbst beobachten, die zeigen, wie sehr sich die Rahmenbedingungen unter den medialen Einflußfaktoren gewandelt haben. So gehört für einen Politiker die Rede im traditionellen Sinne zwar nach wie vor zum unverzichtbaren Repertoire seines rhetorischen Könnens, doch muß heute die – sicherlich nicht unbedingt erstrebenswerte, aber im medialen Politalltag unverzichtbare – Fähigkeit hinzukommen, Intention und Aussage in fünfzehn bis dreißig Sekunden ›mediengerecht‹ zusammenzufassen: für den Kurzbeitrag in den Abendnachrichten. Daß dabei die Komplexität politischer Themen und Fragen weitgehend auf der Strecke bleibt, ist weniger einem Verfall politischer Beredsamkeit zuzuschreiben als vielmehr den veränderten Konstitutionsbedingungen der politischen Rhetorik in unserer Mediengesellschaft. Das gleiche gilt übrigens für die Selbstdarstellung in den Medien, die für Politiker inzwischen zur unerläßlichen Komponente ihrer politischen Präsentation geworden ist. Bekannt geworden ist das Beispiel jenes (in der Geschichte des amerikanischen Präsidentschaftswahlkampfs erstmalig) vor der Kamera ausgetragenen Rededuells, bei dem der schlechtrasierte und unvorteilhaft gekleidete Richard Nixon gegen einen damals noch ziemlich unbekannten, aber ungemein telegenen jungen Politiker antrat. Wenige Wochen später wurde John F. Kennedy mit knapper Mehrheit zum Präsidenten der Vereinigten Staaten gewählt.

Doch die mediale Vermittlung potenziert nicht nur die Wirkung rhetorischer Prozesse, sie macht es auch schwieriger, diese zu steuern, weil der Rhetor sein Zielpublikum – die große, für den Redner anonym bleibende Masse der Rundfunkhörer oder Fernsehzuschauer – kaum exakt einschätzen und damit auch die Wirkung seiner Rede nur schlecht taxieren kann. Hinzu kommt, daß der Wirkungsprozeß selbst oftmals nicht mehr allein vom Redner, sondern (teilweise sicherlich ohne bestimmte Hintergedanken) von den Medien gelenkt wird: Wenn ein Politiker eine Wahlkampfrede vor fünfhundert Zuhörern hält, entfacht er unter ihnen möglicherweise Begeisterungsstürme; in der Zeitung, die von fünfhunderttausend gelesen wird, folgt vielleicht nur eine knappe Meldung, die besagt, daß lediglich bekannte Positionen wiederholt wurden. Und den Abendnachrichten, die fünf Millionen Zuschauer am Bildschirm verfolgen, ist diese Rede womöglich nicht einmal eine Erwähnung wert (vgl. Kammerer 1995, 19). Welche Wirkung, so läßt sich abschließend fragen, ist hier relevant? Und wie läßt sie sich vom Redner noch steuern? Die Lösung dieser Fragen und die Entwicklung praktikabler Konzepte für eine medienrhetorische Präsentation jenseits von bloßen Floskeln und inhaltsleeren Phrasen dürfte eine der großen Herausforderungen sowohl für die Politik wie auch für die zukünftige politische Rhetorik sein.

7. Ein besonderes Kapitel: Rhetorik und Dichtung

Die Dichtung in all ihrer Formenvielfalt kurzerhand zu einer rhetorischen Gattung zu erklären muß auch im Sinne einer ubiquitär verstandenen Rhetorik als Anmaßung erscheinen. Die Geschichte lehrt jedoch, daß die Dichtkunst über lange Zeiträume hinweg tatsächlich als eine Gattung der Rhetorik oder zumindest als deren Verwandte betrachtet und, wie diese, als *ars* gelehrt wurde. Zur angemessenen Darstellung dieser überaus intensiven Wechselbeziehung bedürfte es im Grunde einer eigenständigen Monographie; an dieser Stelle müssen einige knappe Bemerkungen genügen.

Über die Nähe von *ars rhetorica* und *ars poetica* ist bereits in der Antike nachgedacht worden, doch obgleich man viele Gemeinsamkeiten zwischen ihnen festgestellt hat, wurde die Dichtung nicht als *genus* der Rhetorik, sondern als eigene Kunst verstanden – bekanntlich hat schon Aristoteles beiden jeweils eigene Lehrschriften gewidmet, die *perì poiētikḗs* (*Poetik*, um 335 v.Chr.) und eben die *Rhetorik*. Auf die zahlreichen Berührungspunkte zwischen ihnen, vor allem im produktionsästhetischen und stilistischen Bereich, weist er allerdings ausdrücklich hin, ebenso wie später die römischen Rhetoriker, die, wie Cicero, den Dichter als »Gefährten« des Rhetors (*De or.* I.70) betrachten. Am eindrucksvollsten demonstriert den Zusammenhang von Rhetorik und Poetik der römische Dichter Horaz, der in seiner *Ars poetica* (auch *De arte poetica*, eig. *Epistulae ad Pisones*, um 19. v.Chr.) Dichtung mit den Mitteln der klassischen Rhetorik analysiert und dabei die ersten drei rhetorischen Produktionsstadien *inventio, dispositio* und *elocutio* in die Poetik überträgt und auch die drei rhetorischen Wirkungsfunktionen *docere, delectare* und *movere* (s.S.10) aufgreift, diese allerdings auf die Doppelkategorie von Nutzen und Vergnügen (*prodesse et delectare*) einschränkt. Mit der von Horaz nicht berücksichtigten Stilebene beschäftigt sich dagegen ausführlich jener uns unbekannte Longinus, dessen Schrift *Vom Erhabenen* eine Synthese von rhetorischer und poetischer Theorie darstellt.

Der hohe Rang, den die Poetik in der Antike besaß, geht ihr im frühen Mittelalter verloren und verhindert lange Zeit die Ausbildung einer eigenständigen Poetik. Erst das hohe Mittelalter bringt Schreiblehren und dichtungstheoretische Werke hervor, die einen Teil der mittelalterlichen Spezialrhetoriken ausmachen, wenngleich sie seltener sind als die Lehrschriften zur Briefkunst und zur Predigt. Diese *artes poeticae* (auch *artes poetriae* genannt) beinhalten allerdings keine eigenständigen literaturtheoretischen beziehungsweise -ästhetischen Ansätze im heutigen Sinne, sondern wenden die von Rhetorik und Grammatik aufgestellten Regeln auf die Verskunst an und vermitteln dazu Regeln, führen Beispiele aus der Literatur an und geben Unterricht in praktischer Aufsatzübung. Von ihnen läßt sich eine recht anspruchslose und kaum systematisierte Schreibschulung (*ars versificatoria*) unterscheiden, wenngleich die Grenzen zwischen ihnen fließend sind. Zum rhetorischen Erbe der *ars poetica* gehört die den verschiedenen Arbeitsstadien der Rede entlehnte Anleitung zur Dichtungsproduktion: In der *inventio* erfolgt das Auffinden des Stoffes – eine originäre Schöpfung neuer Stoffe durch den autonomen, nur sich selbst verpflichteten Dichter ist dem Mittelalter ebenso unbekannt wie der Frühen Neuzeit –, die *dispositio* behandelt Fragen zur Anordnung des Stoffes, bevor dieser dann in der *elocutio* sprachlich ausgestaltet wird. Tropen und Figuren, die sogenannten *colores rhetorici*, und teilweise auch andere Aspekte der *virtutes elocutionis* (s.S.141ff.), der Stilgestaltung und Sprachkomposition (*compositio*) beanspruchen den größten Teil der mittelalterlichen Dichtungslehren. Im 13. Jahrhundert verengt sich die rhetorische Dreistillehre zu einem starren Stilschema, in welchem den verschiedenen Stillagen bestimmte Inhalte und Stoffe zugeordnet sind, beispielsweise dem erhabenen Stil die herrschaftlich-ritterliche Welt mit ihren entsprechenden Attributen. Seinen vollkommensten Ausdruck findet dieses Stilraster in der *rota Vergilii* des Johannes von Garlandia (s.S.205).

Fast alle mittelalterlichen Poetiken entstehen in Frankreich, in den Schulen von Tours, von Orléans und Paris; die erste mehr oder minder eigenständige Dichtungstheorie entwirft Matthaeus de Vendôme (lat. Matthaeus Vindocinensis, *Ars versificatoria*, um 1175), zu den bekanntesten Poetiken gehören die *Poetria nova* (um 1210) des Galfrid von Vinsauf (eig. Geoffroi of Vinsauf, auch Galfridus de Vino salvo genannt), die *Ars poetica* (um 1215) des Gervarius von Melkley (auch Gervasius de Saltu lacteo) und *De arte prosaica, metrica et rithmica* (auch *Parisiana poetria* genannt, Mitte des 13. Jahrhunderts) des Johannes de Garlandia.

Zu einer sehr engen Symbiose von Rhetorik und Dichtung kommt es im Verlauf der Frühen Neuzeit. Für den Dichter der italienischen Renaissance ist die Dichtung tatsächlich eine Form der Beredsamkeit, und entsprechend eng wird nun die Dichtungslehre, die Poetik, mit der Rhetorik verknüpft. Diese Verflechtung beruht allerdings auf einer Auffassung von Dichtkunst, die von den uns heute geläufigen Vorstellungen ziemlich verschieden ist. Damals hatte die Dichtung ganz bestimmte ethische und pädagogische Aufgaben zu erfüllen: Sie soll die Menschen zu einem tugendhaften Lebenswandel erziehen – besonders im Drama und im Epos werden menschliche Verhaltensweisen dargestellt, die das Publikum entweder ablehnen oder aber befolgen soll. In dieser Funktionalität offenbart sich, daß die Dichtung lediglich über unterhaltsamere und anschaulichere Ausdrucksmöglichkeiten verfügt, ansonsten aber dieselben moraldidaktischen Inhalte wie die Rhetorik zu verkünden hat. Die Dichtkunst entspricht damit weitgehend der epideiktischen Rede, die ja auch das Gute zu loben und das Schlechte zu tadeln hat, und sie nutzt dazu jene persuasiven Strategien, die von jeher in der Rhetorik beheimatet sind.

Auch der Dichter wird ganz anders verstanden als heute, nicht als Schöpfer eines originalen Kunstwerks, sondern als Philologe und Gelehrter im weitesten Sinne: Dazu gehört nicht nur, in (lateinischen) Versen zu dichten, sondern auch, die antiken Autoren zu interpretieren und über literarische Fragen in theoretischen Abhandlungen zu räsonieren (Greenfield 1981, 21). Seine literarische Produktion erschöpft sich nicht im fiktionalen Verskunstwerk, sondern umfaßt – neben dem Drama – sämtliche Formen der Prosa- und Sachliteratur: Briefe, Geschichtsschreibung, philosophische Abhandlungen, überhaupt Lehrbücher aller Art. Eine derartige Auffassung von Dichtkunst und Dichter macht verständlich, daß die Poetik seit dem 14. Jahrhundert als ›Wissenschaft‹ in den Bildungskanon mitaufgenommen wird, in die *studia humanitatis* (oder *studia humaniora*). Als universitäres Fach tritt sie an die Seite der Rhetorik, wo beide oft zu einem Lehrstuhl zusammengefaßt und von ein und demselben Professor gelehrt werden.

Auch inhaltlich entsprechen sich die Rhetoriken und Poetiken der Frühen Neuzeit – und zwar in einem Maße, daß es schwerfällt, genau zwischen ihnen zu unterscheiden. Man orientiert sich weitgehend an der *Ars poetica* des Horaz, doch die selbstverständliche Kenntnis der rhetorischen Theorie aus den Schriften des Auctors ad Herennium, Ciceros und Quintilians machen praktisch jede poetologische Abhandlung auch zu einer rhetorischen. Allein im Fiktionalen der Dichtung sieht man den Unterschied zur Rhetorik: Während diese ihre Inhalte direkt und unverblümt in Gestalt der Rede präsentiert, soll jene sie in Form einer allegorischen Handlung gestalten, sollen deren Inhalte also in eine Geschichte eingekleidet, in eine Fiktion gebracht werden. Doch auch die Dichtkunst gilt als lehr- und lernbare *ars*, zu der zwar Talent (*natura*) und Vorstellungskraft (*ingenium*) die Voraussetzung ist, die jedoch in erster Linie durch das Befolgen der rhetorisch-poetologischen Regeln (*doctrina*) und praktische Übung (*exercitatio*) sowie durch Nachahmung von Vorbildern (*imitatio*) und gemäß der drei ersten rhetorischen Produktionsstadien zuwege gebracht wird (vgl. S.8). Dabei bildet das *aptum* (bzw. *decorum*, s.S.152ff.) stets den obersten Bezugsrahmen, weil es den Stoffen die jeweilige poetische Gattung zuweist: ›Große‹ Themen müssen in der Tragödie, ›niedrigere‹ dagegen dürfen nur in der Komödie behandelt werden. Auch die sozialständische Bindung des Stoffes an die Stilhöhe bleibt erhalten – nur ›hochgestellte‹ Personen dürfen in der Tragödie agieren und im hohen, pathetischen Stil deklamieren.

Zur regelgerechten Anwendung aller Vorschriften bedarf es einer umfangreichen Ausbildung, die sich allerdings nicht in der technischen, der handwerklichen Schulung erschöpft, sondern umfassend auf die – seit Cicero für die Rhetorik geltend gemachte – Verbindung von Weisheit und Beredsamkeit zielt und an deren Ende der universal gebildete *poeta orator* stehen soll. Die pädagogischen Anweisungen hierzu entnimmt man größtenteils wortwörtlich der *Institutio oratoria* Quintilians, und folgerichtig fließt das Ideal vom *vir bonus* nun ein in die Auffassung vom Dichter (beziehungsweise wird noch gesteigert: *poeta vir optimus*), der in der gesamten Epoche höchstes Ansehen genießt.

Für die Dichtungspraxis ist die Affektenlehre (s.S.117ff.) von besonderem Interesse, weil man mittels der Affekterregung Zuschauer oder Leser steuern und (zum Guten) beeinflussen will. Im 16. und 17. Jahrhundert wird diese persuasive Kraft der Poesie derart aufgewertet, daß man in der englischen Renaissancepoetik zu dem paradoxen Befund gelangt, von ihrer Wirkungsmacht her sei die Dichtung rhetorischer als die Rhetorik selbst (z.B. George Puttenham: *The Arte of English Poesie*, 1589). In der deutschen Literatur verleitet dies zu dem für das Barock charakteristischen, gewollt prunkvollen und pathetisch-erhabenen Stil der manieristischen Autoren, der zum sogenannten ›Schwulst‹ ausartet. In der Praxis beeinflußt die Affektenlehre das Theater und speziell das Drama und wird von der aufkommenden Schauspiellehre, die sich aus der *actio* herausbildet, begierig aufgenommen. Aber auch außerhalb des Theaters, im geschriebenen Text, will man den Leser gleichsam zum Zuschauer einer illusionären, nur beschriebenen Handlung machen. Hierzu bedient man sich besonders intensiv des rhetorischen Figurensystems, das in Form von Figuren- und Stilkatalogen in die Dichtungslehren hinüberwandert. Auch Sammlungen und Exzerpte klassischer und zeitgenössischer Texte gehören zum festen Repertoire der Poetiken, freilich sind auf diesem Feld schon bald Auswüchse zu beobachten: Kompendien von Sprichwörtern, Sentenzen und Gleichnissen überschwemmen den Buchmarkt und werden zu schier unerschöpflichen ›Inventionskammern‹ für die Poeten ausgebaut. An diesem Punkt droht die generelle Nachahmungsfreudigkeit der Frühen Neuzeit umzuschlagen in eine Imitationsmanie, in eine rein materielle *inventio*, die zu einem zwanghaften Abarbeiten literarischer Topoi verkommt und die die Originalität der Poesie erstickt.

Das herausragende Zeugnis der rhetorisierten Poetik ist das monumentale Werk Julius Caesar Scaligers, die *Poetices libri septem* (gedr. 1561), das die neuentstandenen und überaus kraftvollen volkssprachigen Literaturen wie kein anderes beeinflußt. Auch für die deutsche Barockpoetik, an deren Beginn Martin Opitz' kurzgefaßtes *Buch von der Deutschen Poeterey* (1624) steht, ist Scaliger das Vorbild schlechthin. Im gesamten 17. und selbst noch im beginnenden 18. Jahrhundert bilden Rhetorik und Dichtkunst eine Einheit, sind, wie Georg Philipp Harsdörffer in seinem *Poetischen Trichter*

(1647-1653) ausführt, »die Poeterey und Redkunst miteinander verbrüdert und verschwestert/ verbunden und verknüpfet/ daß keine sonder die andre gelehret/ erlernet/ getrieben und geübet werden kan.« (Vorrede zum dritten Teil). Wenngleich sich auch die Stimmen mehren, die den Einfluß der *natura* und des *ingeniums* gegenüber der *ars* geltend machen und zwischen erlernbarer Reim- und naturgegebener Dichtkunst unterscheiden, so bleibt doch die deutsche Dichtung des Barock in erster Linie rhetorische Dichtung, die den aus sich selbst schöpfenden, nur sich selbst verpflichteten Autor lediglich als unverbindliche Modellvorstellung kennt. Weil der *alter deus*, als den Scaliger und seine Nachfolger den Dichter bezeichnen, ein bloßer »Rechtstitel« bleibt (Fuhrmann 1973, 206), erklärt sich auch, daß in den barocken Dichtungslehren nicht selten hymnische Referenzen an den ›göttlichen Dichter‹ unvermittelt neben einem exakten poetologischen Regelwerk stehen. Tatsächlich gilt der Dichter vornehmlich als Handwerker und (noch) nicht als autonomer Kunst-Schöpfer, als den wir ihn seit dem Ausgang des 18. Jahrhunderts kennen (Kristeller 1974/76, Bd.1, 109).

Im Verlauf des 18. Jahrhunderts zerbricht die Synthese von Rhetorik und Poetik. Grund dafür ist der umfassende Paradigmenwechsel innerhalb der Aufklärung, bei dem der Rationalismus von einer neuen Gefühlskultur (Sensualismus, Empfindsamkeit) verdrängt wird, die auf das subjektive Empfinden und auf Emotionen abzielt. Dieser Umschwung führt auch in der Dichtungstheorie zu einer enormen Aufwertung von Affekt und Gefühl, Phantasie (»Einbildungskraft«) und Sinnlichkeit, denen man am Ende sogar zubilligt, eine neue, in dieser Form bisher noch nicht erfahrene Wahrnehmung zu ermöglichen. Theoretisch begründet wird diese ästhetische Erkenntnis und die Erfahrung des ›Schönen‹ bekanntlich von Alexander Gottlieb Baumgarten (*Aesthetica*, 1750/58), zu absoluten Prinzipien erhoben werden beide von Immanuel Kant (*Kritik der Urteilskraft*, 1790), der gleichzeitig alles, was sie beeinträchtigt, aus der Kunst ausschließen will. Für ihn ist die Dichtung – als »schöne Kunst« – die Vollendung menschlichen Ausdrucks, während er die Rhetorik scharf kritisiert: Einerseits berührt sie sich – als »schöne Rede« – mit dem Ästhetischen, andererseits bleibt sie einer rationalen Zweckhaftigkeit verpflichtet, die eine Einbuße an Schönheit bedeutet. Und umgekehrt berührt sie sich einerseits – als rationale Überzeugungstechnik – mit dem Logischen, doch andererseits bedient sie sich eben auch affektischer, nicht-logischer Persuasionsmittel. Für einen solchen Zwitter, zu dem Kant die Rhetorik macht, ist in seinem System der Künste und Wissenschaften kein Platz mehr, die Rhetorik »versinkt in dem Abgrund, der sich zwischen Ästhetik und Logik, zwischen schöner Kunst und rationaler Wissenschaft auftut« (Niehues-Pröbsting 1990, 246).

Daß Kant die Rhetorik nicht gänzlich aus den Künsten ausschließt, ist einigermaßen inkonsequent; diesen Schritt vollzieht endgültig erst Hegel, der in seinen *Vorlesungen über die Ästhetik* (gehalten zwischen 1817 und 1829) einen unüberbrückbaren Widerspruch zwischen der Zweckmäßigkeit rhetorischen Sprechens und der »freien poetischen Organisation des Kunstwerks« (Bd.2, 50) feststellt. Mit dieser wertenden Unterscheidung von zweckfreier Kunst und zweckhafter Rede ist übrigens noch ein zweiter grundlegender Bruch mit der rhetorisch-poetologischen Tradition vollzogen, denn mit der zugestandenen Zweckfreiheit wird der Dichtung ihre moraldidaktische Funktion, in der gesamten Frühen Neuzeit ihr Charakteristikum schlechthin, rundweg abgesprochen. Und gleichzeitig liefert die Zweckhaftigkeit, der jedes rhetorische Handeln unvermeidlich unterliegt, den Theoretikern der Ästhetik willkommenen Vorwand, die Rhetorik zu attackieren. Es ist Kant, der die Zweckrationalität mit Täuschung und Hinterlist gleichsetzt und das berüchtigte, vernichtende Urteil über die Rhetorik fällt (s.S.11). Und schließlich – das ist der dritte Bruch mit der Tradition – wird der künstlerische Prozeß selbst ins Irrationale verlagert: Der Künstler ist sich nicht (mehr) des künstlerischen Produktionsprozesses bewußt, die Kunst kommt gleichsam wie von selbst aus seinem Innern hervor. Damit wird theoretisch abgesichert, was seit der Sturm und Drang-Bewegung schon proklamiert wurde, daß nämlich der Künstler ein Genie ist, das sich seine Kunstregeln selber setzt. Das Kunstwerk gilt nicht länger als Produkt einer *ars*, sondern als eine von den poetologischen Regeln unabhängig hervorgebrachte Kunst-Welt mit eigenen Gesetzlichkeiten. Die objektiven Regeln der traditionellen Poetik sind durch individuelle und gefühlsmäßige Regeln ersetzt worden, die sich weder systematisch erfassen oder beschreiben, sondern sich nur aus den einzelnen, konkreten Kunstwerken immer wieder neu ableiten lassen. Mit einer solch individualisierten und subjektivierten Ästhetik ist aber nicht nur der normativen Poetik der Boden entzogen, sondern auch grundlegend jene Basis zerstört worden, auf dem das Lehrgebäude der Rhetorik seit jeher fußt: Die propagierte Regellosigkeit der Kunst wird zu einer Norm erhoben, neben der für den Regelapparat kein Platz mehr ist. Der Zusammenbruch der rhetorischen Poetik, so läßt sich resümieren, vollzieht sich nicht nur parallel zum Niedergang der rhetorischen Theoriebildung, sondern trägt auch und ganz erheblich zum Traditionsbruch in der Rhetorikgeschichte mit bei.

III.
Die Redeteile

Nach der Behandlung der rhetorischen Gattungen besteht der nächste Schritt, die komplexe Materie der Rhetorik zu systematisieren, darin, die verschiedenen Partien einer Rede oder eines Textes zu erfassen und sie in einzelne Redeteile zu gliedern (*mérē toú lógou*; *partes orationis*). Diese Aufgabe fällt in den antiken Lehrbüchern schon in den Bereich der *inventio*, also in das erste Arbeitsstadium des Redners, wenngleich eine solche Strukturierung des Redeganzen eigentlich eher in das Gebiet der *dispositio* fällt (s.S.127ff.). Die Rhetorik hat verschiedene Einteilungsprinzipien entworfen, schon weil die verschiedenen Redegattungen unterschiedliche Redeteile verlangen, die jeweils andere Aufgaben zu erfüllen haben. Doch obwohl gerade Aristoteles dieser Forderung nach einer differenzierten Gestaltung der Redeteile konsequent gefolgt ist und für die klassischen rhetorischen *genera* jeweils unterschiedliche Anweisungen zur Einteilung der Rede gegeben hat, setzt sich in der Rhetorikgeschichte das von ihm am ausführlichsten behandelte Gliederungsschema durch – quasi als übergreifendes Einteilungsprinzip, das im übrigen ganz und gar auf der Gerichtsrede aufbaut: Der Einleitung (*prooímion*; *exordium*, *principium*) folgt die Darstellung des Tathergangs beziehungsweise die Schilderung des Sachverhalts (*diégēsis*; *narratio*), ihr angeschlossen ist die eigentliche argumentative Beweisführung (*pístis*, *eikós*; *argumentatio*, auch *probatio*) und der Redeschluß (*epílogos*; *peroratio* oder *conclusio*).

In dieser Aufteilung zeigt sich einmal mehr die beherrschende Stellung, die das *genus iudiciale* in den rhetorischen Lehrbüchern der Antike innehat. Die Tatsache, daß diese Einteilung auch für andere Gattungen Geltung besitzt und – beispielsweise im Brief – nur geringfügig variiert oder erweitert wird, zeigt aber auch, daß dieses klassische vierteilige Schema ein universales Strukturprinzip für die *partes orationis* bereitstellt, das die gesamte Rhetorikgeschichte über Bestand hat und sich selbst in den ›modernen‹ Gliederungsschemata mühelos nachweisen läßt. Allerdings besitzt auch das vierteilige Strukturprinzip – ebenso wie das *genus iudiciale* selbst – nur Modellcharakter und entspricht nicht unbedingt der Variabilität wirklicher Rede. Vor allem die klare Scheidung der ›inneren‹ Redeteile in *narratio* und *argumentatio* läßt sich außerhalb der Gerichtsrede kaum ausmachen, und die Frage, ob hier noch ›erzählt‹ oder schon

›argumentiert‹ wird, läßt sich selten eindeutig beantworten. Bei der folgenden Erläuterung der vier ›klassischen‹ Redeteile kann es also nur darum gehen, das Strukturskelett der *partes orationis* und die mit den einzelnen Redeteilen verknüpften Funktionen vorzustellen, die in der Rede- und Schreibpraxis dann allerdings flexiblere Anwendung finden, als es das Schema selbst vielleicht vermuten läßt.

1. Die vier klassischen Redeteile

Die vier klassischen Redeteile haben unterschiedliche Aufgaben zu erfüllen. Einleitung und Schluß bilden sozusagen den Rahmen der Rede, *narratio* und *argumentatio* den Hauptteil. Während die beiden ›äußeren‹ *partes* vorrangig der Kontaktaufnahme mit dem Publikum und der Weckung (oder Dämpfung) von Emotionen dienen, steht in den ›inneren‹ Teilen der Redegegenstand im Vordergrund, den der Redner plausibel, den er glaubhaft machen will – durch die Art der Darstellung und durch seine Argumentationsführung.

Exordium

Das *exordium* ist der Redeanfang, in dem nicht nur der Hauptteil der Rede inhaltlich vorbereitet, sondern auch die Beziehung zwischen dem Redegegenstand und dem Redner beziehungsweise dem Publikum vorstrukturiert werden soll und in der vor allem die Kontaktaufnahme des Redners mit seinen Zuhörern erfolgt. Im Normalfall soll das *exordium* die Hörer dem Ansinnen des Redners gegenüber freundlich stimmen, in bestimmten Fällen ist aber auch eine Konfrontation mit den Rezipienten denkbar. Schon Aristoteles hat hervorgehoben, daß das *prooímion* in erster Linie affektischen Charakter hat, also weniger auf die Sache selbst, sondern vielmehr auf das Publikum gerichtet ist oder der Selbstdarstellung der Redners dient (*Rhet.* III.14.8). Eine derartige Einleitung empfiehlt sich allerdings nicht in jedem Fall – auf sie verzichten kann man zum Beispiel bei sehr kurzen Redebeiträgen. Wenn sie jedoch dem Hauptteil einer Rede vorgeschaltet wird, dann sind zwei Formen des *exordiums* zu unterscheiden, das *prooemium* und die *insinuatio*.

Das *prooemium* bezeichnet den Redeanfang unter ›normalen‹ Bedingungen, wenn der Redner also nicht vor ein desinteressiertes, ablehnendes oder gar feindlich gesinntes Publikum treten muß. Drei Anforderungen muß das *prooemium* genügen: Es soll die Aufmerksamkeit des Publikums gegenüber den Inhalten und Redezielen wecken (*attentum parare*), es soll den Hauptteil inhaltlich vorbereiten (*docilem parare*) – beispielsweise durch eine kurze Aufzählung der wesentlichen Punkte – und es soll die Zuhörer gegenüber den Inhalten der Rede und gegenüber dem Redner gewogen machen (*benevolum parare* oder *captatio benevolentiae*). Letzteres kann dadurch geschehen, daß der Redner sich als kompetent und deshalb glaubwürdig darstellt – indem er beispielsweise auf sein spezielles Fachwissen verweist –, daß er die Wichtigkeit des Themas betont oder das Publikum mit lobenden Worten bedenkt. In diesen allgemeinen Funktionen ist die *captatio* allerdings nicht ausschließlich nur auf das *exordium* beschränkt, sondern kann im Verlauf einer (längeren) Rede immer wieder eingesetzt werden.

Gegenüber dem *prooemium* ist die *insinuatio* eine Einleitung unter erschwerten Bedingungen. Die gängige Übersetzung – »Einschmeichelung« – verführt leicht dazu, in der *insinuatio* eine reine Anbiederung an das Publikum zu sehen. Richtig ist, daß sie vor allem psychologische Mittel nutzt, um die erschwerten ›Startbedingungen‹ einer Rede auszugleichen. Ungünstig für den Redner ist es beispielsweise, wenn das Publikum durch den oder die Vorredner bereits ermüdet, also entsprechend unaufmerksam ist, oder wenn es von einem gegenteiligen Standpunkt (wie vom Redner vertreten) überzeugt ist – eine Wahlkampfrede in einer mehrheitlich nicht von den Anhängern der eigenen Partei besuchten Veranstaltung wäre dafür ein Beispiel. Die Vorschläge, die von der klassischen Rhetorik zu *insinuatio* gemacht werden, sind allerdings wenig originell, wie uns ein Blick in die *Rhetorica ad Herennium* belehrt: Man könne das Publikum erheitern und es dadurch wachrütteln, oder man könne anfangen mit einer

»wahrscheinlich klingenden erdichteten Erzählung, [...] einer ironischen Spottrede, einer Zweideutigkeit, einer Verdächtigung, einer Verspottung, einer Albernheit, einer Übertreibung, einem Gleichnis [...], mit etwas Unerwartetem, mit einer Analogie, einer Überraschung, einer geschichtlich beglaubigten Erzählung, einem Vers, mit einem Zwischenruf oder dem beifälligen Lächeln von jemandem.« (*Her.* I.6.10)

Eine Besonderheit des *exordiums* ist, daß es genau die entgegengesetzte Absicht (zu den oben beschriebenen Zielen) verfolgen kann: Statt das Wohlwollen der Zuhörer zu erlangen, kann es das Publikum zornig stimmen, beispielsweise wenn zunächst der (politische) Gegner aufs Korn genommen wird; statt Aufmerksamkeit zu wecken, kann es von den folgenden Sachverhalten ablenken oder diese als Bagatelle hinstellen; und statt den Inhalt vorzubereiten, kann es abschweifen und sich vom Hundertsten ins Tausendste verlieren – vor allem dann, wenn der Redner zu den (ihm vielleicht unangenehmen) Inhalten am liebsten gar nichts sagen würde.

Wie bei der *captatio* sind auch die Aufgaben des *exordiums* nicht ausschließlich auf den Redeanfang festgelegt; exordiale Sequenzen können über das Redeganze verteilt sein, zum Beispiel bei sehr langen Reden, in denen die einzelnen Partien des Hauptteils jeweils mit einem gesonderten *exordium* beginnen können. Umgekehrt kann das *exordium* auch entfallen, wenn es die Situation erfordert, beispielsweise bei einer nur knapp bemessenen Redezeit oder wenn das Publikum mit den Sachverhalten bereits bestens vertraut ist.

Narratio

Mehr als jede andere Partie der Rede ist die *narratio* vom *genus* der juristischen Rede bestimmt: Die ›Erzählung‹ meint eigentlich die Schilderung des Tathergangs aus der Sicht des Anklägers oder des Verteidigers. Sie ist also immer eine parteiische, den eigenen Interessen dienende Darstellung eines Sachverhalts – und vor den Schranken des Gerichts kommen ja meist auch recht unterschiedliche Versionen des Geschehens zum Ausdruck, die anschließend in der *argumentatio* bewiesen werden sollen. Allerdings hat schon Aristoteles hier ein Problem gesehen: Ist nämlich die *narratio* zu lang oder sind deren Inhalte zu komplex, dann kann unter Umständen der Zusammenhang zwischen *narratio* und *argumentatio* verlorengehen. Aristoteles schlägt deshalb keine durchgängige, sondern eine unterteilte *diḗgēsis* vor, damit die Darlegung der Fakten nicht von ihrer Auslegung getrennt wird.

Inhalt und Form der *narratio* exakt zu bestimmen ist im Rahmen des Strukturschemas der Redeteile kaum möglich. Im Extremfall kann es sich um eine knappe, sehr nüchterne Zusammenfassung des in der *argumentatio* zu beweisenden Sachverhaltes handeln oder um eine mit allen Mitteln der affektischen Rede arbeitende, großangelegte *insinuatio*. Alle Stufen der rhetorischen Wirktrias – *docere, delectare, movere* – sind erlaubt, für die Gerichtsrede allerdings, da sind sich die Lehrbücher einig, ist nur der nüchterne, knappe Stil empfehlenswert: Die *narratio*, so der Auctor ad Herennium, »soll kurz, sie soll deutlich, sie soll wahrscheinlich sein« (*Her*. I.9.14). Trotzdem hat die Rhetorik von der *narratio* – im Gegensatz zum *exordium* – kein festumrissenes Bild geliefert. In den nichtjudizialen Redegattungen ist damit oft nur ein bestimmtes narratives oder deskriptives Darstellungsverfahren gemeint (*ekphrasis*; *descriptio*; s.S.190), das sich kaum als eigenständiger Redeteil definieren läßt. Im *genus iudiciale* dagegen dient die *narratio* als Basis des sich anschließenden Beweisverfahrens und wird von den Lehrbüchern dementsprechend ausführlich behandelt. Ihr Ziel ist es, das Publikum – also die Geschworenen und die Richter – von der Wahrhaftigkeit des Erzählten zu überzeugen. Die Glaubhaftmachung durch plausible, das heißt durch logisch nachvollziehbare und psychologisch einsichtige Verknüpfungen in gebotener Kürze, das ist die hohe Kunst der *narratio* in der Gerichtsrede. Besonders anspruchsvoll ist es, wenn an sich unglaubhafte, aber den wirklichen Gegebenheiten tatsächlich entsprechende Sachverhalte glaubhaft gemacht werden müssen (*narratio probabilis*). Als ideal gilt die kurze, knappe Darstellung (*narratio brevis*), die nur das für die Verhandlung wirklich Wesentliche ausbreitet und auf lange Herleitungen, Erklärungen etc. verzichtet. Hier werden drei Tugenden verlangt, die der Auctor ad Herennium oben bereits eingefordert hatte: Klarheit in der Darstellung (*sapheneia*; *perspicuitas*), Kürze (*syntomía*; *brevitas*) und Glaubhaftigkeit (*pithanótēs*; *probabilis*, auch *versimilis* oder *credibilis*). Bei entsprechend langen Ausführungen kann die *narratio* aber auch in Teilschritte untergliedert werden (*narrationis initium*, *medium* und *finis*). Den Abschluß einer längeren *narratio* bildet eine Zusammenfassung der wesentlichen Punkte (*próthesis*; *propositio*, *expositio*), die aber auch die *narratio* gänzlich ersetzen kann oder als Einleitung zur *argumentatio* und teilweise sogar als eigener Redeteil zwischen *narratio* und *argumentatio* aufgefaßt wird.

Argumentatio

In den klassischen Lehrbüchern ist auch für die *argumentatio* – die »Beweisführung« oder die »Begründung« – die Gerichtsrede das Muster. Für die römische Rhetorik freilich gilt, daß mit der starken Konzentration auf das *genus iudiciale* eine Verengung der von Aristoteles ursprünglich ganz allgemein und umfassend konzipierten Argumentationstheorie einhergeht. In der *Rhetorica ad Herennium* ist dies deutlich zu beobachten: Der Auctor führt lediglich einige nacheinander zu absolvierende Argumentationsschritte auf, was scheinbar schon den Erfolg der Argumentation garantiert. Die anderen lateinischen Theoretiker haben sich zwar differenzierter geäußert, die ursprüngliche Breite und Fülle der aristotelischen Argumentationslehre erreicht die römische Rhetorik jedoch nicht mehr.

Die rhetorische Argumentationstheorie wird in der vorliegenden Darstellung in einem eigenen Kapitel vorgestellt (s.Kap.IV). Wenn im folgenden dennoch eine Skizzierung der *argumentatio* erfolgt, so geschieht dies allein im Sinne der klassischen, auf die juristische Rede bezogenen Lehrbücher, in denen die Argumentation als Redeteil der Gerichtsrede behandelt wird. Dort freilich ist die *argumentatio* das eigentliche Herzstück unter den *partes orationis*: »Die ganze Hoffnung auf einen Sieg und die ganze Möglichkeit zu überzeugen beruht auf der Bekräftigung und Widerlegung«, so leitet der Auctor ad Herennium seine Argumentationslehre ein (*Her.* I.10.18) und nennt dabei gleich zwei grundlegende Argumentationsformen, nämlich die Pro- und die Kontra-Argumentation (*probatio, confirmatio* sowie *refutatio, confutatio* oder *reprehensio*), wie sie von Anklage und Verteidigung im Sinne einer unterstützenden Beweisführung oder einer Widerlegung der gegnerischen Behauptungen eingesetzt wird. Abgesehen von diesen beiden werden noch zwei weitere Formen der (juristischen) Argumentation unterschieden. Im ersten Fall sind die Argumente nicht durch rhetorische Prozesse hergeleitet, sondern liegen quasi schon als ›Beweise‹ vor – die antiken Lehrbücher nennen hier übereinstimmend Gesetzestexte, Zeugenaussagen, vertraglich fixierte Vereinbarungen, (unter Folter erpreßte) Geständnisse sowie eidesstattliche Erklärungen –, so daß man von den inartifiziellen Überzeugungsmitteln oder den unkünstlichen Beweisen spricht (*písteis átechnoi; probationes inartificiales*), die der Redner ›nur‹ anzuwenden braucht. Quintilian macht allerdings darauf aufmerksam, daß auch diese, scheinbar kunstlosen Beweise der rednerischen Darstellung bedürfen, um ihre Wirkkraft zu entfalten (*Inst.or.* V.1.2). Alle anderen Überzeugungsmittel muß der Redner dagegen mittels seiner Beweisführung, also durch die Kunst seiner Argumentationsführung und durch die Überzeugungskraft der vorgebrachten Argumente ausbreiten, und in diesem Fall spricht man von den kunstvoll angewandten, den artifiziellen Überzeugungs- oder künstlichen Beweismitteln (*písteis éntechnoi; probationes artificiales*).

Von diesen Beweismitteln, »die völlig aus der Kunst des Redners stammen« (*Inst.or.* V.8.1), gibt es wiederum drei Arten: Die Argumentation im eigentlichen, engeren Sinne (*enthýmēma; ratiocinatio* oder *argumentum*), die Beispielargumentation (*parádeigma; exemplum*) und schließlich noch eine für die Gerichtsrede wichtige Sonderform der Argumentation, den Indizienbeweis (*sēmeíon; signum*). Teilweise wird als viertes Verfahren auch die in der Antike überaus beliebte Sentenz (*gnṓmē; sententia*) hinzugerechnet. Sie alle werden im Kapitel zur Argumentationstheorie näher erläutert. Außer ihnen kennt die Rhetorik schließlich noch ein allgemeines, übergreifendes Argumentationsverfahren, nämlich die Steigerung der Redewirkung durch ›Vergrößerung‹, das heißt durch die gemäßigte Übertreibung der darzulegenden Inhalte (*aúxēsis*; *amplificatio*), beziehungsweise durch deren Gegenteil, die Abschwächung durch ›Verkleinerung‹ (*meíōsis*; *minutio*).

Die Argumentation im engeren Sinne, also die Enthymem-Argumentation, bildet den eigentlichen Kern der *argumentatio*, wobei Aristoteles von drei Argumentationsschritten ausgeht (s.S.73ff.), während die römischen Theoretiker meist fünf nennen (*Epicheirem*, s.S.79ff.). Diese fünf werden allerdings weder einheitlich bezeichnet noch definiert, sie wirken zudem – ganz im Gegensatz zum aristotelischen Schema – sehr schablonenhaft, besonders beim Auctor ad Herennium und in Ciceros Frühwerk *De inventione*. Später, in *De oratore*, verzichtet Cicero dagegen auf diese schematische Beweisführung, wohl auch deshalb, weil er der affektischen Beeinflussung inzwischen einen sehr viel höheren Stellenwert gegenüber der exakten, aber pedantischen Beweisführung beimißt. Auch Quintilian folgt keiner schematischen Gliederung, sondern nähert sich wieder dem dreiteiligen und flexibleren Schema des Aristoteles an.

An die in der *argumentatio* dargebotene Argumentationslehre schließt sich in den meisten antiken Lehrbüchern noch eine »Findelehre« an, die sogenannte Topik, eine Anleitung zum Aufspüren der für den jeweiligen Zusammenhang überzeugungskräftigsten Argumente mittels einzelner *topoi* oder, wie die Römer sie nennen, *loci*. Auch die Topik wird in der vorliegenden Darstellung im Kapitel zur Argumentationstheorie behandelt (s.S.86ff.).

Peroratio

Die *peroratio* hat zwei Aufgaben zu erfüllen, sie soll das in den Hauptteilen *narratio* und *argumentatio* Gesagte zusammenfassen und – wenn dies vom Redner beabsichtigt ist – die Affekte der Zuhörer, die Emotionen wecken. Zusammenfassung (*recapitulatio*), Wiederholung (*repetitio*) oder Aufzählung (*enumeratio*) dienen dazu, die inhaltlichen Hauptpunkte und -aussagen im Gedächtnis der Zuhörer zu vertiefen. Die antiken Theoretiker wußten bereits, daß die meisten und lebhaftesten Erinnerungen, die von einer Rede im Gedächtnis bleiben, aus deren Schlußsätzen stammen. Deshalb sollte der Redner vor allem seine ›Botschaft‹ am Schluß noch einmal deutlich aussprechen. Wichtig dabei ist, daß der Schluß vorher angekündigt wird, daß er kurz ist und prägnante Aussagen macht. Die häufigsten Fehler bei der *peroratio* resultieren aus der Mißachtung oder falschen Anwendung dieser Vorschriften: Entweder wird der Schluß gar nicht oder viel zu früh angekündigt, oder aber er ist zu lang, zu wenig präzise, und nicht selten mißrät er zu einer kleinen ›Extrarede‹ – womit dann alle Trümpfe der *peroratio* verspielt wären.

Die antiken Theoretiker aber sahen die eigentliche Aufgabe der *peroratio* darin, beim Publikum Emotionen zu wecken – der Redeschluß galt als der geeignete Platz, um die Affekte zu stimulieren, also die Gemüter entweder anzuheizen oder sie zu dämpfen. Geleitet wird die Affekterregung durch die zweifache Aufgabe des (Gerichts-)Redners, die gegnerische Partei oder Sache in einem möglichst schlechten Licht erscheinen zu lassen (*indignatio*), die eigene Partei oder Sache dagegen in möglichst gutem Lichte darzustellen (*conquestio, commiseratio*). Gerade in den Gerichtsreden konnten scheinbar alle Register gezogen werden, wohl auch deshalb, weil sich in der *peroratio* die letzte Gelegenheit bot, den Richter oder die Geschworenen zu beeinflussen: »Hier [...] kann man, wenn überhaupt irgendwo, alle Schleusen der Beredsamkeit öffnen« (*Inst.or.* VI.1.51). Beschuldigungen, die Erregung von Furcht oder Mitleid, von Zorn, Haß, Neid oder Bewunderung und Ehrfurcht, besonders Appelle, Aufforderungen und Anweisungen – alle diese affektischen Mittel konnten am Schluß eingesetzt werden.

Die *peroratio* kann, vor allem bei längeren Reden, auch zur Beendigung einzelner Redeteile oder Themenbereiche eingesetzt werden. Die *recapitulatio* ist bei Sachthemen angebracht, als strukturierendes Moment kann sie auch im Hauptteil der Rede vorkommen.

In einigen der antiken Lehrbüchern zur Rhetorik ist das Viererschema der Redeteile variiert worden, wobei entweder die vorhandenen Partien weiter differenziert oder aber neue Teile hinzugefügt wurden. Zwischen *narratio* und *argumentatio* konnte die *propositio* eingeschoben werden (s.S.57), es konnten aber auch Hinweise zur weiteren Gliederung der Rede gegeben werden (*divisio, partitio*) oder die *argumentatio* mit einem kurzen Exkurs (*parékbasis; digressio*) eingeleitet werden. Teilweise sind auch Pro- und Kontra-Argumentation (*confirmatio* und *refutatio*) als eigenständige Redeteile aufgeführt. Von allen diesen Modifikationen bleibt die Grundstruktur des viergliedrigen Schemas indes unberührt, und wenn in den Lehrbüchern auch von fünf- oder gar sechsteiligen Schemata gesprochen wird, so sind die zusätzlich aufgeführten Partien doch nur Zugaben zu den vier Hauptredeteilen.

2. Variationen der Redeteile in anderen rhetorischen Gattungen

Wie leistungsfähig dieses eigentlich für die Gerichtsrede konzipierte Schema ist, zeigt sich schon daran, daß es auch in anderen rhetorischen Gattungen herangezogen werden kann. Mehr oder weniger ausdrücklich gilt es genauso für die beratende Rede, deren dialektische Struktur ja der juristischen Rede entspricht, so daß die Aufgaben von *narratio* und *argumentatio* auch im *genus deliberativum* zum Tragen kommen. *Exordium* und *peroratio*, die ›Eckpfeiler‹ des Redeganzen, sind ohnehin in allen rhetorischen *genera* anwendbar. Ganz explizit knüpft die mittelalterliche und frühneuzeitliche Briefkunst an das Viererschema der Redeteile an, wenngleich bei den *partes epistolae* charakteristische Veränderungen zu beobachten sind: Der Einleitung, deren Aufgabe es ist, das Wohlwollen des Adressaten zu erlangen und die deshalb teilweise gleich *captatio benevolentiae* statt *exordium* genannt wird, folgt die *narratio*, also die Darstellung der Inhalte. Die *argumentatio* freilich, immerhin das Herzstück der forensischen Rede, ist als eigener Redeteil weggefallen, weil die Überzeugungsarbeit nicht die vorrangige Aufgabe des Briefes ist. An ihre Stelle rückt die *petitio*, das Bittgesuch, in dem das Kernanliegen des Briefes formuliert ist – »ein Begehren erfolgreich vorzutragen, zu bitten, zu befehlen, zu drohen, zu tadeln u.s.f.« (Worstbrock 1981, 180). Die *conclusio* schließlich beendet den Brief mit der Schilderung der Konsequenzen, die der Absender durch das Erfüllen (oder die Ablehnung) seines Begehrens unweigerlich heraufziehen sieht. Besondere Aufmerksamkeit widmen die Brieflehren jedoch einem Briefteil, der diesem Viererschema vorangestellt ist, der *salutatio*, der Anrede und Grußformel, in der die persönliche Kontaktaufnahme erfolgt und zugleich das soziale Rangverhältnis zwischen Absender und Empfänger des Briefes geregelt wird (s.S.36). Der *salutatio* können noch verschiedene Exordialtopoi vorgeschaltet sein – ein Sprichwort (*proverbium*), eine Sentenz, ein Vergleich (*comparatio*), eine Fabel oder dergleichen mehr. Auch im Aufbau der Predigt – für die im Laufe der Geschichte allerdings eine Vielzahl von Strukturvorschlägen gemacht wurde – ist das klassische Muster der antiken Gerichtsrede noch erkennbar. Erasmus beispielsweise gliedert die Predigt in *exordium*, *narratio*, *divisio*, *confirmatio*, *confutatio* und *conclusio*; Melanchthon führt auf: *exordium*, *narratio*, *propositio*, *argumentatio*, *confirmatio*, *ornamenta*, *amplificatio* und *epilogus*. Und selbst die Dichtungslehren des Mittelalters orientieren sich am antiken Redeaufbau – dem *exordium* folgt die *narratio*, die *probatio*, die *refutatio* und schließlich die *peroratio*.

3. ›Moderne‹ Gliederungsschemata

Die Tauglichkeit des klassischen Schemas zur Gliederung der Rede läßt sich nicht zuletzt daran ermessen, daß es die gesamte Rhetorikgeschichte hindurch tradiert wird und selbst nach dem Ende der rhetorischen Theoriebildung im 18. Jahrhundert weiterlebt, und zwar im Dispositionsschema der Aufsatzlehre. Denn im Dreischritt von Einleitung, Hauptteil und Schluß, verbindlich für den deutschen Schulaufsatz seit dem 19. Jahrhundert, ist das rhetorische ›Erbe‹ der Redeteile mehr als offenkundig; lediglich die außerhalb der Prozeßrede ohnehin wenig taugliche Unterscheidung von *narratio* und *argumentatio* ist aufgegeben und beide Redeteile sind zu einem ›Hauptteil‹ zusammengezogen worden. In der schriftlichen Form des Aufsatzes sind Gestalt und Funktion der beiden ›äußeren‹ Redeteile ebenso erhalten geblieben wie die Aufgabe des Hauptteils, nämlich den Redegegenstand darzulegen und argumentativ zu erörtern.

Dennoch ist erstaunlich, daß sich in der Aufsatzlehre kein differenzierteres Schema für den Hauptteil durchgesetzt hat, obwohl dies, wie Ueding/Steinbrink (^{3}1994, 211 ff.) demonstrieren, durchaus möglich ist. Denn der Hauptteil kann sowohl ein Ganzes bilden – etwa eine durchgängige Erlebnisschilderung – als auch antithetisch geteilt oder mehrgliedrig strukturiert sein. Beim antithetischen Verfahren wird der Hauptteil in (mindestens) zwei Teilstücke untergliedert, die konträr aufeinander bezogen sind. Diese beiden Teilstücke können gleich, sie können aber auch unterschiedlich gewichtet sein, so daß die Aussagen entweder gleichrangig nebeneinander stehen oder eine der Aussagen die andere dominiert. Diese Antithetik kann freilich noch feiner untergliedert sein und den ganzen Text wechselseitig durchziehen. Ein Vorzug einer solchen antithetischen Gliederung ist, daß allein schon die Textstruktur eine (natürlich publikumswirksame) Grundspannung erzeugt.

Ein mehrgliedriges Schema, also eine weitere Aufteilung des Hauptteils, empfiehlt sich bei komplexen und schwierigen Themen und bei sehr langen Reden oder Texten. Hier droht allerdings die Gefahr, daß allein die Fülle des Stoffes die klare Gliederung der Redeteile – die ja immer auch eine Strukturierung und damit eine Verstehenshilfe für die Rezipienten ist – zunichte macht. Unter einer thematischen oder inhaltlichen Überfrachtung der Rede leidet vielfach auch die Formung des Stoffes zu einem organischen Ganzen, und nicht selten endet dies in einer mehr oder weniger beziehungslosen Aneinanderreihung von Details. Eine plausible und zudem abwechslungsreiche Organisation von großen Stoffmassen, die nicht in

Einzelheiten erstickt oder sich im Beiläufigen verstrickt, bedarf einer genau durchdachten Disposition (s.S.127ff.).

Wenig empfehlenswert ist eine weitere Aufteilung der Einleitung beziehungsweise des Schlusses. Ein ›doppeltes‹ *exordium* wirkt meist schwerfällig und ist nur bei solchen Reden angebracht, in denen einer emotionalen Einstimmung eine inhaltliche Übersicht folgt; ein ›doppelter‹ Schluß unterläuft das Ideal von Kürze und Prägnanz der *peroratio*. Dagegen können Einleitung und Schluß durchaus kunstvoll aufeinander bezogen sein, der Schluß beispielsweise kann als logische Folge oder als Ergebnis eines in der Einleitung angekündigten und im Hauptteil dargelegten Sachverhalts konzipiert sein, er kann aber auch an Hypothesen aus der Einleitung anknüpfen, die inzwischen, d.h. im Hauptteil, plausibel gemacht worden sind, wobei wörtliche Wiederholungen den Zusammenhalt noch stärken (Ringstruktur). Recht anspruchsvoll sind solche Textstrukturen, bei denen am Schluß den Aussagen aus der Einleitung widersprochen wird – am Anfang kann beispielsweise die geltende, öffentliche Meinung stehen, die durch eine Analyse (im Hauptteil) widerlegt und im Schlußteil explizit zurückgenommen wird.

4. Eine Ausnahme: Die Teile der Lobrede

Das viergliedrige Grundschema der Redeteile, so war zu sehen, ist flexibel genug, sich den Erfordernissen der verschiedenen Redegattungen anzupassen – mit einer Ausnahme: Das *genus demonstrativum* als eine nicht auf Rede und Gegenrede basierende Gattung erfordert einen ganz anderen Aufbau als die dialektischen Redeformen, schon weil darin keine – im engeren Sinne – argumentativen Verfahren zum Einsatz kommen. Den römischen Rhetoriklehrbüchern können wir teilweise recht detaillierte Anweisungen zur Gliederung einer Lobrede (seltener zu einer Tadelrede) entnehmen, die in Einzelheiten zwar stark voneinander abweichen, deren grundlegende Gemeinsamkeit jedoch darin besteht, daß sie weniger ein durchgehendes Strukturprinzip entwerfen, sondern vielmehr verschiedene Lobtopoi aneinanderreihen, die, je nach Zeitalter und Gesellschaftsform (und deren Vorlieben und Anforderungen), variieren. Zu den über alle Zeiten hinweg wichtigen Topoi beim Personenlob zählen die schon im Altertum bekannten: Herkunft, Familie, Geburt, geistiges und kulturelles Umfeld, Erziehung, körperliche, geistige und moralische Eigenschaften, herausragende Taten, Leistungen oder Werke, eventuell letzte Taten und Worte sowie die Umstände des Todes. Teils aus den Lehrbüchern, mehr aber noch in den erhaltenen Reden selbst lassen sich bestimmte Raster erkennen, die in der abendländischen Kulturgeschichte erstaunlich konstant geblieben sind. Bereits aus antiken Zeugnissen wissen wir beispielsweise, wie ein Herrscherlob aufzubauen ist: Die Einleitung beginnt mit dem Topos der Schwierigkeit einer Lobrede, es folgt ein kurzes Lob der Geburtsstadt des Herrschers oder des Volkes, aus dem er kommt, dann wird die Geburt selbst gepriesen, die hohe Abkunft und eventuelle Vorzeichen bei der Geburt, schließlich wird die Erziehung skizziert und der Charakter beschrieben. Der Hauptteil dient der lobenden Darstellung der Taten des Herrschers in Kriegs- und Friedenszeiten, die wiederum aus seinen persönlichen Tugenden abgeleitet werden: Tapferkeit, Besonnenheit, Klugheit und Gerechtigkeit etc. Im abschließenden Resümee wird die Besonderheit des Herrschers im Vergleich zu anderen Persönlichkeiten und früheren Herrschern hervorgehoben und die derzeitige Lage des Landes gepriesen: der Reichtum der blühenden Städte, die Sicherheit des Handels, die bestehende politische Verfassung, wofür sich der Redner im Namen des Volkes bedankt, und der am Ende die Wünsche des Volkes für das Wohl des Herrschers ausspricht (Martin 1974, 205 f.).

IV.
Argumentationstheorie

Die Argumentationstheorie ist, neben Stiltheorie und Figurenlehre, das eigentliche Herzstück der rhetorischen Lehre. Seit der Antike ist sie den Produktionsstadien *inventio* und *dispositio* zugeordnet worden. Gemäß der heuristischen Produktionslehre sollen dort die passenden Argumente gefunden und zu einer überzeugenden Argumentationskette verbunden werden. In den lateinischen Rhetriklehrbüchern ist die Argumentation zugleich ein Teil der (Gerichts-)Rede (s.S.57ff.), wobei der Argumentationsgang allerdings oft zu einem schematischen Abspulen nacheinander zu absolvierender Argumentationsschritte gerät. In der nun folgenden Darstellung der rhetorischen Argumentationstheorie soll dagegen die von Aristoteles ausgearbeitete und wesentlich weiter gefaßte Argumentationslehre im Vordergrund stehen, die durch die Erkenntnisse der modernen Argumentationsforschung ergänzt wird.

Vor der Darstellung der eigentlichen Argumentationslehre ist zunächst einmal zu fragen, was eine Argumentation überhaupt ist. Von ihrer Definition her sind Argumentationen mehr oder weniger komplexe Sprachhandlungen, mit Hilfe derer die Zuhörer oder Gesprächspartner überzeugt werden sollen. Sie machen allerdings nur einen Teil aller Sprachhandlungstypen aus, zu denen auch nicht-argumentative Formen gehören, etwa Erzählungen, Beschreibungen, Erklärungen, Resümees, Fragen, Appelle und Aufforderungen etc. Doch anders als jene, die in der Rhetorik oft nur nebenbei behandelt werden, beansprucht die Argumentation einen ›eigenen‹ Theoriekomplex im rhetorischen Lehrgebäude. Diese Sonderstellung der Argumentation erklärt sich vor allem aus der Besonderheit und Schwierigkeit der Aufgaben, die der Redner oder Autor dabei zu lösen hat: Im Unterschied zu rein erzählerischen oder beschreibenden, also narrativen oder deskriptiven Darstellungsverfahren, fordert das Argumentieren in ganz besonderem Maße die rhetorischen Fähigkeiten des Redners oder des Schreibers, die immer dann gefragt sind, wenn entweder strittige Sachverhalte geklärt werden müssen oder Beziehungen zwischen narrativen oder deskriptiven Redeteilen hergestellt werden sollen, die sich nicht von selbst ergeben oder nicht ohne weiteres einsichtig sind. Argumentationen sind also nicht ausschließlich nur auf Kontroversen beschränkt, sondern auch in Darstellungen notwendig, bei denen der Autor oder Rhetor den

›Gang‹ seines Textes oder seiner Rede plausibel machen muß. In den kontroversen Argumentationssituationen dagegen vollzieht sich ganz konkret jener modellhaft skizzierte rhetorische Prozeß, in dessen Verlauf durch Rede und Gegenrede Meinungsbildung, Konsens- und Entscheidungsfindung herbeigeführt und Handlungsdirektiven gegeben werden (s.S.7ff.). Betrachtet man dies als die eigentliche Aufgabe der Rhetorik, so ist die Argumentation das zentrale Verfahren, diese Aufgabe einzulösen. Daß die Argumentationstheorie das Herzstück der rhetorischen Lehre ist, erklärt sich aber auch aus der Gestalt des klassischen Lehrgebäudes. Denn entwickelt wurde die Argumentationstheorie anhand der politischen und vor allem der juristischen Rede, und mit diesen beiden Gattungen, gleichsam die Basis aller klassischen Lehrbücher, rückte sie ins Zentrum jeder Darstellung. Die anderen, die nicht-argumentativen Sprachhandlungen waren dagegen der epideiktischen Redegattung zugewiesen und wurden dementsprechend knapp behandelt.

Spricht man ganz allgemein von ›Argumentation‹, so meint man fast immer ein bestimmtes Argumentationsverfahren, und zwar die sachbezogene Argumentation: das sachlogische, rationale Überzeugen des Gesprächspartners. Schon Aristoteles sah in dieser sachlichen Beweisführung den eigentlichen Inhalt der rhetorischen Argumentationstheorie, allerdings war er sich im klaren darüber, daß diese sachliche Beweisführung nicht unbedingt in jeder Kommunikationssituation ausreicht, den Persuasionsprozeß zu gewährleisten: Nicht in *allen* Fällen genügt ein intellektuelles, rationales Argumentieren, um den Sachverhalt den Zuhörern zu erschließen und einsichtig zu machen. Deshalb hat die Rhetorik ihre Aufmerksamkeit nicht ausschließlich nur auf die rein sachbezogenen Überzeugungsverfahren gerichtet, sondern *auch* auf jene Strategien, welche die affektischen, mehr emotionalen Kräfte des Menschen ansprechen und die der gezielten Erregung von Affekten dienen. Grundsätzlich bestimmen also zwei Komponenten die rhetorische Argumentationstheorie: die sachlogische Argumentation und die affektische Gefühlsstimulation, wobei sich beide innerhalb des Redeganzen keineswegs gegenseitig ausschließen müssen, sondern mit unterschiedlicher Intensität in einzelnen Partien einer Rede oder eines Textes wirksam sein können.

Die Rhetorik hat demnach eine umfassende, eine ›doppelte‹ Argumentationstheorie ausgearbeitet, die zwei Teillehren umfaßt: eine sachlogische Argumentationslehre (im engeren Sinne) und eine über die Sachlogik hinausgehende Affektenlehre (die aber ebenfalls rational gedacht und konzipiert ist). Lediglich der besseren Übersicht wegen werden beide Teillehren im folgenden getrennt und einzeln behandelt. Dabei ist aber stets zu berücksichtigen, daß beide integrale Bestandteile *eines* Theoriekomplexes sind. Beide sind im Laufe der Rhetorikgeschichte mehrfach – teils implizit, teils explizit – scharf voneinander getrennt worden, wobei die Argumentationslehre dann meist der »Dialektik« genannten Logik zugeordnet wurde und die Affektenlehre seit der römisch-lateinischen Rhetoriktheorie in die Darstellung der verschiedenen Wirkungskategorien einer Rede eingegangen ist (s.S.123ff.), in ihrer ursprünglichen, auf Aristoteles zurückgehenden Gestalt aber vernachlässigt wurde. Mit zu einer solchen umfassenden Argumentationstheorie gehört schließlich noch die Gliederung der Argumente zu einem Textganzen gemäß der Dispositionslehre sowie ihre sprachliche Präsentation. Ein kurzgefaßter historischer Überblick über die Entwicklung der rhetorischen Argumentationstheorie von Aristoteles bis heute beschließt das vierte Kapitel dieses Buches.

1. Argumentationslehre

Bevor die sachbezogene Argumentation genauer untersucht wird, sollen zunächst einige Grundbegriffe erläutert und die allgemeinen Rahmenbedingungen für Argumentationen skizziert werden.

1.1. Grundbegriffe und Voraussetzungen

Die wohl elementarste Vorbedingung für eine Argumentation sind *strittige Sachverhalte*. Die grundlegende ›Strittigkeit‹ eines Themas oder Sachverhalts und damit den zentralen Ausgangspunkt einer Argumentation hat die antike Rhetorik als *quaestio* bezeichnet, die besonders für die Gerichtsrede von enormer Bedeutung war, weil darin der weitere Verlauf der Verhandlung auf entscheidende Weise vorstrukturiert wurde; zur Klärung der *quaestio* konnte man die Statuslehre (s.S.140f.) heranziehen. Anders als in der römischen Gerichtsrede wird in der ›normalen‹ Alltagsargumentation diese *quaestio* – worum geht es in der Argumentation? – oftmals nicht genügend herausgearbeitet oder häufig von ihr abgewichen. Das ist übrigens der Hauptgrund dafür, warum Alltagsargumentationen sich meist unstrukturiert und sprunghaft fortbewegen und häufig auch zu keinem befriedigenden Ergebnis kommen. Eine Grundvoraussetzung für das Gelingen von Argumentationen ist allerdings, daß die Strittigkeit weder beliebig noch unendlich ist: Es muß zumindest ein ungefährer Konsens darüber bestehen, was nicht in Zweifel gezogen, was nicht strittig gemacht werden kann. Es bedarf also eines gewissen Grundwissens, das unstrittig ist und als gemeinsame Basis der Verständigung zwischen den Argumentierenden dient.

Doch ebenso charakteristisch für dieses Wissen ist, daß es eben nicht alles apodiktisch regelt, sondern genug Freiräume für strittige Sachverhalte, mithin für Argumentationen läßt. Möglich ist das, weil es sich bei strittigen Angelegenheiten nicht ausschließlich nur um einfache Sachfragen handelt, die sich eindeutig beantworten lassen. Außerdem sind in unser Grundwissen auch Meinungen und Erfahrungen eingeflossen, mithin Komponenten, die bei der Beurteilung von Sachfragen implizit immer eine Rolle spielen und meist verhindern, daß es zu einem rein logischen ›richtig‹ oder ›falsch‹ kommt. Bei diesem *Meinungs- und Erfahrungswissen* handelt es sich in erster Linie um das kollektive Wissen einer Kulturgemeinschaft, das aber individuell bestimmt und außerdem abhängig ist von gesellschaftlichen, sozialen, historischen, weltanschaulichen, ideologischen und eventuell auch religiösen Einflüssen. Diese Variabilität unseres Meinungs- und Erfahrungswissens macht es umgekehrt unmöglich, die grundlegende Verständigungsbasis zwischen den miteinander Argumentierenden exakt zu definieren, ja überhaupt zu benennen; Versuche in dieser Richtung (»common sense«, »System lebenspraktischer Überzeugungen«) zielen meist auf dessen allgemeinen und flexiblen Charakter. Fehlt dagegen eine solche grundlegende Verständigungsbasis – etwa bei Argumentationen mit großen ideologischen, religiösen etc. Gegensätzen –, läuft die Argumentation oft ins Leere. Je weiter die Positionen der miteinander Argumentierenden innerhalb des Meinungs- und Erfahrungswissens voneinander entfernt sind, um so geringer ist die Chance, daß sie sich mit Argumenten wirklich einigen, sich vielleicht überhaupt verstehen können.

Argumentationen über strittige Sachverhalte setzen weiterhin voraus, daß mindestens zwei unterschiedliche Positionen oder Meinungen zu ein- und demselben Sachverhalt vertreten werden. Geäußert werden müssen sie also von mindestens zwei Sprechern, von dem sogenannten *Proponenten* und dem *Opponenten*, der die konträre Position vertritt. Allerdings ist die Zahl der an einer Argumentation beteiligten Sprecher nicht festgelegt, ebensowenig wie die Verteilung der Rollen von Proponenten und Opponenten: Es können mehrere Proponenten gegenüber nur einem Opponenten auftreten und umgekehrt, es kann aber auch der Fall eintreten, daß von dem (oder den) Proponenten unterschiedliche Positionen vertreten werden, so daß sich der einfache Antagonismus zwischen Proponent und Opponent auflöst und eine höchst komplexe Argumentationssituation entsteht. Hinzu kommt, daß auch die jeweils vertretenen Positionen für die Dauer einer Argumentation nicht festgeschrieben sein müssen, ein Opponent kann also zwischenzeitlich ins Lager der Proponenten überwechseln usf.

Diese *dialogische Situation* zwischen mehreren Sprechern (auch *kollektive* oder *kontroverse Situation* genannt) ist aber nur eine der beiden möglichen Formen des Argumentierens, denkbar ist auch eine *monologische* (auch *individuelle* oder *konvergente*) Argumentationssituation, in der nur ein Sprecher argumentiert. Während sich erstere in dialogischen Kommunikationsformen finden – sei es in Diskussionen, Debatten, Interviews etc. –, sind monologische Argumentationsformen konstitutiv für Reden und Texte, die von nur einem Rhetor gehalten oder einem Autor verfaßt werden. Doch nicht nur in der Anzahl der Sprecher unterscheiden sich die monologische und die dialogische Argumentation voneinander, auch der Status der ›Strittigkeit‹, die jeder Argumentation notwendigerweise zugrundeliegt, ist ein anderer: In der dialogischen Argumentation tritt diese offen zutage, weil dort eine Äußerung – genauer: der Geltungsanspruch einer Äußerung – von seiten des Opponenten entweder direkt bestritten oder zumindest angezweifelt wird (»Das stimmt doch nicht«; »Das glaube ich nicht«), so daß der Proponent gezwungen ist, seine strittige Äußerung argumentativ zu erhärten. In der monologischen Argumentationssituation tritt diese Strittigkeit in sehr viel indirekterer Form auf, weil der Geltungsanspruch einer Äußerung nur in den seltensten Fällen direkt angegangen werden kann – in einer Rede beispielsweise durch Zwischenrufe. Normalerweise aber argumentiert der Redner oder Autor hier prophylaktisch, d.h. er sichert seine Äußerungen gegen mögliche Einwände ab, die realiter vielleicht nie erhoben oder explizit gemacht werden, die er aber zu berücksichtigen hat, wenn er seine Zuhörer oder Leser sachlogisch überzeugen will. Mit anderen Worten: Die monologische Situation zwingt ebenso wie die dialogische dazu, die eigene Argumentation so plausibel aufzubauen, daß sie Einwände gar nicht zuläßt oder ihnen zumindest standhalten kann. Die monologische Argumentation als ein ›eindimensionaler‹, sich nur in eine Richtung erstreckender und somit weniger komplexer Prozeß (im Vergleich zur dialogischen Argumentation) ist allerdings mit einem großen Unsicherheitsfaktor behaftet: Dem Redner oder Autor fehlt die unmittelbare Rückkopplung mit den Rezipienten, die über das Ge- oder Mißlingen der Argumentation Auskunft geben könnten. Dieses Defizit kann der Redner nur (und auch nur teilweise) dadurch auffangen, indem er seine Argumentation entsprechend gut vorbereitet, indem er die Plausibilität der herangezogenen Argumente einsichtig macht oder sie durch passende Beispiele unterstützt beziehungsweise ein überzeugendes Dispositionsschema heranzieht.

Trotz der scheinbar klaren Trennung zwischen dialogischen und monologischen Argumentationssituationen ist der Unterschied zwischen ihnen doch nur ein gradueller, zumal jede monologische Argumentation in eine dialogische Argumentationssituation eingebettet ist. Denn der monologisch agierende Redner reagiert immer schon auf Reden anderer Redner vor ihm oder hat zumindest die Reaktion des Publikums zu berücksichtigen, der Verfasser eines Textes muß prinzipiell damit rechnen, daß Gegenpositionen geäußert, im Extremfall sogar Gegendarstellungen publiziert werden. Die mißglückte Rede Philipp Jenningers (s.S.45) zeigt auf besonders drastische Weise, daß auch ein monologischer Redner immer in eine dialogische Situation eingebunden bleibt. Die klassische Rhetorik hat diese Verflechtung von monologischer und dialogischer Redesituation bereits erkannt und in der rhetorischen Theorie reflektiert. Die Anweisungen zum *bene dicere* stellen nur auf den ersten Blick eine Heuristik zur rein monologischen Rede dar; tatsächlich liefern die Lehrbücher jedoch Anleitungen zum Bestehen in dialogischen Redesituationen (wobei das Gerichtsverfahren das Modell abgibt), auch wenn der Redner darin über weite Strecken monologisch agiert.

Diese dialogische Grundstruktur der Argumentation kann überhaupt nur durch zwei Umstände außer Kraft gesetzt und eine Argumentation somit prinzipiell verhindert werden. Im ersten Fall geschieht dies, wenn sich zum Proponenten keine Opponenten einfinden, wenn beispielsweise ein polemischer Leitartikel einer Zeitung partout keine Reaktionen (Leserbriefe, öffentliche Diskussion) hervorruft. In diesem – in der Alltagsargumentation übrigens recht häufigen – Fall ist das dialogische Grundprinzip der Argumentation jedoch nicht grundsätzlich außer Kraft gesetzt, sondern hier sind lediglich die Chancen zu einer Argumentation nicht genutzt worden, aus welchen Gründen auch immer. Existentiell beeinträchtigt wird die dialogische Situation hingegen, wenn die sachliche Argumentation über einen strittigen Sachverhalt von einem der Beteiligten von vornherein verhindert oder zumindest stark behindert wird. Dies ist nicht nur ein Charakteristikum jener Gesellschaftssysteme, in denen die freie Meinungsäußerung unterdrückt wird, sondern auch ein Kennzeichen aller Situationen, in denen Autorität ausgespielt und anstelle von Argument und Überzeugungsarbeit eingesetzt wird, also (möglicherweise auch) in Gesprächen zwischen Vorgesetzten und Untergebenen oder Eltern und Kindern. Diese Unterscheidung zwischen einer prinzipiell möglichen und einer grundlegend unmöglich gemachten Argumentation ist übrigens ein geeignetes Kriterium, Rhetorik von einer Form ihres Mißbrauchs abzugrenzen: Es besteht eine fundamentale Differenz zwischen einer dialogischen, im eigentlichen Sinne ›demokratischen‹ Rhetorik, und einer anti-dialogischen Rhetorik (die nicht zu verwechseln ist mit der monologischen Rede), einer ›autoritären Anweisungsrhetorik‹. Letztere wird alltagssprachlich oft verkürzt als »Propaganda« bezeichnet, doch es ist daran zu erinnern, daß die Komponenten einer solchen anti-dialogischen Rhetorik in vielen Alltagsargumentationen eine Rolle spielen.

Trotz des insgesamt also nur relativen Unterschiedes zwischen einer monologischen und einer dialogisch geführten Argumentation zeigen sie in einem Punkt doch erhebliche Abweichungen voneinander. Gemeint ist die Struktur der Argumentationen, wie also einzelne Teilargumente entwickelt und aufeinander bezogen werden. Denn es ist von großer Bedeutung, »ob einer die sprachliche Planung für sich allein bestreiten kann, oder ob er sich darin mit anderen koordinieren muß« (Klein 1980, 13). Während in einer monologischen Argumentation eine genau geplante, auf Stringenz, Plausibilität und Wirkung bedachte lineare Disposition entworfen und diese in der Rede beziehungsweise im Text realisiert werden kann, ist jeder an einer konkreten dialogischen Argumentation Beteiligte ungleich mehr den jeweiligen und speziellen Bedingungen und Kontexten der Argumentationssituation unterworfen. Mit dem Verlust linearer, eindimensionaler Strukturen erhöht sich die Komplexität dialogischer Argumentationen gegenüber den monologisch geführten erheblich, worauf die Beteiligten wiederum flexibel reagieren müssen – nicht umsonst wird ›Schlagfertigkeit‹ in Diskussionen allgemein bewundert.

Ziel einer sachbezogen geführten Argumentation ist es, strittige Sachverhalte mit sachlogischen Überzeugungsmitteln in Rede und Gegenrede aufzulösen und so den Meinungsausgleich im Sinne einer Einigung herbeizuführen. Das heißt, daß der bestrittene Geltungsanspruch einer Äußerung von der Mehrzahl der an der Argumentation beteiligten Teilnehmer schließlich als unstrittig akzeptiert wird, daß sich das antagonistische Verhältnis von Opponent und Proponent aufgrund sachlogischer Überzeugungsarbeit aufgelöst hat. Dieser Zustand ist auch dann gegeben, wenn sich – das ist der Minimalkonsens einer jeden Argumentation – die Argumentierenden darüber einig sind, daß keine Einigung erzielt werden kann. Umgekehrt muß die Aufhebung der antagonistischen Redesituation nicht unbedingt für die gesamte Argumentation gelten, sie kann auch nur Teilschritte der Argumentation betreffen.

Entscheidend für die sachbezogene Argumentation ist, daß die Überführung der strittigen in unstrittige Sachverhalte aufgrund des »rational motivierten Einverständnisses« der Beteiligten zustandekommt, wie es Jürgen Habermas in der *Theorie des kommunikativen Handelns* (1981) gefordert hat (I 49), daß also keine Einflüsse wirksam gemacht werden, die nicht unmittelbar mit der Sache selbst zu tun haben oder sich aus ihr ergeben. Natürlich ist dies eine Idealforderung, die von der Wirklichkeit der Alltagsargumentation abstrahiert. Tatsächlich werden in Argumentationen nicht nur *rationale*, sondern auch *pragmatische Ziele* verfolgt, hinter denen meist soziale beziehungsweise zwischenmenschliche Absichten stecken, wie etwa: jemanden (in der Argumentation) zu helfen oder jemand anderen als gerissen Manipulierenden zu entlarven oder als Dummkopf bloßzustellen – oder einfach nur die eigene Macht zu demonstrieren oder jemanden zu ärgern. Meist werden mehrere Ziele gleichzeitig verfolgt, wobei sozial begleitende und sachlogische Aspekte sich keineswegs ausschließen müssen. Umgekehrt ist es nicht gerade ratsam, jede Argumentation mit sachlogischen Argumenten zu Ende zu führen, wenn dabei gleichzeitig die emotionale Seite des Opponenten auf unerträgliche Weise strapaziert wird: »Wenn man jemandem gleichsam zwingend beweisen könnte [...], daß er ein kompletter Idiot ist, so sollte man es doch nicht unbedingt tun« (Klein 1980, 24).

Daß Argumentationen nicht nur mit emotionalen und sozialen Begleiterscheinungen verbunden, sondern immer auch in größere Sprachhandlungskomplexe eingebunden sind, ist allerdings für die rhetorische Argumentationstheorie gar nicht entscheidend. Im Sinne einer rhetorischen Heuristik dient diese vielmehr zur Anleitung einer effizienten, überzeugungswirksamen Argumentationsführung beziehungsweise – im Sinne einer rhetorischen Hermeneutik – zur Analyse jener Strukturen und Mechanismen, welche Plausibilität herstellen und damit die Überzeugungskraft von Argumentationen garantieren. Damit wird einerseits klar, daß solche argumentativen Strukturen eine zum Teil erhebliche Abstraktion und Vereinfachung gegenüber den in der Realität zu beobachtenden Argumentationsabläufen darstellen, die sich ihrerseits zu derart unüberschaubarer Komplexität verdichten können, daß sie (linear) gar nicht mehr beschreibbar sind. Andererseits aber berühren solche Begleiterscheinungen, zu denen auch argumentationssteuernde Partikel gehören, das Grundschema einer Argumentation eben nicht. Von daher wird verständlich, daß selbst komplexen Argumentationssituationen vergleichsweise ›einfache‹ Grundschemata zugrunde liegen, auf die sich alle Argumentationen letztlich zurückführen lassen. Bei dieser

Grundstruktur handelt es sich immer um Teilschritte in einem vielschichtigen, weitverzweigten und fortschreitenden Argumentationsgefüge. Im Sinne dieser Unterscheidung zwischen einem makrostrukturellen Argumentationsgefüge und den darin enthaltenen mikrostrukturellen Teilschritten können wir uns im weiteren auf die Beschreibung und Analyse der *Argumentationsschritte* konzentrieren, um an ihnen das prinzipielle ›Funktionieren‹ von Argumentationen zu demonstrieren. Von diesen Argumentationschritten (oder Argumentationsmustern) kennt die Rhetorik überhaupt nur zwei elementare Formen: die Enthymem- und die Beispielargumentation.

1.2. Enthymemargumentation

In den einzelnen Argumentationsschritten sollen strittige beziehungsweise in ihrem Geltungsanspruch bestrittene Aussagen unstrittig gemacht werden – sei es durch Stützung der Aussage (*Pro-Argumentation*), sei es durch deren Widerlegung (*Kontra-Argumentation*). Um den Geltungsanspruch der strittigen Aussage zu stützen oder zu widerlegen, werden andere Aussagen herangezogen, die unstrittig oder zumindest weniger strittig sind. Im Grunde wird versucht, den Geltungsanspruch einer strittigen Aussage mit dem Geltungsanspruch einer unstrittigen Aussage entweder zu etablieren oder gänzlich zurückzuweisen. Die dabei zur Hilfe genommene unstrittige Aussage fungiert als *Argument* (auch *Prämisse* genannt), das die strittige Aussage in die *Konklusion* überführen, sie also in einem nicht mehr strittigen ›Schlußsatz‹ festschreiben soll. Anders ausgedrückt: In der Argumentation wird ein Argument (A) eingesetzt, um eine strittige Aussage glaubhaft, d.h. plausibel zu machen und sie so in eine Konklusion zu überführen (K). Bei diesem Prozeß wird vom Argument auf die Konklusion geschlossen, und zwar mittels eines bestimmten Schlußverfahrens, für das sich in der modernen Argumentationsforschung der Begriff *Schlußregel* (SR) durchgesetzt hat:

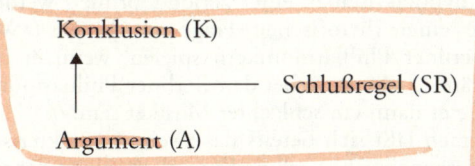

Dazu ein Beispiel. Ein Sprecher macht folgende Aussage: »X ist ein hervorragender Musiker.« Wenn diese Aussage von den Hörern akzeptiert wird, erübrigt sich jede weitere Argumentation, die Aussage besäße in diesem Fall den Status eines plausiblen, akzeptablen Arguments. Ist diese Aussage allerdings strittig – wird sie zum Beispiel durch eine Gegenfrage bezweifelt (»Wieso?«) oder durch einen direkten Widerspruch abgelehnt (»Unsinn, X beherrscht kein einziges Instrument richtig«) –, dann muß deren Geltungsanspruch argumentativ abgesichert, dann muß die Behauptung durch ein oder mehrere Argumente ›bewiesen‹ und somit in eine unstrittige Konklusion überführt werden. Dazu kann der Proponent das Argument heranziehen: »X spielt bei den Berliner Philharmonikern.« Die Schlußregel, die er dabei anwendet, lautet: »Musiker, die bei den Berliner Philharmonikern spielen, müssen einfach hervorragend sein – sonst würden sie dort nämlich gar nicht spielen.«

In diesem Argumentationsschritt ist jenes dreigliedrige Argumentationsschema zu erkennen, das seit Aristoteles in der Rhetorik als *Enthymem* bekannt ist, und bei dem deduktiv vom unstrittigen Allgemeinen auf die Plausibilität des besonderen Falles geschlossen wird. Dieser Dreischritt aus Argument, Schlußfolgerung und Konklusion stellt den »Prototyp« eines jeden Argumentationsverfahrens dar (Kienpointner 1992, 19). In seiner alltagssprachlichen Verwendung weist das Enthymem jedoch noch fünf weitere charakteristische Merkmale auf: Erstens ist es in seiner formalen Struktur nicht festgelegt, zweitens müssen nicht alle drei Enthymemkomponenten explizit aufgeführt werden, drittens zielt die enthymemische Argumentation auf Plausibilität und nicht auf letzte Gewißheit, viertens darf das herangezogene Argument selbst nicht strittig sein, und fünftens basieren solche Enthymemschlüsse auf spezifischen, teils alltagslogischen, teils konventionalisierten Schlußverfahren, die von der rhetorischen Argumentationstheorie in der sogenannten *Topik* gesammelt und analysiert worden sind. Diese fünf Merkmale des Enthymems sollen zunächst eingehender vorgestellt werden.

Das erste Charakteristikum des Enthymems in seiner alltagsargumentativen Gestalt ist, daß dessen formale Struktur nicht festgelegt, also die Reihenfolge der Teilsätze variabel ist. Sie können parataktisch aufgeführt oder hypotaktisch zu einer Periode formiert werden und sogar die Form einer rhetorischen Frage annehmen (»Wie könnte X bei den Berliner Philharmonikern spielen, wenn er ein schlechter Musiker wäre«?; »Wenn X bei den Berliner Philharmonikern spielt, wie könnte er dann ein schlechter Musiker sein?«).

In diesen Frageformen läßt sich bereits das zweite Charakteristikum des Enthymems erkennen: Es wird nicht in allen seinen Schritten explizit gemacht, sondern auf charakteristische Weise verkürzt, d.h. einer oder sogar zwei der insgesamt drei Teilschritte werden nicht ausgesprochen und müssen vom Zuhörer entsprechend ergänzt werden. Fast immer ›fehlt‹ die Schlußregel, so daß nur Argument und Konklusion ›sichtbar‹ werden (wobei die Argumentation aber nach wie vor auf allen drei Komponenten basiert!): »X ist ein hervorragender Musiker, weil er bei den Philharmonikern spielt.« Das idealtypische Schema (A) → (SR) → (K) tritt alltagssprachlich dann meist folgendermaßen in Erscheinung: K gilt, *weil* A gilt, oder, etwas ausführlicher: *Wenn* A gilt, *dann* gilt auch K (»Wenn X bei den Berliner Philharmonikern spielt, dann ist er ein hervorragender Musiker«).

Aus dem vollständig aufgeführten, dreiteiligen Schema: (A) »Der Kaiser ist ein Mensch«, (SR) »Alle Menschen sind sterblich«, (K) »Also ist auch der Kaiser sterblich«, lassen sich insgesamt drei verschiedene, enthymemisch verkürzte Varianten ableiten: (1) »Der Kaiser ist sterblich, weil er ein Mensch ist«, (2) »Der Kaiser ist ein Mensch, und alle Menschen sind sterblich«, (3) »Alle Menschen sind sterblich, also auch der Kaiser.« In Variante (1) sind Argument und Konklusion ausgedrückt und die Schlußregel unterdrückt, in Variante (2) sind Argument und Schlußregel ausgeführt und die Konklusion ausgelassen, in Variante (3) sind Schlußregel und Konklusion benannt, während das Argument fehlt.

Obwohl die Schlußregel in den allermeisten Fällen ungenannt bleibt, wird sie in einigen, eher seltenen Fällen aber auch explizit genannt beziehungsweise umschrieben: »Da verwechselst du aber Ursache und Wirkung«; »Laß' mich einmal folgenden Vergleich heranziehen.« Der Argumentierende stützt hiermit die eigene Argumentation (beziehungsweise hinterfragt oder widerlegt diejenige seines Gegenübers), indem er das zur Anwendung gekommene Verfahren benennt. Im Extremfall kann neben der Schlußregel auch die Konklusion fehlen, so daß nur das Argument benannt wird; besonders die Werbung, die auf Kürze und Prägnanz ihrer Botschaften angewiesen ist, bedient sich dieses Verfahrens: »Renault Y. Ein Stück Umweltschutz.« Hier bleibt sowohl die Schlußregel (»Umweltfreundliche Produkte soll man kaufen«) wie die Konklusion (»Kaufen Sie den Renault Y!«) unausgesprochen. In der Regel kann man davon ausgehen, daß je unstrittiger die herangezogenen Prämissen, Schlußregeln und Konklusionen sind, um so ›verkürzter‹ kann das Enthymem in Erscheinung treten; umgekehrt bedeutet dies, daß die einzelnen Argumentationsschritte bei wenig bekannten, nicht allgemein akzeptierten oder sehr komplexen Inhalten entsprechend ausführlich dargestellt werden müssen. Die pragmatische Verkürzung der enthymemischen Argumentation hat schon die klassischen Theoretiker dazu bewogen, das Enthymem nicht nur als Kernstück der rhetorischen Argumentationslehre, sondern auch als stilistisches Phänomen zu betrachten. In der *Rhetorica ad Herennium* ist das Enthymem sogar nur als Stilfigur aufgeführt, und zwar in Form einer Antithese (*Her.* IV.18.25).

Die pragmatische Verkürzung des Enthymems berührt jedoch nicht nur stilistische Aspekte, sondern auch die logische Struktur des rhetorischen Argumentationsverfahrens, das mit einem Plausibilitätsschluß anstelle eines logisch vollkommenen Schlusses (*Syllogismus*) operiert. Die traditionelle Logik bezeichnet den Syllogismus als einen aus zwei Prämissen (Obersatz und Untersatz) gezogenen logischen Schluß vom Allgemeinen auf das Besondere. Dabei handelt es sich um ein formallogisch korrektes, apodeiktisches Beweisverfahren, durch das absolut wahre und gewisse Erkenntnis vermittelt wird. Die Struktur eines solchen Syllogismus ist beim Enthymem noch gut zu erkennen, auch hier besitzt das Argument den Status einer allgemeinen Aussage, von der deduktiv mittels einer bestimmten Schlußregel auf die Gültigkeit der besonderen (strittigen) Aussage geschlossen wird. Das Enthymem ist demnach »eine Argumentation mit erkennbarer syllogistischer Struktur« (Sprute 1982, 68), die sich vom streng wissenschaftlichen, apodeiktischen Syllogismus jedoch in zweifacher Hinsicht unterscheidet:

Während das syllogistische Schlußverfahren formal Gültigkeit besitzt, also im logischen Sinne ›wahr‹ ist, basiert das enthymemische Argumentationsverfahren lediglich auf der Wahrscheinlichkeit des gezogenen Schlusses, also auf seiner Plausibilität. Dabei werden Argumentationsmuster benutzt, die zwar nicht den Exaktheitsanforderungen der formallogischen Beweisführung entsprechen, ihnen aber in gewisser Hinsicht ähnlich sind. Doch nicht nur in ihrer ›logischen‹ Struktur unterscheiden sich Syllogismus und Enthymem voneinander, sondern auch hinsichtlich ihrer Anwendungsbereiche. Denn während der Syllogismus auf logische Vollständigkeit bedacht ist und zeitlose Geltung beansprucht, »ist die rhetorische Argumentation auf sofortige überzeugende Wirkung im Augenblick der Rede ausgerichtet und daher zu leichter Faßlichkeit und Kürze gezwungen« (Kraus 1994, 1200). Anwendung findet das Enthymem also nicht in jenen Bereichen, in denen es um ›endgültiges‹ Wissen geht, sondern in jenen, in denen Entscheidungen notwendig sind. Deshalb hat die enthymemische Argumentation nicht nur die Sache selbst, sondern immer auch die Person oder die Personen im Auge, auf welche die Argumentation gerichtet ist: Auch nach Bildungsstand und intellektueller Voraussetzung, nach den spezifischen Fachkenntnissen und der emotionalen Verfassung des Opponenten beziehungsweise der Zuhörer richtet sich der Argumentierende, wenn er überzeugen will.

Eine rhetorische Enthymemargumentation bezeichnet also ein verkürztes, verallgemeinertes, aber darin den praktischen Kommunikationsbedürfnissen der Alltagsrede angepaßtes Argumentationsverfahren, das auf der Struktur des Syllogismus basiert – und das deshalb auch als *rhetorischer* oder als *verkürzter Syllogismus* bezeichnet wird –, das aber keine apodeiktische Wahrheit zum Ziel, sondern zur Aufgabe hat, pragmatisch Überzeugung durch Plausibilität herzustellen. Die von der rhetorischen Argumentation angestrebte Plausibilität ist deshalb nicht notwendigerweise ein von der Wahrheit abweichender Schluß, sondern lediglich ein Schlußverfahren, daß keine letzten Wahrheiten ermittelt, oder anders ausgedrückt, ein Verfahren, das immer Gegenpositionen und Kontra-Argumentationen zuläßt. Aber es ist auch ein Verfahren, in welchem Trugschlüsse – seien sie nun unbeabsichtigt oder beabsichtigt – nicht per se ausgeschlossen werden können. Anhand des ›Kaiser‹-Beispiels läßt sich demonstrieren, daß enthymemische Schlüsse, so plausibel sie auf den ersten Blick auch erscheinen mögen, immer nur ›wahrscheinlich‹ und damit letztlich widerlegbar sind. Die Schlußregel (»Alle Menschen sind sterblich«) und das Argument (»Der Kaiser ist ein Mensch«) sind vergleichsweise plausible Komponenten der Argumentation, leicht angreifbar ist dagegen die Konklusion. Allein durch eine Bedeutungsverschiebung beziehungsweise eine entsprechende Definition kann ›sterblich‹ nämlich nicht nur in einem naturhaft-biologischen, sondern auch im übertragenen Sinne verwendet werden: »Als volkstümlicher Herrscher ist Kaiser Barbarossa im ganzen Abendland bekannt und dadurch unsterblich geworden.« Doch selbst die Schlußregel ist anfechtbar, zumindest von überzeugten Anhängern all jener Religions- und Glaubensgemeinschaften, die an Auferstehung und ein Leben nach dem Tode oder an ein Weiterleben in anderen Dimensionen glauben; die Zeitgenossen Barbarossas hätten die hier verwendete Schlußregel schlicht und einfach außer Kraft setzen: »Kein Mensch ist sterblich, denn ihn erwartet ewiges Leben.« Das Argument freilich könnte nur von radikalen Anhängern Kaiser Barbarossas bestritten werden, die Teile unseres Meinungs- und Erfahrungswissens außer Kraft setzen und behaupten, daß dieser kein Mensch, sondern ein Übermensch gewesen sei.

Das vierte Charakteristikum des Enthymems berührt den Status des Arguments. Weil das Argument eine strittige Aussage stützen (beziehungsweise endgültig widerlegen) soll, darf es selbst nicht strittig sein. Das heißt nicht, daß es im Einzelfall nicht hinterfragt oder gar zurückgewiesen werden kann, doch darf sich dieser Prozeß der Stützung, dieser ›Begründungsregreß‹ nicht verselbständigen und ins Unendliche laufen, weil sonst eine Argumentation schlichtweg unmöglich gemacht würde (»Münchhausen-Trilemma«). Diese Erkenntnisse sind zwar erst von der modernen Argumentationsforschung systematisch erarbeitet worden, der antiken Rhetorik waren sie aber durchaus schon bekannt. Quintilian beispielsweise sieht die Argumentation als ein Verfahren, das »der Beweisführung Beweiskraft liefert, wodurch etwas durch etwas anderes erschlossen und etwas Zweifelhaftes durch etwas Unzweifelhaftes in seiner Gewißheit bestärkt wird.« Und deshalb »muß es etwas in einem Fall geben, das keinen Erweis nötig hat« (*Inst.or.* V.10.11). Und dieses nicht Bezweifelbare sieht Quintilian in erster Linie in den Dingen, »worüber nach allgemeiner Anschauung Übereinstimmung herrscht« (*Inst.or.* V.10.12) – also in den Grundlagen unseres Meinungs- und Erfahrungswissens.

Das fünfte und letzte Charakteristikum des Enthymems betrifft die Schlußregel. Obwohl sie meist nicht explizit formuliert wird, ist sie doch von entscheidender Bedeutung für die Argumentation beziehungsweise für deren Plausibilität. Der Schluß vom Argument auf die Konklusion darf nämlich kein beliebiger sein, sondern muß zwischen beiden Komponenten einen inhaltlich möglichst plausiblen Zusammenhang herstellen. Das folgende Beispiel zeigt, daß der Schluß eine solch plausible Relation nicht herzustellen vermag: »X ist ein hervorragender Musiker, weil der Wasserhahn leckt.« Die zur Stützung herangezogene Aussage bleibt von der unplausiblen Relation unberührt – das Argument als solches ist nach wie vor ›wahr‹ –, doch eben dies reicht nicht aus, um die Plausibilität der Argumentation zu garantieren, denn der Bezug des Arguments zur Konklusion ist vollkommen irrelevant. Da das rhetorische Enthymem lediglich auf Plausibilität beruht und nicht auf formallogischer Richtigkeit, ließen sich theoretisch unendlich viele Schlußfolgerungen denken, die irreführend oder falsch sind. In der überwältigenden Mehrzahl aller Alltagsargumentationen läßt sich jedoch das genaue Gegenteil beobachten. Offensichtlich ist die zur Anwendung gebrachte Schlußregel ein vergleichsweise verläßlicher Garant dafür, daß zwischen Argument und Konklusion zumindest ein sinnvoller Zusammenhang hergestellt und so der Schluß nachvollziehbar gemacht und damit akzeptabel wird (*Relevanz der Argumentation*). Die Bedeutung der Schlußverfahren für das Ge- oder Mißlingen der Argumentation ist schon von den antiken Theoretikern der Rhetorik erkannt worden. Sie haben sich innerhalb der Rhetorik (beziehungsweise der Dialektik) darum bemüht, die der Alltagsargumentation zugrundeliegenden Schemata zu erfassen und in der Topik zu klassifizieren und zu systematisieren. Bevor hier jedoch die Topik behandelt und die einzelnen Schlußverfahren genauer analysiert werden, soll zunächst eine Variante des dreigliedrigen ›Prototyps‹ der rhetorischen Argumentation und anschließend noch das zweite grundlegende Argumentationsmuster vorgestellt werden, die Beispielargumentation.

Exkurs I: Das Epicheirem

Das dreigliedrige Schema, auf dem das Enthymem basiert, bildet die Grundstruktur eines jeden Argumentationsschritts. Dennoch hat es nicht an Versuchen gefehlt, es zu erweitern und zu modifizieren. Bereits in der griechischen Antike ist auch ein fünfgliedriges Schema bekannt, das sogenannte *Epicheirem* (s.S.59), das vermutlich schon von Aristoteles' Nachfolger Theophrast entwickelt worden ist (dessen Schriften zum Thema aber nicht erhalten sind). Bekannt ist uns das Epicheirem erst seit Ciceros Frühwerk *De inventione*, und zwar unter der lateinischen Bezeichnung *ratiocinatio*. Trotz einiger Kontroversen um Begriff und Bedeutung sind sich die antiken Theoretiker im klaren darüber, daß das Epicheirem keine Alternative zum Enthymem darstellt, sondern im wesentlichen bloß eine detailliertere Ausführung des Enthymems ist, in der die Schlußregel explizit gemacht und zusätzlich Argument und Schlußregel noch begründet werden. In dieser Ausführlichkeit des Argumentationsschritts spiegelt sich der große Einfluß der Prozeßrede auf die römische Rhetoriktheorie, bei der eine enthymemische Verkürzung der Argumentation nicht opportun erschien; in der juristischen Rede bedurfte besonders die Schlußregel näherer Ausführungen.

In *De inventione* gliedert Cicero das Epicheirem in drei Hauptbestandteile, die den enthymemischen Elementen Argument, Schlußregel und Konklusion entsprechen; er nennt sie *assumptio*, *propositio* und *complexio*. Diesem Grundmuster fügt er nun noch zwei stützende ›Begründungen‹ bei, zum einen die Beglaubigung des Arguments (*assumptionis approbatio*) und zum anderen die Begründung der angewandten Schlußregel (*propositionis approbatio*):

assumptio → *propositio* → *complexio*
↑ ↑
assumptionis *propositionis*
approbatio *confirmatio*

Cicero setzt allerdings ausdrücklich hinzu, daß die jeweiligen Begründungen wegfallen und – wie beim Enthymem – auch andere Elemente der Argumentation implizit bleiben können, so daß das fünfgliedrige Epicheirem (*ratiocinatio quinquepartia*) durchaus auch nur vier, drei oder sogar nur zwei Glieder aufweisen kann. Doch sowohl bei Cicero wie auch beim Auctor ad Herennium (der das Epicheirem *argumentatio* nennt und den fünf Teilschritten – *propositio, ratio, rationis confirmatio, exornatio* und *conplexio* – etwas andere Aufgaben zumißt) läßt sich erkennen, daß das Epicheirem im Gegensatz zum ›flexiblen‹ Enthymem sehr umständlich, fast schablonenhaft wirkt, und daß die Argumentation im Grunde zu einem schematischen Abspulen von fünf Teilschritten erstarrt ist.

Das fünfgliedrige Epicheirem ist jüngst wieder von Stephen Toulmin in seinem für die New Rhetoric so bedeutsamen Werk *The Uses of Argument* (1958) wiederaufgegriffen und modifiziert worden. Auch Toulmins Schema basiert grundlegend auf dem enthymemischen Dreischritt, er nennt die Elemente *grounds*, *warrant* und *claim*. Wie Cicero hält auch er die Schlußregel für stützungsbedürftig, dessen *ratio propositionis* nennt er *backing*; anders als Cicero bedarf es in seinem Schema aber keiner Begründung des Arguments. Neu sind hingegen zwei Elemente, die Toulmin zwischen Schlußregel und Konklusion, also zwischen *warrant* und *claim*, einschiebt. Zum einen zeigt ein Indikator (*modality*) die Stringenz der Schlußfolgerung an, zum anderen werden Ausnahmebedingungen (*rebuttals*) genannt, die eventuell den Schluß von den *grounds* auf die Konklusion verhindern können:

modality
↓
grounds → *warrant* → → → *claim*
↑ ↑
backing *rebuttal*

Der *modality*-Indikator läßt sich anhand einiger die Argumentation begleitender Äußerungen bestimmen, je nachdem, ob diese die Schlußfolgerung unterstützen (»sehr wahrscheinlich«; »mit Sicherheit«; »völlig zweifelsfrei«) oder relativieren (»mit einiger Sicherheit«; »möglicherweise«; »vielleicht«). Die im *rebuttal* formulierten möglichen Ausnahmebedingungen sichern – anders als das *backing* – nicht das Prinzip der Schlußregel, sondern ihre Gültigkeit im individuellen Fall.

Dazu ein Beispiel. Die strittige Aussage: »Heidrun kommt morgen nach Tübingen«, wird durch das Argument gestützt: »Weil morgen Samstag ist.« Als Schlußregel fungiert dabei das Schema: »Heidrun kommt immer samstags nach Tübingen.« Das die Schlußregel stützende *backing* müßte nach Toulmin nachweisen, daß die samstäglichen Tübingenbesuche von Heidrun tatsächlich eine so große Regelmäßigkeit aufweisen, daß die Schlußregel relevant ist und zur Anwendung gebracht werden kann. Der Modaloperator gibt die Stringenz der gezogenen Konklusion an (»Heidrun kommt ganz sicher wieder nach Tübingen«), die Ausnahmebedingung formuliert die Einschränkung der Konklusion (»Wenn ihr morgen nicht etwas Unvorhergesehenes dazwischenkommt«, wobei eigentlich noch ausführlicher formuliert werden müßte: »Wenn ihr morgen nicht zufällig etwas dazwischenkommt, was die an sich geltende Schlußregel in diesem einen Ausnahmefall aufhebt«).

Während das *backing* der Schlußregel ebenso wie die Schlußregel selbst in der Alltagsargumentation meist implizit bleibt (und deshalb seine Relevanz in Toulmins Schema nicht recht deutlich wird), so sind mit dem Modaloperator und den Ausnahmebedingungen jedoch zwei Operationen benannt, die zwar die Komponenten des Argumentationsschemas selbst nicht berühren, die aber in der Argumentationspraxis häufig zur Anwendung kommen. Mittels des Modaloperators wird die Stringenz beziehungsweise die vermeintliche Stringenz der Argumentation erhöht (bzw. bestritten) oder relativiert – deshalb hat Aristoteles dieses Verfahren vorsichtshalber gleich den Trugschlüssen zugeordnet –, mit der Benennung der Ausnahmebedingung ist es möglich, im konkreten Einzelfall die Schlußregel zu hinterfragen oder aufzuheben.

Der wirklich gewichtige Einwand gegen das Epicheiremschema betrifft die Abstützung der Schlußregel und – bei Cicero – auch die des Arguments: Die jeweiligen Begründungen stellen nämlich eigene Argumentationsschritte dar, so daß Toulmins Modell im Grunde zwei, Ciceros Schema sogar drei selbständige Argumentationsschritte beinhaltet. Hieran wird ersichtlich, daß das Epicheirem tatsächlich bloß ein komplexeres Enthymemschema darstellt und daß die darin abgebildeten Teilargumentationen ohne weiteres auch enthymemisch erfaßt werden könnten.

1.3. Beispielargumentation

Schon Aristoteles kannte das Beispiel (*parádeigma*) als das zweite grundsätzliche Überzeugungsverfahren – neben dem Enthymem –, das allerdings nicht dieselbe Überzeugungskraft wie das Enthymem besitzt. Aristoteles behandelt freilich, ohne dies explizit zu machen, zwei Arten von Beispielen, das *induktive* und das *illustrative* Beispiel. Das induktive Beispiel, so lautet seine Empfehlung, solle man nur verwenden, wenn die Bildung von Enthymemen unmöglich ist, das illustrative Beispiel dagegen sei als »Schlußwort« zu jedem Enthymem geeignet: »Nachgestellt [...] erwecken sie den Anschein von Zeugnissen, ein Zeuge aber wird jederzeit zur Vermittlung der Glaubhaftigkeit akzeptiert« (*Rhet.* II.20.9).

Induktives Beispiel

Nur das induktive Beispiel ist ein eigenständiges Argumentationsverfahren und damit als Pendant zur enthymemischen Argumentation zu verstehen. Im Vergleich zum enthymemischen Dreischritt liegt beim induktiven Beispiel keine grundsätzlich andere, aber eine komplexere Struktur vor. Während dort nämlich die Schlußregel aus dem topischen Meinungs- und Erfahrungswissen abgeleitet wird und für den Argumentationsschritt gewissermaßen schon bereitsteht, muß im Falle der induktiven Beispielargumentation eine solche Schlußregel erst konstruiert werden, um von ihr dann auf die Konklusion schließen zu können. Beim induktiven Beispiel ›fehlt‹ also der plausibilitätsstiftende Übergang vom Argument zur Konklusion, der erst mit Hilfe von Beispielen aufgebaut werden muß.

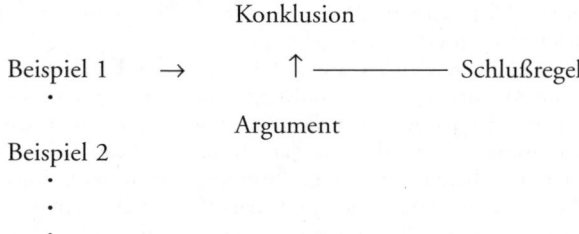

Beim induktiven Beispiel handelt es sich demnach um einen Schluß vom Besonderen auf das Allgemeine durch das Hinzuziehen ähnlich gelagerter Fälle: In einem ersten Schritt wird aus beispielhaften Einzelfällen induktiv auf eine Gesetzmäßigkeit oder einen Regelfall geschlossen und daraus die Schlußregel gezogen, aus der dann in einem zweiten Schritt das Spezifische deduktiv abgeleitet wird: »X wird einen Putschversuch unternehmen, weil er sich mit Leibwachen umgeben hat. Hat nicht auch Y einen Putschversuch unternommen, nachdem er sich mit Leibwachen umgeben hatte, und war es bei Z nicht genauso?« In diesem Fall werden zwei Beispiele beigebracht, aus denen geschlossen wird, daß alle, die sich eine Leibwache zulegen, einen Putschversuch unternehmen wollen. Diese Regelhaftigkeit wird dann auf den spezifischen Fall – X hat sich eine Leibwache zugelegt – übertragen und daraus auf die Absichten von X geschlossen. Das hierbei angewandte Schlußverfahren – »Wer sich mit einer Leibwache umgibt, plant einen Putschversuch« – muß also anhand der Beispiele erst konstruiert werden, seine Plausibilität hängt entscheidend davon ab, ob die Beispiele so gewählt sind, daß der Zuhörer daraus die Gesetzmäßigkeit ableiten kann, die dann als Schlußverfahren benutzt wird und die die Plausibilität der Argumentation garantieren soll. Alltagssprachlich verkürzt spricht man von der ›Stichhaltigkeit‹ der Beispiele. Im oben aufgeführten Fall ist die Folgerung keineswegs zwingend, da sich menschliche Handlungen nicht kausallogisch festlegen lassen, man also nicht unbedingt von einer Handlung auf eine bestimmte Folge schließen kann. Sind aber die angeführten Beispiele entsprechend stichhaltig – weisen beispielsweise Y und Z gegenüber X auch sonst sehr viele Gemeinsamkeiten auf –, dann erhöht sich die Plausibilität der Konklusion: X wird sich, wie in allen anderen Fällen auch, wie Y und Z verhalten, und da diese geputscht haben, wird auch er putschen.

Das induktive Beispiel dient zur Glaubhaftmachung, wenn die Schlußregel strittig oder zumindest nur wenig wahrscheinlich ist. Die herangezogenen Beispiele beweisen keineswegs die allgemeine Gültigkeit der Schlußregel – dazu haben sie einen viel zu singulären Charakter –, doch sie machen diese durch die induktive Verallgemeinerung im jeweiligen Einzelfall plausibel. Die Schlußregel des induktiven Beispiels kann sich lediglich auf gewisse empirische Regelmäßigkeiten stützen, die in dem besonderen, in der Argumentation zum Ausdruck gebrachten Fall geltend gemacht werden, wobei solche Generalisierungen auf ihrer Plausibilität beruhen und nicht auf der Anzahl beigebrachter Beispiele oder gar auf deren statistischer Relevanz. Plausibel erscheint uns beispielsweise die eigene Erfahrung und das eigene Urteil, wenig plausibel dagegen die statistisch zu erwartende, aber den eigenen Erfahrungen widersprechende Möglichkeit: Eine einzige schlechte Erfahrung im Restaurant wird uns von weiteren Besuchen eher abhalten – außer daß wir dort schon vorher Stammgäste waren (also über andere Erfahrungen verfügen), ein Freund (dessen Erfahrung wir akzeptieren) positiv urteilt oder der Besitzer des Restaurant wechselt (und somit neue Erfahrungen möglich werden). In der Regel genügen wenige oder sogar nur ein einziges Beispiel für eine alltagssprachliche Generalisierung.

Die Kontra-Argumentation gegen solche Induktionsbeispiele zielt meist auf die zu geringe Zahl der aufgeführten Beispiele oder auf ihre nur geringe Relevanz für die Argumentation. Außerdem können Gegenbeispiele eingesetzt werden, die – wenn sie ihrerseits schlüssig sind – die argumentative Kraft des vorherigen Beispiels aufheben. Diese Schwäche der induktiven Beispielargumentation gegenüber den deduktiven Enthymemen hat schon Aristoteles gesehen, denn Beispiele, so bilanziert er in seiner *Rhetorik*, erwecken zwar »den Anschein einer Induktion. Die Induktion aber ist – von wenigen Fällen abgesehen – für die Bewältigung der Aufgaben des Redners nicht geeignet« (*Rhet.* II.20.9).

Illustratives Beispiel

Das illustrative Beispiel ist kein eigenständiges Argumentationsverfahren im engeren Sinne, denn es dient lediglich dazu, Argumentationen (nachträglich) noch zu erhärten oder zu bekräftigen beziehungsweise die vorgebrachten Argumente anschaulich zu machen. Deshalb ist das illustrative Beispiel eigentlich den argumentationssteuernden Strategien und damit eher den rhetorischen Figuren als der Argumentationslehre zuzurechnen (s.S.192). In der Alltagsargumentation werden illustrative Beispiele jedoch sehr häufig verwendet, eben um Argumentationsschritte zusätzlich abzusichern, und nicht selten werden sie von den Argumentierenden selbst für eigenständige Argumentationsschritte gehalten. Die Voraussetzungen für das illustrative Beispiel gleichen allerdings denen des induktiven Beispiels – die eingesetzten Beispiele müssen passen, sie müssen ›typisch‹ und ›treffend‹ sein. Es kommt auch hier auf die qualitative Eignung eines Beispiels an, nicht auf die Quantität der beigebrachten Beispiele: »Wenn Autos generell unsere Umwelt belasten – durch den Motor gelangen Abgase in die Umwelt, Altöl ist schwierig zu entsorgen, das Recycling-Problem ist noch nicht gelöst –, dann sollte das vorrangige Ziel einer umweltfreundlichen Verkehrspolitik darin bestehen, verkehrstechnische Alternativen zum Auto zu entwickeln oder zu fördern.«

In der praktischen Argumentationsanalyse ist es allerdings nicht einfach, exakt zwischen einem argumentativ eingesetzten und einem (bloß) erläuternden, illustrativen Beispiel zu unterscheiden, weil nicht immer deutlich wird, ob das Beispiel explizit die (meist implizite) Schlußregel stützen oder das Argument stärken soll. Diese Schwierigkeit wird noch dadurch erhöht, daß im alltagssprachlichen Gebrauch erläuternde und argumentative Beispiele meist durch dieselben Floskeln eingeleitet werden (»zum Beispiel«, »beispielsweise«, »wie etwa«). Fehlen solche sprachlichen Signale, ist sogar eine genaue Unterscheidung zwischen Beispiel- und Enthymemargumentation schwierig, zumal das induktive Beispiel letztlich ja auf einem enthymemischen Schlußverfahren beruht. Es scheint aber so zu sein, daß induktive Beispiele in der Alltagsargumentation sehr viel seltener zur Anwendung kommen als illustrative Beispiele, daß aus Einzelbeobachtungen relativ selten tatsächlich Gesetzmäßigkeiten oder allgemeine Sätze abgeleitet werden. Illustrative Beispiele sind dagegen flexibel und dementsprechend häufig einsetzbar, weil sie als Ergänzung zu allen enthymemischen Argumentationen passen.

Exkurs II: Indizienargumentation

Neben der Enthymem- und der Beispielargumentation kannte die Antike noch eine dritte Form, die Indizienargumentation, bei der es sich jedoch um eine spezifische Form der Enthymemargumentation handelt. Bei der Indizienargumentation wird aus einem ›Zeichen‹ (*sēmeíon*; *signum*), also aus etwas faktisch Vorliegendem, auf das davon Bezeichnete geschlossen. Dabei sind zwei Arten der Argumentation voneinander zu unterscheiden, und zwar die Indizienargumentation aus dem ›notwendigen Zeichen‹ (*tekmḗrion*; *signum necessarium*) und die aus dem ›nicht-notwendigen Zeichen‹ (die Aristoteles, wie die Indizienargumentation selbst, *sēmeíon* nennt, und die von den Römern als *signum non necessarium* bezeichnet wird). Im ersten Fall wird aus einem ›sicheren‹ Zeichen geschlossen, so daß die Argumentation plausibel, ja zwingend erscheint: X fiebert (= das Zeichen), also ist er krank (= das davon Bezeichnete). Im zweiten Fall ist die Argumentation dagegen nicht zwingend, weil aus keinem sicheren Zeichen geschlossen wird: X ist durstig, also ist er krank. Während beim ersten Beispiel das Fieber ein sicheres Zeichen, ein Indiz für Krankheit ist, so kann umgekehrt aus dem Durst nicht sicher auf eine solche geschlossen werden. Zwischen diesen beiden Formen der Indizienargumentation gibt es Zwischenstufen, die den argumentativen Schluß zwar relativ plausibel erscheinen lassen, nicht aber zwingend machen: X atmet rasch und unregelmäßig, also hat er Fieber. Schnelles und unregelmäßiges Atmen kann ein Symptom für Fieber sein, muß es aber nicht.

Der einzige Unterschied, den die Indizienargumentation gegenüber der bisher dargestellten Enthymemargumentation aufweist, besteht darin, daß dort meist von der Ursache auf die Erscheinung geschlossen wurde (»Wenn es regnet, wird die Straße naß«), während hier explizit von der Erscheinung auf die Ursache rückgeschlossen wird (»Weil die Straße naß ist, muß es geregnet haben«). Der ›Vorteil‹ der Indizienargumentation gegenüber der herkömmlichen Enthymemargumentation besteht darin, daß jene auf einer schon vorhandenen Schlußregel beruht, während das Indiz diese selbst aufstellen kann, und zwar – anders als bei der Beispielargumentation – nicht anhand einiger, von außen herangezogener Fälle, sondern quasi aus der Sache selbst: Wenn das Zeichen vorliegt, dann könnte die Ursache davon im Bezeichneten zu suchen sein. Auf einem solchen Schluß von den Erscheinungen zurück auf die Ursachen basiert nicht nur jeder Indizienprozeß – deshalb wurde die Indizienargumentation in der (an der Gerichtsrede orientierten) antiken Rhetorik so geschätzt –, sondern auch jedes wissenschaftliche Vorgehen in der Forschung. Trotzdem handelt es sich hierbei im Prinzip um ein enthymemisches Schlußverfahren, so daß eine grundlegende Trennung von Indizien- und Enthymemargumentation eigentlich nicht gerechtfertigt ist.

1.4. Topik

Das Gelingen einer enthymemischen Argumentation, so läßt sich an dieser Stelle resümieren, beruht ganz entscheidend auf der Relevanz der eingesetzten Argumente und auf der plausiblen Relation zwischen Argument und Konklusion, also auf der Plausibilität der angewandten Schlußregel. Empirische Untersuchungen belegen, daß selbst in spontanen, kaum geplanten und wenig strukturierten Alltagsargumentationen aus der unendlichen Menge möglicher Argumente und Schlußregeln tatsächlich und überwiegend nur die relevanten und plausiblen herausgezogen werden, während sich wirklich unstimmige Relationen – nicht zu verwechseln mit wenig plausiblen oder schwachen Argumenten – kaum beobachten lassen. Offensichtlich arbeitet unser Meinungs- und Erfahrungswissen auf diesem Gebiet bemerkenswert effizient, wenngleich wir uns der in Argumentationen zum Einsatz gekommenen Verfahren und Mechanismen meist gar nicht bewußt sind: *Wie* wir in praxi argumentieren, das bleibt größtenteils unter unserer Bewußtseinsschwelle. Daß dadurch das ›Funktionieren‹ von Argumentationsprozessen nicht beeinträchtigt wird, gehört zu den Charakteristika unseres Meinungs- und Erfahrungswissens: das wir nicht theoretisch durchschauen müssen, um es praktisch anwenden zu können.

Die Rhetorik ist indes darum bemüht, diese Prozesse zu entschlüsseln und sichtbar zu machen, sei es – im Sinne einer rhetorischen Heuristik – als Anleitung zu möglichst effektiven, d.h. überzeugungskräftigen Argumentationen, sei es – im Sinne einer rhetorischen Hermeneutik – zur Analyse von Argumentationsstrukturen (s.S.7f.). Daß die Schlußregeln ziemlich verläßliche Garanten für das Gelingen von Argumentationen sind, ist allerdings gar nicht so überraschend. Denn erstens bedienen wir uns nur einer vergleichsweise geringen Zahl relativ fester Schlußmuster, die Argumentationen unabhängig von deren Inhalten ›aufbauen‹ (deren Plausibilität sich jedoch immer an diesen Inhalten bemißt), und zweitens basiert ein beträchtlicher Teil dieser Schlußregeln auf Strukturen, die denen der Logik zumindest ähnlich sind, so daß man die enthymemischen Schlußregeln auch als quasi-logische oder, noch allgemeiner, als *alltagslogische Schlußverfahren* bezeichnen kann. Ein anderer Teil beruht allerdings auf Schlußmustern, denen keinerlei quasi-logische oder auch nur entfernt an logische Verfahren erinnernde Strukturen zugrunde liegen, die aber trotzdem nicht beliebig sind, sondern sich ebenfalls aus verhältnismäßig stabilen, im Laufe der Kulturgeschichte *konventionalisierten Schlußverfahren* herleiten, beispielsweise aus der Kraft eines durch Autorität und Expertenmeinung gestützten Arguments.

Diese verschiedenen Strukturen der Schlußregeln sind in der Topik gesammelt und analysiert worden, die Aristoteles als Bindeglied zwischen Logik und Rhetorik konzipiert und auch als »Dialektik« bezeichnet hat. In seiner *Topik* setzt er sich zum Ziel, »eine Methode zu finden, nach der wir über jedes aufgestellte Problem aus wahrscheinlichen Sätzen Schlüsse bilden können und, wenn wir selbst Rede stehen sollen, in keine Widersprüche geraten« (I.1.100 ^{a} 18). Gemeint sind Verfahren, mit Hilfe derer man plausible Argumentationen zustande bringen beziehungsweise – Aristoteles hat seine *Topik* für akademische Übungsgespräche entworfen – den eigenen Standpunkt überzeugend und in sich widerspruchsfrei verteidigen kann. Obwohl es Aristoteles nicht explizit darlegt, so ist doch unter Topik zweierlei zu verstehen: Zum einen ein Suchverfahren, das den Argumentierenden auf bestimmte, für die Argumentation relevante Zusammenhänge lenkt, um das Finden von passenden Argumenten beziehungsweise plausiblen Schlußmustern zu erleichtern. Schon die Griechen haben sich diesen Vorgang als eine Suche im räumlichen Sinne vorgestellt, bei der man Argumente und Schlußmuster nicht zufällig aufstöbert oder blindlings einsetzt, sondern gezielt an bestimmten ›Plätzen‹ sucht (*tópoi*; *loci* oder *sedes argumentorum*). Topoi wären demnach nützliche und für jede rhetorische Auseinandersetzung taugliche Arsenale argumentativer Mittel, aus denen der Argumentierende die für seine Zwecke jeweils passenden hervorholt – es sind sozusagen die Quellen, über die jeder Redner oder Autor verfügen muß, um aus ihnen die Argumente ›hervorziehen‹ zu können. In diesem Sinne definiert auch Cicero das topische Verfahren: »So dürfen wir uns auch nicht jedes Mal, wenn eine Sache zu behandeln ist, immer von neuem auf spezielle Argumente für diesen Fall besinnen, sondern müssen bestimmte Grundgedanken zur Verfügung haben [...], Grundgedanken, aus denen man die Argumente gewinnt« (*De or.* II.130 f.).

Zum anderen bezeichnen Topoi die in Argumentationen eingesetzten Schlußmuster, deren Plausibilität die »Kraft« (*vis*) der Argumentation garantiert. Von entscheidender Bedeutung dabei ist, daß der Topos nicht mit der Argumentation selbst, also mit deren Inhalten und Aussagen, identisch ist – daß die Topik also keine schon fertigen, vorstrukturierten Argumentationsmuster bereithält, die sich mehr oder weniger schematisch auf jede nur denkbare Argumentationssituation anwenden lassen. Topisches Denken meint vielmehr die kreative Fähigkeit, die ›gefundenen‹ Aspekte einer Argumentation miteinander zu verbinden und daraus überzeugungskräftige Aussagen abzuleiten. Damit wird aber zugleich deutlich, daß sich die Wirksamkeit der topisch-formalen Strukturen immer nur anhand der konkret in bestimmten Argumentationszusammenhängen vertretenen Inhalte messen läßt. Versteht man die Topoi demnach als Hilfen, Argumentationen aufzubauen oder die Überzeugungskraft einzelner Argumentationsschritte zu garantieren, dann bemißt sich ihre Relevanz von der realen Argumentation, von den tatsächlich zu bewältigenden Argumentationsschritten her. Dieser Dualismus ist das eigentliche Charakteristikum der Topik: Auf der einen Seite bezeichnet sie formale, kontextabstrakte Argumentationsmuster, auf der anderen Seite Strukturen, die in der konkreten Argumentationssituation kontextrelevant und verbindlich sind. Aus dem kontextabstrakten Topos von Ursache und Wirkung beispielsweise beruht der kontextrelevante Schluß: »Wenn es regnet, wird die Straße naß.«

Aufgrund der Tatsache, daß die Topoi zwar inhaltliche Bezüge aufweisen, nicht jedoch mit den Inhalten der Argumentation identisch sind, wird ihr zweites Charakteristikum ersichtlich – jeder Topos ist ›offen‹, er kann verschiedene, sogar entgegengesetzte Argumentationsmöglichkeiten eröffnen. Das heißt, daß man, ausgehend von ein- und demselben Topos, im Hinblick auf denselben strittigen Sachverhalt ganz unterschiedliche, ja sogar gänzlich konträre Argumentationen ableiten kann. Dazu ein Beispiel: Die Aussage (»Abtreibung ist Mord«) wird durch das Argument (»Abtreibung ist vorsätzliche Tötung«) gestützt und durch die Schlußregel (»Vorsetzliche Tötung ist eine Mordtat«) hergeleitet. Herangezogen wird hierzu ein Definitionstopos, der einen Zusammenhang zwischen Abtreibung und Mord über die Definition der ›vorsätzlichen Tötung‹ herstellt. Aus demselben Topos könnte der Opponent aber auch den gegenteiligen Schluß ableiten, wenn er das Argument umkehrt (»Abtreibung ist keine *vorsätzliche* Tötung – schon geborenen – Lebens«) und als Konklusion folgern kann: »Abtreibung ist möglicherweise eine Form der Tötung, keinesfalls aber ein Mord.«

Dieses seit der Antike als *in utramque partem* bekannte Prinzip ist nicht als sprachspielerischer Relativismus mißzuverstehen, sondern beruht auf der Annahme, daß die rhetorisch-topische Argumentation sich mit Problemen beschäftigt, die mehr als nur eine Antwort zulassen, und gemäß der enthymemischen Argumentation ist die Topik denn auch kein rationales Beweisverfahren, sondern ein Verfahren, überzeugende Argumentationen aufzubauen. Angesichts der geforderten Plausibilität erscheint es allerdings unwahrscheinlich, daß zwei aus demselben Topos abgeleitete Argumentationsgänge gleichermaßen für den jeweiligen Argumentationsschritt in Betracht kommen. Vielmehr sind die einzelnen Topoi unterschiedlich geeignet, an bestimmten Positionen argumentativer Sequenzen eingesetzt zu werden (Kienpointner 1992, 167), der Redner oder Schreiber muß also aus den sich bietenden Möglichkeiten die geeignete auswählen. Das heißt aber auch, daß das Auffinden des jeweils nützlichsten Topos nicht rationalisierbar und nicht optimierbar ist: Die Brauchbarkeit eines Topos resultiert aus der Dualität der Topik selbst, sie bemißt sich anhand zweier, einander entgegengesetzter Prämissen – anhand der Allgemeinheit eines Topos und anhand seiner Nähe zu der jeweils konkreten Argumentationssituation.

Diese Situationsgebundenheit oder Kontextabhängigkeit ist also der Grund dafür, daß die Topoi im Hinblick auf das konkrete, zu lösende Problem durchaus unterschiedlich geeignet sind, daß sie im Wechsel der Argumentationssituationen passend oder untauglich sein können. Der Topos in seiner abstrakten Bedeutung kann also nur als funktioneller Orientierungspunkt oder gedanklicher Leitfaden verstanden werden, der seine Wirkung erst im Konkreten entfalten und seine Tauglichkeit unter Beweis stellen kann. Wesentlich für den Redner oder Autor ist, daß er sowohl die Vor- als auch die Nachteile der einzelnen Argumentationsschritte im Auge haben muß, um nicht nur den ›richtigen‹ Topos, sondern auch dessen effektivste Verwendung zu wählen. In diesem Sinne bedeutet topisches Denken nicht nur kreatives, sondern immer auch umfassendes Denken, das alle Seiten einer Sache beleuchtet, aber nur den der Redeintention gemäßen Aspekt zur Sprache bringt. Dies setzt jedoch voraus, daß dem Argumentierenden alle oder zumindest viele Gesichtspunkte eines Argumentationsschritts gegenwärtig sind – ein Vermögen, das in der antiken Rhetorik schon als kreative Technik des Problemlösens anerkannt wurde (*ars inveniendi*) und das auch in moderne Topik-Definitionen eingegangen ist: »Die Topik ist eine von der Rhetorik entwickelte Techne des Problemdenkens« (Viehweg ²1963, 1).

Unser topisches Argumentationsarsenal umfaßt allerdings nicht nur, wie bisher behandelt, die Schlußregeln im eigentlichen Sinne, sondern auch bestimmte normative Prämissen (»Gleiches Recht für alle«) oder ethische Präferenzregeln (»Man soll dem Schwächeren helfen«), darin finden sich aber auch sehr allgemeine und meist triviale Aussagen (»Dicke Menschen sind gemütlich«), die als Gemeinplätze (Klischees, in der Rhetorik teilweise auch als *loci communes* bezeichnet) in unser Meinungs- und Erfahrungswissen eingegangen sind und als Schlußregeln oder als Argumente eingesetzt werden können – kurz: eine große Menge »gesellschaftlich konventionalisierter Grundbegriffe und Überzeugungen« (Herbig 1993, 586), die durchaus als inhaltlich ›feste‹ Versatzstücke in Argumentationen fungieren. Zum einen führt diese Ausweitung des topischen Arsenals zu einer erheblichen Unschärfe des Topik-Begriffs, wobei jedoch erklärend hinzugefügt werden muß, daß es in unserem Zusammenhang nicht um eine Idealdefinition von Topik geht, sondern um eine Beschreibung, wie tatsächlich topisch argumentiert wird. Zum anderen wird damit eine seit der Antike diskutierte Frage beantwortet, ob nämlich die topischen Kategorien primär formalen Charakter haben oder ob sie eher inhaltlich bestimmt sind. Die Antwort lautet, daß dies nicht als eine sich ausschließende Alternative zu verstehen ist, sondern eher zwei Endpunkte auf einer Skala bezeichnet, die von kontextabstrakten Schemata bis hin zu kontextrelevanten, inhaltlich bestimmten Versatzstücken reicht. Schon Aristoteles hat versucht, die amorphe Gruppe von Topoi in zwei Klassen einzuteilen, die er »allgemeine Topoi« (*tópoi koinoí*) und »besondere Topoi« beziehungsweise »spezielle Begriffe« (*idíai protáseis*) nannte (*Rhet.* I.2.22), wobei die allgemeinen Topoi in ihrer Mehrzahl das kontextabstrakte Strukturprinzip einer Argumentation vorstellen, während die besonderen Topoi wesentlich enger an die in einer Argumentation ›transportierten‹ Inhalte gebunden sind (s.S.138f.).

Die kontextrelevanten Topoi beruhen einerseits auf konventionalisierten Schlußverfahren und sind dadurch sehr viel stärker als die kontextabstrakten Topoi den Veränderungen unseres Meinungs- und Erfahrungswissens ausgesetzt, andererseits ist diese Topos-Klasse nur ungenau umgrenzt und zudem so umfassend, daß sie sich einer detaillierten Darstellung praktisch entzieht. Anders verhält es sich mit den kontextabstrakten Topoi, die auf einer überschaubaren Anzahl alltagslogischer Schlußregeln beruhen – wenngleich deren Zahl in den antiken, mittelalterlichen und modernen Topik-Katalogen teilweise beträchtlich schwankt, was allerdings wesentlich auf der jeweils vorgenommenen Einteilung in Klassen und Subklassen beruht. In der hier vorgelegten Topik werden zwei Großklassen von Topoi unterschieden: Die erste Klasse umfaßt alle alltagslogischen Schlußregeln, die zweite bietet eine repräsentative Auswahl konventionalisierter Schlußverfahren. In der ersten Großklasse werden insgesamt fünf Subklassen unterschieden, die Kausal- und Vergleichsschlüsse sowie die Gegensatz- und Einordnungsschlüsse und schließlich die Beispielargumentation. Die ersten vier dieser Schlußverfahren sind deduktiv abgeleitet, die fünfte und letzte Subklasse beruht dagegen auf dem induktiven Schlußverfahren. In der zweiten Großklasse wird der Autoritäts- und der Analogietopos sowie die Subklasse der personenbezogenen Topoi vorgestellt.

Hinsichtlich der aufgelisteten Topoi unterscheidet sich die hier vorgelegte Topik nicht grundsätzlich von den antiken und mittelalterlichen Katalogen. Problematisch ist und bleibt allerdings die Gliederung der einzelnen Topoi in Groß- und Subklassen, ebenso die exakte Abgrenzung einzelner Topoi voneinander sowie die Frage nach der Vollständigkeit einer Topik. In die Gliederung sind verschiedene historische Vorlagen eingegangen: Die Unterscheidung zwischen kontextabstrakten und kontextrelevanten Topos-Klassen geht auf Aristoteles zurück, die personenbezogene Topik stammt aus der römischen Rhetorik. Eine Einteilung der Topik in drei Großklassen wurde erstmals von Perelman/Olbrechts-Tyteca (*La nouvelle rhétorique*, 1958) vorgenommen, deren Klassifikation – »les arguments quasi logiques« (259 ff.), »les arguments basés sur la structure du réel« (351 ff.) und »les liaisons qui fondent la structure du réel« (471 ff.) – weicht jedoch in mancherlei Hinsicht von dem hier erarbeiteten Schema ab. Den bislang letzten großen Entwurf einer Topik der Alltagsargumentation hat Manfred Kienpointner (*Alltagslogik*, 1992) vorgelegt, auf den ich mich im folgenden weitgehend stütze. Die erste Großklasse, also die alltagslogischen Topoi mit deduktiven und induktiven Schlußmustern, entspricht im wesentlichen den von Kienpointner so genannten »schlußregel-benützenden Argumentationsschemata« (250 ff.) und den »schlußregel-etablierenden Argumentationsschemata« (365 ff.); auf eine grundsätzliche Teilung in deduktive und induktive Schemata, wie sie Kienpointner noch vorgenommen hat, habe ich allerdings verzichtet. In der zweiten Großklasse lassen sich zwei der konventionalisierten Topoi auch bei Kienpointner finden – unter der etwas unglücklichen Sammelbezeichnung »Argumentationsschemata, die weder Schlußregeln einfach benützen noch Schlußregeln induktiv etablieren« (373 ff.). Dem Autoritäts- und dem Analogietopos habe ich noch die Subklasse der personenbezogenen Topoi hinzugefügt.

Jeder Topos wird zunächst in seinem kontextabstrakten Grundmuster vorgestellt und anschließend inhaltlich einmal ›durchgespielt‹. In beiden Fällen handelt es sich jeweils um künstlich herauspräparierte Argumentationsstrukturen, die zum einen das ›Funktionieren‹ der jeweiligen Topoi jenseits konkreter Argumentationssituationen zeigen, aus denen sich zum anderen wiederum unendlich viele kontextrelevante Argumentationen ableiten ließen. Anhand einiger jeweils im Anschluß beigebrachten Beispiele wirklich gehaltener Reden oder veröffentlichter Texte soll gezeigt werden, wie eine solche Argumentation in der Praxis aussehen, d.h. welche Gestalt ein Topos in der Alltagsargumentation annehmen kann. Anders als diese Beispiele ist der Katalog der einzeln vorgestellten Topoi ein Versuch, die häufigsten und für die Alltagsargumentation relevanten Schemata für die geschriebene und gesprochene deutsche Gegenwartssprache zusammenzutragen, ohne dabei absolute Vollständigkeit anzustreben. Im ganzen werden 17 Topoi in insgesamt 46 Schemata aufgelistet, wobei hauptsächlich deskriptive und nur in Ausnahmefällen auch normative Argumentationsmuster aufgeführt werden (»Leon hat einen Kindergartenplatz«/»Leon sollte einen Kindergartenplatz bekommen«). Auf die Darstellung der ebenfalls möglichen Pro- und Kontra-Argumentation wird aus Platzgründen ebenso verzichtet wie auf die von realen und fiktiven Argumentationsschemata (»Wenn Leon älter wäre, dann würde er einen Kindergartenplatz bekommen«). Auch auf eine systematische Darstellung von Trugschlüssen und ›Sophismen‹ wird im folgenden verzichtet, schon aus Abgrenzungsschwierigkeiten gegenüber der rhetorischen Argumentationstypologie des Enthymems. Generell müßte man hier zwischen nichtintendierten und beabsichtigten Trugschlüssen unterscheiden, wenngleich dies in der Alltagspraxis teilweise überaus schwierig ist. Nichtintendierte Trugschlüsse stellen Fälle extrem ›schwacher‹ Argumentation dar, wobei die Grenzen zwischen plausibler und trugschlüssiger Argumentation fließend und in der Regel nur mit entsprechendem Kontextwissen zu bestimmen sind. Beabsichtigte Trugschlüsse sind dagegen vorsätzliche Fehldeutungen und Fehlinterpretationen, aber auch gewollte Störmanöver jenseits der eigentlichen Argumentation, beispielsweise bewußte Mißverständnisse.

1.4.1. Topoi mit alltagslogischen Schlußregeln

Bei den alltagslogischen Topoi mit deduktiven Schlußregeln handelt es sich um solche Schlußverfahren, die bei enthymemischen Argumentationen eingesetzt werden. Sie beruhen – im weitesten Sinne – auf den Gesetzen der Logik oder erinnern – zumindest an deren Gesetze. Man könnte sie deshalb auch als »quasi-logische« Topoi bezeichnen (doch sie sind nicht völlig identisch mit der von Perelman/Olbrechts-Tyteca so bezeichneten Klasse); Kienpointner spricht von den »schlußregel-benützenden« Topoi, womit ausgedrückt ist, daß diese Schlußregeln bereits in unserem topischen Alltags- und Erfahrungswissen vorhanden sind und sozusagen für die Argumentation schon ›bereitstehen‹.

1.4.1.1. Kausalschlüsse

Bei der Klasse der Kausalschlüsse handelt es sich um Schlußverfahren, bei denen Kausalrelationen als Schlußregeln die Plausibilität der Argumentation gewährleisten. Drei solcher Relationen sind zu unterscheiden: die zwischen Ursache und Wirkung, die zwischen Grund und Folge (von Handlungen) und zwischen Mittel und Zweck. Solche Kausalschlüsse stellen die wohl am meisten benutzte Argumentationsform in der alltagssprachlichen Kommunikation dar (Kienpointner 1992, 344). Sie werden als sogenannte »pragmatische Argumente« verwendet, wobei positive oder negative Folgen bestimmter Handlungen als Bekräftigung der eigenen Position oder als Widerlegung anderer Positionen ins Feld geführt werden.

Topos aus Ursache und Wirkung

Für die Kausalrelation zwischen Ursache und Wirkung sind in der alltagssprachlichen Argumentation drei Aspekte von Bedeutung: Zunächst eine gewisse Logik des Folgerns von der Ursache auf die Wirkung, wenngleich – wie bei allen rhetorischen Argumentationsverfahren – diese Relation nicht ›logisch‹ im strengen Sinn ist. Das beweisen nicht zuletzt all jene Beispiele, in denen auch das Schicksal, göttliche Fügung oder Zufälle als Ursache von Wirkungen akzeptiert werden. Die Diskussion um die Atomkraft in den letzten Jahrzehnten hat gezeigt, wie sehr die jeweiligen Interessen der Beteiligten Kausalargumentationen beeinflußt haben und wie wenig Einigkeit selbst über Sach- und Detailfragen hergestellt werden konnte.

Erschwerend kommt hinzu, daß die Materie äußerst komplex war (und ist), so daß einfache Kausalschlüsse, wie sie im vorliegenden Schema dargeboten werden, zu einer Lösung der Problematik nicht ausreichen. Der zweite bedeutende Aspekt bei einer Kausalrelation ist die zeitliche Abfolge, wobei die Wirkung stets der Ursache nachfolgen muß. Und schließlich gilt die Einschränkung, daß sich die Relation unter normalen Umständen abspielt und nicht speziellen Gesetzmäßigkeiten unterworfen sein darf.

Schema: (1) Wenn eine bestimmte Ursache vorliegt, tritt eine damit gekoppelte Wirkung auf: »Wenn es regnet, wird die Erde naß.« Dieser Schluß besitzt auch für die entsprechende Negation Gültigkeit. (2) Wenn eine Ursache nicht vorliegt, dann tritt auch keine Wirkung auf: »Wenn es nicht regnet, wird die Ernte nicht reif.« Bei diesem Schluß von den Ursachen auf die Wirkung ist die temporale Struktur entscheidend: Erst muß die Ursache auftreten, dann kann die Wirkung folgen. Es handelt sich also gewissermaßen um eine Vorhersage, oder genauer: um die Plausibilität einer solchen Vorhersage. Dieser Schluß ist umkehrbar, wenn nämlich von den Wirkungen auf die entsprechenden Ursachen rückgeschlossen wird. Jetzt handelt es sich um die (nachträgliche) Erklärung von bestimmten Phänomenen. (3) Wenn bestimmte Wirkungen vorliegen, dann ist eine damit gekoppelte Ursache vorher aufgetreten: »Wenn der Winzer mit der Weinernte zufrieden ist, dann waren die klimatischen Bedingungen in diesem Jahr entsprechend gut.« Auch für dieses Schema gilt seine Negation. (4) Wenn eine Wirkung nicht vorliegt, dann ist auch keine Ursache vorher aufgetreten: »Wenn bei der Alkoholkontrolle keine Promillewerte festgestellt werden, dann hat der Fahrer keine alkoholischen Getränke zu sich genommen.«

Beispiel: In ihrer mit politischen und ideologischen Schlagworten durchsetzten Rede über »Massenstreik und Gewerkschaften« vom 1. Oktober 1910 stellt Rosa Luxemburg in einem fiktiven Ursache-Wirkungs-Schema einen Massenstreik als unausweichliche Folge eines drohenden Scheiterns der Verhandlungen hin:

»Sie wissen alle, daß in wenigen Tagen, übermorgen, die Vertreter der organisierten Arbeiterschaft mit den gewaltigen Kapitalmagnaten der Schiffsbauwerften in Verhandlung treten, wonach entschieden werden soll, ob 400.000 deutsche Metallarbeiter aufs Pflaster geworfen werden. Parteigenossen! Sollte das Tatsache werden [...], so würden wir in ganz Deutschland Zeugen eines Kampfes sein, wie er vielleicht in der Welt noch nie dagewesen ist, denn zusammen mit den nächsten Angehörigen und mit den Familien würden vielleicht eine Million Menschen im Kampfe sein, in einem Kampfe, in dem es sich handelt um Sein oder Nichtsein zwischen der stärksten Gewerkschaftsorganisation und dem übermächtigen, protzigen Kapital.«

Die Schlußverfahren zwischen Ursache und Wirkung basieren im wesentlichen auf naturhaften oder ethisch normativen Komponenten und erscheinen uns dementsprechend ›logisch‹. Anders verhält es sich, wenn diese Kausalrelationen auf menschliche Handlungen übertragen werden, dann nämlich ist die Kausalität zwischen Ursache und Wirkung erheblich schwächer. Eine streng kausale Gesetzmäßigkeit kann selbst rationalen menschlichen Handlungen nicht unterstellt werden, der Schluß von den Handlungen auf die handlungsmotivierenden Gründe kann lediglich annähernd plausibel sein und entweder nur mit entsprechendem Kontextwissen rekonstruiert oder vorhergesagt werden.

Topos aus Grund und Folge

Der Topos aus Grund und Folge unterscheidet sich vom Topos aus Ursache und Wirkung, weil menschliche Handlungen nicht einfach im Sinne von Wirkungen aufgefaßt und Ursachen entsprechend nicht einfach mit Intentionen gleichgesetzt werden können. Während beim Schluß von den Ursachen auf die Wirkungen außerdem ein nur einfaches wechselseitiges Beziehungsverhältnis existiert, so liegt bei den Schlüssen aus menschlichen Handlungsweisen ein zweifaches vor – das zwischen Intention und Handlung und das zwischen Handlungen und ihren Folgen. Zunächst werden die Schlußschemata zwischen den handlungsauslösenden Gründen auf die Handlungen vorgestellt.

Schema: (5) Wenn eine Person ein Handlungsziel nur durch bestimmte Handlungen erreichen kann, dann wird sie diese Handlungen ausführen: »Wenn ein Politiker seine politischen Vorstellungen nur als Mitglied des Bundestages realisieren kann, dann wird er sich darum bemühen, als Parlamentarier in den Bundestag einzuziehen.« Auch hier gilt die Negation des Schlußschemas. (6) Wenn eine Person ein Ziel durch bestimmte Handlungen nicht erreichen kann, dann wird sie diese Handlungen nicht ausführen: »Wenn ich selbst unter größten Anstrengungen die Eiger-Nordwand nicht bezwingen kann, dann werde ich es erst gar nicht versuchen (bzw. meine Versuche frühzeitig abbrechen).«

Auch in diesen beiden Fällen läßt sich die temporale Schlußstruktur umkehren, so daß die Prognose zu einer Erklärung wird; jetzt erfolgt also der Schluß von den Handlungen zurück auf die handlungsauslösenden Ziele. (7) Wenn eine Person eine bestimmte Handlung ausführt, dann hat sie dafür vermutlich ein bestimmtes Motiv: »Wenn ein Kommunalpolitiker konkrete Pläne zur Vermeidung umweltschädlicher Produkte entwickelt, dann will er den Umweltschutz in seinem Wahlkreis praktisch verwirklichen.« Ein solcher Schluß unterstellt allerdings eine rationale, zumindest intendierte Handlung, die jedoch nicht in jedem Fall unbedingt vorliegen muß – Mord im Affekt beispielsweise ließe sich nicht unter dieses Schema subsumieren. Auch die Negation des Schlußschemas (7) ist gültig, wenngleich dieselben Einschränkungen hinsichtlich der Plausibilität geltend gemacht werden müssen. (8) Wenn eine Handlung nicht vorliegt, dann liegt auch ein Motiv dafür nicht vor: »Wenn der Bauer über die Mittagszeit nicht aufs Feld geht, dann sieht er offensichtlich keinen Sinn darin, in der glühenden Hitze zu arbeiten.« Vielleicht repariert er aber auch nur seinen Traktor.

Weitere Schlußschemata lassen sich bilden, wenn der Schluß von einer Handlung auf deren Folgen herangezogen wird. (9) Wenn eine Person eine bestimmte Handlung vollzieht, dann treten entsprechende Folgen auf: »Wenn Frau Frank arbeitslos wird, dann wird der Lebensstandard ihrer Familie sinken.« Auch hier ist die Negation gültig. (10) »Wenn Frau Frank keine Arbeit findet, wird sich ihre finanzielle Situation nicht bessern.« Diese Vorhersagen lassen sich ebenfalls in Erklärungen umwandeln. (11) Wenn die Folgen einer bestimmten Handlungen vorliegen, dann muß diese Handlung ausgeführt worden sein: »Wenn Sportler bei Dopingkontrollen positiv getestet werden, dann haben sie aller Wahrscheinlichkeit nach Dopingmittel zu sich genommen.« Und verneint: (12) Wenn die Folgen einer bestimmten Handlung nicht vorliegen, dann ist diese Handlung auch nicht ausgeführt worden: »Wenn eine Sportlerin nicht positiv getestet wird, dann ist sie auch keine Dopingsünderin.« Die nur relative Plausibilität dieses Umkehrschlusses wird offensichtlich, wenn man das hier unterstellte Nichtauftreten von Folgen abwandelt in ein Nichterkennen dieser Folgen: Wenn die Folgen einer bestimmten Handlung nicht auftreten, dann sind sie möglicherweise nur nicht erkannt worden – die Handlung ist aber doch vollzogen worden.

Beispiel: Seine Erklärung zum zwanzigsten Jahrestag des gescheiterten Aufstands in Ost-Berlin am 17. Juni 1973 schloß der ehemalige Bundeskanzler Willy Brandt:

»Wenn wir aus dem Gedenktag heute etwas lernen können, so dies: Wir werden den Menschen und den Familien, die voneinander getrennt sind, nur helfen können, wenn wir das Verhältnis zwischen den Teilen Europas und damit zwischen den beiden deutschen Staaten, wie sie nun einmal entstanden sind, normalisieren, soweit das überhaupt geht. Die Geschichte sehen, die Realitäten erkennen, die Chancen der Zukunft nicht verspielen – nur so können wir den Menschen unseres Volkes dienen, hüben und drüben, nur so können wir bestehen.«

Topos aus Mittel und Zweck

Der Topos aus Mittel und Zweck ist den Schlüssen zwischen Gründen und Folgen sehr ähnlich, so daß er eigentlich unter diesen Topos subsumiert werden könnte. Die normative Mittel-Zweck-Argumentation ist allerdings ein Sonderfall, eine überaus häufig angewandte Präferenzregel, die eigens aufgeführt werden muß. Sie besagt, daß die Ziele wichtiger sind als die Mittel, um diese Ziele zu erreichen.

Schema: (13) Wenn ein Ziel positiv bewertet wird, dann können unter Umständen auch weniger positiv zu bewertende Mittel zur Erreichung dieses Zieles akzeptiert werden: »Wenn der Publizist Günter Wallraff in seinen Sozialreportagen Mißstände offenlegt, dann rechtfertigt das letztlich auch seine Methoden, nämlich sich unter falschem Namen Zugang zu den entsprechenden Quellen zu verschaffen.« Dieses Argumentationsmuster ist ethisch geprägt und dementsprechend leicht zu mißbrauchen – damit läßt sich beispielsweise auch der Tod von Millionen von Menschen angesichts der herbeigesehnten ›Weltrevolution‹ und anderen politischen, ideologischen oder religiösen Dogmen ›rechtfertigen‹. Denkbar ist hier übrigens auch der Umkehrschluß, nämlich daß die Mittel wichtiger sind (»Der Weg ist das Ziel«), doch wirkt dieser Schluß gemeinhin paradox.

Beispiel: In seiner berüchtigten »Sportpalastrede« begründet der nationalsozialistische Propagandaminister Joseph Goebbels am 18. Februar 1943 die Methoden der Mobilmachung für den totalen Krieg damit, daß diese dem Zweck untergeordnet sind:

»Es ärgert uns nicht einmal, wenn unsere Feinde im Ausland behaupten, die Maßnahmen, die wir jetzt zur Totalisierung des Krieges durchführten, kämen denen des Bolschewismus ziemlich nahe. Scheinheilig erklären sie, daraus müsse man also folgern, daß sich unter diesen Umständen der Kampf gegen den Bolschewismus überhaupt erübrige. Es geht hier nicht um die Methode, mit der man den Bolschewismus zu Boden schlägt, sondern um das Ziel, nämlich um die Beseitigung der Gefahr. Die Frage ist also nicht, ob die Methoden, die wir anwenden, gut oder schlecht sind, sondern ob sie zum Erfolge führen.«

1.4.1.2. Vergleichsschlüsse

Die zweite Subklasse unter den alltagslogischen Topoi wird von den Vergleichsschlüssen gebildet. Bei ihnen werden verschiedene Größen miteinander vergleichend in Beziehung gebracht. Drei Schlußverfahren lassen sich in dieser Klasse ausmachen: Der Topos aus der Gleichheit, der Topos aus der Verschiedenheit und der Topos aus dem Mehr oder Minder.

Topos aus der Gleichheit oder großen Ähnlichkeit

Beim Topos aus der Gleichheit oder zumindest großen Ähnlichkeit werden gleiche beziehungsweise sehr ähnliche Größen miteinander in Relation gebracht. Von den Analogieschlüssen (s.S.112ff.) oder der Beispielargumentation, bei denen ebenfalls Ähnlichkeiten eine Rolle spielen, läßt sich dieser Topos nur schwer unterscheiden. Als normative Forderung ist der Topos aus der Gleichheit – ebenso wie sein ›Pendant‹, der Topos aus der Verschiedenheit – als »Gerechtigkeitstopos« bekannt.

Schema: (14) Von gleichen oder sehr ähnlichen Dingen wird auf gleiche oder sehr ähnliche Eigenschaften geschlossen: »Wenn zwei Kulturen gemeinsame historische Wurzeln haben, dann weisen sie hinsichtlich ihres Denkens, ihrer Sprache, ihrer Kunst relativ große Gemeinsamkeiten und Ähnlichkeiten auf.« Neben diesem deskriptiven Schema spielt das normative in unserer Alltagsargumentation eine so bedeutende Rolle, daß es hier eigens aufgeführt werden muß. (15) Von gleichen oder sehr ähnlichen Dingen wird auf ihre gleiche oder sehr ähnliche Behandlung oder Bewertung geschlossen: »Wenn Männer und Frauen die gleiche Arbeit leisten, dann steht ihnen auch gleicher Lohn zu.«

Beispiel: Mit einem ironischen Kommentar weist der Abgeordnete Herbert Wehner in einer Bundestagsrede einen Kollegen zurecht, der ihn mit einem Zwischenruf gestört hatte. Der Zwischenrufer hatte nach dem »Exemplar« eines Textes gefragt, auf das Wehner vorher angespielt hatte:

»Sie können, sehr verehrter Herr, das Exemplar dann einsehen, und im übrigen bitte ich Sie, mir doch die gleiche Langeweile zu gönnen, die wir bisher alle haben genießen dürfen.«

Die Gleichheit oder die große Ähnlichkeit, die bei diesem Topos zwischen zwei Komponenten hergestellt wird, ist immer nur auf die für den jeweiligen Argumentationsschritt relevanten Eigenschaften der Komponenten bezogen. Hinsichtlich anderer Eigenschaften können also durchaus Unterschiede bestehen, sie werden in der Argumentation aber nicht thematisiert. Wäre die Gleichheit dagegen tatsächlich total, so entstünden tautologische Argumentationsmuster wie »Geschäft ist Geschäft« oder »Bier ist Bier und Schnaps ist Schnaps«.

Topos aus der Verschiedenheit oder geringen Ähnlichkeit

Beim Topos aus der Verschiedenheit oder zumindest geringen Ähnlichkeit werden verschiedene beziehungsweise sehr unähnliche Größen miteinander in Relation gebracht.

Schema: (16) Von verschiedenen oder ziemlich unähnlichen Dingen wird auf unterschiedliche Eigenschaften geschlossen: »Wenn zwei Menschen wesensmäßig völlig verschieden sind, so sind sie auch in ihrem Denken, Fühlen, im Charakter etc. unterschiedlich.« Auch in diesem Fall ist das normative Schema wichtig: (17) Von verschiedenen oder ziemlich unähnlichen Dingen wird auf ihre unterschiedliche Behandlung oder Bewertung geschlossen: »Wenn zwei Sportler im Wettkampf sehr unterschiedliche Leistungen zeigen, dann soll das Preisgericht dies auch entsprechend unterschiedlich bewerten.«

Topos aus dem Mehr oder Minder

Die deskriptiven Topoi vom Mehr oder Minder stellen Wahrscheinlichkeitsschlüsse zwischen relativen Komponenten her.

Schema: (18) Wenn sogar der wahrscheinliche Fall nicht eintritt, dann wird der minder wahrscheinliche Fall erst recht nicht eintreten: »Wenn selbst Experten die Unfallursache nicht klären können, dann wird Laien dies schon gar nicht gelingen.« (19) Wenn sogar der minder wahrscheinliche Fall eintritt, dann wird der mehr wahrscheinliche Fall erst recht eintreten: »Wenn bei einem Automobilhersteller sogar bei den Luxusfahrzeugen Fertigungsmängel auftreten, so sind diese erst recht bei Fahrzeugen aus den unteren Preiskategorien zu erwarten.«

Diese beiden Topoi lassen sich um zwei weitere Schlußverfahren ergänzen, wenn man das Wahrscheinliche mit dem noch Wahrscheinlicheren und das Unwahrscheinliche mit dem noch Unwahrscheinlicheren in Relation setzt. Wenngleich die rein formale Beschreibung dieser Schemata auch merkwürdig klingen mag, so tauchen sie in der Alltagsargumentation recht häufig auf: (20) Wenn der ohnehin wahrscheinliche Fall eintritt, dann wird der noch wahrscheinlichere Fall erst recht eintreten: »Wenn es auf gefährlichen Straßen ohnehin häufig zu Unfällen kommt, dann erhöht sich das Unfallrisiko naturgemäß auf den besonders gefährlichen Streckenabschnitten dieser Straßen.« (21) Wenn der ohnehin wenig wahrscheinliche Fall eintritt, dann wird der noch weniger wahrscheinliche Fall erst recht nicht eintreten: »Wenn es kaum zu erwarten ist, daß zwei Flugzeuge in der Luft zusammenstoßen, so ist es noch unwahrscheinlicher, daß gleich drei Flugzeuge miteinander kollidieren.«

Beispiel: In ihrer brillanten Verteidigungsrede vor der Frankfurter Strafkammer am 20. Februar 1914 versucht Rosa Luxemburg, den gegen sie erhobenen Vorwurf zu entkräften, sie hätte gegen den »deutschen Militarismus« agitiert. Den Topos aus dem Mehr oder Minder setzt sie ein, um über ihre Motive in einer früher gehaltenen Rede Auskunft zu geben. Der Staatsanwalt hatte sich bereits bemüht, diese Motive aus dem Text dieser Rede herauszupräparieren, dagegen führt Luxemburg ins Feld, sie, als die Verfasserin eben dieser Rede, könne sehr viel besser als die Staatsanwaltschaft darüber Auskunft geben, um sich so als ›Autorität‹ zu legitimieren:

»Sowohl in der heutigen mündlichen Ausführung des Herrn Staatsanwalts wie in seiner schriftlichen Anklage spielt nicht bloß der Wortlaut meiner inkriminierten Äußerungen eine große Rolle, sondern noch mehr die Auslegung und die Tendenz, die diesen Worten innegewohnt haben soll. Wiederholt und mit dem größten Nachdruck betonte der Herr Staatsanwalt, das, was ich nach seiner Auffassung wußte und wollte, während ich meine Äußerungen in jenen Versammlungen machte. Nun, über dieses innere psychologische Moment meiner Rede, über mein Bewußtsein ist wohl niemand kompetenter als ich und mehr in der Lage, vollen und gründlichen Aufschluß zu geben.«

1.4.1.3. Gegensatzschlüsse

Bei den Gegensatzschlüssen, der dritten Subklasse der alltagslogischen Topoi, basieren die Schlußverfahren auf den hergestellten Bedeutungsrelationen zwischen pointierten Gegensätzen. Die interne Gliederung dieser Schemata beruht darauf, welchen Polaritätsgrad die Gegensätze besitzen, ob also die Antonymie total oder relativ, ob sie lediglich alternativ ist oder ob die Gegensätze semantisch unvereinbar sind (und im engeren Sinne gar keine Gegensätze darstellen). Alle vier Schlußverfahren garantieren, daß innerhalb der Argumentation keine Widersprüche auftauchen, sie sind deshalb auch als »Topoi der Widerspruchslosigkeit« bekannt.

Topos aus absoluten Gegensätzen

Der beim Topos aus absoluten Gegensätzen zum Ausdruck gebrachte Gegensatz ist vollkommen polar, die miteinander in Relation gebrachten Gegensätzlichkeiten schließen sich in jedem Fall aus. Ausgedrückt werden solche polaren Gegensätze meist durch direkte Negation (»*nicht*-gültig«), durch verschiedene Adverbien (»niemals«) oder durch bestimmte Präfixe (»*un*tauglich«, »*des*interessiert«) und Suffixe (»hoffnungs*los*«). Bei solchen absoluten Gegensätzen ist die logische Stringenz des Schlusses am stärksten; umgekehrt erscheint bei einer Verletzung dieses Schlußschemas der sich ergebende Widerspruch besonders gravierend.

Schema: (22) Wenn eine Sache oder eine Person eine bestimmte Eigenschaft aufweist, dann können sie nicht zur gleichen Zeit eine dazu widersprüchliche Eigenschaft aufweisen: »Wenn ein Schluß gültig ist, dann kann er nicht gleichzeitig ungültig sein.« Dieses Schlußschema ist – unter Beibehaltung der Struktur *Wenn, dann kann nicht* – durch die Negation der Eigenschaften umkehrbar. (23) Wenn eine Sache oder Person eine bestimmte Eigenschaft nicht aufweist, dann können sie nicht zur gleichen Zeit eine dazu widersprüchliche Eigenschaft aufweisen: »Wenn ein Schluß ungültig ist, dann kann er nicht gleichzeitig gültig sein.«

Ein Durchbrechen der auf den Grundlagen absoluter Gegensätzlichkeiten gebildeten Argumentationen ist nur dann möglich, wenn Grundlagen unseres topischen Meinungs- und Erfahrungswissens außer Kraft gesetzt oder radikal verändert werden; dies kann in Argumentationsmustern extrem ideologisierter oder religiöser Gemeinschaften der Fall sein: »Der Tod ist das Leben, das Leben ist der Tod.« Ansonsten können Widersprüche, haben sie sich einmal ergeben, nur dann beseitigt werden, wenn die Bedingung der Gleichzeitigkeit außer Kraft gesetzt wird, wenn ein Sprecher zugibt, seine Meinung geändert zu haben, wenn er die Widersprüchlichkeit als solche in sein topisches Alltagswissen integriert hat (»Wir leben halt in einer widersprüchlichen Welt«), oder wenn er Widersprüche schlicht und einfach negiert. Im Normalfall aber werden Widersprüche gerade ausgeschlossen, und wohl deshalb wirken Argumentationen, die aus sich ausschließenden Gegensätzen gebildet werden, überaus plausibel und zwingend. Das heißt aber noch nicht, daß sie in Alltagsargumentationssituationen auch den Fortgang einer Diskussion garantieren. Häufig kommt es statt dessen zu einem ›Patt‹ zwischen Proponent und Opponent: »Das stimmt doch nicht!« »Unsinn, das stimmt sehr wohl!«

Der Topos aus absoluten Gegensätzen ist vom Topos aus Ursache und Wirkung immer dann schwer zu unterscheiden, wenn Kausalkomponenten von Ursache und Wirkung als Gegensätze aufgefaßt werden. Dies gilt besonders für das Gegensatzpaar »Hervorbringung«/»Zerstörung«, zum Beispiel: »Wo Leben entsteht, da geht auch Leben zugrunde.« Kienpointner vermutet hier, daß normalerweise die Kausalrelation im Vordergrund steht (Kienpointner 1992, 343).

Topos aus relativen Gegensätzen

Beim Topos aus relativen Gegensätzen ist die logische Stringenz zwar nach wie vor stark, aber nicht mehr so zwingend wie beim Topos aus den absoluten Gegensätzen. Im Unterschied zu jenem Topos ist nun der zum Ausdruck gebrachte Gegensatz nicht mehr polar, sondern relativ und zudem kontextabhängig, die möglichen Widersprüchlichkeiten ergeben sich nicht aus sich selbst heraus, sondern durch die vergleichende Inbezugsetzung verschiedener Größen. Die semantische Beziehung zwischen den Gegensätzen wird meist hergestellt durch antonyme Begriffe (»heiß«/»kalt«), durch Komparative gegensätzlicher Adjektive (»schneller«/»langsamer«), durch Verben, die ein Tauschverhältnis bezeichnen (»geben«/»nehmen«) und durch Verwandtschaftsbeziehungen (»Vater«/»Sohn«). Die folgenden Schlußschemata basieren auf Komparativen gegensätzlicher Adjektive.

Schema: (24) Wenn eine Sache oder eine Person eine bestimmte relativ gegensätzliche Eigenschaft gegenüber einer anderen Sache oder Person aufweist, dann kann sie nicht zur gleichen Zeit eine dem entgegengesetzte relativ gegensätzliche Eigenschaft aufweisen: »Wenn eine Stadt größer ist als eine andere, dann kann sie nicht gleichzeitig kleiner sein als jene.« Denkbar ist auch die Umkehrung der Eigenschaften. (25) Wenn eine Sache oder eine Person eine bestimmte relativ gegensätzliche Eigenschaft gegenüber einer anderen Sache oder Person nicht aufweist, dann kann sie nicht zur gleichen Zeit eine dem entgegengesetzte relativ gegensätzliche Eigenschaft aufweisen: »Wenn der Sohn jünger ist als der Vater, dann kann er nicht älter sein als dieser.«

Die nur eingeschränkte Schlüssigkeit dieses Topos aus relativen Gegensätzen zeigt sich, wenn man ihn mit verschiedenen konkreten Inhalten durchspielt. Was in den abstrakten Schemata oder den konstruierten Beispielsätzen vergleichsweise plausibel erscheint, kann in konkreten Kontexten anders aussehen. Der Schluß im Schema (24) beispielsweise hat nur dann Gültigkeit, wenn die Komposita sich auf nur eine Größe beziehen; ist dies nicht der Fall, so geht die logische Stringenz verloren: »New York ist einwohnermäßig zwar größer als Mexico City, aber flächenmäßig ist diese Stadt durchaus kleiner als jene.« Im Schema (25) garantieren die beiden festen Größen »Sohn« und »Vater« die Richtigkeit der Argumentation; mit anderen Bezugsgrößen sind andere Aussagen denkbar: »Er ist jünger an Jahren, doch älter an Erfahrung.«

Die Werbung verwendet den Topos aus relativen Gegensätzen gern, häufig arbeitet sie aber auch mit deren ›Gegenstücken‹, den sogenannten rhetorischen Paradoxien: »Warum weniger mehr ist: Weniger Sitze (im Flugzeug) bedeuten mehr Platz.« Sogar die Schlußregeln der inneren Konsequenz können unterlaufen werden: »Auto ist nicht gleich Auto.« Doch wird durch solche Slogans das Nichtwiderspruchsgesetz nicht ernsthaft verletzt, weil der Werbetext zeigt, daß der Widerspruch auf einer höheren Ebene aufgelöst oder spielerisch so übertrieben ist, daß er nicht ernsthaft wirkt (Kienpointner 1992, 326 f.). Als gewollte Sprach- und Denkspiele und damit amplifikatorische Mittel gehören solche Paradoxien deshalb eher in den Bereich der rhetorischen Figuren (s.S.195).

Topos aus alternativen Gegensätzen

Von den beiden vorangegangenen Topoi unterscheidet sich der Topos aus alternativen Gegensätzen; während die Topoi aus den absoluten und den relativen Gegensätzen Gegensätzlichkeiten ausschalten und so Widerspruchsfreiheit garantieren sollen, basiert der Topos aus den alternativen Gegensätzen auf der Plausibilität zwischen gegensätzlichen, sich aber nicht ausschließenden Möglichkeiten. Das Grundschema lautet: Wenn zwischen Alternativen entschieden werden muß, dann ist es wahrscheinlich, daß die Wahl auf die bessere und nicht auf die schlechtere Alternative fällt. Innerhalb dieses Musters sind hochkomplexe Argumentationen möglich, gerade wenn sich die Alternativen gegenseitig nicht ausschließen beziehungsweise wenn mehr als nur zwei Alternativen ins Spiel kommen. Im folgenden ist der denkbar einfachste Fall dargestellt, weil nämlich nur zwischen zwei und zudem relativ gegensätzlichen Alternativen gewählt werden muß.

Schema: (26) Wenn entweder X oder das Gegensätzliche von X der Fall ist, dann ist es wahrscheinlich, daß X der Fall ist: »Wenn eine starke und eine schwache Fußballmannschaft aufeinandertreffen, dann ist es wahrscheinlich, daß die starke das Spiel gewinnt.« Eine Vertauschung der Gegensätze führt unter Beibehaltung der Struktur zur folgenden Argumentation. (27) »Wenn ein technisch unausgereiftes Produkt und ein technisch ausgereiftes miteinander um denselben Markt konkurrieren, dann ist es wahrscheinlich, daß sich das ausgereifte Produkt durchsetzen wird.« Denkbar ist auch die Negation des Schemas. (28) Wenn entweder X ist oder das Gegensätzliche von X der Fall ist, dann ist es unwahrscheinlich, daß X der Fall ist: »Wenn eine schnelle und eine langsame Läuferin gegeneinander laufen, dann kann man kaum davon ausgehen, daß die langsamere gewinnt.« Und dementsprechend: (29) »Wenn Menschen sich zwischen Nachteilen und Vorteilen entscheiden müssen, dann kann man kaum davon ausgehen, daß sie sich für die Nachteile entscheiden.«

Beispiel: In seiner Parteitagsrede *Zur Lage der Nation* (1919) wählt der spätere Reichskanzler und Außenminister der Weimarer Republik, Gustav Stresemann, bei der Beurteilung des 9. Novembers 1918 – das Datum markiert den Ausbruch der Revolution in Deutschland – zwischen zwei gegensätzlichen Alternativen:

»In der Frage, ob wir den 9. November als einen nationalen Feiertag oder als einen Tag nationaler Trauer ansehen, darin allein schon scheiden sich die Geister. Wer der Auffassung ist, daß jener 9. November ihm das neue Deutschland gebracht hat, das seinem Ideal entspricht, der gehört nicht in unsere Mitte; seine Auffassung liegt fernab von derjenigen, die uns beseelt.«

Gegenüber den Topoi der absoluten und relativen Gegensätze hat sich beim Topos aus den Alternativen die logische Stringenz noch einmal vermindert, die Gegensätzlichkeiten können nur noch als Alternativen begriffen und die Gegensatzrelation durch Wahrscheinlichkeitsannahmen hergestellt werden. In der alltäglichen Praxis werden die Alternativen vorzugsweise so formuliert, daß die eine Alternative favorisiert wird, wohl auch deshalb, um das Gegensatzgefälle und damit die Plausibilität der bevorzugten Wahl zu erhöhen. Im Grunde werden die entsprechend abgewerteten Möglichkeiten zu Scheinalternativen degradiert.

Auch in der Werbung findet der Topos der alternativen Gegensätze Verwendung. Dabei ist es durchaus nicht von Nachteil, daß es (in Deutschland) verboten ist, das Konkurrenzprodukt, zu dem das geworbene Produkt die bessere Alternative darstellen soll, namentlich zu nennen. Denn so können der anonym bleibenden Konkurrenz sämtliche Nachteile unterstellt oder die eigenen Produkte auf Kosten der anderen herausgestellt werden, ohne daß dies Punkt für Punkt belegt werden müßte (»Unter allen Bieren eines der besten«).

Topos aus semantisch unvereinbaren Gegensätzen

Der Topos aus den semantisch unvereinbaren Gegensätzen unterscheidet sich von den drei anderen Gegensatztopoi dadurch, daß bei diesem die Gegensätzlichkeiten aus ontologisch völlig verschiedenen

Bereichen stammen, daß also eine Relation zwischen den Komponenten, die hier als Gegensätze fungieren sollen, im topischen Allgemeinwissen gar nicht existiert. Der Topos aus den semantisch unvereinbaren Gegensätzen spielt in der Alltagsargumentation keine unmittelbare Rolle, doch er garantiert ganz grundsätzlich, daß ›unsinnige‹ Argumentationen (mit einiger Sicherheit) ausgeschlossen werden.

Schema: (30) Wenn eine Sache oder eine Person eine bestimmte Eigenschaft besitzt, dann können sie nicht zur gleichen Zeit eine semantisch damit gänzlich unvereinbare Eigenschaft aufweisen: »Wenn eine Uhr geht, dann kann sie nicht gleichzeitig an einem Galadiner teilnehmen.«

1.4.1.4. Einordnungsschlüsse

In der letzten Subklasse der alltagslogischen Topoi, den Einordnungsschlüssen, werden im Schlußverfahren Relationen zwischen verschiedenen Größen hergestellt. Trotz einiger Überschneidungen lassen sich hier drei verschiedene Topoi ausmachen, nämlich die Relation zwischen den Teilen und dem Ganzen, die zwischen der Spezies und der Gattung und die zwischen Definition und Definiertem.

Topos aus den Teilen und dem Ganzen

Beim Topos aus den Teilen und dem Ganzen werden Schlußfolgerungen zwischen den Teilen einer Gesamtheit und der Gesamtheit selbst hergestellt.

Schema: (31) Was vom Ganzen ausgesagt wird, wird auch von dessen Teilen ausgesagt: »Wenn die europäische Gemeinschaft auf wirtschaftlich stabilen Grundlagen steht, dann sind auch die der europäischen Gemeinschaft zugehörigen Staaten wirtschaftlich stabil.« (32) Wenn eine Aussage für das Ganze Gültigkeit besitzt, ist sie auch für seine Teile gültig: »Wenn eine Lehrerin an einer Schule beliebt ist, dann ist sie bei Schülern und Kollegen beliebt.« Beide Schlußschemata lassen sich umkehren: (33) Was von den Teilen ausgesagt wird, gilt auch fürs Ganze: »Wenn Äpfel, Birnen, Orangen, etc. gesund sind, dann ist auch ein Obstsalat gesund.« (34) Wenn eine Aussage für die Teile Gültigkeit besitzt, ist sie auch für das Ganze gültig: »Wenn Paris die Hauptstadt von Frankreich ist, dann ist Paris eine europäische Hauptstadt.«

Das eingangs des Kapitels zur Enthymemargumentation mehrfach angeführte Beispiel von X, der ein guter Musiker ist, weil er bei den Berliner Philharmonikern spielt (s.S.73f.), basiert übrigens auf einem normativen Schlußschema des Topos aus den Teilen und dem Ganzen, wonach für die Teile dieselbe Bewertung angebracht ist wie für das Ganze. Bei den normativen Schlußschemata der Teil-Ganzes-Topoi existieren allerdings zwei Präferenzregeln, die extra aufgeführt werden müssen. (35) Für ein Werturteil ist das Ganze wichtiger als die Teile: »Wenn Sicherheit und Gesundheit der Bevölkerung gefährdet sind, dann müssen Einzelinteressen zurückgestellt werden.« (36) Was die Gesamtheit (die Mehrheit) tut, das sollte man selbst auch tun: »Wenn alle sich dem aktiven Umweltschutz widmen, sollte ich mich davon nicht ausschließen.«

Beispiel: In ihrer Verteidigungsrede vom 20. Februar 1914 verwendet Rosa Luxemburg den Topos aus den Teilen und dem Ganzen, um zu beweisen, daß sie nicht »maßlos aufgehetzt« hat:

»Der Herr Staatsanwalt hat mehrmals wiederholt, daß ich die Tausende meiner Zuhörer [...] »maßlos aufgehetzt« hätte. Darauf erkläre ich: Herr Staatsanwalt, wir Sozialdemokraten hetzen überhaupt nicht auf!«

Dem Ganzen – der Sozialdemokratie – wird hier eine bestimmte Eigenschaft zugeschrieben, die selbstverständlich auch für ihre Mitglieder und also auch für Rosa Luxemburg Gültigkeit haben soll.

Das Schlußverfahren zwischen den Teilen und dem Ganzen erweist sich in der Alltagsargumentation deshalb als problematisch, weil das ›Ganze‹ oft nicht einfach nur die Summe seiner Teile ist. Besonders jene Argumentationen erscheinen nicht unbedingt zwingend, in denen von den Eigenschaften einer Gruppe auf die Eigenschaften ihrer Mitglieder geschlossen wird, eben weil oftmals nicht alle Mitglieder die Eigenschaften der Gruppe aufweisen. Die Argumentation: »Die Vereinigten Staaten sind ein reiches Land, also sind auch die U.S.-Amerikaner reich«, ist wenig überzeugend, da diese Aussage für über ein Viertel der Bevölkerung nicht zutrifft. Bei allen Schlußverfahren zwischen den Teilen und dem Ganzen sind die Kontexte von erheblicher Bedeutung. Sie können jede Schlußregel außer Kraft setzen, zum Beispiel: Was die Gesamtheit tut, das sollte man selbst gerade nicht tun: »Wenn die Mehrheit sich undemokratisch verhält, dann sollte ich mich diesem Verhalten nicht anschließen.«

Besonders die Werbung hat sich der Schlußverfahren aus den Teilen und dem Ganzen zu eigen gemacht, wobei positive Teilurteile auf das Gesamturteil (oder umgekehrt) übertragen werden. Auf dem Schlußschema (34) basiert beispielsweise der Werbespruch: »*Söhnlein brillant*, komponiert aus ausgesuchten Weinen eines Jahrgangs«.

Topos aus der Spezies und der Gattung

Beim diesem Topos werden Schlußfolgerungen zwischen den Besonderheiten einer Spezies und den Allgemeinheiten der dazugehörigen Gattung gezogen.

Schema: (37) Was von der Spezies gesagt wird, gilt auch für die Gattung: »Wenn der Mensch sterblich ist, dann sind alle Lebewesen sterblich.« (38) Wenn eine Aussage über die Spezies Gültigkeit besitzt, dann ist sie auch für die Gattung gültig: »Wenn ein Buchfink ein Vogel ist, dann ist er ein Tier.« Wie beim Topos der Schlüsse aus den Teilen und dem Ganzen gilt dieses Schlußschema auch umgekehrt. (39) Was für das Genus verneint wird, wird auch für die Spezies verneint: »Wenn Lebewesen nicht unendlich lange leben, dann lebt auch der Mensch nicht ewig.« (40) Wenn eine Aussage über die Gattung keine Gültigkeit besitzt, dann ist sie auch für die Spezies ungültig: »Wenn Delphine keine Fische sind, dann sind sie auch keine Hochseefische.«

Beispiel: Um deutlich zu machen, daß es sich in ihrem Fall um einen ideologisch geführten und damit politischen Prozeß handelt, benutzt Rosa Luxemburg den Topos aus Gattung und Spezies. Der Staatsanwalt wird hierbei einer bestimmten Gattung (»soziale Klassenzugehörigkeit«) zugerechnet, aus der die anti-sozialdemokratische Einstellung der Spezies ›Staatsanwalt‹ abgeleitet wird.

»Als ich diesen Ausführungen des Staatsanwalts lauschte, da mußte ich innerlich lachen und denken: Hier haben wir wieder ein klassisches Beispiel dafür, wie wenig formale Bildung ausreicht, um die sozialdemokratischen Gedankengänge, um unsere Ideenwelt in ihrer ganzen Kompliziertheit, wissenschaftlichen Feinheit und historischen Tiefe zu begreifen, wenn die soziale Klassenzugehörigkeit diesen Umständen hindernd im Wege steht. [...] Und wenn der Herr Staatsanwalt mit seinem armseligen Kronzeugen das alles als eine simple Hetzarbeit auffaßt; so liegt das Rohe und Simplistische dieser Auffassung einzig und allein an der Unfähigkeit des Staatsanwalts, in sozialdemokratischen Bahnen zu denken.«

Eine exakte Unterscheidung der Topoi aus Gattung und Spezies von jenen aus den Teilen und dem Ganzen ist in der konkreten Argumentationsanalyse oftmals nicht einfach, da vielfach die Teile eines Ganzen im Sinne der Spezies einer Gattung interpretiert werden können.

Topos aus der Definition

Definitionstopoi beruhen darauf, daß die Definition und das von ihr Definierte als inhaltlich äquivalent, also als synonym aufgefaßt werden und deshalb austauschbar sind.

Schema: (41) Was über die Definition ausgesagt wird, wird auch für das von ihr Definierte ausgesagt: »Wenn das bewaffnete Eindringen in eine Bank und die widerrechtliche Inbesitznahme von Banknoten ein Verbrechen ist, dann ist Bankraub ein Verbrechen.« Dieses Schema gilt auch umgekehrt: (42) Was über das Definierte ausgesagt wird, gilt auch für die Definition: »Wenn Bankraub ein Verbrechen ist, dann ist Bankraub eine gesetzwidrige und von der Exekutive zu ahndende Handlung.«

Beispiel: In seiner Erklärung im Bundestag zur Gründung der Deutschen Demokratischen Republik aus dem Jahre 1949 zieht der damalige Bundeskanzler Adenauer einen Definitionstopos heran, um dem neuen Staatsgebilde den Status eines »legitimen Staates« abzuerkennen. Die Konklusion wird allerdings nicht explizit formuliert:

»Nach dem völligen Zusammenbruch aller staatlichen Organisationen in Deutschland mit der bedingungslosen Kapitulation kann aber eine Organisation in Deutschland nur dann den Anspruch darauf erheben, ein legitimer Staat zu sein, wenn sie auf dem freien Willen der Bevölkerung beruht. Es wird niemand behaupten können, daß die nunmehr geschaffene Organisation der Sowjetzone auf dem freien Willen der Bevölkerung dieser Zone beruht. Sie ist zustande gekommen auf Befehl Sowjetrußlands und unter Mitwirkung einer kleinen Minderheit ihm ergebener Deutscher.«

Definitionstopoi werden eingesetzt, wenn die Äquivalenzrelationen nicht so selbstverständlich und trivial sind, daß sie als gegeben vorausgesetzt werden können. Dies ist besonders in der fachsprachlichen Argumentation (und in ›ideologischen‹ Diskussionen) der Fall, während Definitionstopoi in der Alltagsargumentation eher selten vorkommen. Anders in der Werbesprache, die sich ›persuasiver‹ Definitionsschlüsse häufig bedient: »Renault – der Wagen für die ganze Familie«. Das Produkt wird (positiv) für eine bestimmte Käuferschicht definiert, was zur Handlung, also zum Kauf, animieren soll.

Eine exakte Unterscheidung zwischen den Topoi aus Definition und Definiertem und jenen aus der Gattung und der Spezies erweist sich teilweise als schwierig, weil die Entscheidung, ob es sich um eine definitorische Gleichsetzung oder eine gattungsmäßige Einordnung handelt, in den meisten Fällen kontextabhängig ist.

1.4.1.5. Topos aus dem Beispiel

Die Klasse der alltagslogischen Topoi aus dem Beispiel ist identisch mit dem zweiten grundlegenden Argumentationsverfahren: der Beispielargumentation. Auf eine nochmalige Beschreibung dieses Argumentationsverfahrens kann an dieser Stelle deshalb verzichtet werden (s.S.81ff.). Nachzutragen bleibt das deskriptive Schema der Beispielargumentation:

Schema: (43) Wenn in einem oder mehreren Beispielen einer Sache oder einer Person bestimmte Eigenschaften zukommen, dann wird daraus abgeleitet, daß dieser Sache oder diesen Personen diese bestimmten Eigenschaften generell zukommen: »In Harrysburg hat sich ein größerer atomarer Zwischenfall ereignet, in Tschernobyl hat sich der bisher größte nukleare Unfall ereignet. Atomkraft ist für den Menschen nicht beherrschbar.«

Beispiel: In seiner Rede zur Erinnerung an den gescheiterten Aufstand am 17. Juni 1953 in Ost-Berlin zieht der damaliger Regierende Bürgermeister von West-Berlin, Willy Brandt, neben dem Argument der Brutalität noch zwei Beispiele heran, aus denen er dann induktiv die Verurteilung der Todesschüsse an der Berliner Mauer ableitet; mit einem Topos aus der Definition werden die Todesschüsse dann als »Verbrechen« eingestuft:

»Keine Noten, kein Geschrei können einen Deut daran ändern: Die Mauer ist zu elementar-brutal, als daß sie entschuldigt werden könnte. Sogar Russen haben gesagt, sie könnten nicht verstehen, daß hier Deutsche auf Deutsche schießen.
Da war ein 15jähriger Junge. Mit sieben Schußverletzungen liegt er in einem Krankenhaus. Für sieben Verwundungen wurde im Kriege das Goldene Verwundetenabzeichen verliehen. Und das war Krieg! Den 12jährigen Wolfgang Glöde, ein Kind noch, ließ man mehr als eine Stunde mit seinem Lungenschuß liegen. Heute ist er tot. Wir wissen von vielen Toten, schon zu vielen.
Was an dieser Mauer geschieht, ist nicht nur eine Schande, es ist ein Verbrechen. Ich klage das Regime in Ost-Berlin an: Der Schießbefehl ist ein Bruch der Haager Landkriegsordnung!«

1.4.2. Topoi mit konventionalisierten Schlußregeln

Die Topoi, deren Schlußverfahren auf konventionalisierten Schlußregeln beruhen, funktionieren im Prinzip wie die alltagslogischen Topoi, nur daß sie nicht auf wie auch immer gearteten ›logischen‹, quasi-logischen oder an logische Strukturen erinnernde Schlußregeln basieren, sondern auf rein konventionell festgelegten Schlußmustern. Damit gehören sie zu der Gruppe der kontextrelevanten Topoi, deren Schlußregeln an sich noch gar keine Aussagekraft besitzen, sondern ihre Schlußkraft einzig und allein durch die entsprechend eingesetzten Inhalte gewinnen. Die konventionelle Festlegung der Schlußregeln ist einerseits sehr viel stärker den Veränderungen des topischen Meinungs- und Erfahrungswissens unterworfen, andererseits ist es erstaunlich, daß auch solche topischen Muster sich im Wandel der Zeiten kaum verändert haben, wie uns die Topikkataloge der Antike beweisen.

In der hier vorgelegten Topik sind drei repräsentative Topoi mit konventionalisierten Schlußmustern aufgeführt, der Topos aus der Autorität, der Topos aus der Analogie und der Topos aus der Person.

Topos aus der Autorität

Beim Topos aus der Autorität wird die strittige Aussage nicht direkt durch ein unstrittiges Argument gestützt, sondern durch den Bezug auf eine unstrittige, anerkannte Autorität. Autoritätstopoi stützen den Geltungsanspruch der Aussage also dadurch, indem sie an ein Fremdwissen anknüpfen, das durch eine Autorität verbürgt und damit ›abgesichert‹ ist.

Schema: (44) Wenn eine als Autorität anerkannte Person eine Meinung vertritt, dann erscheint diese Meinung plausibel: »Daß dieses physikalische Gesetz gültig ist, hat ja schon Newton nachgewiesen.« Der Topos aus der Autorität bildet seine Schlußregel auf der – in der abendländischen Kulturgeschichte scheinbar weithin akzeptierten – Übereinkunft, nach der Expertenwissen höher einzuschätzen ist als das Wissen von Laien. Von ausschlaggebender Bedeutung für das Gelingen einer solchen Autoritätsargumentation ist, daß die Konklusion plausibel durch die ›eingesetzte‹ Expertenmeinung gestützt wird, daß die durch die Autorität verbürgte Glaubwürdigkeit auf die Konklusion übertragen wird. Deshalb ist es wichtig, daß der Opponent die Autorität als solche anerkennt. Eine Verweigerung dieser Anerkennung kann in Form einer Zurückweisung erfolgen – die Kompetenz der aufgeführten Autorität wird bestritten – oder durch das Präsentieren einer ›Gegenautorität‹.

Als Autoritäten können Einzelpersonen, bestimmte Personengruppen, Institutionen oder Organisationen fungieren, aber auch ›unbestimmte‹ Gruppen, Mehrheiten oder qualifizierten Minderheiten. Besonders die wenig genau bestimmten Gruppen bieten zahlreiche Möglichkeiten für suggestives oder manipulatives Vorgehen:

»Alle politisch verantwortungsvollen Menschen sind doch mit mir einer Meinung ...«; »Jeder vernünftig denkende Mensch ...« Die Unschärfe der jeweils als Autorität herangezogenen ›Menge‹ macht es schwer, die Glaubwürdigkeit der genannten Autoritäten zu überprüfen und eventuell zu hinterfragen oder zurückzuweisen. Besonders wirkungsvoll, doch moralisch fragwürdig ist das Verfahren, die eigene Position nicht nur mit Autoritäten abzusichern, sondern die Position anderer explizit davon auszugrenzen: »Der Opposition fehlt es hier doch ganz eindeutig an Experten mit Erfahrung und Sachverstand.« Ebenfalls ›unscharf‹ ist die Argumentation mit fiktiven Autoritäten, beispielsweise mit verstorbenen oder nicht anwesenden Personen: »Wenn X mich jetzt hören könnte, würde sie mich unterstützen.« Problematisch ist hier die Übertragung eines fiktiven Arguments auf reale Zusammenhänge. Die Werbung bedient sich solcher Verfahren mit ironischen Untertönen: »Katzen würden Whiskas kaufen.«

Bei Autoritätsargumentationen mit Einzelpersonen reicht meist die Nennung des Namens, wenn die Person durch entsprechende Leistungen oder Qualitäten als ›Autorität‹ ausgewiesen ist; Titel oder Rangbezeichnungen können den Autoritätsanspruch noch erhöhen, sind aber (derzeit) von wesentlich geringerer Bedeutung als in früheren Zeiten. Moralisch, gesellschaftlich, politisch oder fachlich anerkannte Persönlichkeiten werden dementsprechend häufig als Autoritäten eingesetzt. Natürlich kann auch die eigene Person, die Person des Redners oder des Argumentierenden, als Autorität ins Spiel gebracht werden, wie das folgende Beispiel belegt.

Beispiel: In seiner Dankesrede, die Gustav Stresemann 1927 zur Verleihung des Friedensnobelpreises hielt, stellt er sich selbst als Autorität dar, um über die »Geistesverfassung Deutschlands« – das ist der Inhalt der nachfolgenden Rede – zu sprechen. Diese Autorität begründet er mit seinen eigenen Erfahrungen als Außenminister in schwieriger Zeit:

»Ich habe in den letzten Jahren einen teilweise harten Kampf um die deutsche Außenpolitik geführt. Deshalb bin ich vielleicht am ehesten in der Lage, die Frage zu beantworten, die so oft gestellt wird, die Frage nach der Geistesverfassung Deutschlands.«

Fungiert die eigene Person als Autorität, dann wird meist auf die eigene Lebensleistung, Kompetenz oder Erfahrung verwiesen (»Auf Grund meiner langjährigen Betriebszugehörigkeit ...«), teilweise aber auch mit eigenen Sinneseindrücken argumentiert (»Das habe ich selbst gesehen«). Je mehr aber rein subjektive und sehr persönliche Beurteilungen im Vordergrund stehen, um so unwahrscheinlicher wirkt die Argumentation (»Das habe ich so im Gefühl«). Wenn man die eigene Person in größerem Rahmen als Autorität einsetzt – weist sich der Redner während einer Rede mit einer gewissen Regelmäßigkeit als kompetent und sachkundig aus –, dann setzt er bereits ein affektisches Überzeugungsmittel ein, und zwar die rednerische Selbstdarstellung (s. S. 120f.).

Neben solchen Autoritätsmustern, die mit Personen operieren, gibt es auch solche, die scheinbar Fakten als Autoritätsbeweis einsetzen. Oftmals werden aber diese Fakten nur durch sehr allgemeine Floskeln repräsentiert (»Das ist wissenschaftlich erwiesen«), die komplexe Sachzusammenhänge entweder sehr vereinfachen oder die Diskussion darüber ersetzen sollen (»Das ist eine Tatsache, da erübrigt sich jede Diskussion«). Die Mehrzahl solcher zu Versatzstücken zusammengeschrumpften Muster sind uns als eingängige sprachliche Slogans vertraut, die im Extremfall tautologisch sind: »Das ist einfach so.«

Die Wirkung der Autoritätsargumentation beruht nicht zuletzt auf einem psychologischen Effekt. Durch die Berufung auf eine Autorität wird die eigene Position nicht nur qualitativ abgesichert, sondern auch ›quantitativ‹ erhöht, neben dem Argumentierenden taucht sozusagen die imaginäre Autoritätsperson auf. Operiert der Proponent mit mehreren Autoritäten oder gar mit einer unbestimmt großen Menge, dann sieht sich der Opponent unweigerlich einer großen Zahl von Autoritäten gegenüber, gegen die er ›allein‹ seine Position verteidigen muß. Überaus problematisch ist die Verkehrung der Autoritätsargumentation in ihr Gegenteil, wenn also statt Vorbilder Schreckbilder eingesetzt werden. Dieses Verfahren dient weniger der Unterstützung der eigenen Position als vielmehr der Abwertung anderer Positionen: »Sie sind der schlimmste Hetzer seit Goebbels.«

Es bleibt nachzutragen, daß Autoritäten auch als illustrative Beispiele eingesetzt werden können, so daß der vollzogene Argumentationsschritt nachträglich noch gefestigt wird.

Topos aus der Analogie

Argumente, die auf dem Topos aus der Analogie beruhen, stellen Relationen zwischen der strittigen Aussage und ähnlich gelagerten Fällen her, um die Gültigkeit der strittigen Aussage zu belegen. Darin gleichen sie dem Topos aus dem (induktiven) Beispiel und jenen Topoi, die auf Vergleichsschlüssen basieren. Von ihnen unterscheidet sich der Topos aus der Analogie aber in zwei Punkten: Zum einen beruht er auf einem Einzelfall, während in der Beispielargumentation meist mehrere ähnlich gelagerte Fälle herangezogen werden. Und zum anderen stammen die Inhalte der strittigen Aussage und des zur Klärung herangezogenen analogen Falls aus unterschiedlichen Bereichen der Natur oder der gesellschaftlichen und sozialen Realität, während sowohl das Beispiel wie auch die Vergleichsschlüsse mit sehr viel ähnlicheren oder gar gleichen inhaltlichen Bereichen operieren. Eine exakte Abgrenzung zwischen dem Topos aus der Analogie und den Beispiel- und Vergleichstopoi ist aber schwierig und nur anhand der konkreten Kontexte möglich.

Schema: (45) Wenn eine Sache oder eine Person in einem bestimmten Verhältnis zu einer anderen Sache oder Person steht, dann ist dieses Verhältnis auf andere Relationen zwischen Sachen und Personen übertragbar, wenn Ähnlichkeiten zwischen beiden Relationen bestehen: »Wenn Parks und Grünflächen unsere Großstädte mit Sauerstoff versorgen, dann gleichen sie darin den Lungen, die den menschlichen Körper mit Sauerstoff versorgen.«

Beispiel: In seiner überaus polemischen Büchnerpreis-Rede (*Der Lichtblick im gräßlichen Fatalismus der Geschichte*, 1991) stellt Wolf Biermann Analogiebezüge zwischen alten und neuen Faschisten, zwischen Angepaßtheit in der ehemaligen DDR und im Nationalsozialismus her, um am Ende ein deutliches Urteil fällen zu können. Das Ende der DDR, so leitet Biermann diesen Analogieschluß ein, verdanke sich in erster Linie einer außenpolitischen Schwäche der Sowjetunion, ist »ein welthistorisches Abfallprodukt der Perestrojka.«

»Ohne Gorbatschow würden manche heldenmütigen DDR-Schriftsteller heute noch den Stiefel küssen, der sie tritt. Und die Ausländer-Raus-Faschos in Hoyerswerda würden noch immer brav ihre FDJ-Lieder brüllen. Brave Bürger, die ihnen in Hoyerswerda beim Pogrom zuschauten und Beifall klatschten, würden immer noch ins Wahllokal trotten und mit 99 Prozent die Kandidaten der Nationalen Front wählen. Viele der jungen Faschisten im Osten kommen aus einstmals staatstragenden Familien. Papa war kleiner Funktionär, jetzt isser arbeitslos und säuft sich vor der Glotze die alten Märchen aus der Birne. Gestern noch trugen sie das Blauhemd der FDJ und grölten »Schbanjens Himml« oder schlichen im typischen Anorak der Stasispitzel durch die Straßen, nun marschieren sie glatzköpfig in der glänzenden amerikanischen Bomberjacke und reißen den rechten Arm hoch zum Führergruß – es ist das gleiche brutale, stumpfsinnige Pack.«

In der Herstellung von Ähnlichkeitsrelationen liegt die ›Leistung‹ beziehungsweise die Problematik des Analogieschlusses. Als Illustration dessen dient im folgenden ein gegen Wehrdienstverweigerung häufig eingesetztes Argumentationsverfahren. In der Regel begründet der Proponent seine Weigerung zum ›Dienst mit der Waffe‹ mit dem Argument, er sei vorbehaltlos gegen Gewalt eingestellt: (A^1) »Ich bin gegen Gewalt«; (SR^1) »Wer gegen Gewalt ist, ist auch gegen den Kriegsdienst mit der Waffe«; (K^1) »Ich bin gegen den Kriegsdienst.« Normalerweise versucht der Opponent dann, die Gültigkeit des vom Proponenten herangezogenen Arguments zu bestreiten, um so mit der Schlußregel auch die Konklusion zu Fall zu bringen. Per Analogieverfahren wird nun entweder gefragt, ob der Proponent auch dann gewaltlos bleibt, wenn seinen Eltern oder anderen Verwandten Gewalt angetan wird, oder ob er Abtreibung kompromißlos ablehnt. In der Regel verneint der Proponent beide Fragen und gesteht somit Ausnahmen des von ihm selbst verwendeten Arguments zu. Damit aber verliert sein Argument die notwendige Unstrittigkeit, und genau das wird nun vom Opponenten gegen den Proponenten verwendet: (A^2) »Der Proponent ist nach eigenen Aussagen gegen Gewalt«; (SR^2) »Wer gegen Gewalt ist, darf (1) auch in Situationen, in denen gegen Familienangehörige Gewalt angewendet wird, selber keine Gewalt anwenden, und muß (2) Situationen, die als Gewalt interpretiert werden können (Gewalt gegen ungeborenes Leben), strikt ablehnen«; (K^2) »Also müßte der Proponent Gewalt gegen Verwandte zulassen beziehungsweise Abtreibung strikt ablehnen.« Aus dem scheinbar offensichtlichen Widerspruch zwischen dem ersten Argument (A^1) und der zweiten Konklusion (K^2) wird dann in der Regel das Urteil abgeleitet, daß der Proponent nicht glaubhaft versichern kann, daß er das menschliche Leben als höchsten Wert betrachtet, und daß er deshalb nicht vom Wehrdienst freigestellt werden kann (vgl. Kopperschmidt 1989, 138ff.).

Der Opponent argumentiert hier mit dem Analogieschluß, daß Gewalt in Form von eventuellen Kriegshandlungen Ähnlichkeit besitzt zu Ausnahme- und Konfliktsituationen, in denen Gewalt eine entscheidende Rolle spielt. Diese Analogie beruht auf einer Einebnung der unterschiedlichen Formen der Gewaltanwendung, mit Hilfe dessen der Proponent in einen Widerspruch eines von ihm selbst aufgestellten Arguments verwickelt wird. Aus diesem Widerspruch kann er sich nur dann befreien, wenn er die hergestellte Analogierelation seinerseits plausibel bestreiten kann und beispielsweise Fragen der Notwehr, der vorbeugenden Notwehr, die Frage nach ungeborenem Leben etc. thematisiert und dabei ›Gewalt‹ (anders als der Opponent) definiert.

Topoi aus der Person

Während die alltagslogischen Topoi stets sachbezogen sind beziehungsweise Personen in sachbezogenem Verhältnis behandeln, und während selbst beim Autoritätstopos Personen nur eingesetzt werden, um aus deren Glaubwürdigkeit die Plausibilität einer Aussage abzuleiten, so handelt es sich bei den Topoi aus der Person um direkt aus den Personen selbst abgeleitete Argumentationsmuster. Meist liegen solchen personentopischen Schlußmustern Kausal-, Vergleichs- oder Analogieschlüsse zugrunde, die zwischen einer Person, ihren Eigenschaften, Verhaltens- und Handlungsweisen plausible Verbindungen zu anderen Eigenschaften, Verhaltens- oder Handlungsweisen herstellen sollen. Auf der kontextabstrakten Ebene sind solche Schlußmuster wenig aussagekräftig, sie gewinnen ihre Plausibilität allein aus den jeweiligen Inhalten. Diese sind jedoch in starkem Maße konventionalisiert und als vergleichsweise feste Argumentationsstrukturen in unserem Meinungs- und Erfahrungswissen verankert, teilweise sogar zu Klischees erstarrt. Schon die römische Antike hat Kataloge solcher *loci a persona* aufgestellt, die sich kaum von den heutigen Mustern unterscheiden, wie ein Blick in Quintilians Personentopik belegt (*Inst.or.* V.10.23-31).

Schema: (46) Wenn eine Person bestimmte Eigenschaften, Verhaltens- oder Handlungsweisen an den Tag legt, dann sind daraus (mit mehr oder weniger großer Wahrscheinlichkeit) andere Eigenschaften, Verhaltensweisen oder Handlungen dieser Person ableitbar: »Wenn X ein jähzorniger Mensch ist, dann ist ihm auch eine Straftat im Affekt zuzutrauen.«

Beispiel: In seinem Nachruf auf Willy Brandt (*Trauer um Willy Brandt*, 1992) schließt der ehemalige Bundespräsident Richard von Weizsäcker aus zwei schicksalhaften Erfahrungen des Verstorbenen – Exil und Bau der Berliner Mauer – auf zwei politische Grundüberzeugungen, die den Politiker Brandt geprägt haben. Dieser Topos aus der Person stellt also eine Relation her zwischen bestimmten Lebenserfahrungen und daraus resultierenden Einstellungen und Verhaltensweisen:

»Er war im Exil und empfing in seinen skandinavischen Jahren prägende Impulse für sein Leben. Er lernte, Liberalität mit sozialer Solidarität zu verbinden. Er unterschied die großen demokratischen Grundwerte von der engen Zwangsjacke eines Dogmengebäudes. Mit einer gesunden Skepsis gegen Sektierertum und Rechthaberei bekannte er sich zur bewegenden Kraft der Ideen. Er wurde, was er dann geworden ist: ein pragmatischer Visionär.
Nach dem Kriege wurde Berlin die Stätte seines Wirkens. Mitten in seiner Amtszeit als Bürgermeister kam es zum Bau der Mauer. Mit allen Berlinern

bäumte er sich gegen diese Ungeheuerlichkeit. Doch im Zorn und in der Verzweiflung erkannte er die Lehre der Geschichte, daß der unbeugsame Freiheitswillen nicht zu trennen ist von der Bereitschaft zum Frieden. Der Mauerbau wurde zur Geburtsstunde der Ostpolitik, die für immer mit dem Namen Willy Brandt verbunden ist.«

Es ist nicht möglich, eine auch nur einigermaßen vollständige Personentopik mit allen denkbaren Argumentationsvarianten zusammenzustellen. Im folgenden soll daher versucht werden, einige markante Schlußmuster zu präsentieren, aus denen beispielhaft zwei konkrete Argumente abgeleitet sind. Sie sollen möglichst konträre Positionen abbilden, auch um zu zeigen, welch divergente Schlüsse aus ein- und demselben Schlußmuster abgeleitet werden können.

Vom *äußeren Erscheinungsbild* einer Person wird oftmals auf ihre soziale und gesellschaftliche Stellung oder auf bestimmte Einstellungen geschlossen. Kleidung, Haarschnitt, Mode etc. dienen also als Indikatoren entweder für innere Dispositionen oder für bestimmte Lebensumstände (»langhaariger Penner«; »adrette Erscheinung«). Aus der *Wesensart* oder dem *Charakter* einer Person können bestimmte Bewertungen oder Handlungsweisen dieser Person abgeleitet werden (»die Ruhe in Person«; »unberechenbarer Hitzkopf«). Eine Variante dessen sind Schlüsse aus der *psychischen Disposition* einer Person (»nicht belastbar«; »Nerven wie Drahtseile«), ebenso aus der *intellektuellen Disposition* (»hervorragender Denker«; »Dummkopf«), aus der *ideologischen Einstellung* (»sturer Marxist«; »aufrechter Demokrat«) oder aus der *religiösen Einstellung* (»überzeugter Christ«; »irregeleiteter Sektierer«).

Neben dem äußeren und inneren Erscheinungsbild bietet die Herkunft einer Person zahlreiche Möglichkeiten, auf ihr Verhalten oder Handeln zu schließen. Dazu gehört in erster Linie die *soziale Herkunft* (»milieugeschädigtes Arbeiterkind«; »Tochter aus reichem Elternhaus«), aber auch die *geographische* (und *nationale*) *Herkunft* (»die Schwaben sind fleißig«; »Ostfriesen sind so dämlich wie ihre Witze« und »Franzosen sind Lebenskünstler«; »die Deutschen sind humorlos«). Einen Sonderfall stellt die *ethnische Herkunft* dar (»Das auserwählte Volk«; »Die Juden sind unser Unglück«), die *familiäre Herkunft* spielt in der heutigen Zeit eine geringere Rolle als in früheren Zeiten (»Sie ist von Adel«).

Eine weitere Quelle von Ableitungen ist der Lebenslauf einer Person, namentlich *Erziehung und Ausbildung* (»Studium in Harvard«; »abgebrochene Lehre«), *Beruf und soziale* bzw. *gesellschaftliche Stellung* (»Stadtrat und Ehrenvorsitzender«; »Sozialhilfeempfänger«), das *Vorleben* (»vorbestraft«; »zahlreiche Preise und Auszeichnungen«), das *Lebensschicksal* (»Waisenkind«; »ein vom Glück Begünstigter«) sowie das *Alter* bzw. *das Erfahrungswissen* einer Person (»zu unerfahren für diese Aufgabe«; »zu alt für diesen Job«).

Eine letzte Gruppe ist die *Geschlechtszugehörigkeit* von Personen (»Frauen denken anders«; »das ist nur was für Männer«).

2. Affektenlehre

Seit den Sophisten herrscht in der Rhetorik Übereinstimmung darüber, daß sachlogisches Argumentieren allein nicht in jeder Situation ausreicht, um die Zuhörer zu überzeugen. Seit dem Beginn der Theoriebildung hat die Rhetorik deshalb neben der sachbezogenen auch eine affektische Argumentationslehre ausgebildet, die auf die emotionalen Aspekte einer Argumentation eingeht. Nach rhetorischem Verständnis gehört die Affektenlehre zur Argumentationstheorie, da auch die Affekterregung die persuasiven Prozesse steuert und auf Zustimmung bei den Zuhörern abzielt – wenngleich dabei keine sachbezogenen Mittel, sondern eher psychologische Strategien eingesetzt werden. Diese Doppelung der rhetorischen Argumentationstheorie ist sehr oft als eine Trennung der beiden Teillehren mißverstanden worden, wobei das sachlogische Überzeugen dann meist als begründetes und moralisch einwandfreies Verfahren angesehen, das affektische Vorgehen dagegen als unsachliches, teilweise sogar als manipulatives Verfahren abgewertet wird. Überzeugen und überreden, in dieser begrifflichen Dichotomie spiegelt sich jene wertende Unterscheidung, bei der das ›Überreden‹ nicht selten mit ›Betrügen‹ oder ›Überrumpeln‹ gleichgesetzt wird (s.S.11).

Eine solche Auffassung wird dem Selbstverständnis der Rhetorik und der Konzeption einer umfassenden Argumentationstheorie allerdings nicht gerecht. Zunächst einmal ist darauf hinzuweisen, daß im Griechischen, also in der Sprache der ursprünglichen rhetorischen *téchnē*, zwischen den beiden Wortbedeutungen ›Überzeugen‹ und ›Überreden‹ nicht unterschieden wird – das Verb *peíthein* bezeichnet beides. Tatsache ist aber vor allem, daß die Rhetorik neben den sachlogischen Überzeugungsmitteln *auch* andere akzeptiert, die keineswegs immer und notwendigerweise Manipulation bedeuten. Der Gebrauch affektischer Redemittel legitimiert sich aus der Erkenntnis, daß nicht in jedem Fall und für jeden Gegenstand die sachlogischen Überzeugungsmittel angebracht sind. Die Wahl der jeweiligen Mittel, die sich ergänzen können und keineswegs ausschließen müssen, ist vom Redner und von der Redesituation abhängig. Hierbei kann es zu Präferenzen der einen oder der anderen

Strategie kommen, wie auch die rhetorische Theorie die beiden Verfahren keineswegs immer gleichwertig behandelt hat: Aristoteles bevorzugt eindeutig die sachlogischen Überzeugungsmittel (ohne die affektischen zu übergehen), Cicero dagegen präferiert eher die emotionalen Mittel.

Auch sonst sind beide Teillehren in der rhetorischen Argumentationstheorie nicht nur unterschiedlich gewertet, sondern auch sehr verschieden in den Lehrbüchern behandelt worden. Während die sachbezogene Argumentationslehre – als Kern der Gerichtsrede – sehr ausführlich und systematisch dargestellt wird, fallen die Bemerkungen zur Affektenlehre sehr viel knapper aus. Das mag daran liegen, daß Aristoteles in seiner ersten umfassenden Darstellung der rhetorischen *téchnē* die affektischen Überzeugungsmittel den sachlogischen nachgeordnet hat, das gründet aber wohl auch darauf, daß sich die Affektenlehre – im Gegensatz zur Argumentationslehre oder zu anderen Teilen des rhetorischen Lehrgebäudes – nur schwer systematisieren und in allgemeingültige Regeln bringen läßt. Im Grunde ist sie ein Stiefkind der Rhetoriktheorie geblieben, wenngleich man sich – und das steht im scharfen Kontrast dazu – über die Bedeutung der rhetorischen Affekte für den Persuasionsprozeß und vor allem für die rednerische Praxis stets im klaren war.

Und noch ein weiterer Grund für die nur knappe Behandlung der Affektenlehre läßt sich anführen: Seit Gorgias wird die Affekterregung der sprachlich-stilistischen Gestaltung eines Textes und speziell der rhetorischen Figurenlehre zugeordnet und damit von der *inventio* und *dispositio* an die *elocutio* verwiesen. Zu einer solchen Aufsplitterung der rhetorischen Argumentationstheorie kommt es bei Aristoteles noch nicht; er hat die Affekterregung als Form und Möglichkeit der rhetorischen Überzeugungsmittel aufgefaßt und dargestellt. Aristoteles entwirft eine Argumentationstheorie, die in ihrem Anspruch und Umfang nach ihm nicht mehr erreicht worden ist, die in der vorliegenden Darstellung aber mit der Präsentation seiner Affektenlehre komplettiert werden soll. Anhand der römischen Rhetoriktheorie wird anschließend zu zeigen sein, wie die aristotelische Affektenlehre dann umgedeutet und in der weiteren Rhetorikgeschichte kanonisiert wurde.

Trotz der nur zweifachen Überzeugungsmittel gemäß der rationalen, sachlogischen und der affektischen, emotionalen Argumentation hat die Rhetorik eine Trias von Überzeugungsmitteln ausgebildet. Begründet worden ist sie von Aristoteles, der in seiner *Rhetorik* drei Überzeugungsmittel aufführt: (1) die auf Glaubwürdigkeit zielende ethisch-moralische Selbstdarstellung des Redners – Aristoteles spricht hier vom »Charakter« des Redners (*éthos*), (2) die auf Affekterregung der Zuhörer gerichtete Darstellung des Sachverhalts (*páthos*) und (3) das sachlogische Beweisverfahren (*lógos*):

»Von den Überzeugungsmitteln, die durch die Rede zustandegebracht werden, gibt es drei Arten: Sie sind nämlich entweder im Charakter des Redners begründet oder darin, den Hörer in eine gewisse Stimmung zu versetzen, oder schließlich in der Rede selbst, d.h. durch Beweisen oder scheinbares Beweisen« (*Rhet.* I.2.3).

Überzeugend wirken diese drei persuasiven Mittel erst durch ihr Zusammenwirken, wobei *lógos* den Sachaspekt der rhetorischen Kommunikation bezeichnet, *páthos* den Höreraspekt und *ēthos* den Sprecheraspekt. Doch auch in dieser aristotelischen Trias ist die dahinterstehende grundsätzliche Zweiteilung der Persuasionsmittel noch deutlich erkennbar, denn *ēthos* und *páthos* sind beide, wenngleich unterschiedlich in ihrer Funktion, affektrhetorische und publikumsorientierte Mittel und darin von »der Rede selbst«, d.h. von der sachbezogenen Beweisführung, unterschieden.

Doch weniger diese Dreiteilung als vielmehr überhaupt die Tatsache, daß Aristoteles neben dem *lógos* auch noch andere Kategorien der rhetorischen Überzeugungsarbeit gelten läßt, mag den Leser seiner *Rhetorik* zunächst einmal verblüffen – hatte Aristoteles doch ganz zu Beginn seiner Schrift ausdrücklich klargemacht, daß allein die sachlogischen Beweismittel zur Theorie der Beredsamkeit gehören, »alles andere sind Zugaben« (*Rhet.* I.1.3), womit er explizit die affekterregenden Redestrategien meint. Dieser (scheinbare) Widerspruch löst sich auf, wenn man sein frühes, ausschließlich das argumentative Beweisverfahren zulassendes Diktum als eine Art Richtlinie versteht, anhand derer die später im Text genannten nicht-logischen Überzeugungsmittel zu bewerten sind. Das heißt, daß *lógos*, *ēthos* und *páthos* nicht als gleichberechtigte Kategorien gedacht sind, sondern daß die beiden affektrhetorischen Mittel unter dem Primat des *lógos*, der vernünftigen und sachzugewandten Argumentation, stehen. Denn nur aufgrund dieser Zuordnung der Affekte zum eigentlichen Kern seiner Rhetoriktheorie – zu den sachlichen Argumentationsmitteln – gelingt es Aristoteles zu begründen, »daß es sich bei rhetorischen Verfahren eben nicht um willkürliche Manipulationspraktiken, sondern prinzipiell um ein vernünftiges und Vernunft freisetzendes Vorgehen handelt« (Wörner 1981, 56). In dieser Verknüpfung von affektischen und rationalen Komponenten offenbart sich eine Grundüberzeugung der Rhetorik, daß nämlich auch die affektischen Mittel planvoll eingesetzt werden müssen, um die gewünschten Reaktionen beim Publikum hervorzurufen, und daß der Affekt als solcher im persuasiven Prozeß noch keinen Wert besitzt. Der von seinen Emotionen getriebene Redner erweckt möglicherweise mit einer gefühlsgeladenen Ausdrucksweise genau das Gegenteil dessen, was er beabsichtigt: Statt emotional zu überzeugen und mitzureißen wirkt sein Pathos – obwohl ehrlich erlebt und gemeint – überzogen, unglaubwürdig, lächerlich. Nach aristotelischem Verständnis ist die Erregung der Affekte ein rationaler, überlegter und intentionaler Prozeß, kein unkontrollierter Gefühlsausbruch und auch keine irrationale Gefühlsmanipulation. In seiner Koppelung von rationalen und affektischen Überzeugungsmitteln zeigt sich noch einmal, daß Argumentationstheorie und Affektenlehre nicht zu trennen sind, weil sie in ihren innersten Strukturen zusammengehören.

Aristoteles hat den drei Überzeugungsmitteln unterschiedliche Aufmerksamkeit gewidmet. Während die sachlogische Argumentationslehre ganz im Zentrum seiner Rhetorikauffassung steht und dementsprechend eine sehr ausführliche Darstellung erfährt, finden sich zum *ēthos* des Redners nur wenige knappe Bemerkungen. Aristoteles geht davon aus, daß die Glaubwürdigkeit der vorgebrachten Argumente auch von der Person des Redners abhängt, der diese Argumente präsentiert. Besonders in solchen Fällen, in denen das Publikum nicht mit den Ansichten des Sprechers übereinstimmt, wird das abschließende Urteil, ob man den vorgebrachten Argumenten nun trauen darf oder nicht, vom *ēthos* des Redners abhängig gemacht. Der Überzeugungsprozeß ist in diesem Falle unmittelbar an die Glaubwürdigkeit des Redners geknüpft, er muß sich deshalb seinem Publikum in seiner Rede und durch sein Reden als glaubwürdig und ehrlich präsentieren – eine Forderung, die Aristoteles mit »Charakter« umschreibt: »Durch den Charakter [erfolgt die Persuasion], wenn die Rede so gehalten wird, daß sie den Redner glaubhaft macht; denn den Tugendhaften glauben wir lieber und schneller – im allgemeinen schlechthin –, ganz besonders aber da, wo keine letzte Gewißheit ist, sondern Zweifel herrscht« (*Rhet.* I.2.4). Verwirklicht wird das rednerische *ēthos* nicht nur durch eine folgerichtige, in ihren Strukturen durchschaubare Argumentation, sondern auch durch drei ethische Qualitäten: »Einsicht, Tugend und Wohlwollen« (*Rhet.* II.1.5). Gemeint sind die lebenspraktischen Erfahrungen des Redners – die Sachkenntnis voraussetzen und Einsicht in alle problematischen und strittigen Sachverhalte erlauben –, eine moralisch-sittliche Idealdisposition des Redners und seine dem Publikum (und dessen möglicherweise von den eigenen Ansichten differierenden Einstellungen) gegenüber wohlwollende Aufgeschlossenheit und Toleranz. Diese ethische Trias, in der sich Intelligenz, sittliche Integrität und das Wohlwollen des Redners mischen und die in der römischen Rhetorik zum Ideal des *perfectus orator* beziehungsweise des *vir bonus* gesteigert wird, ist Zeugnis dafür, daß auch das rednerische Ethos rational bestimmt ist, und sie verhindert gleichzeitig, daß dieses Feld gänzlich irrationalen Momenten überlassen bleibt – wie dem Aussehen des Redners, seiner Stimme, seiner Kleidung etc.

Im Vergleich zu den recht knappen allgemeinen Bemerkungen zum *ḗthos* werden die Affekte, die der Redner durch sein Auftreten hervorzurufen vermag, sehr viel ausführlicher behandelt, und Aristoteles' Betrachtungen hierzu haben über seine *Rhetorik* hinaus gewirkt und stellen ein – bis zur Entdeckung der Individualpsychologie gültiges – Grundinventar psychologischer Begriffe dar. Allerdings hatte Aristoteles eine umfassende Psychologie der Gefühle gar nicht beabsichtigt, sondern seine Affektenlehre ausschließlich daraufhin ausgerichtet, inwieweit einzelne Affekte für die Persuasion relevant sind. Er benennt und analysiert: Zorn (oder Verachtung) und Besänftigung, Freundschaft und Liebe beziehungsweise Feindschaft und Haß, Furcht und Mut, Scham, Freundlichkeit oder Wohlwollen, Mitleid, gerechter Unwille, Neid sowie Rivalität und Eifersucht (*Rhet.* II.2-11). Im Zusammenhang mit der Beschreibung des *páthos* folgt dieser Affektkategorisierung noch eine Charakterologie des Publikums, auch sie wird geliefert, damit der Redner seine Zuhörer möglichst optimal einschätzen und seine affektischen Überzeugungsmittel dementsprechend einsetzen kann. Hierbei sind die folgenden sechs Fälle berücksichtigt: Jugend, Alter, Lebensmitte sowie (Geburts-)Adel, materieller Reichtum und schließlich politische Macht beziehungsweise Lebensglück (*Rhet.* II.12-17).

Aristoteles zählt nur die von ihm benannten Affektkategorien zur rhetorischen Affektenlehre (wenngleich noch viele andere denkbar sind), denn sie allein gelten ihm als Ursache und Garant dafür, daß die angestrebte Meinungsbildung und Entscheidungsfindung emotional beeinflußt wird. Am Beispiel des Zorns legt er ausführlich dar, daß der Redner nicht schon durch seine eigene affektische Verfassung bei seinen Zuhörern denselben Affekt zu erregen vermag, sondern daß er dazu ein spezifisches Vorwissen benötigt, welches er intentional in der Rede einsetzen muß. Dieses Vorwissen speist sich aus drei Quellen, die zusammen so etwas wie eine ›Affekttopik‹ der aristotelischen Affektenlehre bilden: Der Redner muß wissen, in welcher Disposition sich normalerweise Menschen befinden, wenn sie zornig sind, er muß wissen, wem gegenüber sie Zorn empfinden und worüber. Hier fließt die Kenntnis von den emotionalen Verhaltensweisen des Menschen ein in die Begründung, warum ein bestimmter Affekt in einer spezifischen Situation besteht und gegen wen er sich im allgemeinen richtet. Aristoteles erklärt die Wirkungsweise der von ihm genannten Affekte mit einer ihnen eigenen binären Struktur, denn sie alle werden innerhalb des moralischen Wertesystems (einer Gemeinschaft) entweder als bedrohlich und negativ oder als ermutigend und positiv empfunden. Neid ist per se eine negative Kategorie, Zorn dagegen eine positive, wenn er – als gerechter Zorn – als Reaktion auf ein negatives Verhalten erfolgt, beispielsweise auf Feigheit oder Mißgunst. Wenn der Redner also Zorn in seiner Rede erwecken will, dann muß er seine emotionale Verfassung zunächst darlegen und dann begründen, also den Grund dafür (Mißgunst einer anderen Person) und die andere Person selbst nennen. Erst dann wird seine affektische Haltung dem Publikum einsichtig, sie wird sich auf die Zuhörer übertragen und schließlich von allen mitgefühlt. In dieser Übertragung liegt die Beeinflussung der Meinungsbildung und der Entscheidungsfindung, denn die Zuhörer übernehmen dabei die vom Redner gewünschte ›Affektrichtung‹.

Eine solche Affekttopik meint aber kein starres Affektsystem, denn einerseits ist die Bewertung der einzelnen Affektzustände kontext-, situations- und personenabhängig, zum anderen kann der Redner fast immer beide ›Seiten‹ eines Affekts abrufen, er vermag also nicht nur Zorn zu erwecken, sondern diesen bei anderer Gelegenheit auch zu besänftigen – ist das Publikum beispielsweise erzürnt über jemanden (über den geredet wird), so kann der Redner durchaus versuchen, die Zuhörer milde zu stimmen. Mit der Affekterregung ist ebenfalls nicht ausgeschlossen, daß die Annahme, welches Affektmuster ganz bestimmte emotionale Reaktionen auslöst, falsch ist oder gar ganz bewußt falsch eingesetzt wird. Aristoteles und sehr viel mehr noch die lateinischen Rhetoriker haben zwar versucht, einen derartigen Mißbrauch der Affektstimulation durch das Ethos des Redners wegzuerklären, doch kann eine Vermeidung des Mißbrauchs immer nur moralisch eingefordert, nicht aber als integraler Bestandteil des rhetorischen Systems vorausgesetzt werden. Im Grunde ist das Verfahren der Affekterregung wertfrei und der Redner für die Mittel, die er zur Gefühlserregung benutzt, selbst verantwortlich. Doch auch der mögliche Mißbrauch der Affekterregung macht deutlich, daß es sich hierbei letztlich um einen rationalen Prozeß handelt, um intendiertes Handeln, das auf Vorwissen und Schlußfolgerungen basiert und dazu tendiert, Entscheidungen im eigenen Sinne voranzutreiben. Die eigene emotionale Disposition des Redners allein vermag diese Affekterregung nicht oder bloß in Ausnahmefällen und dann nur zufällig zu leisten.

Während die drei Überzeugungsmittel – *lógos* als sachlogische Überzeugungsarbeit, *éthos* als ethische Selbstpräsentation des Redners und *páthos* als affektisches Persuasionsinstrument – bei Aristoteles kategorial verschiedene Überzeugungsmittel bezeichnen, werden sie noch im Laufe der antiken Rhetorikgeschichte affektisch ›aufgeladen‹ und repräsentieren dann in den lateinischen Rhetoriklehren drei unterschiedliche Grade des Affekts: Das *lógos* entspricht nun der nicht-emotionalisierten Überzeugungsarbeit, das *ēthos* wird zur sanften und milden und das *páthos* zur heftigen und leidenschaftlichen Affekterregung umgedeutet. Der Grund für diesen Bedeutungswandel ist möglicherweise die Einsicht, daß es sich bei der Affekterregung um einen reziproken Prozeß handelt: Um bestimmte Affekte beim Publikum zu erregen, muß der Redner in seiner Rede und in seinem Auftreten diese Affekte darstellen und ausdrücken. Der jeweilige Affektgrad ist also sowohl ein Bestandteil der Rede als auch eine Reaktion beim Rezipienten. Damit aber ist die ursprüngliche, aristotelische Unterscheidung von *ēthos* und *páthos* aufgehoben, in der ja noch klar zwischen rednerischer Selbstpräsentation und hörerbezogener Affektintention unterschieden wurde. An die Stelle dieses Unterscheidungskriteriums rückt nun die Graduierung der vom Redner dargestellten *und* im Publikum hervorgerufenen Affekte.

In der lateinischen Rhetorik werden die aristotelischen Überzeugungsmittel dementsprechend neu gedeutet als die *drei Wirkungsfunktionen der Rede*, welche seit Cicero auch als die *drei Aufgaben des Redners (officia oratoris)* in die rhetorische Terminologie eingegangen sind (s.S.9f.):

(1) Das sachlogische Beweisverfahren soll den Hörer über das Thema beziehungsweise den zu behandelnden Gegenstand informieren und durch sachliche Argumente überzeugen, wobei affektische Mittel nicht eingesetzt werden. Das Wirkziel ist Belehrung (*docere*) durch Beweisen (*probare*), das mittels des narrativen Berichts und der schlußfolgernden Argumentation erreicht wird.

(2) Die ›milde‹ Affekterregung ist eine sowohl auf den Intellekt als auch auf die Affekte der Hörer zielende Kategorie, die einen angenehmen, unterhaltenden Charakter hat. Ihr Ziel ist es, das Publikum zu erfreuen (*delectare*) beziehungsweise die Hörer für die dargestellte Sache zu gewinnen (*conciliare*), wozu sich hervorragend das *exordium* eignet.

(3) Die zur starken Affekterregung der Zuhörer eingesetzten Persuasionsmittel sind dem *docere* und dem *probare* entgegengesetzt, sie sollen emotional wirken und das Publikum bewegen (*movere*) oder sogar aufstacheln (*concitare*). Gemäß der heftigen Affekterregung sollen die Zuhörer nicht nur im Sinne der Meinung und Intention des Redners beeinflußt, sondern von seinem Pathos geradezu mitge-

rissen werden. *Exordium* und *peroratio* empfehlen sich dafür in besonderer Weise.

Schon in den ›frühen‹ lateinischen Rhetoriken, in Ciceros *De inventione* und in der *Rhetorica ad Herennium*, kündigen sich die beiden entscheidenden Veränderungen gegenüber dem aristotelischen System an. Zum einen wird das ›mittlere‹, ethisch bestimmte Überzeugungsmittel umgewandelt zu einer unterhaltsamen ›Stimmung‹, womit es eine Bedeutung erhält, die das *ēthos* bei Aristoteles nie besessen hatte. Statt der ethisch motivierten Selbstdarstellung wird das *delectare* zu einer der realistischen Schilderung verpflichteten und um Wahrhaftigkeit bemühten Darstellung umfunktioniert. Die mittlere Affektkategorie bleibt dabei allerdings sehr viel unbestimmter als bei den ›Eckkategorien‹ – ein Phänomen, das sich auch in der affektgeprägten Stillehre der Rhetorik beobachten läßt (s.S.200ff.). Zum anderen wenden sich die lateinischen Rhetoriker generell von der rationalen Herleitung der affektischen Überzeugungsmitteln ab und benennen statt dessen diejenigen Mittel des Redners, die die gewünschten Affekte beim Zuhörer hervorrufen können. Dies ist die wichtigste Veränderung gegenüber der aristotelischen Affektenlehre und eine grundlegende Umwertung der Affekttrias: Hatte Aristoteles die beiden Affektebenen des *ēthos* und des *páthos* immer dem *lógos* unterstellt und somit in ein rationales Argumentationsmuster eingebunden, so geht dieser subordinierende Zusammenhalt in der lateinischen Rhetorik verloren. Gegenüber den aristotelischen Überzeugungsmitteln sind die drei lateinischen *officia oratoris* zudem (wieder) sehr viel mehr mit den sprachlich-stilistischen Strukturen verknüpft, die diese Überzeugungsarbeit leisten sollen und können, und nicht zufällig wird die Wirktrias hier auch mit der Stiltrias der Dreistillehre verknüpft (s.S.201f.). Doch während in der rhetorischen Stillehre die Stilvariabilität allmählich immer weiter eingeschränkt wird, sind die *officia oratoris* frei verfügbar, sie können also während einer Rede wechseln.

Durch Cicero erfährt besonders das Pathos eine enorme Aufwertung, Quintilian bezeichnet dann die affektrhetorischen Mittel als die Gabe, die »die Beredsamkeit zur Königin« macht (*Inst.or.* VI.2.4). Auf die Affekte der Zuhörer

»muß der Redner hinarbeiten; hier liegt seine Aufgabe und Anstrengung, ohne die alles andere nackt, nüchtern, schwach und verlorene Liebesmühe ist: so sehr liegt gleichsam Geist und Lebensatem seiner Aufgabe in den Gefühlswirkungen.« (*Inst.or.* VI.2.7)

Im ersten nachchristlichen Jahrhundert liegt mit der Schrift *perì hýpsous* die erste eigenständige Theorie des Pathos vor. Für den uns unbekannten Autor (Pseudo-Longin) ist das Erhabene allerdings kein für eine Rede oder nur einen Redeteil durchgängig einzuhaltener Affektgrad, sondern ein ganz punktueller Gipfelpunkt der Rede, der, je nach Bedarf und Intention, mehrfach im Textganzen gesetzt werden kann. An einem solchen Punkt entfaltet das Erhabene, stärker als jedes andere Überzeugungsmittel, sein enormes Wirkungspotential. Der sachlogischen Überzeugungsarbeit überlegen ist es durch die affektische Überwältigung des Hörers, durch eine blitzartige Wirkung, die sozusagen schneller ist als die der beweisführenden Argumentation. Unter dieser Perspektive wertet Pseudo-Longin das Erhabene (*páthos*) als rednerisches Optimum auf, das über das bloße ›Überreden‹ (*lógos*) und das ›Gefällige‹ (*ḗthos*) triumphiert (*Vom Erhabenen* 1.34). Allerdings ist für Pseudo-Longin das Pathos nicht mit dem Erhabenen identisch, sondern das Pathos bildet lediglich eine Quelle des Erhabenen: Nicht das pathosgeladene Gefühl – Haß, Liebe, Rache etc. – ist erhaben, sondern dessen Verarbeitung und sprachkünstlerische Darstellung. Erst die Beherrschung des Gefühls durch den Betroffenen demonstriert echte Erhabenheit. Zwar gibt es auch andere Formen des Pathetischen, beispielsweise Jammer, Schmerz oder Furcht, doch handelt es sich für Pseudo-Longin wegen der unmittelbaren, ungefilterten Ausdrucksweise eben nur um ›niedere‹ Formen des Erhabenen. Für den wirklich erhabenen Ausdruck ist – abgesehen von der Beherrschung der Gefühle – eine weitere Voraussetzung notwendig, Pseudo-Longin nennt hier das Vermögen, »große Gedanken zu zeugen« (*Vom Erhabenen* 8.1). Auch diese erhabenen Gedanken sind, wie das Pathos, Quellen des Erhabenen, nicht dessen Ausdruck. Doch da sich der uns unbekannte Autor nicht nur in Reflexionen über das Erhabene ergeht, sondern zur konkreten rednerischen und dichterischen Produktion anleiten will, nennt er anschließend noch drei ›technische‹ Kategorien für die Erzeugung des Erhabenen, die auf die stilistisch-elokutionäre Gestaltung des Textes bezogen und der rhetorischen Terminologie entlehnt sind. Genannt werden: einige rhetorische Figuren, eine bestimmte Diktion (bei der teils die Wortwahl, teils die Tropen eine Rolle spielen) und schließlich die Satzfügung.

Grundsätzlich also ist das Erhabene bei Pseudo-Longin zweifach bestimmt. Zum einen aus seinen psychologischen, affektischen Voraussetzungen, zum anderen als eine rhetorisch-stilistische Technologie. Die Rezeptionsgeschichte hat den Text vielfach zu einer reinen Stillehre verkürzt, was jedoch ebenso irreführend ist wie die Vernachlässigung der rhetorischen *téchnē* darin. In der Schrift Pseudo-

Longins wird das Erhabene »der Kunst des Redens und Schreibens verfügbar gemacht und nicht lediglich irrationaler Genialität überlassen [...], für die es keine Regel und keine Technik gibt« (Niehues-Pröbsting 1990, 244).

Doch trotz dieser technischen, wirkungsästhetisch bestimmten Komponenten zeigt sich in den psychologischen Voraussetzungen, die Pseudo-Longin zuvor in seiner Schrift anführt, eine weitere, dritte Veränderung der römischen gegenüber der aristotelischen Affektenlehre: War es vorher als ausreichend erachtet worden, daß der Redner die Affekte, die er erregen will, zeigen beziehungsweise in seiner Rede darstellen muß, so weicht seit Cicero die differenzierte Begründung und Herleitung der Überzeugungsmittel einem vereinfachenden Erklärungsmuster, das Quintilian folgendermaßen beschreibt: »Das Geheimnis der Kunst, Gefühlswirkungen zu erregen, liegt nämlich, wenigstens nach meinem Empfinden, sich selbst der Erregung hinzugeben« (*Inst.or.* VI.2.26). Die intendierte Fremdaffektion setzt nun also eine Selbstaffektion voraus – der Redner muß die Affekte, die er beim Hörer hervorrufen will, selbst empfinden. Für eine solche Selbstaffizierung nennt Quintilian auch die entsprechende Technik: die Vergegenwärtigung von den gewünschten Gefühlen – vergleichbar den Phantasiebildern (*visiones*), die Abwesendes so vergegenwärtigen, als würde es unmittelbar und plastisch vor Augen stehen. Diese Selbstvergegenwärtigung muß freilich sprachlich umgesetzt werden, um so auch den Zuhörern einen plastischen Eindruck vermitteln zu können. Quintilian nennt hier die *illustratio* (Ins-Licht-Rücken) beziehungsweise die *evidentia* (Anschaulichkeit), also energetische Darstellungsverfahren, die durch Wirklichkeitssimulation ihre psychagogische Wirkung entfalten.

Diese Auffassung, daß der Redner, um bestimmte Affekte erregen zu können, selbst von ihnen erregt sein muß, avanciert zu einem festen Topos im rhetorischen Denken, sie wird aber nicht ausschließlich vertreten. Besonders in der frühneuzeitlichen Schauspiellehre, die der Affekterregung in besonderem Maße verpflichtet ist (s.S.223), herrscht kein einheiliger Konsens darüber, ob die Darstellung bestimmter Gefühle durch die Echtheit der Empfindungen bedingt ist oder ob das Moment des Theatralischen diesen Zusammenhang nicht gerade in der Inszenierung, der ›schönen Täuschung‹, aufhebt. Die lateinische Rhetorik dagegen postuliert einen solchen Zusammenhang, sie reagiert damit auf den oft erhobenen Vorwurf, daß anstelle rhetorischer Überzeugungsarbeit Affekte nur vorgespielt werden, das Publikum also getäuscht wird. Zudem zeigt sich in der auffälligen Aufwertung und Verselbständigung des *movere*, daß die ursprüngliche Verankerung der Affektenlehre in der sachlichen Argumentation verlorengegangen ist. Unbestritten aber ist und bleibt, daß die Erregung der Leidenschaften als persuasives Mittel intentional eingesetzt werden kann, um beim Publikum bestimmte Wirkungen zu erzielen. Wenngleich im weiteren Verlauf der Rhetorikgeschichte die einzelnen Überzeugungsmittel beziehungsweise die Bestandteile der *officia oratoris* unterschiedlich gewichtet werden, so ist man sich jedoch stets der Wirkungsweisen und Möglichkeiten der gesamten Affekttrias bewußt.

3. Dispositionslehre

Der klassischen Rhetoriktheorie zufolge ist die Gliederung der in der *inventio* ›gefundenen‹ Argumente dem zweiten Arbeitsschritt des rhetorischen Textproduktionsmodells vorbehalten, der *dispositio*. Obwohl diese erst im Anschluß an die *inventio* erfolgt, handelt es sich bei dem Verhältnis der beiden Arbeitsschritte »durchaus nicht um ein klar getrenntes Nacheinander. Vielmehr sind *inventio* und *dispositio* untrennbar ineinander verflochten« (Lausberg ^{3}1990, § 444). Angesichts dieser engen Verflechtung wird klar, daß die Argumente eben nicht bloß mehr oder weniger systematisch gesucht und anschließend in der Art eines Baukastenprinzips miteinander verbunden werden müssen, sondern daß beide Arbeitsphasen unmittelbar ineinandergreifen. So einleuchtend dieser Zusammenhang auf der einen Seite ist, so erstaunlich ist auf der anderen, daß der Platz der *dispositio* im Textproduktionsmodell (zumindest in der Antike) gar nicht genau festgelegt war. In Ciceros *De oratore* beispielsweise wird diskutiert, die Reihenfolge der zweiten und dritten Arbeitsphase, also *dispositio* und *elocutio* miteinander zu vertauschen, schon weil eine Strukturierung des Redeganzen notwendigerweise auch die Prozesse der Versprachlichung umfaßt. Eine derartige Veränderung des bekannten Systems weist der *dispositio* eine leicht veränderte Aufgabenstellung zu, nämlich nicht nur die Argumente sinnvoll zu gliedern, sondern auch elokutionäre Prozesse zu steuern. Doch hat sich dieses Schema in der Theoriegeschichte nicht durchsetzen können, vielmehr ist man dazu übergegangen, auf der elokutionären Ebene eine eigene Ordnungsstufe einzuführen, die *compositio* (s.S.197f.), die sozusagen die mikrostrukturelle Gliederung der sprachlichen Gestalt einer Rede regelt, während der *dispositio* die makrostrukturelle Gliederung vorbehalten ist.

Als makrostrukturelles Organisationsprinzip hat die Gliederung (*táxis*; *dispositio*, auch *conlocatio*) dennoch zweierlei Aufgaben zu erfüllen: Sie ordnet die einzelnen Argumentationsschritte und fügt sie zu einer in sich geschlossenen, sinnvollen und plausiblen Argumentation zusammen, sie arrangiert aber auch das Rede- oder Textganze, wobei der Redner oder Autor den gesamten Argumentationsgang überschauen muß, um so die Anordnung von Wichtigem und weniger Wichtigem zu koordinieren; das kann in Form einer Steigerungskette sein, in der das am wenigsten wichtige Argument am Anfang und das stärkste Argument entsprechend am Schluß ins Feld geführt wird, das kann aber auch durch Akzentuierungen geschehen, wobei zum Beispiel besonders affektische Mittel schwerpunktmäßig über die gesamte Rede verteilt werden. Allerdings besteht in beiden Fällen ein nicht unerheblicher Unterschied, ob die Rede im voraus geplant und entsprechend genau strukturiert werden kann, oder ob sie in Form von Diskussionen, Debatten oder Alltagsgesprächen auftritt und wesentlich mehr von den situativen Kontexten her geprägt denn strukturierbar ist (s.S.69f.). Während im zweiten Fall nur systematische Übung helfen kann, um entsprechende Erfahrungen zu sammeln – die rhetorische Schulung hat solche *exercitationes* im Rahmen der *progymnásmata* seit der Antike gepflegt –, können für eine geplante Strukturierung verallgemeinerte Gliederungsschemata herangezogen werden, deren Brauchbarkeit sich allerdings erst am konkreten Redegegenstand und in der entsprechenden Redesituation bemessen läßt.

Die Gliederungsschemata selbst haben also nur Modellcharakter und bilden lediglich Dispositionsskelette ab, die weniger schematisch gedacht sind als es in den klassischen Lehrbüchern erscheinen mag. Dort freilich fällt ein merkwürdiges Ungleichgewicht ins Auge, wenn man die Ausführungen zu den beiden ersten Arbeitsstadien miteinander vergleicht: Während die *inventio* beziehungsweise die Argumentationslehre einen stattlichen Teil des Theoriegebäudes einnimmt, bleibt der *dispositio* nur wenig Platz mit zudem wenig präzisen Anweisungen. Diese eigentümliche Leere in der *dispositio* (s.S.14) erklärt sich freilich aufgrund ihrer Funktion, denn eine Strukturierung der Rede beziehungsweise des Argumentationsgangs kann nur anhand der Rede selbst, also am konkreten Text vorgenommen werden. Trotz dieser nur eingeschränkten Möglichkeit, den Aufgabenbereich der *dispositio* zu bestimmen und daraus konkrete Anleitungen abzuleiten, hat schon die antike Rhetorik verschiedene Dispositionsschemata entwickelt. Zumeist wird grundlegend unterschieden, ob der Redeaufbau einem festgelegten Strukturplan folgen oder der Redner diesen Strukturplan selbst bestimmen soll. Diese Unterscheidung wird zumeist in dem Begriffspaar *ordo naturalis* und *ordo artificialis* ausgedrückt, wobei die ›natürliche

Ordnung‹ dem normalen, gängigen Aufbau der Rede nach den jeweiligen *partes orationis* (s.S.53ff.) folgt und sich ein schrittweises Vorgehen im Sinne einer Einleitung, der Schilderung, der Begründung und schließlich der Schlußfolgerung empfiehlt. Angesichts dieser Bestimmung des natürlichen Dispositionsschemas verwundert es nicht, daß darin lediglich die Teile der Rede wiederholt werden – *exordium, narratio, argumentatio* und *peroratio* (die in den klassischen Lehrbüchern schon innerhalb der *inventio* behandelt worden sind) –, sonst aber keine eigenen Akzente gesetzt werden. Diese Wiederholung des schon Bekannten, die meist mit einem kurzen Hinweis abgetan wurde, hat Heinrich F. Plett (*Einführung in die rhetorische Textanalyse*, 1971) sogar dazu bewogen, die Redeteile kurzerhand aus der *inventio* auszugliedern und der *dispositio* zuzuschlagen. Der Auctor ad Herennium beschränkt sich hingegen auf den Argumentationsgang im engeren Sinne, doch auch er wiederholt für die *dispositio* nur die in seiner Argumentationslehre bereits aufgeführten sechs Teilschritte *principium, narratio, divisio, confirmatio, confutatio* und *conclusio* (Her. III.9.16). Allerdings weicht er von der gängigen Unterscheidung von *ordo naturalis* und *ordo artificialis* ab, denn er bezeichnet die Disposition nach den Redeteilen gerade als *ordo artificiosus*, weil sie der rhetorischen Kunstlehre entspricht, während die andere Dispositionsmöglichkeit den jeweiligen Zeitumständen angepaßt ist und deshalb von ihm *ordo temporis* genannt wird (Her. III.9.16 f.).

Daß die Vorschriften zur *ordo naturalis* bzw. *ordo artificiosus* nur sehr schematische Anleitungen zur *dispositio* geben, die zudem mehr oder weniger auf die Gerichtsrede beschränkt bleiben, haben schon die antiken Theoretiker bedacht. Sie stellten daher diesem Gliederungsschema eine weitere, sehr viel freiere Dispositionsmöglichkeit an die Seite, in welchem der Redner die Struktur seines Textes selbst festlegt. Bei einer solchen *ordo artificialis* werden aber meist die bekannten Redeteile bloß variiert, und nicht selten beschränken sich die Anleitungen auf die Empfehlung, auf die Einleitung zu verzichten und – *medias in res* – mit der *narratio* oder direkt mit der *argumentatio* zu beginnen. Doch im allgemeinen weichen die Lehrbücher gerade von einem festen Schema ab und überlassen es dem Redner, eine angemessene Gliederung entsprechend der Sachlage vorzunehmen. Eine dieser Variabilität angepaßte und entsprechend weitgefaßte Definition der *dispositio* gibt Quintilian, der diese für nichts anderes als die »Zusammenstellung des Inhalts in der bestmöglichen Ordnung« hält (*Inst.or.* III.3.8). Bereits Cicero hatte in *De oratore* gefordert, daß der Redner das in der *inventio* »Gefundene nicht nur hinsichtlich der Anordnung, sondern auch nach der Bedeutung und entsprechend seinem Urteil ordnen und zusammenstellen« soll (*De or.* I.142). Hier klingt ein zentraler Begriff an, der in der Systematik des rhetorischen Lehrgebäudes so recht keinen festen Platz gefunden hat, nämlich das *iudicum,* das Urteilsvermögen des Redners (s.S.8).

Das *iudicum* erfüllt die ureigentliche Funktion der *dispositio* bei der Textherstellung, also die Argumente in eine überzeugungskräftige und plausible Reihenfolge zu bringen und das Textganze sinnvoll zu strukturieren. Damit allerdings ist das *iudicum* – wie auch die *dispositio* selbst – sowohl für den Argumentationsgang im engeren und den gesamten Redeaufbau im weiteren Sinne verantwortlich, ja es wird sogar als übergreifendes Kriterium für alle rednerischen Aufgaben und Prozesse betrachtet. Damit gleicht es dem *ingenium,* als dessen Pendant es auch angesehen werden kann: Während das *ingenium* die Grundlage der kreativen ›Findungsprozesse‹ in der *inventio* bildet, greift das *iudicum* ordnend und strukturierend in das ›gefundene‹ Material ein und formt daraus ein in sich stimmiges Ganzes. Eine solche Verteilung des *ingenium* und des *iudicum* auf die Produktionsstadien *inventio* und *dispositio* hat allerdings zu berücksichtigen, daß beide Arbeitsschritte untrennbar ineinandergreifen oder zumindest nicht ausschließlich als sich nacheinander vollziehende Prozesse zu verstehen sind. Der kreativen Phase des *ingenium* steht demnach eine nicht minder kreative Phase des *iudicum* zur Seite. Betrachtet man die Rhetorik dagegen nicht als Textherstellungs-, sondern als Textanalysemodell, so vergrößert sich die Aufgabe des *iudicum* dementsprechend: Das Urteilsvermögen des Textrezipienten ist danach auf alle rhetorischen Prozesse bezogen und letztlich mit der Fähigkeit identisch, eine kompetente rhetorische Analyse vornehmen zu können.

So umfangreich und gewichtig allerdings die Rolle des *iudicum* auch sein mag, in den Systematiken und Anleitungsbüchern sind die Ausführungen dazu nur sehr knapp. Für die *ordo artificialis* und für das freie Urteilsvermögen kann die Rhetorik schlechterdings keine verbindlichen Vorschriften und standardisierten Regeln geben, denn – so merkt Quintilian zu Recht an – »die Überlegung ergibt sich aus der Sachlage« (*Inst.or.* VI.5.4). Das *iudicum* und die kreative, freie Gestaltung der *dispositio* im Sinne einer *ordo artificialis* läßt sich kaum systematisieren und systematisch darstellen, sondern beruht ganz wesentlich auf dem Erfahrungswissen des Redners oder Autors.

Die eigenartige Gestalt der *dispositio,* diese Mischung zwischen extremem Schematismus und nahezu völliger Freiheit des Redners, hat die Antike überdauert und bis zum Ende der Frühen Neuzeit gewirkt. Erst mit der zunehmenden Ausdifferenzierung der Redegattungen seit dem Barockzeitalter (s.S.40ff.) werden Versuche unternommen, auch die klassischen Muster der *dispositio* zu reformieren. Vor allem Vossius zieht hier »die Konsequenz aus der Tatsache, daß die antike Rhetorik nicht genügend an der Verfassung gebräuchlicher Texttypen orientiert ist« (Sieber 1994, 860). Das Ende der rhetorischen Theoriebildung hat vor allem verhindert, daß die Rhetorik Dispositionsschemata entwickeln konnte, die auch für die modernen Rede- und Textgattungen jenseits der klassischen *genera,* insbesondere jenseits der Prozeßrede, Gültigkeit beanspruchen können. Fortgelebt hat die traditionelle *dispositio* dagegen in der Schule, in der Aufsatzlehre, die allmählich aus der (schriftlichen) rhetorischen *exercitatio* heraus- und von den Grundlagen der Rhetorik abgelöst wird. Wie wirkungsmächtig das rhetorische Fundament aber auch hierbei noch ist, läßt sich an der weitgehenden Identität von Textteilen und Textstruktur, die jetzt zu dem Dreierschema von Einleitung, Hauptteil, Schluß zusammengeschrumpft ist (s.S.62), noch deutlich ablesen.

Einen erkennbaren Versuch, über dieses nur sehr allgemeine Dispositionsschema hinauszukommen und das Modell methodisch weiterzuentwickeln, hat erst der Sprecherzieher Erich Drach in den 30er Jahren des 20. Jahrhunderts unternommen. Drachs Ansätze wiederum sind eingeflossen in das Fünfsatzmodell von Hellmut Geißner, dem es gelingt, auch für moderne Rede- und Textgattungen taugliche Dispositionsschemata zu entwerfen. Geißner untergliedert seine Schemata in jeweils fünf Teilschritte, wobei Einleitung und Schluß den Rahmen bilden und der Hauptteil in sich dreigeteilt ist. Diese Schematisierung beruht auf einer künstlichen Zuspitzung der Textstruktur auf die elementaren Aussagen und Intentionen, sie ist also im gewissen Sinne willkürlich – Geißners Versuch, diese Fünfzahl aus dem antiken Rhetoriksystem abzuleiten, vermag nicht recht zu überzeugen – und kann jederzeit durch zusätzliche Elemente erweitert werden.

Doch trotz Geißners fruchtbarer Weiterentwicklung fußt auch sein Modell vom Fünfsatz grundlegend noch auf dem antiken Dispositionsschema. Zunächst sind auch bei Geißner die ›Eckpunkte‹ seiner insgesamt sieben Schemata, also *exordium* und *peroratio,* hinsichtlich ihrer Struktur und Aufgabe nach wie vor gültig, so daß die dazu bereits gemachten Ausführungen (s.S.54ff. und 59ff.) auch hier gelten. Im Grunde gliedert Geißner also nur den Hauptteil der Rede neu. Und außerdem könnte man seine Modelle nach der traditionellen Unterscheidung in natürliche und kunstvolle Ordnungsstrukturen gruppieren, wobei allerdings die Begriffe *ordo artificialis* und *ordo naturalis* entsprechend zu modifizieren wären: Das natürliche Dispositionsschema folgt ›logischen‹ beziehungsweise stringent auf einen Punkt zulaufenden Ordnungskriterien, die kunstvollen Schemata dagegen variieren diese Verfahren und entwerfen komplexere Textstrukturen. Im folgenden werden die Anregungen Geißners aufgegriffen und – mit stärkerem Rückgriff auf die antike Rhetoriktheorie – leicht modifiziert.

Natürliche Dispositionsschemata

Bei den natürlichen Dispositionsschemata sind zwei Formen bekannt, der ›logische‹ und der ›chronologische‹ Aufbau.

(1) Beim *logischen Textaufbau* folgt die Gliederung einem erkennbaren System der Steigerung, wobei normalerweise die schwächsten argumentativen Passagen am Anfang, die stärksten dagegen am Schluß stehen. Der Vorzug einer solchen Disposition liegt darin, daß die Teilglieder auf ein Ziel, auf einen Höhepunkt bezogen sind und der Textaufbau dementsprechend stringent wirkt. Allerdings darf diese Struktur nicht dazu verführen, alle möglichen schwachen Argumente an den Anfang zu stellen, statt dessen sollten nur die wirklich aussagekräftigen und überzeugenden Argumente herangezogen und unter diesen dann das am wenigsten starke an den Anfang gestellt werden.

(2) Eine Variante dieses Schemas besagt, daß mit starken Argumenten begonnen werden soll, um anschließend die eher schwächeren zu nennen, während die stärksten Argumente den Schluß bilden.

(3) Nicht empfehlenswert ist dagegen eine Gliederung, der einer stringenten Abnahme der Argumentationsstärke folgt. Die einzig legitime Form eines solchen Aufbaus ist der Zeitungsbericht, der seine Informationen tatsächlich nach abnehmender Relevanz organisiert, also das Wichtigste an den Anfang und das Unwichtigste an den Schluß setzt.

(4) Eine weitere Variante des logischen Aufbaus besteht darin, vom Allgemeinen zum Besonderen voranzugehen oder, umgekehrt, vom Besonderen das Allgemeine abzuleiten.

Die Rubrizierung des logischen unter die natürlichen Dispositionsschemata darf nicht darüber hinwegtäuschen, daß der Redner sowohl die Gewichtung seiner Argumente als auch deren Verteilung im Redeganzen selbst vorzunehmen hat. Eine solche Gewichtung entfällt nur dann, wenn er – sozusagen in einer Variante des logischen Schemas – alle Argumente absolut gleichberechtigt aufführt.

Bei einer solchen reinen Auflistung droht aber die Gefahr, daß eine klare Struktur verlorengeht, die ja immer auch eine Verstehenshilfe für den Hörer oder Leser ist.

(5) Der *chronologische Aufbau* bringt seinen Stoff in eine rein zeitlich gegliederte Struktur, wobei das am weitesten in der Vergangenheit liegende Teilglied den Anfang bildet. Denkbar ist ein alle drei Zeitebenen umfassendes Schema (»So war es in der Vergangenheit« – »so ist es heute« – »so wird es in der Zukunft sein«), möglich sind aber auch alle Variationen dieser Struktur, also eine chronologische Ordnung einzelner Zeitebenen (z.B. graue Vorzeit – ältere Vergangenheit – jüngste Vergangenheit) sowie eine kunstvolle Vertauschung der Zeitebenen (erst die Behandlung der Gegenwart, dann ein Rückblick auf die historischen Gegebenheiten, schließlich ein Ausblick in die Zukunft).

(6) Eine Art Mischform zwischen logischem und chronologischem Aufbau ist eine an sich systematische Erklärung, die sich aber auch der Zeitstufung bedient, also beispielsweise die Beschreibung eines wissenschaftlichen Versuchs, der mit dem ersten und einfachsten Schritt beginnt und mit dem letzten, den Versuch abschließenden Schritt beziehungsweise dem Versuchsergebnis abschließt.

Während die logischen Dispositionsschemata geeignet sind, Argumentationsgänge zu strukturieren, kommen die chronologischen Schemata eher in Frage, narrative und deskriptive Textpassagen zu organisieren. Ein Nachruf oder ein literarisches Porträt wird immer auf einer chronologischen Struktur basieren – auch wenn es kunstvoll davon abweicht und beispielsweise mit dem Nachruhm eines Dichters beginnt und dessen Leben und Lebenswerk erst daran anschließt.

Kunstvolle Dispositionsschemata

Die kunstvollen weichen von den natürlichen Dispositionsschemata insofern ab, weil sie das Redeziel nicht mittels eines stringenten Aufbaus direkt ›ansteuern‹, sondern durch ein kunstvolles Arrangement verwirklichen. Eine solche Struktur mag dem Willen des Redners nach Abwechslung gehorchen, sie kann aber auch angesichts bestimmter Sachlagen oder Redesituationen erforderlich sein.

(7) Das bekannteste Dispositionsschema ist der *dialektische Redeaufbau,* bei dem (mindestens) zwei Standpunkte zur Sprache gebracht und schließlich in einer Synthese miteinander verglichen oder bewertet werden. Der Redeschluß ist in diesem Fall einem Fazit vorbehalten, aus dem wiederum Folgerungen abgeleitet werden

können. Normalerweise wird in der Synthese einer der Standpunkte favorisiert, so daß am Ende ein klares Urteil steht. Prinzipiell geht der Redner beim dialektischen Aufbau davon aus, daß alle zur Sprache gebrachten Positionen gleichwertig behandelt werden, daß das am Ende gefällte Urteil allein auf den vorgebrachten sachlogischen Argumenten basiert. Im Grunde genommen diskutiert der Redner also vor dem Publikum mehrere mögliche Standpunkte – quasi mit sich selbst –, indem er seine Beurteilungskriterien und Bewertungsmaßstäbe offenlegt (oder zumindest nicht verschleiert).

Variationen dieses Schemas betreffen lediglich die jeweils gewählte Synthese am Ende der Erörterung. Dabei kann (8) eine Bewertung explizit verweigert werden, weil keine der vorgetragenen Positionen akzeptabel erscheint, (9) oder aber der Redner entwickelt eine Alternative zu den vertretenen Positionen oder (10) schlägt einen Kompromiß vor.

(11) In seinem Aufbau sehr ähnlich, von seiner Intention aber verschieden ist der *antizipatorische Aufbau,* der auch als das sogenannte »Ja-Aber-Prinzip« bekannt ist. Hierbei erörtert der Redner ebenfalls zwei (oder mehr) Positionen, die er aber nicht gleichberechtigt und gleichwertig miteinander diskutiert. Bei diesem Strukturierungsverfahren zieht der Redner also nach dem Abwägen der Positionen kein Fazit, sondern er favorisiert bereits im vorhinein eine bestimmte Position, die er nun auf Kosten eines anderen Standpunktes herausarbeitet. Diese andere Position wird also aus taktischen Gründen eingebracht, wird in einem ersten Schritt als Folie präsentiert, um in einem zweiten den eigenen Standpunkt davon abheben und als den ›richtigen‹ plausibel machen zu können. Dieses Verfahren ist in antithetischer Struktur aufgebaut, wobei der zweite Schritt deutlich als Korrektiv des ersten fungiert, was sprachlich zumeist mit einer »aber«-Konstruktion eingeleitet wird. Die große Gefahr bei einem solchen Dispositionsschema besteht darin, daß der nötige Kontrast zwischen der vorgeschobenen ersten und der eigentlich favorisierten zweiten Position nicht deutlich genug wird und daß dadurch die Unterschiede zwischen den Standpunkten verwischen oder man gar unabsichtlich für den anderen Standpunkt Partei ergreift, während die eigene Position ›untergeht‹.

(12) Eine Variation dieses Dispositionsschemas besteht darin, die Position des Opponenten offensiv zu attackieren, sich aber nicht in dieser Attacke zu erschöpfen, sondern mit der eigenen Position nachzuziehen. Bei diesem Redeaufbau hat sich nicht die Struktur, wohl aber die Intention beziehungsweise das Ziel der Rede verschoben: Der Standpunkt des Opponenten ist nicht mehr nur die Folie für die eigene Position, sondern er wird direkt angegangen und quasi

im Vorfeld ›ausgeräumt‹, so daß danach Platz und Zeit ist, mit den eigenen Argumenten aufzuwarten. Im Grunde handelt es sich bei beiden Formen der »Ja-Aber«-Disposition um eine Verschränkung einer Pro- und Kontra-Argumentation, wobei zunächst die Widerlegung des Opponenten und anschließend die Darlegung des eigenen Argumentationsgangs erfolgt.

(13) Eine Variante dieses Schemas besteht darin, daß der Redner die Position der Gegenseite gerade nicht aufführt, sondern ausklammert. Effizient wird dieses Verfahren, wenn es mit dem »Ja-Aber«-Prinzip verknüpft wird, wenn also verschiedene Standpunkte aufgeführt, ein besonders wichtiger oder für die eigene Argumentation auch besonders problematischer Aspekt aber ausgeklammert wird. Spätestens diese Form der ›kunstvollen‹ Disposition grenzt aber schon an manipulative Redestrategien.

4. Versprachlichung der Argumentation

Abschließend ist noch auf einen bislang nicht zur Sprache gekommenen Aspekt bei der rhetorischen Argumentation aufmerksam zu machen. Schon die antike Rhetorik hat erkannt, daß Argumentationen nicht nur in den Produktionsstadien *inventio* (und *dispositio*) zuwege gebracht werden, sondern auch mit den Arbeitsvorgängen in der *elocutio* in Verbindung stehen – weil die Versprachlichung einerseits Argumente überhaupt erst ›sichtbar‹ macht, und weil sie andererseits deren Effizienz und Durchschlagskraft noch steigert (oder abschwächt). Laut Quintilian reicht es eben nicht aus, Argumente einfach nur zu nennen, vielmehr müsse man ihnen sprachlich ›nachhelfen‹: Dann werden sie »stärker erscheinen und auch schöner in Erscheinung treten, wenn sie nicht ihre entblößten und gleichsam des Fleisches beraubten Gliedmaßen zeigen« (*Inst.or.* V.12.6). Die Tatsache, daß die klassische Rhetorik der sprachlichen Realisierung von Argumentationen nur wenig Beachtung beigemessen hat, wird angesichts der *res-verba*-Problematik (s.S.14) verständlich: Obwohl man sich durchaus im klaren darüber war, daß bei der Argumentation die gedanklichen (*res*) und die sprachlichen Aspekte (*verba*) eine untrennbare Einheit bilden, legt das Produktionsstadienmodell der Rede in ihrem sukzessiven Nacheinander von gedanklichen und sprachlich-stilistischen Prozessen eher eine Trennung von *res* und *verba* nahe. Ein Blick in die Theoriegeschichte der Rhetorik offenbart, daß beide tatsächlich mehr getrennt denn zusammen gesehen worden sind. Schon Aristoteles interessierte sich kaum für die sprachlichen Aspekte der Rhetorik, die er als sekundäre Zusätze zur Hauptsache auffaßte – zur Argumentationstheorie. Mit der römischen Rhetorik setzt sich eine überaus wirkungsmächtige, praktisch bis zum Niedergang der Rhetorik im 18. Jahrhundert geltende Vorstellung durch, nach der die Sprache ein nachträglich über Argumentation und Disposition gehängtes Gewand darstellt, das zwar nicht unbedingt als zweitrangig, aber doch als von der ›eigentlichen‹ Argumentationslehre gelöst betrachtet und der *elocutio* zugewiesen wird.

5. Aus der Geschichte der Argumentationstheorie

Aristoteles ist der erste, der die Argumentation in ihren rhetorischen und topischen Strukturen untersucht und eine umfassende, sowohl die sachlogische wie die affektische Argumentation umfassende Lehre entwirft. Zu den rhetorischen Überzeugungsmitteln zählt er Person und Auftreten des Redners, die Affekterregung des Publikums und schließlich die durch die Rede selbst bewirkte Persuasion, also die auf Plausibilität zielende Argumentation. Dieser Unterscheidung in *lógos* auf der einen und *éthos* und *páthos* auf der anderen Seite liegt seine Einteilung in eine Argumentations- und die Affektenlehre zugrunde, deren Verbundenheit bei Aristoteles schon dadurch zum Ausdruck kommt, daß die Affektenlehre von der Argumentationslehre quasi umschlossen wird.

So wie Aristoteles das sachlogische Argumentationsverfahren als das wichtigste betrachtet, so gilt ihm darin das deduktiv hergeleitete Enthymem als das bedeutendste Überzeugungsmittel, neben dem er lediglich noch die Beispielargumentation nennt. Später führt er allerdings noch die Indizienargumentation (und die Sentenz) an. Auf den ersten Blick verwirrend ist allerdings, daß Aristoteles einerseits diese Argumentationsverfahren kategorial voneinander unterscheidet, sie andererseits aber als Unterarten einer übergeordneten Argumentationsform begreift, die er – um die Verwirrung komplett zu machen – ebenfalls mit ›Enthymem‹ bezeichnet. Diese scheinbare definitorische Unschärfe läßt sich jedoch relativ leicht erklären: Aristoteles verwendet den Begriff des Enthymems in doppelter Bedeutung, zum einen als allgemeinen Oberbegriff für jede enthymemähnliche Argumentation und zum anderen als speziellen Unterbegriff für das Enthymem als Wahrscheinlichkeitsschluß. Um beide Begriffe besser voneinander unterscheiden zu können, spricht man beim Unterbegriff vom »Enthymem aus dem Wahrscheinlichen«, d.h. vom *Eikos*-Enthymem, beim Oberbegriff dagegen vom »Enthymem aus der Wahrscheinlichkeit seiner Prämissen«, d.h. vom *Protasen*-Enthymem. Jetzt wird übrigens auch verständlich, daß Aristoteles einerseits das Enthymem und das Beispiel als die beiden grundlegenden Überzeugungsmittel voneinander unterscheiden, andererseits beide als gleichberechtigte Verfahren unter dem Oberbegriff des Protasen-Enthymems aufführen kann (und zwar als Eikos-Enthymem und als *Paradeigma*-Enthymem), und daß er sogar die Indizienargumentation als enthymemisches Verfahren bezeichnet, wobei er eine notwendige (*Tekmerion*-Enthymem) von einer nichtnotwendigen Form (*Semeion*-Enthymem) abgrenzt (s.S.85).

In einer letzten Subgruppe führt Aristoteles schließlich noch die Trugschlüsse auf (Scheinenthymeme oder *eristische Syllogismen*), die sich in ihrer Struktur allerdings nicht von den bisher behandelten Enthymemen unterscheiden. Auf den ersten Blick mag es erstaunen, daß Aristoteles sich überhaupt mit Trugschlüssen beschäftigt, hatte er seine Rhetorik doch fest in seiner allgemeinen und politischen Ethik verankert (*Nikomachische Ethik; Politik*). Und deshalb will er seine Ausführungen zu den Scheinenthymemen (Rhet. II.24) auch nicht als Anleitung mißverstanden wissen, sondern als Mittel, um Trugschlüsse aufdecken und entkräften zu können. Hier wird deutlich, daß sich Aristoteles sehr viel genauer darüber bewußt ist als manche der späteren Theoretiker, die die Rhetorik ethisch in der Modellvorstellung vom *vir bonus* oder *perfectus orator* verankern, daß nämlich rhetorische Fähigkeiten auch mißbrauchbar sind: »Wenn es aber so ist, daß jemand großen Schaden anrichtet bei Anwendung einer solchen Fähigkeit der Worte in unrechter Weise, so besteht hier eine Gemeinsamkeit« mit anderen menschlichen Fertigkeiten »wie körperliche Stärke, Gesundheit, Reichtum, Feldherrnkunst; denn durch diese«, so lautet Aristoteles' Resümee, »kann jemand durch richtigen Gebrauch den größten Nutzen erzielen, durch unrechten Gebrauch den größten Schaden« (*Rhet.* I.1.13).

Zur weiteren Klassifizierung und Systematisierung der enthymemischen Schlußverfahren entwirft Aristoteles in seiner *Rhetorik* auch eine Topik. Er setzt sich darin von den formal gültigen, logischen Schlußverfahren (Syllogismen) ab, die er in seinen beiden Schriften zur Analytik begründet hatte, und greift auf jene (bloß) wahrscheinlichen Verfahren zurück, die er in seiner Schrift *Topik* untersucht hatte. Allerdings liefert er weder dort noch in der *Rhetorik* einen auch nur annähernd präzisen Topik-Begriff, was einerseits sein Topik-Verständnis nicht gerade erleichtert, was andererseits aber zu einer ›Offenheit‹ des Topik-Begriffs führt, der ein weites Verständnisspektrum erlaubt. Tatsache ist, daß Aristoteles die verschiedenen Topoi zwar dazu benutzt, enthymemische Schlußverfahren zu klassifizieren, daß aber nicht alle von ihm aufgeführten Topoi tatsächlich enthymemische Strukturen aufweisen. Als besondere Schwierigkeit erweist sich außerdem, daß Aristoteles keine in sich geschlossene Topik vorgelegt, sondern mehrere verschiedene Teiltopiken über den Text der *Rhetorik* verteilt hat, deren Anordnung und Funktion sich jedoch aus dem Aufbau seiner Theorieschrift ergibt: Nach einigen grundsätzlichen Aussagen zum Verständnis und zur Definition der Rhetorik gliedert er seine weiteren Ausführungen zunächst nach den drei klassischen Redegattungen. Von daher ist es verständlich, daß er zuerst die besonderen Topoi auflistet und nicht, wie das vielleicht zu erwarten gewesen wäre, die allgemeinen Topoi. Denn die besonderen Topoi, die Aristoteles (*Rhet.* I.2.22) auch »spezielle Begriffe« nennt (*idíai protáseis*), repräsentieren so etwas wie eine Topik unseres allgemeinen Erfahrungs- und Meinungswissens – bezogen aber auf den spezifischen Redegegenstand beziehungsweise die jeweilige Redegattung –, während die allgemeinen oder »gemeinsamen Topoi« (*tópoi koinoí*) in der Hauptsache kontextabstrakte und universale Argumentationsmuster abbilden.

Aristoteles beginnt mit seinen Ausführungen zur Gattung der politischen Rede und entwirft hier zunächst die besondere Topik zum *génos dēmēgorikón* (Rhet. I.6-8), dann zum *génos epideiktikón* (I.9) und schließlich zum *génos dikanikón* (I.10-14), in der weitgehend reines Sachwissen topisch aufgelistet wird, die dort aufgeführten Topoi also enthymem-fremd sind. Nach diesen auf die jeweiligen Redegattungen zugeschnittenen Ausführungen handelt Aristoteles die Argumentationstheorie grundsätzlich ab. Er beginnt mit der Affektenlehre, wobei er sowohl zum *ēthos* (II.2-11) als auch zum *páthos* (II.12-17) zwei Teiltopiken präsentiert, die ebenfalls (psychologisches) Sachwissen enthalten und keine Argumentationsstrukturen abbilden. Dann leitet er von der Affekten- zur sachlogisch orientierten Argumentationslehre und damit zu den allgemeinen Topoi über. Das Bindeglied bilden drei Topoi, die sich zu beiden Großklassen rechnen lassen, nämlich der Topos der Möglichkeit bzw. Unmöglichkeit, der Faktizität bzw. Nicht-Faktizität und der Topos der Größe bzw. Kleinheit (II.19).

Anschließend präsentiert Aristoteles eine 28 Schlußverfahren umfassende Klasse der allgemeinen Topoi (II.23), die in sich allerdings keinerlei stringente Ordnung aufweist und die von neun Topoi zur Bildung scheinbarer Enthymeme gefolgt wird. Offensichtlich hat Aristoteles eine pragmatische, auf die Rhetorik zugeschnittene Auswahl aus den Topoi seiner *Topik* getroffen, wobei seine Auswahlkriterien allerdings nicht recht klar werden. Fest steht, daß in

Aristoteles' *Topik* eine sehr viel umfangreichere Darstellung kontextabstrakter Topoi geboten wird (deren Systematik freilich auch dort nicht immer deutlich wird). In seiner *Rhetorik* führt Aristoteles eine letzte Gruppe von Topoi schließlich noch im dritten Buch auf, und zwar anläßlich der Darstellung der Redeteile (III.13-19). Bei ihnen handelt es sich am ehesten um argumentative Versatzstücke, die den Redner anweisen, welche Partikel in welchem Redeteil entsprechend der jeweiligen Gattung einzubauen sind, wie er beispielsweise Lob und Tadel in der epideiktischen Rede verteilen oder Verdacht gegen den Beschuldigten in der juristischen Rede erregen kann. Insgesamt lassen sich also drei Klassen von Topoi in der aristotelischen *Rhetorik* ausmachen: enthymemfremde Topoi, zu denen die der Affekterregung, der Charakterdarstellung und jene zu den einzelnen Redeteilen gehören, sodann die besonderen Topoi, die nach den drei Redegattungen geordnet sind, und schließlich die allgemeinen und größtenteils enthymemischen Topoi.

Vermutlich ist die aristotelische Topik schon bald nach seinem Tod weiterentwickelt, sind exaktere Systeme und vor allem mehr Subklassen geschaffen worden; aufgrund der Überlieferungslücke in der Rhetorikgeschichte (s.S.2) besitzen wir aber nur ungenaue Vorstellungen über diese Vorgänge. Die römische Rhetorik liefert dann einige solcher Subklassen und führt zudem ein anderes Ordnungsschema in die Topik ein, sie unterscheidet zwischen sachbezogenen (*loci a re*) und personenbezogenen Topoi (*loci a persona*). Die sachbezogene Topik ist stark von der juristischen Spezialtopik geprägt – Quintilian führt neben den bekannten Ursache-Wirkungs-Schemata und Vergleichsrelationen auch Topoi an, die sich von der Tatzeit (*loci a tempore*), vom Tatort (*loci a loco*), vom Tathergang (*loci a modo*) oder von den Begleitumständen einer Tat (*loci a circumstantia*) herleiten. Und schließlich wird in der römischen Antike die doppelte Auffassung von der Topik als Schlußverfahren und als Fundstätte für Argumente noch um eine weitere Variante bereichert: Schon Cicero versteht die *loci* teilweise als stilistisch-sprachliche Gemeinplätze, als Sprach-Klischees (die im weiteren Verlauf der Geschichte teilweise auch als *loci communes* bezeichnet werden).

Der überaus starke Einfluß der Gerichtsrede auf die lateinische Rhetoriktheorie läßt sich allerdings nicht nur in der Topik ausmachen, sondern im gesamten Argumentationsverfahren. Vor allem der Auctor ad Herennium legt ein auf die Prozeßrede zugeschnittenes, in seinem linearen Ablauf Schritt für Schritt festgelegtes und sehr starres Argumentationsmuster vor, in dem die Frage nach Plausibilität und Überzeugungskraft nicht mehr grundsätzlich analysiert, sondern ausschließlich vor der zu verhandelnden Tat beziehungsweise dem zu beurteilenden Täter diskutiert wird. Dabei bleiben die eigentlichen Strukturen der Argumentation ausgeblendet, »da die Argumente nach einem Oberflächenkriterium (was war vor, während oder nach der Tat) eingeordnet werden [...] – daß die logische Struktur der Argumentation unabhängig von Person und Zeit ist, kommt überhaupt nicht in den Blick« (Eggs 1992, 932).

Mit zu dieser Verengung der Argumentationstheorie beigetragen hat auch ein (nur) für die juristische Argumentation geeignetes Hilfsmittel: die Statuslehre. Entwickelt worden ist sie vermutlich schon von Hermagoras von Temnos im zweiten vorchristlichen Jahrhundert, in der römischen Rhetorik avanciert sie aber zum eigentlichen Mittelpunkt der *argumentatio,* wenngleich sie von jedem Theoretiker mit unterschiedlicher Akzentsetzung traktiert wird und sich allmählich zu einem kaum noch zu überschauenden Geflecht auswächst. Ausgehend von der zentralen *quaestio* – wobei in der Gerichtsrede natürlich immer *quaestiones finitae* gemeint waren (s.S.20) –, ging Hermagoras davon aus, daß jeder juristische Fall auf insgesamt sieben ›Umständen‹ (*perístasis*) gründet: auf den beteiligten Personen, auf den von ihnen vollzogenen Handlungen, auf den begleitenden Zeitumständen, auf dem Ort (des Geschehens), auf dem (Tat-)Motiv, auf der Art und Weise – also auf dem Tathergang – und der dabei zur Anwendung gebrachten Hilfsmittel. Diese sieben Peristasen wurden später in dem bekannten Merkvers zusammengefaßt*: quis, quid, ubi, quibus auxiliis, cur, quomodo, quando.* Gefragt wurde weiter, ob der Streitfall sich tatsächlich vor Gericht verhandeln läßt, ob er also eine ›Begründung‹ (*stásis; status* bzw. *constitutio*) besitzt. Um ihn möglichst effizient behandeln zu können, mußte er anschließend scharf konturiert werden, wozu man ihn in ein breites Fächerwerk möglicher Streitpunkte einordnete. Dieses System der status »diente als eine Art Schablone, die über den je gegebenen Stoff gelegt wurde und so das Problem hervortreten ließ, um das es in dem betreffenden Falle ging« (Fuhrmann 1984, 103).

Danach war zunächst zu unterscheiden, ob der Streitfall durch die Auslegung entsprechender Gesetze zu entscheiden war (*genus legale*) oder aber ob er der rhetorischen Darstellung und Argumentation bedurfte (*genus rationale*). Für das *genus legale* waren vier Streitfragen zu lösen: (1) Der Sinn oder Wortlaut eines Textes kann Widersprüche enthalten (*scriptum et voluntas*), (2) die Aussagen verschiedener Textstellen oder unterschiedlicher Gesetze schließen einander aus (*leges contrariae*), (3) ein Gesetzestext ist nicht eindeutig formuliert (*ambiguitas*) oder (4) man ist aufgrund unklarer oder gänzlich fehlender Aussagen im Text auf andere Texte beziehungsweise auf Analogieschlüsse angewiesen *(collectio, ratiocinatio)*. Für alle Fälle ließen sich weitere Untergliederungen konstruieren.

Im *genus rationale* waren ebenfalls vier Streitfragen denkbar: (1) Der Kläger A behauptet, B habe den zur Zeit abwesenden X ermordet; der Beklagte B erwidert, die Anschuldigung entspreche nicht der Wahrheit, denn X sei keineswegs tot, sondern auf Reisen gegangen und daher abwesend. Hier ist also die ganz grundsätzliche Frage (Existenzfrage) nach der Tat gestellt, ob sie überhaupt begangen wurde und deshalb vor Gericht zu verhandeln sei *(status coniecturalis* oder *constitutio coniecturalis*).

(2) Der Kläger A behauptet, B habe X ermordet; der Beklagte B gibt den Tod von X zu, stimmt aber der Darstellung des Geschehens nicht zu: Vielmehr sei X versehentlich in den keineswegs vorsätzlich auf ihn geschleuderten Speer gelaufen, das Ganze sei also ein Unglücksfall. Hier geht es also um die Definition der Tat, ob es sich um ein Unglück oder einen vorsätzlichen Mord handelt *(status finitionis* oder *constitutio definitiva*).

(3) A wirft B vor, X ermordet zu haben, B gibt dies auch zu, behauptet aber, X habe sich zum Tyrannen aufschwingen wollen und er, B, habe dies zum Wohle des ganzen Volkes verhindert, indem er X beseitigt habe. In diesem Fall geht es um die Beurteilung und Strafwürdigung der Tat *(status qualitatis* oder *constitutio generalis*).

(4) Im letzten Fall behauptet A, daß B X ermordet habe; B weist die Klage mit dem Argument zurück, A sei überhaupt nicht im Besitz der Bürgerrechte, die Klage sei deshalb unstatthaft und daher auch nicht vor Gericht zu verhandeln. Die Frage zielt hier auf die Kompetenz des Klägers oder auch auf die Zuständigkeit des Gerichtes *(status translationis* oder *constitutio translativa*).

Mit der Statuslehre hat sich auch Funktion und Aufgabe der Topoi verändert, wie sie von Aristoteles skizziert worden waren. Während dieser seine Topik in der *Topik* in erster Linie als übergreifende, grundlegende Argumentationsmethodik entworfen hatte, so sind die Topoi seit Hermagoras durchgehend fachspezifisch und den jeweiligen Statusklassen zugeordnet. Das Abfragen der *status* beziehungsweise *constitutiones* sollte es erleichtern, welche *loci* zur optimalen Argumentation für die eigenen Position heranzuziehen sind; die entsprechenden *loci* wurden nur dann aufgeführt, wenn sie dem jeweiligen *status* Beweismaterial liefern können: »Die Topik fungiert gewissermaßen als Anhang zu jedem einzelnen Status und hat keinen universalen Geltungsanspruch mehr« wie noch bei Aristoteles (Kemper 1981, 25). Diese Umwertung der Topik ist der Grund dafür, daß sowohl der Auctor ad Herennium als auch Cicero in *De inventione* die Statuslehre zum Gliederungsprinzip der gesamten *inventio,* also der Argumentationsfindung machen. Die Argumentationsleistung wird darin ganz an die Statuslehre verwiesen, die entsprechend der Redegattung – der Prozeßrede – den Redegegenstand mehr oder weniger mechanisch befragt. Mit dem Verzicht auf ein analytisches Durchdringen der universalen Kategorien von Plausibilität und Überzeugung ist die Relation von Rhetorik und Dialektik, wie sie von Aristoteles begründet worden war, endgültig auseinandergebrochen.

Verschärft wird diese Reduktion der aristotelischen Argumentationstheorie noch durch den Umstand, daß in den römischen Theorieschriften die Person des Redners als Überzeugungsinstanz stark aufgewertet wird, vor allem in Ciceros *De oratore* und im *Orator* und bei Quintilian. Infolge der Uminterpretation der Kategorien *éthos* und *páthos* zu den beiden Affektgraden *delectare* und *movere* steht den Römern der Bereich des rednerischen Ethos einer Neuakzentuierung offen, die Cicero mit dem Konzept des *perfectus orator* und Quintilian mit dem Idealbild vom *vir bonus* vornehmen. Zusammen mit der Affekterregung, die in der römischen Rhetorik einen sehr viel höheren Stellenwert besitzt als noch bei Aristoteles, fällt die Selbstdarstellung des Redners gleichsam aus den Prozessen der argumentativen Überzeugungsarbeit heraus und wird, auch weil sie sich zunehmend verselbständigt, nun als wichtigster Part der Redekunst angesehen (vgl. Eggs 1992, 937). Bei einer solchen Abwertung der rhetorischen Argumentation im engeren Sinne bleibt allerdings zu berücksichtigen, daß sich sowohl Cicero als auch Quintilian vorrangig gegen die formalistischen Theoretiker und pedantischen Schulrhetoriker wenden, deren staubtrockenen Systemen sie ihr Praxiswissen entgegenhalten. Die rhetorisch-topische Argumentationstheorie des Aristoteles dagegen war zu dieser Zeit schon weitgehend in Vergessenheit geraten.

Während die Rhetorik des Mittelalters wenig zur Argumentationslehre beiträgt (allerdings die Topik intensiv systematisiert) und im übrigen viele der einstmals in der Rhetorik beheimateten Probleme nun in der Logik abgehandelt werden, bedeutet die umfassende Renaissance der Rhetorik in der Frühen Neuzeit ein Wiederaufleben des ciceronianisch-quintilianischen Rhetorikverständnisses. Tendenziell setzt sich jene schon in der römischen Rhetorik zu beobachtende Neigung fort, die sachlogische Argumentation zugunsten der affektischen Argumentation und der Aufwertung der Rednerpersönlichkeit zu vernachlässigen. Umgekehrt tendiert man immer mehr zu einer Stil- und *elocutio*-Rhetorik und betrachtet die Rhetorik generell mehr als Bildungsmacht denn als lösungsorientierte Anleitung plausiblen Argumentierens (s.S.4). Diese Tendenzen machen sich in

Verwerfungen innerhalb des rhetorischen Systems bemerkbar, die im Laufe der Zeit die Rhetorik in ihren Grundfesten erschüttern: Rudolf Agricola und dann noch konsequenter Peter Ramus brechen die Argumentationslehre samt Topik aus der Rhetorik heraus und ordnen sie der spätscholastischen Logik zu, die meist ›Dialektik‹ genannt wird. Dieser radikale Schnitt forciert die Fokussierung auf eine reine *elocutio*-Rhetorik erheblich – Ramus selbst hat eine solche Rumpfrhetorik verfaßt, in England und Frankreich setzt sich diese Auffassung auf breiter Front durch –, ohne daß damit das umfassende Theoriekonzept der klassischen und humanistischen Rhetorik aber schon endgültig beseitigt wäre. Doch während die barocke Rhetoriktheorie diese Fehlentwicklung zunächst rückgängig machen kann und auch wieder die Argumentationslehre tradiert (Vossius, Soarez), erfolgt der nächste und entscheidende Schlag gegen die rhetorische Argumentationstheorie durch den Rationalismus. Mit René Descartes und dessen mathematisch-deduktivem Schlußverfahren wird das lediglich auf Plausibilität zielende rhetorische Verfahren als erkenntnistheoretisches Mittel aus jeder wissenschaftlichen Betrachtung ausgeschlossen und damit die gesamte Rhetorik mit dem Verdikt belegt, nur ›undeutliche‹ und damit nicht akzeptable Erkenntnisse vermitteln zu können – ein Prozeß, der sich Anfang des 18. Jahrhunderts allgemein durchgesetzt und erheblich zum Traditionsbruch der Rhetorik im bürgerlichen Zeitalter mitbeigetragen hat. Gegenstimmen, wie sie beispielsweise von dem italienischen Gelehrten Giambattista Vico oder den deutschen Aufklärungsrhetorikern erhoben werden, verhallen folgenlos.

Mit dem Niedergang der Rhetorik und der Unterbrechung der Theoriebildung im Laufe des 18. und 19. Jahrhunderts wird die Argumentationstheorie endgültig an die Logik beziehungsweise Sprachphilosophie verwiesen. Erst mit der umfassenden Wiederentdeckung der Rhetorik im 20. Jahrhundert finden einerseits auch die rhetorischen Aspekte des Phänomens ›Argumentation‹ wieder stärkere Beachtung, andererseits trägt die Wiederbeschäftigung mit Topik und rhetorischer Argumentation wesentlich zum Wiederaufleben der Rhetorik in der Moderne bei. Den Argumentationstheoretikern Stephen Toulmin und Chaïm Perelman kommt das Verdienst zu, im Rahmen der *New rhetoric* beziehungsweise der *Nouvelle rhétorique* die nicht-formallogische Argumentation, wie sie von Aristoteles begründet worden war, wieder ins allgemeine Bewußtsein gebracht und (neu) durchleuchtet zu haben. Während Toulmin in *The Uses of Argument* (1958) eher an die Epicheirem-Argumentation der römischen Antike anknüpft, versucht sich Perelman zusammen mit der Sozialwissenschaftlerin Lucie Olbrechts-Tyteca in *La nouvelle rhétorique. Traité de l'argumentation* (1958) an einer neuen Klassifikation der Topik. Obwohl diese Systematik nicht in allen Aspekten zu überzeugen vermag und manche der vorgenommenen Zuordnungen willkürlich erscheinen, gibt dieses wirkungsgeschichtlich überaus bedeutsame Werk nicht nur den entscheidenden Anstoß zu einer neuen, rhetorisch ausgerichteten Toposforschung, sondern stellt zugleich einen ambitionierten Versuch dar, zu den Strukturen alltagssprachlicher Argumentation vorzustoßen.

Im deutschen Sprachraum wird diese Neubelebung der rhetorischen Argumentation vorangebracht von den Kommunikationswissenschaftlern Josef Kopperschmidt und Günther Öhlschläger. Während letzterer (*Linguistische Überlegungen zu einer Theorie der Argumentation,* 1979) unter linguistischer Perspektive das Toulmin-Schema aufnimmt und es zu einem dreiteiligen Schlußschema verändert, das praktisch wieder an das aristotelische Enthymem anknüpft, orientiert sich Kopperschmidt (*Methodik der Argumentationsanalyse,* 1989) unter rhetorischem Blickwinkel an der Kommunikationstheorie von Jürgen Habermas. Die Topik-Forschung im engeren Sinne wurde dagegen aus zwei anderen, sehr unterschiedlichen Richtungen belebt: Zum einen durch den Literaturwissenschaftler Ernst Robert Curtius, der in seiner monumentalen Studie *Europäische Literatur und lateinisches Mittelalter* (1948) die literarische Topik praktisch der gesamten Frühen Neuzeit rekonstruiert hat, zum anderen durch den Juristen Theodor Viehweg (*Topik und Jurisprudenz,* 1953), dessen weiter gedachte topische Argumentationsmethodik eher an den kreativen Topikbegriff von Vico anknüpft. Sein Topikkonzept aufgegriffen und für die Jurisprudenz weiterentwickelt haben Ottmar Ballweg (*Rechtswissenschaft und Jurisprudenz,* 1970) und Gerhard Struck (*Topische Jurisprudenz,* 1971). Aus der sich in den 60er und 70er Jahren anschließenden Topikdebatte resultieren aber auch zahlreiche umfassende Studien wie die von Lothar Bornscheuer (*Topik. Zur Struktur der gesellschaftlichen Einbildungskraft,* 1976) oder Manfred Kienpointner (*Alltagslogik,* 1992) und inzwischen auch grundlegende Arbeiten zur römischen und vor allem zur aristotelischen Topik und Argumentation (Jürgen Sprute, Markus H. Wörner).

V.
Stiltheorie

In der langen Geschichte der Rhetorik war de facto aber nicht die Argumentationstheorie, sondern die *elocutio* fast zu allen Zeiten das eigentliche Herzstück des Theoriegebäudes. Von dieser Auffassung sind auch die heutigen Lehrbücher noch geprägt: In Heinrich Lausbergs umfassender rhetorischer Systematik (*Handbuch der literarischen Rhetorik*, ³1990) beansprucht die *elocutio* die Hälfte aller Paragraphen, der *Grundriß* von Ueding/Steinbrink kommentiert bündig: »Von der *elocutio* hängen Wirkung und Erfolg der Rede in einem besonderen Maße ab, da sie den Bereich betrifft, in welchem die gefundenen und geordneten Gedanken entweder verständlich und ansprechend entfaltet oder zerrissen und verzerrt werden« (Ueding/Steinbrink ³1994, 215). Damit ist zugleich die Aufgabe der *elocutio* skizziert, nämlich die in der *inventio* gefundenen und in der *dispositio* geordneten Gedanken sprachlich zu fassen und auszudrücken. Ähnlich wie *inventio* und *dispositio* erfüllt auch die *elocutio* eine zweifache Aufgabe: Zum einen ist sie Mittel und Hilfe praktischer Formulierungskunst, zum anderen Instrument der rhetorischen Analyse, Werkzeug zur Sichtbarmachung und Interpretation wirkungsintentionaler Text- und Argumentationsmuster.

Das sukzessive Nacheinander von argumentativen und elokutionären Prozessen, wie es das Produktionsstadienmodell suggeriert, macht die problematische Trennung von *res* und *verba* in der *elocutio* besonders deutlich (s.S.14) – sie findet Ausdruck in der Metapher vom Kleid der Sprache, das über den Körper der Gedanken gelegt wird. Aber schon in der Antike hat man durchaus Zusammenhänge zwischen kognitiven und sprachlichen Prozessen gesehen, und man kann den antiken Theoretikern eine vereinfachende, klare Scheidung einer gedanklich-argumentativen und einer elokutionären Ebene nicht ohne weiteres unterstellen. Sie sahen die *elocutio* nicht allein als Mittel zur Hervorbringung, sondern auch zur Steigerung der Gedanken und Argumente im Sinne einer Intensivierung der persuasiven Möglichkeiten. Diese Steigerung meint Quintilian, wenn er vom Redner sagt: »er ficht seinen Kampf nicht nur mit schlagkräftigen, sondern auch mit strahlenden Waffen« (*Inst.or.* VIII.3.2).

Die *elocutio* ist also mehr als ein äußerlicher, eigentlich entbehrlicher Schmuck der Rede, sondern Bestandteil der Wirkungsabsicht und auch der Argumentation, die Versprachlichung will die Argumentation in einem Text optimal wirksam machen. Die Aufgabe der *elocutio* besteht demnach nicht nur in der reinen Ausschmückung der Rede, sondern in einem zweckrationalen, persuasiven Sprechen. In der *elocutio* geht es »um die (optimale) Effektivität von Äußerungen [...]: eine Äußerung muß in bestimmten Situationen nicht nur korrekt oder angemessen sein, um noch *akzeptabel* zu erscheinen, sie muß auch *gut* passen, um wirklich auch als Bedingung für weiteres Handeln *akzeptiert* zu werden« (Dijk 1980, 114).

Während das Produktionsstadienmodell der Rhetorik die Vorstellung nahelegt, daß die kognitiven und sprachlichen Prozesse voneinander getrennt ablaufen und in der *elocutio* fertige Inhalte in Sprache überführt werden, ist in Wirklichkeit davon auszugehen, daß die Versprachlichung ein integrales schöpferisches Handeln ist, das die Arbeitsschritte der *inventio* und der *dispositio* miteinbezieht und das sukzessive Nacheinander in ein prozeßhaftes Miteinander überführt. Die enge Zusammengehörigkeit der drei Textproduktionsstadien wird nicht zuletzt darin sichtbar, daß sich Elemente der *inventio* und *dispositio* beim Abfassen der Rede, beim Schreibprozeß (nachträglich) noch verändern können, die *elocutio* also gleichsam auf die beiden vorausgehenden Schritte zurückwirken kann. Trotz der Trennung der einzelnen Arbeitsschritte im Textproduktionsmodell geht es der Rhetorik im Grunde also gerade um den Zusammenhang von *res* und *verba*, um die Einheit von Denken und Sprechen, so daß die *elocutio* »dann nicht mehr bloß eine Bekleidung von Sachen mit Worten bedeutet, sondern Erkenntnis produziert und dadurch selber eine *ars inveniendi*, eine Erfinde- und Findekunst, darstellt« (Ueding/ Steinbrink ³1994, 214).

1. Die Stilprinzipien

Zum Kernbereich der *elocutio* gehören bestimmte Regeln des allgemeinen Sprachgebrauchs, die als Stilprinzipien in die rhetorische Terminologie eingegangen sind. Zu diesen ›elokutionären Tugenden‹ (*virtutes elocutionis* oder *virtutes dicendi*) zählen vier Grundkategorien, und zwar eine grammatikalisch korrekte Sprache (Sprachrichtigkeit: *hellēnismós*; *latinitas*), Deutlichkeit im sprachlichen Ausdruck (Klarheit: *saphḗneia*; *perspicuitas*), der ›Redeschmuck‹ (*kósmos*; *ornatus*), der seinerseits eine spezielle rhetorische Figurenlehre hervorgebracht hat, und schließlich die Angemessenheit der sprachlichen Ausdrucksweise sowohl gegenüber den Inhalten der Rede als auch gegenüber der Redesituation (*prépon*; *aptum*). Zu den vier Haupttugenden werden bisweilen weitere hinzugezählt, wenngleich sie sich nicht fest im rhetorischen System verankern konnten: Beispielsweise die grundsätzliche Möglichkeit der sprachlichen Steigerung oder Abschwächung (*aúxēsis*; *amplificatio* bzw. *meíōsis*; *minutio*), um bestimmte Sachverhalte entsprechend herausarbeiten und präzisieren zu können, oder die gebotene Knappheit der Darstellung (*syntomía*; *brevitas*), die ungebührlich langes Reden eindämmen und generell zur sprachlichen Präzision anhalten soll. Dem Stilideal der Frühen Neuzeit verpflichtet ist die *elegantia*, die bewußte Ausrichtung des eigenen Stils an den klassischen Vorbildern (wobei fast immer der ciceronianische Stil gemeint ist), während alle einem puristischen Stilideal verpflichteten Richtungen die *puritas* empfehlen, also die Schlichtheit des Stils und den sparsamen Gebrauch rhetorischer Schmuckmittel.

Ursprünglich beinhalten die Stilprinzipien der *elocutio* tatsächlich kaum mehr als diese nur sehr allgemeinen Vorschriften zum ›richtigen‹ Sprachgebrauch, die zudem relativ weit gefaßt sind und sich ohnehin an den geläufigen Sprachmustern orientieren; hinzu kommt eine mehr oder weniger umfangreiche Systematik der rhetorischen Figuren. Da jedoch die Rhetorik bis in die Frühe Neuzeit hinein die alleinige Prosatheorie (und der damit verbundenen Stilistik) blieb, kam es zu einer Anreicherung der *elocutio* durch weitere Elemente der Versprachlichung – bis in explizit poetische Bereiche hinein, wovon besonders die ausufernden Figurenkataloge in der Frühen Neuzeit zeugen. Schon zum antiken Kernbestand der elokutionären Elemente gehörte auch ein Regelkanon zur Prosakomposition (*compositio*, s.S.197f.), die als Satzmetrik in der lateinischen Prosa noch eine verhältnismäßig große Rolle spielte, in der heutigen (deutschen) Alltags- und Prosasprache jedoch bis auf wenige Ausnahmen praktisch jede Bedeutung verloren hat. Zur *elocutio* hinzuzurechnen ist aber in jedem Fall noch eine zweite Ebene, auf der nicht einzelne sprachlich-stilistische Phänomene im Blickpunkt stehen, sondern jene, die einen Text als Ganzes prägen. Für diese Stilarten oder Stilgattungen hat bereits die Antike verschiedene Stillehren entwickelt, von denen sich eine, die Dreistillehre, weitgehend durchgesetzt hat.

Im folgenden werden zunächst die elokutionären Tugenden im Detail vorgestellt und anschließend die damit verbundene rhetorische Figurenlehre und die Stilartenlehre in jeweils eigenen Unterkapiteln erläutert.

Latinitas – zwischen Rhetorik und Grammatik

Von allen sprachlichen Tugenden fällt die *latinitas* (auch *puritas*) am stärksten in die Zuständigkeit der Grammatik. Allerdings geht weder die *latinitas* noch generell die *elocutio* in der *ars grammatica* auf, denn während diese allein die grammatikalische Korrektheit eines Textes regelt (*ars recte dicendi*), erfaßt der rhetorische Versprachlichungsprozeß all jene Phänomene, die im Sinne der Persuasion ein intendiertes, wirkungsbezogenes, nach ästhetischen Kriterien vorgenommenes Abweichen von der reinen Grammatikalität darstellen (*ars bene dicendi*, s.S.5ff.). Zwar überschneiden sich die Bereiche von Grammatik und Rhetorik ständig – manch rhetorische Figur wäre ohne ihre grammatisch-syntaktische Struktur nur unzureichend beschrieben –, doch siedelt die Rhetorik die elokutionäre Kompetenz immer schon auf grammatikaler Basis an – auf dem Vermögen, sprachlich korrekt zu agieren. Nicht zufällig also beginnen die elokutionären Mittel mit der *latinitas*: Sie soll einerseits sprachlicher Willkür vorbeugen, andererseits dafür sorgen, daß die geforderte Sprachrichtigkeit die effektvolle Ausdrucksmöglichkeit nicht verhindert.

Quintilian nennt vier Orientierungsmöglichkeiten, wenn man sich hinsichtlich der *latinitas* unsicher ist: Die Gesetzmäßigkeit (*ratio*) einer sprachlichen Wendung wird bestimmt (1) von den einschlägigen Fachlexika zur jeweiligen Landessprache, also von den Grammatiken, eventuell von Stilwörterbüchern, und (2) von der Verbürgtheit eines Ausdrucks im Sprachschatz (*vetustas*), wobei nicht unbedingt allein das Alter eines Wortes schon dessen Verwendung legitimiert, schließlich gibt es auch veraltete, nicht mehr sprachübliche Formulierungen (Archaismen). (3) Die Autorität einzelner Sprecher (*auctoritas*) erlaubt einerseits eine Bereicherung der Sprache durch Neuschöpfungen, garantiert andererseits eine nur maßvolle Spracherneuerung. In dieser Auffassung spiegelt sich deutlich die antike Lebens- und Vorstellungswelt: Sprachschöpfung wird allein den rhetorisch geschulten und den im rhetorisch-politischen Diskurs anerkannten Autoritäten zugebilligt. (4) Der allgemeine Sprachgebrauch (*consuetudo*, *usus*) schließlich ist einerseits das am schwersten faßbare Kriterium dieser Orientierungsmöglichkeiten, andererseits ein die anderen Aspekte umfassendes Moment, das die *latinitas* zu regeln vermag. Die *consuetudo* ist gleichzeitig Ausdruck dafür, daß Sprache kein starres, sondern ein höchst dynamisches Gebilde ist, und um dieser Dynamik Rechnung zu tragen, müssen die Richtlinien der Sprachrichtigkeit notwendigerweise variabel sein.

Von den *virtutes* der sprachlichen Gestaltung werden Fehler (*vitia*) geschieden, die die elokutionären Tugenden nicht unterstützen, sondern ihnen zuwiderlaufen. Als Fehler der *latinitas* gelten grobe Verstöße gegen die Grammatik und Syntax (*soloecismus*) oder gegen einzelne Ausdrucksweisen beziehungsweise Einzelwörter (*barbarismus*). Die Barbarismen verstoßen nicht nur gegen korrekte Aussprache und Schreibweise, die durch entsprechende Lexika festgelegt sind und dort überprüft werden können (Rechtschreibwörterbuch), sondern umfassen auch Provinzialismen (Dialektismen) und Fremdworte. Doch auch bei den Verstößen gegen das Gebot der *latinitas* ist zu bedenken, daß diese zwar eine relativ stabile, jedoch keine ganz starre und unverrückbare Sprachnorm darstellt. Manche Barbarismen und Soloezismen können unter Umständen durchaus elokutionäre Funktion haben – beispielsweise der Effektsteigerung dienen – und sind deshalb nicht in jedem Fall als Fehler einzustufen. Diese lizensierten Ausnahmen, deren Berechtigung sich nur im Einzelfall nachweisen läßt, werden bei den Barbarismen als Metaplasmen (*metaplasmus*) und bei den Soloezismen als grammatische Figuren (*schḗma*; *figura*) bezeichnet. Sie sind von den rhetorischen Figuren kaum zu unterscheiden; in ihrer grammatisch-syntaktischen Erscheinungsform werden sie in der Figurenlehre zu behandeln sein.

Perspicuitas – *das Problem der Verständlichkeit*

Das Gebot der *perspicuitas* sorgt für die Verständlichkeit der gesprochenen Rede oder des geschriebenen Textes. Oberstes Gebot ist hier meist die Klarheit (*claritas*) eines Textes, die dessen intellektuelle Verständlichkeit erleichtern soll. Mit einem leicht verständlichen ist aber keinesfalls automatisch ein schlichter Stil und eine möglichst einfache Ausdrucksweise gemeint. Die Verständlichkeit kann sich durchaus erhöhen, wenn die Sprache bildhaft ist oder mit Vergleichen arbeitet, wenn man Metaphern oder Beispiele verwendet. Gerade eine allzu einfache Ausdrucksweise wird schnell langweilig und unterläuft somit die angestrebte *perspicuitas*.

Das Problem der rechten Verständlichkeit, so scheint es, ist so alt wie die Rhetorik selbst. Vermutlich hat bereits Isokrates die Klarheit zu den Erfordernissen der Rede gerechnet; zum festen Bestandteil des rhetorischen Kanons gehört sie seit Theophrast. Aber schon mit Aristoteles ist die Verständlichkeit im Ausdruck zum Problem geworden, das im Verlauf der Geschichte immer wieder diskutiert wird. Aristoteles selbst beschäftigt sich mit ihr im dritten Buch seiner *Rhetorik*. Zwar setzt er dem Gebrauch des Redeschmucks enge

Grenzen, doch umgekehrt sieht er die der Alltagsrede gemäße Ausdrucksweise keineswegs in der gänzlich schmucklosen, ganz nüchternen Diktion. Vielmehr will Aristoteles der Umgangssprache etwas durchaus »Fremdartiges« verleihen (*Rhet.* III.2.3), um die Zuhörer dadurch einerseits zu fesseln, sie andererseits durch das ›Fremde‹ zu neuer Erkenntnis zu stimulieren. Ähnlich verfährt Cicero, der ebenfalls nicht daran glaubt, Verständlichkeit allein mittels Sprachnüchternheit fördern zu können, und der deshalb den gezielten Einsatz von rhetorischen Schmuckformen empfiehlt. Quintilian schließlich führt explizit aus, daß Nüchternheit im Ausdruck zwar das bloße Verstehen ermöglicht, worauf es allerdings gar nicht ankomme, sondern darauf, »daß man *mehr* versteht« (*Inst.or.* VIII.2.11). Auch die nach-antiken Autoren teilen diese Auffassung: Augustinus plädiert ausdrücklich für sprachliche Schmuckformen, die das Gesagte hell und verständlich machen sollen, Erasmus von Rotterdam fordert gar unverblümt, daß das Bemühen um Verständlichkeit nicht dazu führen dürfe, die ›Wörter der Gasse‹ gebräuchlich zu machen, sondern daß es ausreiche, wenn Text und Rede dem ›Gebildeten‹ verständlich sei.

Ähnlich wie im Falle der *latinitas* werden auch bei der *perspicuitas* einige *vitia* von den *virtutes* geschieden. Der geforderten Deutlichkeit des sprachlichen Ausdrucks steht der undeutliche, ›dunkle‹ Ausdruck (*obscuritas*) entgegen. Ihn umgeht man durch präzise und anschauliche Formulierungen, durch das Vermeiden unnötig vieler Fachtermini, manieristischer Wortwahl oder Provinzialismen. Allerdings können diese Phänomene, die als ›Fehler‹ aus den elokutionären Tugenden ausgeschlossenen sind, nur dann tatsächlich als Fehlleistungen gelten, wenn sie unbeabsichtigt der eigenen Intention und Diktion zuwiderlaufen. Als intendierte Mittel der Rede können sie die Persuasion durchaus fördern, wie anhand einiger rhetorischer Figuren leicht zu demonstrieren ist. So wird ironisches Sprechen (s.S.177ff.) grundlegend vom Prinzip der *obscuritas* geprägt, weil man ja nicht deutlich und klar sagt, was man meint, sondern sich einer anderen, gleichsam verhüllenden Ausdrucksweise bedient. Auch Provinzialismen können unter bestimmten Umständen als Redemittel angebracht sein, beispielsweise wenn ein Lokalpolitiker im Dorfgasthof seine Gefolgschaft um sich geschart hat und durch seinen Dialekt Verbundenheit mit den Zuhörern demonstrieren will. Besonders in der mündlichen Alltagsrede werden viele *vitia* nicht nur akzeptiert, sondern sind oftmals die Voraussetzung dafür, daß die gesprochene Sprache nicht zu steif oder zu geschliffen wirkt – und damit für den Hörer unter Umständen wieder schwerer verständlich wäre.

Ornatus – Versprachlichung zwischen Amplifikation und Argumentation

Während sich die beiden ersten elokutionären Tugenden eher mit allgemeinen Sprachregeln befassen, leistet der *ornatus* die eigentliche ›Arbeit‹ der *elocutio*, die Versprachlichung der gefundenen und geordneten Gedanken und Argumente. Nicht zu Unrecht ist der *ornatus* deshalb auch als der eigentliche Kern der *elocutio* bezeichnet worden, Quintilian sieht in ihm den mit Abstand schwierigsten Part in der Rhetorik, der die meiste Ausbildung, die längste Übung und die größte Erfahrung benötigt.

Die geläufige Übersetzung des *ornatus* mit ›Redeschmuck‹ ist allerdings mißverständlich, weil dadurch der Eindruck entstehen könnte, daß es sich hier doch um eine reine Äußerlichkeit handelt, um das äußere Gewand der Sprache, in das die Gedanken nachträglich eingekleidet werden. Entsprechend weit verbreitet ist denn auch die Vorstellung, daß der *ornatus* ein unüberschaubares Sammelsurium ausufernder Figurenkataloge ist, die die zahllosen sprachlich-rhetorischen Phänomene auflisten und nach verschiedenen Gesichtspunkten zu strukturieren versuchen. Dabei wird jedoch übersehen, daß der *ornatus* sich explizit auch mit der Wirkung der einzelnen sprachlichen Erscheinung befaßt: mit der Wirkung der sprachlich-argumentativen Elemente im textuellen Zusammenhang und auf den Rezipienten.

Zwar ist diese Dimension des *ornatus* zu allen Zeiten der Rhetorikgeschichte mehr oder weniger mitbedacht worden, doch setzen in der römischen Rhetorik Entwicklungen ein, die Mißverständnisse zumindest nahelegen und die auch zu einem reduktionistischen Rhetorikverständnis beigetragen haben. Speziell seit Quintilian ist nämlich eine Modellvorstellung bekannt, die das *res-verba*-Problem des Textproduktionsmodells noch einmal verschärft. Quintilian geht nicht nur von einem sukzessiven Arbeitsprozeß bei der Textherstellung aus, bei dem die Gedanken erst gefunden, dann geordnet und schließlich versprachlicht werden, sondern er unterteilt zusätzlich den Vorgang der Versprachlichung in zwei voneinander getrennte Phasen: Danach entwirft der Redner zunächst eine grammatisch korrekte, aber noch nicht figürlich ›gesteigerte‹ Version seines Textes – sozusagen eine Normalstufe oder Nullstufe –, die er dann anschließend rhetorisch überformt. Sicherlich erfüllt ein Teil der rhetorischen Figuren genau diese amplifikatorische Funktion – also einen Text zu schmücken, ihn für den Rezipienten angenehmer zu machen –, doch erschöpft sich darin die Funktion des *ornatus* eben nicht. Angesichts einer umfassenden Wirkungsabsicht geht es nämlich darum, die Rede oder den Text nicht nur schmuckvoll, sondern immer auch glaubwürdig und überzeugend zu gestalten, also in der sprachlichen Detailarbeit die argumentativen Prozesse zu unterstützen. Gerade diese argumentative Funktion der rhetorischen Figuren (oder zumindest vieler rhetorischer Figuren) wurde bis in die jüngste Gegenwart oft vernachlässigt oder ganz übersehen und der *ornatus* tatsächlich allein als »Schmuck« der Rede betrachtet. Diese Reduktion der ornatischen Funktion allein Quintilian anzulasten wäre allerdings ungerecht, hat er doch mehrfach in den *elocutio*-Kapiteln seiner *Institutio oratoria* darauf hingewiesen, daß die rhetorischen Figuren *res* und *verba* immer miteinander verbinden. Zu der reduktionistischen Entwicklung ganz erheblich beigetragen hat die Rhetorikgeschichte der Frühen Neuzeit, in der sich die Grenzen zwischen Rhetorik und Poetik weitgehend verwischten (s.S.48ff.) und die rhetorische Figurenlehre durch eine Unzahl poetischer Figuren angereichert wurde. So kam es zu der paradoxen Situation, daß die Figurenkataloge immer weiter anschwollen und zu riesigen Thesauren wurden, während die argumentative Dimension des *ornatus* wie überhaupt die sachbezogen-argumentativen Dimensionen der Rhetorik immer weiter in den Hintergrund gedrängt wurde. Die von Peter Ramus vollzogene Trennung der sprachlichen von den kognitiven Prozessen erscheint unter diesen Voraussetzungen fast als ein logischer Schritt in die falsche Richtung. Erst seit der Rhetorik-Renaissance im 20. Jahrhundert ist diese Entwicklung erkannt und teilweise auch korrigiert worden.

Weil der *ornatus* nicht nur das umfangreichste Teilkapitel der *elocutio* bildet, sondern die rhetorische Figurenlehre auch ein relativ eigenständiges Element innerhalb des rhetorischen Systems ist, soll die dritte der elokutionären Tugenden hier vorerst nur in diesem allgemeinen Sinne abgehandelt werden. Die Figurenlehre selbst wird in einem sich anschließenden, separaten Unterkapitel ausführlich vorgestellt.

Aptum – situative Sprachhandlungsnorm

Die letzte der vier elokutionären Haupttugenden, das *aptum* (auch *decorum* genannt), regelt die im *ornatus* geleistete Formulierungsarbeit nach bestimmten Kriterien der Angemessenheit beziehungsweise der allgemeinen Akzeptanz. Zum einen balanciert das *aptum* das richtige Maß zwischen den einzelnen Bestandteilen der sprachlichen Äußerungen innerhalb einer Rede oder eines Textes aus, beispielsweise das zwischen Klarheit und Redeschmuck. Zum anderen regelt es die Beziehung zwischen den verschiedenen Komponenten der Rede, ihren Inhalten und Intentionen, und den außersprachlichen Kontexten, also der konkreten Redesituation, aber auch der übergeordneten sozialen, politischen oder historischen Situation. Als eine umfassende Sprachhandlungsnorm muß das *aptum* immer situationsbezogen sein, in dieser situativen Flexibilität stellt es eine übergeordnete regulative Kategorie im rhetorischen System dar.

Damit regelt das *aptum* also alle Aspekte innerhalb der *elocutio*, ja im Grunde sämtliche rhetorischen Prozesse. Als Regel von einem angemessenen Sprachverhalten ist das *aptum* aber auch außerhalb der rhetorischen Theorie im engeren Sinne wirksam, es findet sich praktisch in allen Situationen und Bereichen, die von rhetorisch-kommunikativen Verhaltens- und Handlungsmustern bestimmt sind. Verfestigen sich solche Angemessenheitsvorstellungen, können sie *aptum*-Muster auch im Bereich des sozialen Verhaltens hervorbringen, etwa in Kleiderordnungen oder Anstandsregeln, oder ästhetisches Denken prägen, beispielsweise in der Auffassung von dem richtigen Verhältnis der Teiles eines Kunstwerks untereinander und zum Ganzen (Asmuth 1992, 580).

Im elokutionären Bereich des rhetorischen Systems regelt das *aptum* zusammen mit den anderen *virtutes elocutionis* die sprachliche Gestaltung. Weil es sich hier um die Abstimmung der einzelnen Textproduktionsphasen aufeinander und um die Regulierung aller *virtutes elocutionis* untereinander handelt, spricht man von einem *inneren aptum*. Von ihm unterscheidet sich ein *äußeres aptum*, das auf Aspekte außerhalb der eigentlichen Textproduktion ausgerichtet ist und sich sowohl auf den Ort und den Zeitpunkt des Vortrages bezieht wie die (intellektuelle, parteiliche etc.) Disposition des Redners und entsprechend die Zusammensetzung des Publikums beachtet. Da in allen Aspekten des äußeren *aptum* notwendigerweise auch Gedanken und Inhalte der Rede zum Tragen kommen, führt eine Verletzung des äußeren immer auch zu einer Verletzung des inneren *aptum*.

Die vom Redner oder Autor zu berücksichtigenden Aspekte des *aptum* können, je nach Redesituation, ein äußerst komplexes Beziehungsgeflecht bilden. Einige Grundsätze aber sind in jedem Fall topisch abzufragen: Welche Intention wird mit der Rede verfolgt, in welcher Position befindet sich dabei der Redner, in welchen Erwartungs- und eventuell auch Bildungshorizont hinein wird gesprochen, welche allgemeingesellschaftlichen Rahmenbedingungen sind zu berücksichtigen? Es wäre allerdings falsch, das *aptum* als eine Angemessenheitsregel zu betrachten, die ausschließlich normerhaltenden oder normverstärkenden Charakter besitzt. Gerade das Durchbrechen bestimmter Normvorstellungen, gesellschaftlicher Erwartungshaltungen oder intellektueller Positionen kann ja durchaus Ziel der Redeintention sein. Das *aptum* verbietet keineswegs ein rhetorisches Anrennen gegen diese Haltungen – aber es signalisiert dem Redner, daß er eventuell mit Widerständen rechnen und seine Rede dementsprechend kämpferisch anlegen muß. Voraussetzung dafür ist freilich die Fähigkeit, das Beziehungsgeflecht durchschauen und rhetorisch entsprechend darauf reagieren zu können. Diese Fähigkeit ist ein Urteilsvermögen (*iudicum, consilium*), dessen Verläßlichkeit sich nur in der rhetorischen Praxis, mit Übung und Erfahrung steigern läßt (s.S.130).

In jedem Fall bezeichnet das *aptum* einen äußerst flexiblen Regelapparat, der die Frage, was ›angemessen‹ ist, nicht mechanisch und allgemein, sondern nur in jeder Situation neu beantworten kann. Das heißt aber auch, daß das *aptum* nur bedingt rationalisierbar ist, daß also ein Rest Einfühlungsvermögen in die jeweilige Situation bestehen bleibt beziehungsweise ein Fingerspitzengefühl nötig ist, mit ihr umzugehen. In die rhetorische Terminologie ist das auf die *elocutio* bezogene *aptum* von Aristoteles eingeführt worden; unter *prépon* will er die sprachliche Formulierung verstanden wissen, die sowohl die Person des Redners wie auch die jeweilige Redesituation umfaßt und zudem »in der rechten Relation zu dem zugrundeliegenden Sachverhalt steht« (*Rhet.* III.7.1). Damit ist die angemessene Relation zwischen *res* und *verba* gemeint, aber auch die der Wörter untereinander. Für Aristoteles ist die Angemessenheit zusammen mit der Klarheit das oberste Gebot einer Rede. Cicero übernimmt diese Vorstellung (unter dem Terminus *decorum*) ins lateinische Begriffssystem, verzichtet aber auf die Relativität des *aptum* entsprechend der jeweiligen Redesituation zugunsten einer moralphilosophischen Funktion. Er begreift das *decorum* als eine Unterkategorie ethisch-moralischer Kriterien, als eine Variante des Guten (*honestum*), die er mit der Forderung nach Maßhalten (*temperantia*) verknüpft. Quintilian verbindet den griechischen und ciceronianischen Traditionsstrang und macht das *aptum* zum zentralen Prinzip, das hauptsächlich den *ornatus* regelt, doch auch außerhalb der reinen Versprachlichungsprozesse wirksam ist: Er erhebt es zu einer grundlegenden Fähigkeit des Rhetors, mit eigenem Urteilsvermögen sich selbstkritisch einzuschätzen (*iudicum*, auch *prudentia*) und bereits die in der *inventio* stattfindende Suche nach passenden Argumenten entsprechend danach auszurichten.

Im Mittelalter verengt sich die flexible *aptum*-Lehre zu einer festen Standeslehre, die sich weniger auf die soziale Stellung des Redners oder Schreibers bezieht, sondern die jeweils beschriebene Person und den Adressaten meint: »Die Welt ist in drei Stände, *curiales, civiles, rurales* aufgeteilt, die Wortwahl richtet sich danach, von welchem Stande die Rede ist« (Brinkmann ²1979, 69). Das mittelalterliche *aptum* prägt vor allem die Briefsteller und darin besonders die Grußformel (*salutatio*, s.S.36). Die Frühe Neuzeit verbindet mittelalterliche und antike *aptum*-Vorstellungen miteinander: Einerseits bleibt die Standesunterschiedlichkeit ein vorrangiges Merkmal der Angemessenheit, andererseits gewinnt angesichts der engen Verbindung von Rhetorik und Dichtkunst der Einfluß poetologischer *aptum*-Vorschriften an Bedeutung. Diese Synthese wird in der ›Ständeklausel‹ sichtbar, die für Tragödie und Komödie bedeutsam ist (s.S.204f.).

Mit den sozialpolitischen Umwälzungen der Aufklärung, mit dem Übergang von der feudal geprägten Adelswelt zur bürgerlichen Gesellschaft, wird auch in Deutschland die ständische Angemessenheits-Vorstellung zum Problem. Zumindest in seiner stilnormierenden Funktion gerät das *aptum* nun außer Mode, an seine Stelle tritt das Postulat einer ›natürlichen‹ Ausdrucksweise, deren Subjektivität für Glaubwürdigkeit und Wahrhaftigkeit bürgen soll. Nicht als ästhetische, sondern als soziale Kategorie lebt die Angemessenheit aber fort, wenngleich unter gänzlich veränderten Bedingungen. Das soziale *aptum* löst sich aus dem traditionellen Standesdenken und weitet sich zu einer universalen Handlungs- und Entscheidungsnorm, als welche es in der gesellschaftlichen Lebenspraxis bis heute überlebt hat. Als Beleg dafür mag einmal mehr die Rede Philipp Jenningers dienen, die von großen Teilen der versammelten Parlamentarier und der Öffentlichkeit als unangemessen empfunden wurde. Diese (im übergeordneten Sinne) als *aptum*-Verletzung erachtete rhetorische Fehlleistung war der Grund für den sofortigen Rücktritt Jenningers; sein Rückzug von der rhetorisch-politischen Bühne wurde wiederum als eine ›angemessene Reaktion‹ empfunden (vgl. Asmuth 1992, 601).

2. *Figurenlehre*

Die Figurenlehre an sich gibt es nicht. Schon in der Antike herrschte alles andere als Einigkeit darüber, welche Figuren dazugehören sollten und wie diese zu systematisieren seien. In allen Phasen der Rhetorikgeschichte hat man sich darum bemüht, die rhetorischen Figuren zu klassifizieren, zu katalogisieren und in Ordnungssysteme zu bringen. Aus diesem Bemühen resultiert eine Vielzahl von Figurenkatalogen, in denen sich eine griechische, eine lateinische und schließlich nationalsprachliche Terminologien teilweise überschneiden. Dennoch haben sich die Elemente und Strukturen der lateinischen Figurenlehre in der rhetorischen Tradition weitgehend durchgesetzt. Neben der wirkungsgeschichtlich bedeutsamen Figurenlehre der *Rhetorica ad Herennium* ist vor allem Quintilians *Institutio oratoria* zum Maßstab geworden; an dem darin entworfenen Figurenkatalog orientieren sich mehr oder weniger alle nachfolgenden Theoretiker.

Eine Katalogisierung der rhetorischen Figuren bedarf eines nicht nur vielfältigen, sondern vor allem variablen Ordnungssystems und eines Beschreibungsverfahrens, das auf die Wirkung der jeweiligen sprachlichen Strukturen ausgerichtet ist. Die Auflistung der in der Figurenlehre versammelten Elemente darf nicht zu einer Überexaktheit verleiten, deren starre Begrifflichkeit die interpretatorischen Spielräume apodiktisch einengt. Als Arbeitsbegriffe brauchen die rhetorischen Figuren nur so genau beschrieben und systematisiert werden, wie es die Praxis der Textherstellung und der Textinterpretation erfordert (Breuer 1989, 235). Keinesfalls sind sie zu verstehen als logisch herleitbare Konstanten eines geschlossenen Systems – eine Systematisierung der rhetorischen Figuren in die verschiedenen Kategorien und Subkategorien erfüllt eher den Zweck, anhand bestimmter Strukturen Memorialtopoi aufzustellen, die vor allem der Interpret bei der rhetorischen Textanalyse abrufen kann.

Dies impliziert, daß ein uneingeschränktes Urteil darüber, ob der Gebrauch einer Sprach- und Stilfigur nun ›richtig‹ oder ›falsch‹ ist, so kaum möglich ist. Mindestens drei Komponenten spielen bei einer solchen Bestimmung eine entscheidende Rolle: In welchem Zusammenhang stehen die Figuren zum Rede- oder Schreibziel, um welche Rede- oder Textgattung handelt es sich und in welchem Zusammenhang stehen einzelne sprachliche Erscheinungen zum Textganzen? Eine kühne Metapher beispielsweise mag in einem literarisierten Sprachgebilde durchaus seine Funktion erfüllen, bei einem nüchternen, sachlichen Bericht fällt sie völlig aus dem Rahmen: die Wirkungsfunktion (sachliches Informieren) wird unterlaufen, die Konstituenten der Textgattung werden verletzt und die Sprachebene des Textganzen durchbrochen, so daß sich letztlich die angestrebte Glaubwürdigkeit ins Gegenteil verkehrt.

Der angemessene Gebrauch einer Figur läßt sich in den allermeisten Fällen nur am Textganzen ermessen; hier ist auf die regulative Funktion des *aptum* zu verweisen, das als eine der ›elokutionären Tugenden‹ die im *ornatus* geleisteten Versprachlichungsprozesse kontrolliert und die Ausdrucksweise entsprechend den inneren und äußeren Gegebenheiten ausrichtet und ausbalanciert (s.S.152ff.). Zu bedenken ist allerdings, daß der angemessene Gebrauch einzelner Figuren auch an zeitliche Vorlieben und Abneigungen gebunden, also generell der Sprachentwicklung unterworfen ist, und schließlich ist die Verwendung bestimmter rhetorischer Schmuckformen nicht zuletzt auch von persönlichen Vorlieben und Abneigungen des Autors oder Rhetors bestimmt.

Wann immer man also ein rhetorisches Figurensystem betrachtet und benutzt (oder selbst eines erstellt), so gilt als Grundsatz, daß darin nicht absolute Vorzüge, immer zu empfehlende Beispiele oder feste Regeln vermittelt werden können, sondern daß man damit ein eher wertneutrales Analysesystem der persuasiv eingesetzten Sprache zur Verfügung hat, das sowohl die Vorzüge wie auch die Schwächen im Ausdruck herauszuarbeiten hilft. Im folgenden wird die klassische Systematik der rhetorischen Figurenlehre (die von Lausberg aufgegriffen und dadurch überhaupt wieder benutzbar gemacht worden ist) nicht einfach wiederholt, sondern modifiziert, auch aufgrund der Ergebnisse neuerer Systematisierungsversuche auf der Grundlage linguistischer und semiotischer Untersuchungs- und Beschreibungsverfahren.

Im Vordergrund steht hierbei die Auffassung, daß sich die Aufgabe der rhetorischen Figuren nicht in der amplifikatorischen Funktion erschöpft, einen Text zu ›schmücken‹, ihn für den Rezipienten ›angenehmer‹ zu gestalten. Zwar erfüllt ein Teil der rhetorischen Figuren vorrangig genau diese Funktion – im folgenden werden sie deshalb *Amplifikationsfiguren* genannt –, doch unterstützen andere Figuren (meist in einem größeren Rede- oder Textzusammenhang) Redeabsichten und -ziele des Rhetors oder Autors mittels argumentativer Mikrostrategien; sie dienen dazu, die Argumentation ›voranzutreiben‹ und zu steuern. Denn entgegen der weitverbreiteten Meinung bestimmen rhetorische Figuren nicht nur die syntaktischen Oberflächenstrukturen eines Textes – obwohl sie das natürlich auch tun können, wie die Amplifikationsfiguren zeigen –, sondern regeln, teils implizit, teils explizit, auch semantische Tiefenstrukturen, sind also Teile von Argumentationsstrukturen und Redetaktiken. Sie fungieren demnach als argumentationssteuernde Figuren, werden der Einfachheit halber aber im folgenden als *Argumentationsfiguren* bezeichnet. Quasi zwischen diesen beiden Figurengruppen stehen die *Substitutionsfiguren*, die in den klassischen Rhetoriken als ›Tropen‹ bezeichnet werden; sie haben sowohl amplifikatorische wie argumentative (beziehungsweise argumentationssteuernde) Funktion. Besonders die Substitutionsfiguren zeigen, daß die rhetorischen Figuren – obwohl sie oftmals nur als Segmente innerhalb von Sätzen oder Teilsätzen auftreten – keinesfalls auf diese Mikrostrukturen beschränkt sind, das heißt, sie können durchaus über Satzgrenzen hinweglaufen und im Extremfall sogar für den gesamten Text konstitutiv werden.

Mit zwei grundsätzlichen Schwierigkeiten hat auch die hier vorgelegte Figurenlehre zu kämpfen. Ein Problem ist die Terminologie – während Aristoteles und die hellenistischen Lehrbücher griechische Begriffe verwandten, existiert seit der *Rhetorica ad Herennium* auch ein lateinischer Begriffsapparat. Die folgende Systematik orientiert sich weitgehend an der von Heinrich Lausberg kanonisierten Terminologie (*Handbuch der literarischen Rhetorik*, ³1990); der lateinischen Bezeichnung folgen in Klammern die wichtigsten alternierenden Begriffe. Problematisch bleibt auch die Abgrenzung der rhetorischen Figuren von den poetisch-literarischen. Zweifellos muß es bei einem System rhetorischer Figuren darum gehen, sprachliche Phänomene, die vom ›Normalgrammatischen‹ abweichen, zu erfassen und zu beschreiben. Ob diese Phänomene dabei spezifisch poetischen Charakter besitzen, kann nur im jeweiligen Kontext geklärt werden. Andererseits gibt es Figuren, die eindeutig nicht mehr zum Bereich der alltagssprachlichen Prosarede zu rechnen sind – wie beispielsweise die Teichoskopie, der Botenbericht, als ›bühnentechnische‹ Figur. Maßstab bei der Auswahl waren deshalb die rhetorischen (und nicht die poetischen) Textgattungen und Textsorten, vor allem aus dem Bereich journalistischen Schreibens und natürlich aus der Alltagssprache. Daß dabei literarische Texte nicht völlig ausgeschlossen sind, zeigen einige der angeführten Beispiele. Diese wiederum werden dem erklärenden Text beigefügt, wenn eine Erläuterung notwendig erschien; teilweise stammen sie aus eigener Lektüreerfahrung, teilweise aus den bekannten Figurensystemen, auf die ich dankbar zurückgegriffen habe, ohne das im Einzelfall ausdrücklich zu vermerken.

2.1. Amplifikationsfiguren

Auf die Gruppe der Amplifikationsfiguren trifft am ehesten die aus der Antike stammende Definition zu, daß nämlich die rhetorischen Figuren den Bereich des grammatikalisch Richtigen (*ars recte dicendi*) überschreiten und dadurch der Rede Glanz und Schönheit verleihen, sie also zur *ars bene dicendi* werden lassen. So ist für diese Figurengruppe die etwas altertümliche Bezeichnung »Figuren der Wohlredenheit« durchaus zutreffend. Doch dienen die Amplifikationsfiguren nicht ausschließlich nur der Ausschmückung, sie können ebenso die Eindringlichkeit des Gesagten steigern und damit die Argumentation innerhalb einer Rede oder eines Texts an bestimmten Stellen pointieren. Mit diesen Pointierungen weicht der Redner oder Schreiber von einer nicht-figürlichen Sprache ab, die man sich freilich nur theoretisch als eine ›Nullstufe‹ der Sprache vorstellen kann. Die rhetorischen Figuren wären demnach kalkulierte und intendierte Abweichungen von der stilistischen ›Normallage‹ einer Rede oder eines Textes (beziehungsweise von der reinen Grammatikalität der Sprache), um dadurch eine emotionale und argumentative Wirkung zu erzielen. Diese Vorstellung simplifiziert sicherlich die Komplexität der Textherstellung, andererseits vermittelt sie eine wichtige Erkenntnis: In der Art der Abweichung von der nicht-figürlichen Sprache läßt sich nämlich erkennen, wie die jeweiligen Figuren ›funktionieren‹. Nach ihrem Funktionsprinzip wiederum lassen sich die Amplifikationsfiguren in drei Gruppen einteilen: Die größte Gruppe bilden die Wiederholungsfiguren, weitaus geringeren Anteil haben die Kürzungs- und die Positionsfiguren.

2.1.1. Wiederholungsfiguren

Die *Repetitio* (*conduplicatio*), die Wiederholung, bezeichnet ganz allgemein das Wiederaufgreifen desselben oder auch eines nur ähnlichen Wortes oder Satzelements. Sie macht das Gesagte oder Geschriebene eindringlicher. Art und Häufigkeit der Wiederholung lassen die Repetitio zu einem fast unüberschaubaren Feld der rhetorischen Figurenlehre anwachsen – um trotzdem den Überblick zu wahren, empfiehlt es sich, die Wiederholungsfiguren in zwei Untergruppen einzuteilen: In der ersten sind die Wiederholungen derselben Worte (oder Satzelemente) zusammengefaßt – hierbei handelt es sich also um wörtliche Wiederholungen –, in der zweiten Gruppe sind die Wiederholungen bloß ähnlicher Elemente versammelt.

Die *Geminatio* (*iteratio*) bezeichnet eine Verdoppelung desselben Wortes oder derselben Wortgruppe, wobei die wiederholten Elemente unmittelbar aufeinanderfolgen müssen, gleichgültig an welcher Stelle im Satz dies geschieht: »In dieser Mannschaft zu spielen ist für mich eine *große, große* Ehre.« Folgt das wiederholte Wort nicht unmittelbar, ist also die Wiederholung durch einen kurzen Einschub unterbrochen – durch eine Präposition oder Konjunktion etwa –, dann spricht man von einer *Diakope* (*seperatio*): »Diese Stadt ist *einmalig*, wirklich *einmalig*.« Weitere Abwandlungen der Geminatio sind der *Kyklos* (*redditio*, *inclusio*) – hier wird der Anfang eines Satzes oder Teilsatzes an dessen Ende wiederholt: »*Kämpfen* sollt ihr, rennen, stürmen und *kämpfen*« – und die *Epanode* (*reversio*), die einen Teilsatz in umgekehrter Reihenfolge wiederholt: »Ihr seid müßig, müßig seid ihr« (2. Mose 5,17). Dabei müssen nicht alle wiederholten Elemente unbedingt in exakter Umkehrung stehen: »Da ist doch was faul, *denkt man sich, man denkt sich,* das stinkt doch zum Himmel« (Zeit-Magazin, 31.12.1993).

Beim Wiederholungstyp der Geminatio erfolgt die Wiederholung innerhalb eines Satzes oder Teilsatzes. Wird dagegen die Satz- oder Teilsatzgrenze überschritten, wird also das Ende einer Satzeinheit zu Beginn der darauffolgenden Einheit wiederholt, spricht man von einer *Anadiplose* (*reduplicatio*): »›Pure Vital‹ ist ein Geschenk der *Natur. Natur* – das ist Kraft, Gesundheit, Schönheit und Leben.« Werden zwei oder mehr Anadiplosen hintereinandergeschaltet, so daß eine Steigerung erzielt wird, liegt eine *Gradatio* (*climax, connexio*) vor; das zuerst Genannte wird durch das jeweils Folgende überboten: »Das ist durchaus *verständlich.* Noch *verständlicher* wäre es natürlich ...«. Ein Beispiel für eine fortschreitende Steigerung gibt der Auctor ad Herennium: »Dem Africanus verschaffte seine Energie Tüchtigkeit, seine Tüchtigkeit Ruhm, sein Ruhm Neider« (*Her.* IV.25.34). Diese Figur – und ihre Umkehrung, die Herabstufung (*Antiklimax*) – tendiert schon stark zu den Argumentationsfiguren (s.S.194); allein eine wörtliche Wiederholung rechtfertigt ihre Zuordnung zu den Wiederholungs- und also zu den Amplifikationsfiguren.

Beginnen zwei (oder mehr) Satzeinheiten mit demselben Wort, handelt es sich um eine *Anapher* (*relatio*): »*Das ist* gut. *Das ist* sehr gut. *Das ist* uralt Lavendel«; enden sie mit demselben Wort, liegt eine *Epipher* (*conversio*) vor: »Mehl *gut.* Alles *gut.*« Während Anapher und Epipher aufgrund ihrer großen Eindringlichkeit besonders häufig in der Werbesprache vorkommen, wirkt die Kombination aus beiden – die *Symploke* (*complexio, concursio*) – recht kunstvoll und ist dementsprechend selten. Wiederum vom Auctor ad Herennium stammt das Beispiel: »*Wen* der Senat *verurteilt hat, wen* das Volk *verurteilt hat, wen* die Meinung aller *verurteilt hat,* den möchtet ihr [...] freisprechen?« (*Her.* IV.14.20). Aber auch in der Werbung finden sich Symploken: »*Das Beste* aus der *Natur, das Beste* für die *Natur.*«

Hatten die bisher genannten Figuren wörtliche Wiederholungen bezeichnet, so weichen die folgenden geringfügig von diesem Wiederholungsschema ab. Es handelt sich nun also um Wiederholungen, die dem zuerst Genannten sehr ähnlich, nicht aber mehr mit ihm völlig identisch sind. Beim *Polyptoton* (*traductio, metabole*) wird das wiederholte Element in seiner grammatikalischen Gestalt, und zwar meist in seiner Flexionsform verändert: »Das Buch der Bücher.« Wird dagegen bloß der etymologische Stamm eines Substantivs in einer anderen Wortform wiederholt, spricht man von einer *Figura etymologica*. Meist geschieht dies, wenn ein Verb mit einem stammverwandten Substantiv verbunden wird – »sein Leben leben«; »jemanden eine Grube graben« –, doch kann auch ein Adjektiv mit einem Substantiv gekoppelt sein: »die größte Größe.« Wird hingegen ein Wort wiederholt, das zum vorausgegangenen keine etymologische Beziehung mehr aufweist, sondern ihm nur noch klanglich ähnelt, dann liegt eine *Paronomasie* (*annominatio, adnominatio*) vor: »Träume sind Schäume«; »klein, aber mein.« Hier werden allein durch die klangliche Ähnlichkeit semantisch völlig verschiedene Dinge miteinander verknüpft. Die Werbesprache bedient sich dieser Sprachspielereien besonders gern: »Einkaufsbummel trotz Umzugsrummel.«

Selbst das *Synonym* kann den Wiederholungsfiguren zugerechnet werden, auch in diesem Fall vollzieht sich die Wiederholung allein in der Wortbedeutung. Das Synonym ist de facto ein anderes, aber vom Wortgehalt her gleiches (oder zumindest sehr ähnliches) Wort, und in dieser semantischen Ähnlichkeit liegt die Wiederholung. Als Amplifikationsfigur ist das Synonym eine inhaltliche Hinzufügung, die ergänzen oder präzisieren soll: »Eine unstatthafte, eine lächerliche und völlig aus der Luft gegriffene Anschuldigung.« Liegt dagegen keine Wiederholung semantisch ähnlicher Begriffe vor, sondern wird das synonyme Wort an die Stelle eines semantisch ähnlichen Wortes gesetzt, dann ist es den Tropen zuzurechnen (s.S.167). Als Wiederholungsfigur ist das Synonym nur schwer von der Enumeratio (s.S.189f.) zu unterscheiden.

Zum Synonym gehören zwei weitere Figuren, die nicht zu den *virtutes elocutionis* zu rechnen sind, sondern explizit zu den *vitia*, den Fehlern: Eine *Tautologie* bezeichnet eine Hinzufügung, die keinen neuen, erweiterten Sinn mehr freisetzt, bei der das wiederholte synonyme Element also funktionslos ist: »voll und ganz«; »hinter Schloß und Riegel.« Bei einem *Pleonasmus* ist die Hinzufügung dezidiert überflüssig, ja störend, weil die Bedeutung des hinzugefügten Elements schon im eigentlichen Begriff enthalten ist: »weißer Schimmel«, »alter Greis.« Exakt zwischen Synonym, Tautologie und Pleonasmus zu unterscheiden ist allerdings nicht immer möglich, oft ist hier die Bewertung, ob die Hinzufügung noch sinnvoll, ob sie eigentlich überflüssig oder gar deplaziert ist, ausschlaggebend für die Klassifizierung. Bei der Zuordnung der Tautologie zu den *vitia* – als fehlerhaft gilt hier die stilistische Redundanz – wird teilweise übersehen, daß die ›Überfülle‹ des Ausdrucks durchaus eine Funktion im Satzgefüge haben kann. Sicher ist die Wendung »grauer Nieselregen«

im Sinne der *perspicuitas* tautologisch und dementsprechend zu tilgen, andererseits wäre dadurch aber auch die besondere stilistische Wertigkeit dieser Beschreibung eliminert. Eindeutig pleonastisch sind dagegen alltagssprachlich so vertraute Wendung wie »letztendlich« oder »ich persönlich.«

In genauem Gegensatz zum Synonym steht die *Diaphora* (*distinctio*), bei der zwar dasselbe Wort, aber in einer ganz anderen oder zumindest abweichenden Bedeutung wiederholt wird: »Es war eine große Zeit, aber jede Zeit hat ihre Zeit.« Oder: »Mit dieser Diät werden Sie leichter leichter.« Damit bildet die Diaphora quasi den Übergang von den Wiederholungen derselben Elemente und der Wiederholung ähnlicher Elemente. In den Figurensystemen der antiken Rhetorik wird die Diaphora noch unterschieden, ob sie monologisch in einer Rede, in nur einem Redebeitrag vorkommt, oder ob sie dialogisch verwendet wird, also der nachfolgende Redner die Bedeutungsverschiebung des gleichen Wortes vornimmt. Im ersten Fall ist von einer *Antistasis* (*ploke*, *distinctio*) zu sprechen, im zweiten von einer *Anaklasis* (*reflexio*).

Die beschriebenen Wiederholungsfiguren sind die wichtigsten in der deutschen Alltags- bzw. Prosasprache. Im Lateinischen kommen freilich noch viele weitere Figuren hinzu, die sich entweder gar nicht oder nur sehr schwer in die deutsche Sprache übertragen lassen, schon weil das Satzschema hier relativ festgelegt, dort aber frei ist: Allein die lateinische Satzkonstruktion läßt zahlreiche Wiederholungsmöglichkeiten zu. Der Katalog der Wiederholungsfiguren müßte natürlich auch für den Fall erheblich erweitert werden, wenn die Dimensionen der poetischen Sprache ausgeleuchtet würden – darauf wird in der vorliegenden Figurenlehre aber verzichtet. So fehlen denn auch jene Figuren, deren Kriterium allein die Wiederholung nur eines einzelnen Lautes ist, wie beispielsweise die *Alliteration* (»Milch macht müde Männer morgens munter«).

Selbstverständlich gibt es auch Wiederholungsfiguren, deren affektischer Charakter argumentative Funktion hat, beispielsweise wenn die permanente Wiederholung einhämmernde, propagandistische Wirkung entfaltet – eine exakte Festlegung, ob eine affektisch eingesetzte Wiederholung eher amplifizierenden oder argumentativen Charakter besitzt, ist allein in der praktischen rhetorischen Textanalyse möglich.

2.1.2. Kürzungsfiguren

Anders als bei den Wiederholungen sind die Möglichkeiten der Kürzung (*detractio*) relativ überschaubar. Die Detraktionsfiguren stehen nur scheinbar in scharfem Gegensatz zu den Wiederholungsfiguren, denn anstatt wie jene den Text zu erweitern, sollen diese den Text straffen, und zwar durch Auslassung in Detailbereichen. In ihrer Wirkungsabsicht aber gleichen sich Wiederholungs- und Kürzungsfiguren: Sie akzentuieren die Rede oder den geschriebenen Text an einzelnen Stellen auf markante Weise.

Eine der beiden hier zu behandelnden Kürzungsfiguren ist die *Ellipse* (*eclipsis, defectio, omissio*), bei der meist ein Wort oder eine Wortgruppe ausgelassen wird, der Satz dem Hörer oder Leser im Kontext aber ohne weiteres verständlich bleibt: »Wir wußten nicht, was tun«; »Abteilung: marsch!« Die Verkürzung verstärkt die Einprägsamkeit der Ellipse. Sie ist eine aus der gesprochenen (Alltags-)Rede stammende Figur, die eine vertrauliche, eine betont lässige Diktion, oder aber eine besonders emotionale, affektische Ausdrucksweise bezeichnet; im schriftlichen Text kann sie ebendiese Wirkung nachahmen und einen gesprochenen Duktus vortäuschen. Es gibt aber auch Textformen, die einen elliptischen Stil geradezu erzwingen, wie die Schlagzeile in der Zeitung, das Telegramm oder der Aphorismus. Obwohl meistenteils Satzteile oder zumindest komplette Wörter ausgelassen werden, ist auch eine elliptische Verkürzung innerhalb eines Einzelwortes möglich: die »Süddeutsche« anstelle der »Süddeutschen Zeitung«, »Labor« statt »Laboratorium.« Diese Wortellipsen sind in die Alltagssprache eingegangen und werden, anders als die von Sätzen oder Teilsätzen, kaum bemerkt.

Eine Sonderform der Ellipse ist das *Zeugma* (*adiunctio*), eine gewollt ›fehlerhafte‹ Verkürzung, die immer dann vorliegt, wenn ein Verb mit mehreren Substantiven in Verbindung gebracht wird, obwohl es nur zu einem oder zumindest nicht zu allen gleichermaßen paßt. In jedem Fall entsteht so ein überraschender, oft einprägsamer Ausdruck. Zu unterscheiden ist, ob tatsächlich ein syntaktischer Fehler vorliegt – »ich bin kein weiser Mann und außerdem ein Sterblicher« (Sterne, *Tristram Shandy*) – oder ob die verkürzte Zusammenstellung syntaktisch einwandfrei, aber im semantischen Bereich unstimmig ist: »Die Post geht langsam und das Leben schnell.« Im letztgenannten Fall liegt eine sprachliche *aptum*-Verletzung vor, da die Post und das Leben über das Verb »gehen« miteinander verbunden werden (und im übrigen antithetisch verknüpft sind). Während die syntaktischen ›Fehler‹ überraschende und neue Einblicke in vermeintlich längst bekannte Sachverhalte geben können – und darin den Formen der Antithese ähneln (s.S.194) –, sind die semantischen Verkürzungen oftmals Signale ironischen Sprechens und dementsprechend komisch. In einer gemilderten Form – der semantische Fehler fällt nicht auf – ist das Zeugma eine einprägsame Figur und hat Eingang in die Werbesprache gefunden. Für einen LKW wirbt der Spruch: »Schafft die Last und nicht den Fahrer.«

Es ließe sich noch eine Reihe weiterer Kürzungsfiguren aufzählen, die im vorliegenden Schema jedoch den Argumentationsfiguren zugeordnet sind, weil sie ganz wesentlich der Gedankenführung beziehungsweise -zuspitzung dienen: die Paralipse und die Aposiopese (s.S.187f.) und das Asyndeton (s.S.191).

2.1.3. Positionsfiguren

Die Positionsfiguren lassen sich in zwei Gruppen untergliedern: in diejenige, bei denen die Stellung eines Wortes oder Teilsatzes von dem normalen, üblichen Arrangement abweicht, und in solche, bei denen zwei oder mehr Texteinheiten in auffälliger Weise syntaktisch koordiniert beziehungsweise parallelisiert sind.

Ein Abweichen von der *ordo* des Satzbaus – die *Transmutatio* (Umstellung) – ist im Deutschen ganz im Gegensatz zur lateinischen Sprache auf Grund der relativ festgelegten Satzfolge eher selten. Wenn zwei syntaktisch zusammengehörige Einheiten (beispielsweise Adjektiv und Substantiv oder Adverb und Verb) durch die Zwischenschaltung eines nicht dazugehörigen Elements getrennt werden, spricht man von einem *Hyperbaton* (*traiectio, transgressio*): »... daß ich des Halmes Frucht / Noch Einmal koste, und der Rebe Saft« (Hölderlin, *Tod des Empedokles*). Ein Hyperbaton kommt in der heutigen (deutschen) Alltagssprache selten vor. Die *Anastrophe* (*inversio, reversio*) bezeichnet ganz allgemein eine Verkehrung der sprachüblichen Wortpositionen im Satz, wobei zum Beispiel das Adjektiv hinter das dazugehörige Nomen gestellt (»Hänschen klein«) oder die Präposition dem Nomen nachgestellt werden kann (»Des Klimas wegen zog er in den Süden«). Die Umstellung bewirkt eine starke Rhythmisierung und dient der affektischen Hervorhebung und ist deshalb oft in der pathetischen und theatralischen Sprache zu finden: »Groß war die Leistung jener Völker ...«; »Bestraft muß dieser Unhold werden ...«.

Eine spezielle Erscheinungsform der Anastrophe ist die *Hypallage* (auch *Enallage*), bei der das grammatikalische Verhältnis von einem Beiwort zu seinem Beziehungswort ›gestört‹ ist. Meist wird das Adjektiv auf ein ›falsches‹ Substantiv bezogen: »Eine heiße Tasse Tee trinken.« Heinrich Heine beschreibt in seinem *Wintermärchen* das Ende eines Alptraums: »Ich jammerte lange – da krähte der Hahn, / Und der Fiebertraum erblaßte. / Ich lag zu Minden *im schwitzenden Bett*, / Und der Adler ward wieder zum Quaste.«

Die Anastrophe bezeichnet Umstellungen im syntaktischen Bereich; eine solche Transmutation läßt sich aber auch auf semantischer Ebene beobachten: Das *Hysteron proteron* ist eine gewollte Verkehrung der logischen oder chronologischen Abfolge. Berühmtes Beispiel hierfür ist Mephistos zynisch-charmanter Spruch: »Ihr Mann ist tot und läßt sie grüßen.« Diese Verkehrung der Zusammenhänge läßt das Hysteron proteron in die Nähe der Paradoxie (s.S.194f.) und nicht selten in die der Ironie (s.S.177ff.) rücken: »Ewig und drei Tage«; »Alka Seltzer stoppt schon heute den Kater von morgen.« Allerdings sollte man sich hüten, jede sprachlogische oder chronologische Fehlleistung schon als Hysteron proteron zu identifizieren – meistens handelt es sich um wirkliche Fehler und nicht um intendierte rhetorische Figuren.

Die zweite Gruppe der Positionsfiguren umfaßt jene sprachlichen Erscheinungen, in denen Satzelemente in auffälliger syntaktischer Koordination zueinander stehen. Dies kann in Form eines *Parallelismus* geschehen, bei dem (mindestens) zwei Satzeinheiten parallel gebaut sind: »Wir weiten und engen, wir kürzen und längen.« Sind sie dabei von der Silbenzahl der Wörter und der Länge der Satzglieder völlig identisch, spricht man von einem *Isokolon*, sind sie nur annähernd gleich, von einem *Parison*. Der Parallelismus läßt sich – wieder im Unterschied zum Lateinischen – in der deutschen Prosa- und Alltagssprache kaum mehr finden und gehört eigentlich – weil der Satzmetrik verpflichtet – in den Bereich der *compositio* beziehungsweise der poetisch-literarischen Figuren, doch kann er beim Arrangement einiger anderer Figuren eine konstitutive Rolle spielen, beispielsweise bei Anaphern und Epiphern: »Endlich blüht die Aloe, / Endlich trägt der Palmbaum Früchte, / Endlich schwindet Furcht und Weh, / Endlich wird der Schmerz zunichte, / Endlich sieht man Freudental, / Endlich, Endlich kommt einmal« (Günther, *Trostaria*).

Eine syntaktische Koordination kann aber auch in Form eines *Chiasmus* vorliegen, bei dem die Satzglieder nicht identisch, sondern einander entgegen- bzw. überkreuzgestellt sind: »Der Einsatz war groß, klein war der Gewinn.« Hierbei läuft der zweite Teilsatz in umgekehrte Richtung wie der erste, so daß sich – wenn der Chiasmus aus vier Satzelementen besteht – das erste und das vierte und das zweite und das dritte Satzglied entsprechen. Werden dabei dieselben Worte in umgekehrter Reihenfolge wiederholt, liegt zugleich eine Epanode vor: »Alle für einen, einer für alle« (s.S.160); meistens entsprechen sich die Satzglieder aber nur in der Semantik. Praktisch immer stehen sie jedoch in einem antithetischen Verhältnis zueinander, so daß der Chiasmus auch als syntaktische Spezialform der Antithese bzw. des Oxymorons klassifiziert werden kann (s.S.194).

2.2. Substitutionsfiguren (Tropen)

Die Substitutionsfiguren, die in der antiken Figurenlehre als *Tropen* (*verborum immutatio*) bezeichnet werden, bilden quasi das Bindeglied zwischen den Amplifikations- und den Argumentationsfiguren, sie zielen gleichermaßen auf den ›Wohlklang‹ der Rede wie auf den argumentativen Fortgang, sie sind Mittel zur Steigerung der Eindringlichkeit wie zur argumentativen Gestaltung. Für die Tropen läßt sich – ähnlich wie bei den Untergruppen der Amplifikationsfiguren – das ›Funktionsprinzip‹ bestimmen: Ein Begriff oder ein Gedanke wird nicht so verbalisiert, wie er eigentlich gemeint ist, sondern in anderen Begriffen oder Formulierungen ausgedrückt. Damit ist das eigentlich Gemeinte (*verbum proprium*) durch ein tatsächlich Gesagtes ersetzt worden, weshalb – in Analogie zu den bisher behandelten Wiederholungs-, Kürzungs- und Positionsfiguren – hier auch von Ersetzungs- oder Substitutionsfiguren gesprochen werden kann. Das klassische Beispiel für diesen Sachverhalt stammt von Quintilian: »Er ist ein Löwe [in der Schlacht]« (vgl. *Inst.or.* VIII.6.9). *Löwe* ist in hier der Tropus, das damit eigentlich Gemeinte könnte »mutiger Kämpfer« heißen. Grundlegende Voraussetzung für den Austausch ist, daß zwischen dem eigentlich Gemeinten und dem tatsächlich Gesagten eine Ähnlichkeit (*similitudo*) besteht. In unserem Fall besitzt der Löwe seit alters her Attribute wie Mut, Kraft, Stärke – und eben diese ihm zugesprochenen Eigenschaften lassen ihn stellvertretend an die Stelle des mutig in der Schlacht kämpfenden Menschen rücken: Der mutige Kämpfer wird durch das Bild des Löwen ersetzt.

Die Vorstellung von einer ›eigentlichen‹ und einer ›uneigentlichen‹ Sprache ist – wie alle Versprachlichungsprozesse innerhalb der rhetorischen Textproduktion – nur ein Denkmodell, das von einer Trennung von *res* und *verba* ausgeht: Sachverhalte können demnach auf eine Weise sprachlich realisiert werden, die die Sache selbst übersteigen, sie überhöhen. Zu bedenken ist jedoch, daß sich die gedanklichen Prozesse schon sprachlich vollziehen, daß wir bereits in tropischen Strukturen denken und also die angeblich ›uneigentliche‹ Sprache ein wesentlicher und originärer Teil unseres Sprachhandelns ist.

Ein tropisches Austauschverfahren ruft unterschiedliche Wirkungen hervor, die sich aber nicht ausschließen müssen, sondern gegenseitig ergänzen können. Der tatsächlich verwendete, ähnliche Begriff kann Sachverhalte anschaulicher, bildhafter darstellen, er kann sie präziser ausdrücken oder einfach nur durch abwechslungsreichen Ausdruck die Sprache beleben.

In erster Linie bestehen die Ähnlichkeiten zwischen dem eigentlichen und dem tatsächlichen Ausdruck im semantischen Bereich, sie lassen sich aber auch – wenngleich weitaus seltener – auf klanglicher Ebene beobachten. Bei den semantischen Übertragungen kann man wiederum verschiedene Arten der Übertragung ausmachen: einzelne Worte können geneinander ausgetauscht werden, aber auch Wortgruppen gegen ein Einzelwort und umgekehrt, und natürlich lassen sich auch Wortgruppen durch Wortgruppen ersetzen. Aus dieser Vielzahl von Möglichkeiten sind hier vier verschiedene Übertragungsmechanismen ausgewählt und zur Klassifizierung der Tropen herangezogen worden: Der Tropus kann entstehen durch den Austausch von semantischen Ähnlichkeiten, durch den Austausch von klanglichen Ähnlichkeiten, durch Formen der Steigerung (oder Verminderung) und schließlich durch Umschreibungen.

2.2.1. Austausch semantischer Ähnlichkeiten

Synonym

Das *Synonym* ist die direkteste und wohl auch häufigste Art des Wortaustausches. Im Unterschied zur gleichnamigen Amplifikationsfigur bezeichnet der Tropus nicht die Wiederholung semantisch sehr ähnlicher Begriffe, sondern meint tatsächlich die Ersetzung eines Wortes durch ein gleichbedeutendes, also etwa ›Buch‹ durch ›Werk‹, ›Publikation‹, ›Veröffentlichung‹ oder gar ›Wälzer‹ oder ›Schmöker‹. Allerdings ist ein vollkommen reines Synonym äußerst selten – so gut wie immer werden durch den synonym gebrauchten Ausdruck verschiedene Assoziationen und Vorstellungen vermittelt. Als Tropus dient das Synonym der Abwechslung und damit der stilistischen Auflockerung und Differenzierung. In der rhetorischen Textanalyse ist es freilich kaum zu bestimmen, denn für den Interpreten ist in den seltensten Fällen unterscheidbar, ob es sich um den ›eigentlichen‹ oder den ›ersetzten‹ Ausdruck handelt. Um so wichtiger ist die Verwendung von Synonymen für die eigene Textproduktion, wenn man die Wortwahl variieren und den Stil abwechslungsreich gestalten will. Hierbei helfen anspruchsvolle, teilweise ganz zu Unrecht verrufene Synonymwörterbücher.

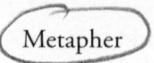
Metapher

Ein überaus gebräuchlicher und zugleich in der Forschung häufig diskutierter Tropus ist die *Metapher* (*translatio*) – die ›Königin der Tropen‹. Als rhetorische Figur basiert auch die Metapher auf der Ähnlichkeit zweier Begriffe, wobei es freilich nicht – wie beim Synonym – zu einem einfachen, direkten Austausch der Begriffe kommt, sondern die Übertragung den bezeichneten Sachverhalt oder Gegenstand in einem neuen, bisher unbekannten oder unbedachten Licht erscheinen läßt. Man spricht hier auch von dem ›semantischen Überschuß‹ der Metapher, also von einer ›Mehrinformation‹ gegenüber dem eigentlichen Begriff, wenngleich die Metapher selbst (sehr viel) kürzer sein kann als das ursprünglich Gemeinte, beispielsweise wenn eine kurze metaphorische Umschreibung eine ganze Wortgruppe ersetzt.

Voraussetzung für jede Metapher ist also, daß zwischen dem eigentlich Gemeinten und dem tatsächlich, dem metaphorisch Ausgedrückten Ähnlichkeiten bestehen. Hinsichtlich der Metapher hat man sich das Gemeinte und Gesagte als zwei Ebenen vorgestellt, zwischen denen eine dritte Vergleichsebene (das *tertium comparationis*) diese Ähnlichkeit herstellt und so das Gemeinte in den metaphorischen Ausdruck verwandeln kann. »Die Sonne lacht« – in dieser Metapher kommt zum Ausdruck, daß die Sonne angenehm vom wolkenlosen Himmel herabscheint, daß sie Wärme, vielleicht sogar Wohlbehagen ausstrahlt. Das *tertium comparationis* ist zunächst die runde (Sonnen-)Scheibe, die man sich auch als freundlich dreinblickendes Gesicht eines Menschen denken kann. Die Ähnlichkeit besteht also zunächst in der phänomenologischen Erscheinung, dann aber auch in den Qualitäten, die ein fröhlicher Mensch ›ausstrahlt‹ und die auf die Sonnenstrahlung übertragen werden: angenehmes Wohlbehagen. Das *tertium comparationis* ist allerdings keine fixe Größe, denn das Ähnlichkeitsverhältnis läßt sich nicht exakt regeln, sondern ist von unserem Meinungs- und Erfahrungswissen und vom Assoziationsvermögen des Metaphernproduzenten und -rezipienten abhängig sowie vom allgemeinen Sprachgebrauch bestimmt. Nur auf Grund dieser variablen Komponenten wird verständlich, warum wir Metaphern unterschiedliche Wertigkeiten zumessen, also beispielsweise von einer kühnen Metapher sprechen können (»schwarze Milch der Frühe«), sie als überlebt charakterisieren (tote Metapher) oder sie einfach als ›schiefes Bild‹ ausgrenzen können.

Eine Analogiestruktur läßt sich zwischen sehr vielen Dingen und Sachverhalten herstellen, relevant für eine metaphorische Bezeichnung scheint aber auch die kognitive Relevanz des jeweiligen Ähnlichkeitsverhältnisses zu sein. So ist beispielsweise eine Ähnlichkeit zwischen Menschen und Kartoffeln denkbar (runde Form, Wachstums- und Verfallsprozesse etc.), doch setzt der metaphorische Ausdruck »der Mensch ist eine Kartoffel« kein oder sehr viel weniger semantisches Potential frei als »der Mensch ist ein Wolf« (Köller 1986, 393). Dieses Beispiel belegt, daß wir ein kulturelles und persönliches Erfahrungswissen besitzen, das über die semantische Relevanz von Metaphern entscheidet.

In der seit langem andauernden Metapherndiskussion ist intensiv darüber gestritten worden, ob das Wesen der Metapher eher in der sprachlichen Übertragungsleistung selbst zu sehen ist oder mehr in der sich plötzlich enthüllenden Gemeinsamkeit der beiden Bereiche. Die erste Ansicht neigt zur Auffassung einer zwar stilistisch kunstvollen, aber letztlich ›technischen‹ und bloß ornamentalen Metapher, die zweite dagegen spricht der Übertragung grundsätzliche Erkenntnisfunktion zu, weil sie das Blickfeld erweitert und neue Einsichten ermöglicht, im Prinzip also neue Deutungen der außersprachlichen Wirklichkeit leistet. Laut diesem zweiten, kognitiven Ansatz sind Metaphern nicht bloß ornamentale Rede- oder bildhafte Ausdrucksmittel, sondern elementare (Sprach-)Bilder, mit deren Hilfe wir denken und verstehen, aufgrund derer wir Erkenntnisse auszudrücken vermögen, die in der ›eigentlichen‹ Sprache nicht adäquat formuliert werden könnten. Diese Bildlichkeit ist nichts Provisorisches, sondern selbstverständlicher, ja notwendiger Bestandteil unserer Sprache. Demnach ist die Metapher ein Sprachbild, das eine kognitive Funktion haben kann, das aber auch das Gemeinte versinnlichen, bildlich werden lassen und augenscheinlich machen, das poetisch werden kann. Wohl deshalb ist die Metapher auch eine poetische oder literarische Figur, der seitens der Literaturwissenschaft und Sprachtheorie besondere Aufmerksamkeit zuteil wurde.

Ursprünglich bezeichneten die Tropen die Verwandlung einer (abstrakten) Vorstellung in ein Bild (*tropus*, aus *trépein* = wenden); zum Kernbestand der Tropen gehörte daher eigentlich nur die Metapher und die ihr verwandten Formen. Allerdings wandelte sich diese Vorstellung noch in der Antike: Nun sind die Tropen Formen ›uneigentlichen‹ Sprechens (*impropria dictio*), das gegenüber dem eigentlichen, dem begrifflichen (und als ursprünglich gedachten) Sprechen eine bildhaft-ausschmückende Funktion hat und daher sowohl eine für die poetische Ausdrucksweise grundlegende Funktion besitzt wie auch dem rhetorischen *ornatus* zuzuordnen ist. Quintilian hat die Metapher »ein kürzeres Gleichnis« (*Inst.or.* VIII.6.8), Cicero die »Kurzform eines Gleichnisses« (*De or.* III.157) genannt; beide Definitionen rekurrieren auf das Analogie- oder Ähnlichkeitsverhältnis zwischen dem Gemeinten und dem metaphorisch Ausgedrückten – das der Metaphernproduzent intendiert und das der Rezipient entschlüsselt. Eine solche Charakterisierung ist allerdings mißverständlich, denn von einem echten Vergleich (Similitudo, s.S.191f.) unterscheidet sich die Metapher in zweifacher Hinsicht. Zum einen, weil jener eine Vergleichung mit dem Sachverhalt bietet, diese aber für die Sache selbst steht. Beim Vergleich werden beide Vergleichsparameter zur Sprache gebracht (»er ist so tapfer und mutig wie ein Löwe«), bei der Metapher hingehen vollzieht sich der Vergleich quasi in sich selbst: »er ist ein Löwe.« Zumindest kommt beim metaphorischen Sprechen der Vergleichscharakter nicht mehr ins Bewußtsein. Zum anderen sprengt gerade der semantische Überschuß den Vergleich der Metapher mit einem Vergleich: In der Metapher eröffnet sich ein Assoziationspotential, das der geläufigen Vorstellung widerspricht, eine Metapher bilde lediglich ohnehin bestehende, außersprachliche Ähnlichkeiten ab. Statt dessen liegt die Vermutung nahe, daß Metaphorisierungen diese Ähnlichkeitsbeziehungen aufspüren oder überhaupt erst herstellen. Damit wäre der Vorgang der Metaphernproduktion als ein kreativer, inventorischer Vorgang zu verstehen, der Analogien neu schafft und damit neue Erkenntnisse vermittelt. Umgekehrt liegt die Leistung des Rezipienten nicht länger darin, lediglich vorhandene Ähnlichkeiten gedanklich nachzuvollziehen, sondern am Erkenntnisprozeß aktiv teilzunehmen und die eigene Phantasie durch den semantischen Überschuß der Metapher stimulieren zu lassen.

Bei der metaphorischen Umschreibung »die See schlief« läßt sich beispielsweise eine so konkrete ›eigentliche‹ Aussage denken wie: »das Meer liegt ruhig da«; darin verschlüsselt ist aber auch eine sehr viel bildmächtigere Vorstellung, etwa: »es atmet ruhig im Schlaf – wie ein riesiges, lebendiges Wesen«, wobei die regelmäßigen Wellenbewegungen an das Auf und Ab eines Leibes erinnern, was sich dann, zusammen mit der Größe des Meeres, zur mythologischen Vorstellung des schlafenden Riesen ausweitet (Horn 1987, 12). Allerdings werden viele Metaphern gar nicht mehr als solche wahrgenommen, sie bleiben unterhalb unserer Bewußtseinsschwelle – beim ›Wolkenkratzer‹ beispielsweise denkt man eher an die Skyline von Manhattan als an das konkrete Bild eines so hohen Gebäudes, das praktisch bis in den Himmel reicht und dort die Wolken berührt.

Für die Definition der Metapher als rhetorische Figur und zur Abgrenzung von verwandten Figuren ist von großer Bedeutung, daß die Übertragung aus wesensmäßig unterschiedlichen, aus ontologisch verschiedenen Bereichen stammt: Bezeichnet man einen emotional abweisenden Menschen als »Eisblock«, dann wird ein meteorologisches Phänomen auf den anthropologischen Bereich übertragen. Als *tertium comparationis* fungiert hier die Vorstellung von Kälte, die bei der Metapher nicht mehr wörtlich, als meteorologischer Zustand verstanden wird, sondern in der übertragenen Bedeutung von Gefühlskälte. Im Grunde handelt es sich bei Metaphern um logische Anomalien, die kalkuliert sind und nicht kommunikationshemmend wirken. Aufgrund dessen wird einerseits verständlich, daß Metaphern um so kühner wirken, je näher sich die ontischen Inhalte sind, weil dadurch die logische Anomalie stärker hervortritt – laut Harald Weinrich ist deshalb die Metapher »hölzernes Eisen« kühner als die Metapher »hölzerner Verstand« (Weinrich 1976, 306) –, diese Perspektive erklärt andererseits, daß Metaphern verblassen, wenn sie häufig wiederholt werden und die logische Anomalie nicht mehr wahrgenommen wird.

Nach klassischer Auffassung lassen sich vier unterschiedliche Entstehensweisen von Metaphern festmachen. Zum ersten kann Unbelebtes durch Belebtes ersetzt werden: »die See schlief«, »die Sonne lacht«, das »Stuhlbein« oder »der Fuß des Berges.« Zum zweiten kann Belebtes durch Unbelebtes ersetzt werden: der »Haudegen« steht für einen Draufgänger. Zum dritten kann Belebtes durch Belebtes ersetzt werden: der »gute Hirte« steht für Christus (oder allgemein für einen Gemeindevorsteher), und schließlich kann Unbelebtes durch Unbelebtes ersetzt werden: das »Staatsschiff« repräsentiert die Gesamtheit des Staates. Ein vergleichbares Viererparadigma ließe sich auch für die Begriffspaare ›abstrakt‹ und ›konkret‹ denken, wenngleich die Ersetzung von etwas Abstraktem durch ein konkretes Bild die wohl häufigste Metapher ist: »Stromquelle.« Obwohl der Spielraum für die Verwendung von Metaphern praktisch unbegrenzt ist, muß sie – als rhetorische Figur – den übrigen Anforderungen des *ornatus* genügen: Sie darf die *perspicuitas* nicht verdunkeln, sie muß das *aptum* erfüllen, sie darf also nicht übertrieben, gekünstelt, manieriert sein etc.

Die Wirkung und damit die Funktionalität einer Metapher ist sehr unterschiedlich und läßt sich nur im Textzusammenhang erkennen. In der ganzen Breite der Wirkungsmöglichkeiten lassen sich jedoch vier Grundschemata erkennen:

(1) Metaphern können dazu dienen, Sachverhalte darzustellen, die sich in konventionellen Denk- und Sprachmustern nicht ausdrücken lassen und dadurch erst dem Denk- und Vorstellungsvermögen zugänglich werden. Hier wird die kognitive Funktion der Metapher besonders deutlich: Metaphorisches Sprechen ist eine geistige Strukturierung und zugleich ein hermeneutischer Prozeß, »in

dem vorhandenes Wissen genutzt wird, um neues Wissen zu erzeugen« (Köller 1986, 391).

(2) Metaphern können komplexe oder abstrakte Sachverhalte in ihren Zusammenhängen vereinfacht ausdrücken und so an unser Denkvermögen assimilieren. Unverzichtbar werden Metaphern, wenn sehr abstrakte Sachverhalte für unser alltägliches Denken konkretisiert werden müssen, wenn wir uns beispielsweise das Phänomen Zeit mit Hilfe von räumlichen Vorstellungen verfügbar machen (»in die Vergangenheit blicken«; »mit der Zeit gehen«). Ganz offensichtlich aktivieren Metaphern generell unser kognitives Vermögen, weil sie nicht nur komplexe und höchst unterschiedliche Interpretationsverfahren hervorrufen, sondern auch dazu zwingen, einzelne Interpretationsmuster miteinander zu verknüpfen beziehungsweise neu miteinander zu kombinieren. Allerdings vollzieht sich diese metaphorische Erkenntnisleistung wie ein Blick durch ein Fenster, denn die Perspektive, die uns einerseits einen neuen Blickwinkel verschafft, bedingt notwendigerweise auch eine Perspektivierung: »indem wir Metaphern benutzen, legen wir uns auf eine bestimmte Sichtweise fest, betonen damit bestimmte Seiten der Erscheinung und lassen andere im Dunkeln« (Strietz 1992, 28).

(3) Metaphern sind Möglichkeiten, die Sprache zu variieren, zu nuancieren, Inhalte neu zu beleuchten, aber auch mit der Sprache bloß zu spielen.

(4) Metaphern sind schließlich auch Mittel, Sachverhalte indirekt zu bewerten, indem sie diese mit anderen Sachverhalten in Verbindung bringen, die negativ oder positiv besetzt sind. Metaphern formulieren also nicht nur Aussagen, sondern die Wertigkeit dieser Aussagen kann im Bedeutungspotential der Metapher schon enthalten sein.

Metaphern regen die geistige Vorstellungskraft an und wirken einem allzu einfachen Sprechen entgegen, sie machen abstrakte, empirisch nicht erfahrbare oder unübersichtliche Sachzusammenhänge erfahrbar und vorstellbar. Metaphern fördern aber nicht nur unser begriffliches Denkvermögen, sondern aktivieren auch unsere sinnliche Vorstellungskraft, weshalb die Metapher – als ›poetisches Bild‹ – natürlich auch in der ästhetisch-literarischen Sprache eine wichtige Rolle spielt. Die ganze Breite der Wirkungsmöglichkeiten läßt sich nicht im einzelnen darstellen – neben den Alltagsmetaphern gibt es dunkle, kühne, pathetische, wohl auch schwülstige Metaphern –, die extremen Endpunkte dieser Skala lassen sich jedoch gut erkennen. Einerseits gibt es die notwendigen Metaphern, sogenannte *Katachresen* (*abusio*), die aus dem Umstand resultieren, daß gelegentlich nicht-metaphorische Bezeichnungen im Sprachschatz einfach nicht existieren. Die fortschreitende Technisierung mit ihrem ständigen Bedarf an innovativen Bezeichnungen ist ein stetiger Produzent solcher Katachresen (»Ozonkiller«) – die freilich im Laufe der Zeit zu Alltagsmetaphern werden: »Raumschiff.« Auf der anderen Seite gibt es die funktionslose, also überflüssige Metapher, die freilich nicht mit dekorativen oder poetischen, allein auf ästhetische Wirkung bedachten Metaphern verwechselt werden dürfen. Trotzdem ist ihre Klassifizierung nicht eindeutig möglich und hängt oftmals auch vom Sprachempfinden ab. Am ehesten zutreffen dürfte dieses Urteil auf jene Metaphern, in denen sich (ungewollt) ein Bildbruch vollzieht oder eine inkongruente Bilderhäufung auftritt – was teilweise und mißverständlich ebenfalls mit *Katachrese* (auch *Kakozelon, mala affectatio*) bezeichnet wird –, und die deshalb mißlungen oder unfreiwillig komisch wirken: »Wenn alle Stricke reißen, dann hänge ich mich auf.« Ein gewagtes Unterfangen ist es, solche Katachresen ironisch zu verwenden, denn nicht immer wird eindeutig, ob der Bildbruch bewußt als Verfremdung oder Erheiterung eingesetzt wurde, oder ob er sich nicht ungewollt in den Text eingeschlichen hat und dort entsprechend unfreiwillig komische Wirkung entfaltet.

Die Metapher kann ein Einzelwort, aber auch mehrere Wörter ersetzen, sie selbst kann als Einzelwort auftreten – als Substantiv, Verb, als Adjektiv – und als metaphorische Periphrase, die sich auch über längere Texteinheiten ausdehnen und sogar den Gesamttext durchziehen und prägen kann. In diesem Fall weitet sie sich zu einem *Metaphernfeld* (*continua metaphora*) aus. Voraussetzung dafür ist allerdings, daß es sich wirklich um eine Fortsetzung eines bestimmten metaphorischen Bildes oder Bildkomplexes handelt und nicht einfach um eine Häufung diverser Metaphern. Dieses Phänomen wird auch mit *Allegorie* bezeichnet, was allerdings mißverständlich ist, da die literarische und theologische Hermeneutik ebenfalls einen Allegoriebegriff (eigentlich: Allegorese) kennt, der mit dem rhetorischen nicht identisch ist. Die fortgesetzte Metapher ist immer dann besonders eindrucksvoll, wenn sie aus ein und demselben Bildbereich schöpft beziehungsweise die Sprachbilder nicht beziehungslos nebeneinander stehen, sondern miteinander verknüpft sind. Der folgende Zeitungsbericht (Die Zeit, 11.2.1994) beschreibt den vor etwa zweihundert Jahren begonnenen Versuch, den Sitz der Seele, den Geist und die Psyche im Menschen zu orten, durchgängig mit Begriffen der räumlichen Vorstellung, der räumlich-geographischen Ausdehnung und sogar der gewaltsamen Kolonisation von bisher fremden Räumen:

»Auf der Recherche nach dem, was Leib und Geist im Innersten zusammenhält, ist die Wissenschaft nicht zu den letzten, sondern zu den kleinsten Dingen vorgestoßen. Ihre jüngste Bastion sind die neuronalen Netze im Gehirn, die letzten weißen Flecken in der langjährigen Kolonialgeschichte der physiologischen Landnahme. Doch auch die Anatomen des 18. Jahrhunderts vermuteten in den Kammern des Oberstübchens schon seelische Provinzen. Die Beschriftungen des Hirns als eine Art Globus der Gemütszustände kündeten bereits 200 Jahre vor der Computertomographie von dem Impuls, die Geographie der Seele im Schädelinneren anzusiedeln. Ihre Ausmessungs-, Besiedlungs- und Okkupationsgeschichte liest sich wie ein Kreuzzug gegen den Körper.«

Metonymie

Ähnlich wie die Metapher beruht auch die *Metonymie* (*denominatio*, *transmutatio*) auf einer semantischen Ähnlichkeitsbeziehung zwischen Gemeintem und Gesagtem. Im Unterschied zur Metapher besteht diese jedoch in einer direkten Nachbarschaft der Begriffe, basiert also nicht auf einer Vergleichsbeziehung, sondern quasi auf einem ›realen‹ Ähnlichkeitsverhältnis. Dementsprechend stammt das Gemeinte und Gesagte nicht aus ontologisch verschiedenen, sondern seinsmäßig verwandten Bereichen, und das *tertium comparationis* ist sehr viel stärker schon in den Begriffen selbst enthalten als im Falle der Metapher. Anders als bei dieser und deren kreativer, inventorischer Erkenntnisleistung, die zwischen zwei ganz unterschiedlichen Bereichen Analogien stiftet, besteht bei der Metonymie zwischen jenen eine bestimmte ›Nähe‹, weshalb man auch von einer ›Kontiguitätsrelation‹ zwischen verwandten Bedeutungen spricht, die sich in der Metonymie verbinden.

Während die Metapher auf nur einem (wenngleich überaus weitreichenden) Beziehungsverhältnis basiert – auf dem der Vergleichbarkeit –, so liegt im Falle der Metonymie eine breite Palette von Bezugsrelationen vor, die zu systematisieren und voneinander abzugrenzen nicht unproblematisch ist. Folgende Relationen sind typisch für Metonymien:

(1) Wirkungen werden anstelle von Ursachen gesetzt, beispielsweise wird der Erzeuger eines Produkts anstelle des Produkts selbst genannt (auf einem »Steinway« spielen; in einem »Zeppelin« fliegen), der Künstler anstelle seines Werks (»Goethe lesen«; »Mozart hören«) oder der Rohstoff beziehungsweise das Material anstelle des fertigen Erzeugnisses (»das Eisen in den Leib stoßen«; »mit Blei vollpumpen«). Dabei kann auch die Grund-Folge-Beziehung vertauscht werden: »Schmerzen zufügen« (anstelle von: Verletzungen zufügen, die ihrerseits Schmerzen verursachen).

(2) Möglich ist auch die Vertauschung des Raumes mit einzelnen Inhalten aus diesem Raum, wenn also das Gefäß anstelle des Inhalts aufgeführt ist (»ein gute Flasche trinken«), der Ort statt der Bewohner genannt wird (»ganz München steht Kopf«; »der Saal tobt«), eine Räumlichkeit beziehungsweise eine Zeiteinheit für die darin arbeitenden oder lebenden Menschen steht (»Bonn und Washington verhandeln miteinander«; »das 16. Jahrhundert erlebte einen Aufschwung«) oder ein Körperteil für eine Eigenschaft gesetzt ist (»Köpfchen haben«; »sich ein Herz fassen«).

(3) Denkbar sind auch Vertauschungen von abstrakten und konkreten Relationen (»die Jugend der Welt«; »das Alter ehren«).

(4) Ein weiterer Bereich metonymischer Bezeichnungen eröffnet sich, wenn Sachverhalte durch die mit ihnen verbundenen Symbole ausgedrückt werden – Waffe steht für Krieg, der Krummstab für kirchliche Herrschaft: »Caesar entschied sich für die Waffe«; »unterm Krummstab ist gut leben.« Ein Sonderfall hierbei ist die Vertauschung von Gottheiten oder mythologischen Figuren und den ihnen zugeschriebenen Attributen: »Amor hat ihn besiegt«; »Väterchen Frost hält Einzug.«

Obwohl die Metonymie einerseits auf einer realen Ähnlichkeitsbeziehung fußt, sind nicht sämtliche Ähnlichkeitsverhältnisse in Metonymien überführbar, sondern deren Zustandekommen hängt nicht unwesentlich von sprachlichen Konventionen und Traditionen ab. So kann man zwar Goethe lesen, Mozart hören, Bocuse aber nicht essen – einen trockenen Italiener aber durchaus trinken.

Synekdoche, Antonomasie und Appelativum

Eine der Metonymie sehr ähnliche Erscheinung ist die *Synekdoche* (*intellectio, conceptio, comprehensio*). Basierte jene auf einem qualitativen ontologischen Ähnlichkeitsverhältnis der Begriffe, so liegt mit der Synekdoche ein rein quantitatives ontologisches Ähnlichkeitsverhältnis vor – ein Teil steht für das Ganze (*pars pro toto*) oder, umgekehrt, das Ganze steht für den Teil (*totum pro parte*): das »Dach über dem Kopf« ist jener Teil, der stellvertretend für das ganze Haus gesetzt ist. Bei der Synekdoche steht also das Allgemeine für das Besondere bzw. das Besondere für das Allgemeine, so daß wir beim Gesagten entweder an mehr denken als das eigentliche gemeinte Phänomen oder an weniger. Im Grunde genommen ist die Synekdoche damit eine spezielle Form der Metonymie.

Wie bei der Metonymie lassen sich auch bei der Synekdoche verschiedene Ähnlichkeitsbeziehungen denken: Ein Teil wird für das

Ganze gesetzt – »einen Preis auf seinen Kopf aussetzen« – oder das Ganze für einen Teil: »Der Wald stirbt.« Oder das Allgemeine ersetzt das Spezielle – »Vierbeiner« statt Hund – beziehungsweise das Spezielle das Allgemeine – wenn man »sein Brot verdienen muß« anstatt den gesamten Lebensunterhalt. Schließlich kann die Anzahl vertauscht, also Singular statt Plural gesetzt werden – »Der Schwabe ist fleißig« oder Plural anstelle des Singulars – hier liegt häufig der *pluralis maiestastis* oder *pluralis modestiae* vor: »Wir sind in diesem Punkte anderer Ansicht.« Und letztlich kann die zeitliche Reihenfolge vertauscht, also das Nachfolgende durch das Vorausgehende ersetzt werden – »an der Hand der Amme sah ich einen kleinen Greis« – beziehungsweise das Frühere anstelle des Späteren gesetzt werden: »sich am roten Traubensafte laben« (gemeint ist der Wein).

Neben der Synekdoche gibt es noch zwei weitere Sonderformen der Metonymie. Bei der *Antonomasie* (*pronominatio*) wird ein Eigenname gegen eine Umschreibung ausgetauscht. Dies kann entweder eine typisierende Beifügung (*epitheton*) – »der Allmächtige« – oder eine Umschreibung (*periphrasis*) sein: »der Ritter von der traurigen Gestalt.« Viele Antonomasien lassen sich in der Bibel finden, aber auch in der heutigen Alltagssprache kommen sie vor: »die Göttliche« (Greta Garbo), der »Kaiser« (Franz Beckenbauer).

Das gleichsam umgekehrte Prinzip bestimmt das *Appelativum*, hier wird der Eigenname einer historischen oder mythologischen Person stellvertretend für deren spezifische Eigenschaft gesetzt: »Krösus« (der König von Lydien und dessen sagenhafter Reichtum) für einen sehr reichen Menschen, »Mentor« (der Erzieher des Telemach) für einen Betreuer, »Don Juan« oder »Casanova« für den Liebhaber etc.

Über das Verhältnis von Metapher, Metonymie und Synekdoche ist lange gerätselt worden, ohne daß es endgültig geklärt wäre. Die einen sehen sie als gleichwertige, d.h. zwar sehr ähnliche, aber eigenständige Tropen an, die anderen erkennen Substitutionsverhältnisse unter ihnen. Die relative Ähnlichkeit von Metapher, Metonymie und Synekdoche macht zuweilen bei der konkreten rhetorischen Textanalyse – anders als in den idealtypischen Konstruktionen der Lehrbücher – eine klare Abgrenzung und genaue Unterscheidung zwischen ihnen schwierig, beispielsweise bei der Frage, ob eine zeitliche Reihenfolge vertauscht (Synekdoche) oder ein Produkt anstelle seines Erzeugers gesetzt wurde (Metonymie). Trotz der relativen Ähnlichkeit von Metaphern, Synekdochen und Metonymien ist ganz eindeutig die Metapher die beliebteste und entsprechend häufig verwendete unter diesen Tropen-Arten. Dies gründet sicher darin, Metaphern zu ganzen Bildkomplexen ausbauen und so einen gesamten Text metaphorisch unterlegen zu können. Das hat seine Ursache aber ebenso in der Tatsache, daß die Metapher der Phantasie sehr viel mehr Spielraum läßt als Metonymien und Synekdochen. Überhaupt scheint das metaphorische Sprechen unserem Denken entgegenzukommen – einem Denken, das oftmals mit Analogieschlüssen arbeitet, die zwar im streng logischen Sinne bedenklich sein mögen, die aber für unsere praktische Orientierung im Dasein unverzichtbar sind.

Ironie

Während bei den bisher behandelten Tropen das Gemeinte und das Gesagte in einem relativ engen Ähnlichkeitsverhältnis zueinander stehen, so herrscht bei der *Ironie* (*illusio, irrisio, (dis)simulatio*) ein Widerspruch zwischen dem intendierten und dem sprachlich ausgedrückten Sachverhalt vor. Die antike Rhetorik bezeichnet mit ihrer Definition allerdings nur einen Extremfall ironischen Sprechens: das Gemeinte wird durch das genaue Gegenteil ausgedrückt, zum Beispiel Lob durch Tadel. Diese Beobachtung wird dem komplexen Phänomen Ironie aber nicht gerecht und ist dementsprechend zu modifizieren und zu erweitern: Der ironische Sprecher drückt etwas *anderes* aus als er meint – dabei muß nicht unbedingt das Gegenteil des Gemeinten ausgesprochen werden, wohl aber muß eine gewisse Differenz zwischen Gesagtem und Gemeintem vorliegen. Damit unterscheidet sich die Ironie von den bisherigen Tropen, die grundsätzlich auf einem Ähnlichkeitsverhältnis von Gesagtem und Gemeintem beruhen und deshalb auch als *Similaritätstropen* zusammengefaßt werden. Die Ironie hingegen beruht auf einem Spannungs- und Gegensatzverhältnis (Müller 1989, 190), sie bezeichnet etwas Unähnliches, etwas Unverträgliches.

Die Ironie ist also eine Form der Verstellung, die sich auf zweifache Weise realisieren läßt: In der Vorspiegelung von etwas, was gar nicht existent ist (*simulatio*), und im Verbergen von etwas, das existiert (*dissimulatio*). Im Falle der Simulatio täuscht der ironische Sprecher eine Übereinstimmung mit einem Gegenüber beziehungsweise mit der Meinung seines Gegenübers vor, die er in Wirklichkeit nicht teilt: »Du bist mir vielleicht ein schöner Freund.« Bei der Dissimulatio verbirgt er dagegen vor dem Gegenüber seine wahre Haltung. In der Rhetorikgeschichte ist zwischen diesen beiden Typen der Verstellung ein erheblicher moralischer Unterschied gemacht worden: Die Simulation galt einerseits als aktive und deshalb zu verurteilende Form der Verstellung, andererseits ist sie für das

Schauspiel, für das Theater von sehr viel größerer Bedeutung als die Dissimulation, während diese wiederum für die rhetorische Darbietung unverzichtbar ist, weil nämlich das Verbergen der rhetorischen Kunst die eigene Redeleistung natürlich erscheinen läßt. Für die ironische Redetechnik ist dieser moralische und qualitative Rangunterschied freilich unerheblich. Für die *simulatio* gilt ebenso wie für die *dissimulatio*, daß sie dem Leser oder Hörer als Verstellung durchsichtig sein müssen, wenn sie als rhetorische Figuren verwendet werden. Denn zur Ironie gehört nicht nur die Form des ›uneigentlichen Sprechens‹, konstitutiv für sie ist ebenfalls, daß der Adressat ironischer Äußerungen diese ironische Spannung bemerkt und versteht, also sie entschlüsseln kann. Hier bleibt das eigentlich Gemeinte hinter dem tatsächlich Gesagtem durchsichtig; das unterscheidet die Ironie von der Lüge, in der bewußt die wahre Meinung des Sprechers verborgen bleibt, so daß diese für den Rezipienten nicht rekonstruierbar wird.

Die Ironie ist also grundsätzlich darauf angelegt, als eine Form des uneigentlichen Sprechens erkannt zu werden, und diese Durchschaubarkeit wird gewährleistet durch Mittel, die der Sprecher einsetzt, um den ironischen Sprechakt als solchen zu kennzeichnen. Diese sogenannten Ironie-Signale können im Sprechakt beziehungsweise im Text selbst gegeben werden – beispielsweise durch Wortspiele –, aber auch im nonverbalen Kontext mitgeteilt werden, zum Beispiel durch Gestik und Mimik. Das Verstehen kann aber auch allein schon aus einem gewissen Vorverständnis, aus dem Spannungsverhältnis zwischen sprachlicher Realisation und kontextueller Rahmenhandlung resultieren. Ein solches Ironieverständnis geht freilich von einer relativ simplen Kommunikationssituation aus. Komplizierter wird es, wenn die ironische Aussage auf zwei oder mehr Rezipienten trifft, die sie unterschiedlich verstehen und auch verstehen sollen. Hier wird der Adressat, der die Ironie nicht verstehen soll, zum Opfer der Ironie, während ein anderer Rezipient durchaus das ironische Spiel, das der Sprechende spielt, durchschaut und also zum Empfänger der Ironie wird. In diesem Fall ist die Ironie nur teilweise auf Durchschaubarkeit angelegt – für den Empfänger der Ironie; für das Opfer dagegen bleibt sie undurchschaubar.

Die Ironie als rhetorischer Tropus rekurriert hauptsächlich auf die sprachlichen Ironie-Signale. Sie entfalten ihre Signalwirkung teils deutlich, teils weniger deutlich innerhalb des Rede- oder Textganzen und entstehen zumeist aus einer Verletzung der sprachlich-stilistischen *aptum*-Regeln. Im Grunde unterläuft die Ironie die Forderung nach einem angemessenen Gebrauch der Figuren und tendiert zu einer gewollt ›unangemessenen‹ Verwendung, also zu einer bewußten Verletzung der maßvollen *amplificatio* bei praktisch allen Figuren. Als die extremste Form des uneigentlichen Sprechens nimmt die Ironie damit eine besondere Stellung innerhalb des rhetorischen Figurensystems ein, weil sie andere Figuren aufnimmt, übersteigert und damit ›ironisiert‹. Sie kann, ebenso wie die Metapher, in Form verschiedener anderer rhetorischer Figuren auftreten – Erasmus von Rotterdam sieht die Ironie unter den übrigen rhetorischen Figuren umherwandeln –, sie kann singuläre Stellenironie, aber auch textkonstitutives Merkmal sein. Ein extremes Beispiel für eine ironische Verkürzung ist jene Textpassage, in der Heinrich Heine einen Eingriff der Zensur in einen Text vortäuscht, der seinerseits über die Zensur spricht. Dadurch wird der ›eigentliche‹ Text einerseits zwar vollkommen unverständlich, andererseits vermittelt er durch diese *detractio* aber eine ganz neue Botschaft: »Die deutschen Zensoren – – – – – – Dummköpfe – – – – –« (Heine, *Reisebilder*, Teil 2).

Das Unterlaufen der rhetorischen Angemessenheitsregel, das Übersteigern und Verändern der üblichen rhetorischen Figuren bei den sprachlichen Ironie-Signalen impliziert, daß dem ironischen Sprechen ein gewisser (Sprach-)Witz eigen ist. Nicht zuletzt deshalb gilt die Ironie als besonders anspruchsvolle und zugleich unterhaltsame Stilkunst, und nicht zuletzt deshalb ist sie besonders schwierig und entsprechend selten anzutreffen. Der Sprachwitz und überhaupt der humorige Einschlag, mit dem Ironie oftmals identifiziert wird, gehört allerdings nicht zu ihren konstitutiven Merkmalen: Sie kann neben der unterhaltsam-unverbindlichen Form (*Asteïsmus*) auch unter dem Deckmantel von Harmlosigkeit und Wohlwollen Kritik üben (*Charientismus*), sie kann das Gegenüber oder die gegnerische Meinung höhnisch bloßstellen (*Diasyrmus*) oder Verächtlichkeit zum Ausdruck bringen (*Mycterismus*), und sie kann als bittere Ironie beißende Schärfe entwickeln (*Sarkasmus*).

2.2.2. Austausch klanglicher Ähnlichkeiten

Im Unterschied zu der recht komplexen Gruppe der Tropen, die durch den Austausch semantischer Ähnlichkeiten gebildet wird, ist diejenige leicht überschaubar, die durch die Ersetzung eines klangähnlichen Wortes zustande kommt. Im engeren Sinne kennt die Rhetorik lediglich die Figur der *Onomatopoeia*, der Lautmalerei, bei der Worte durch Laute ersetzt werden, die dem sinnlichen Eindruck des Gemeinten angepaßt sind und ihn im Klang nachzuahmen versuchen. Wenn etwas »rumpelt« wird lautmalerisch ein dumpf polterndes Geräusch simuliert; »Tätärätä« ahmt den Fanfarenstoß einer Trompete nach. Besonders in der Comic-Sprache haben sich zahlreiche Klangmalereien eingebürgert, die teils aus ›richtigen‹ (elliptisch verkürzten) Wörtern bestehen (»klatsch«, »plumps«, »zack«), teils aber auch klangliche Neuschöpfungen sind (»boing«, »ratatata«).

2.2.3. Austausch durch Steigerung

Eine dritte Gruppe der Tropen besteht aus Ausdrücken, die gegenüber dem ursprünglich Gemeinten in ihrer Aussagekraft ›gesteigert‹ sind. Grundsätzlich ist die Steigerung (*amplificatio*) auch ein Mittel der Argumentation (s.S.58f.), als rhetorische Figur kann sie überall im Text auftauchen.

In der *Hyperbel* (*superlatio*) wird der eigentliche Sachverhalt mittels einer sprachlichen Wendung bewußt übertrieben, in Anzahl, Größe, Gewicht oder Intensität: »ich habe dir tausendmal gesagt«, »blitzschnell«, »bärenstark.« Die Hyperbel ist dabei als eine angemessene Übersteigerung der Wahrheit gemeint – wenngleich Hyperbeln sich hervorragend auch für ironisches Sprechen eignen –, die in zwei Richtungen erfolgen kann: Durch eine Vergrößerung (*amplificatio*) ebenso wie durch eine Verkleinerung oder Verminderung des Ausdrucks (*minutio*): »Schneckentempo.« Kennzeichen für die Hyperbel aber ist, daß sie mehr aussagt als wirklich gemeint ist, und diese Mehraussage muß als maßvolle Übertreibung erkennbar sein: »Ich warte hier schon eine Ewigkeit.« Die Hyperbel kann in verschiedenen Ausprägungen auftreten und zu hyperbolischen Reihungen erweitert werden, oftmals tritt sie in Form einer Metapher (»Seid umschlungen Millionen«) oder eines Vergleichs auf (»ein Mund wie ein Scheunentor«). Gerade bei Häufungen verschleißt sich der hyperbolische Effekt aber rasch; Komposita mit »Extra«, »Super«, »Ultra« sind häufig nichtssagend.

Die *Litotes* (*exadversio*) ist, als Untertreibung, quasi das Gegenstück zur Hyperbel, eine Verneinung des Gegenteils – »nicht gerade klein« anstelle von »ziemlich groß« –, sie umfaßt aber auch alle Deminuationsformen wie »ganz ordentlich« (für »ausgezeichnet«) oder »ein nettes Sümmchen« (für »eine große Summe«). Obwohl die Litotes eine Untertreibung des Gemeinten ist, wirkt sie faktisch als Verstärkung. Weil hierbei etwas Gegenteiliges verbalisiert wird, wirkt die Untertreibung meist ironisch und spielt in der Redeweise des *understatements* eine große Rolle. Die Litotes ist zwar der Ironie verwandt, von dieser aber in einem Punkt deutlich unterschieden: Während die Ironie das Eigentliche durch sein Gegenteil ersetzt (bzw. durch etwas Unähnliches), substituiert die Litotes den eigentlichen Ausdruck durch die Verneinung des Gegenteils. Ironisch könnte man sagen: »Das ist aber ein Adonis«, als Litotes müßte man formulieren: »Das ist nicht gerade ein Adonis.« Die Litotes erfüllt also das Kriterium des Gegensatzverhältnisses nicht mehr.

Aufgaben und Wirkung der *Emphase* sind mehrschichtig, nicht zuletzt weil sich ihre Funktion seit dem antiken Sprachgebrauch stark gewandelt hat. Ursprünglich erfüllte sie die Aufgabe der Litotes, also die Untertreibung des Gemeinten. Im heutigen alltagssprachlichen Gebrauch bezeichnet man mit einer Emphase generell eine Nachdrücklichkeit in der Ausdrucksweise, die durch Verdoppelung, durch Steigerung o.ä. erreicht wird. Sieht man dagegen die Emphase als eine rhetorische Figur im engeren Sinne, so bezeichnet sie die Erweiterung eines Wortes oder Ausdrucks um eine Bedeutungsdimension, die dieses Wort an sich gar nicht besitzt: »Was für ein Tag!« Hier wird nicht generell auf einen beliebigen Tag verwiesen, sondern die Besonderheit eines ganz speziellen Tages hervorgehoben. Die Emphase fördert also einen zweiten, einen nicht expressis verbis formulierten Sinn einer Bemerkung zutage, sie ist eine Verstärkung ohne Verdoppelung oder Steigerung, die sich im mündlichen Sprechen, in der *actio* realisieren läßt: »Du hast vielleicht Probleme.«

2.2.4. Austausch durch Umschreibung

Eine letzte Gruppe von Tropen entsteht, wenn ein Wort oder Ausdruck durch eine Umschreibung ersetzt wird. Quasi als Oberbegriff dieser Gruppe fungiert die *Periphrase* (*circumlocutio, circumscriptio*), wobei eine Sache nicht selbst genannt, sondern durch diejenigen Attribute umschrieben wird, die diese Sache bezeichnen. Als rhetorische Figur ist die Umschreibung nur schwer greifbar, denn oftmals wird sie als ein sprachliches Mittel eingesetzt, das in Form anderer Stilfiguren auftritt. Als Tropus findet die Periphrase immer dann Verwendung, wenn die Sache selbst nicht genannt werden darf oder soll (Tabuwörter, Tabuthemen). Eine Umschreibung wird notwendig, wenn ›schmutzige‹, ›niedrige‹ oder verbotene Ausdrücke vermieden werden sollen – sie finden sich gehäuft im Themenbereich der Sexualität –, sie werden dann oft in euphemistische Umschreibungen gekleidet: »in den Himmel kommen« statt »sterben.« Im Grunde weicht die Periphrase vom Prägnanzgebot der *elocutio* ab, weil sie länger und umfangreicher als das *verbum proprium* ist.

Eine spezielle Form der Umschreibung ist der *Euphemismus*. Er bezeichnet explizit eine Beschönigung des eigentlichen Sachverhalts aufgrund ganz ähnlicher Motive wie die Periphrase. Auch hier werden häufig gesellschaftliche Tabuthemen und -wörter umschrieben, beispielsweise Sterben und Tod: »ableben«, »von uns gehen«, »die Verblichene.«

Der Intention nach gegenteilig ist die *Aischrologie*, die Schimpfrede, die nicht beschönigen und Rücksicht nehmen, sondern drastisch werden und verletzen will: »abkratzen«, »verrecken«, »krepieren« – ebenfalls anstelle von »sterben.« Es gibt allerdings auch mildere, zwar abwertende, aber doch scherzhafte Wendungen wie »Pauker« oder »Zahnklempner.«

Ebenfalls eine besondere Form der Umschreibung ist das *Epitheton*, das ›schmückende Beiwort‹ (*epitheton ornans*). Es handelt sich um eine attributive Beifügung zum Substantiv, die diesem eine präzise Aussage, eine höhere Eindringlichkeit verleihen soll. Von einer einfachen Hinzufügung (*Paraphrase*) – »das große Haus« – unterscheidet sich die rhetorische Figur der Periphrase darin, daß die Kombination von Substantiv und attributiver Beifügung zu einer Einheit verschmilzt und typisiert wird: »der heiße Stuhl«, »die große Sause«, »die kalte Dusche«, »das ewige Leben.« Eine weitere Besonderheit der Periphrase ist die *Preziösität*, die allerdings schon den *vitia elocutionis* zuzuordnen ist. Es handelt sich um eine gekünstelte, geschraubte oder gezierte Umschreibung, die häufig das Kennzeichen eines geblümten Stils ist: »düpieren« satt »betrügen«, »ridikül« statt »lächerlich.« Und schließlich lassen sich auch Wortneubildungen (*Neologismen*; *fictio*) und der Gebrauch veralteter Ausdrücke und Begriffe (*Archaismen*; *antiquitas*) als spezifische Ausbildungen der Periphrase fassen.

2.3. Argumentationsfiguren

Als Argumentationsfiguren werden im folgenden diejenigen aufgefaßt, die – meist in einem größeren Textzusammenhang – die Redeabsichten und -ziele des Sprechenden beziehungsweise Schreibenden unterstützen, die die Argumentation steuern und ›voranbringen‹ (und die deshalb eigentlich ›argumentationssteuernde Figuren‹ genannt werden müßten). Im Sinne der umfassenden rhetorischen Argumentation ist damit nicht ausschließlich rationales Argumentieren gemeint, sondern ebenso emotionale, affektische Argumentationsweisen. Deshalb ist es auch nicht immer möglich, eine exakte Grenze zwischen affektischen Argumentationsfiguren und Amplifikationsfiguren zu ziehen, also zu entscheiden, ob im Einzelfall eine Figur mehr argumentativen beziehungsweise argumentationssteuernden oder amplifikatorischen Charakter besitzt.

Das Feld der Argumentationsfiguren ist größer als das der Amplifikations- und der Substitutionsfiguren; mehrere Untergliederungen sollen den Überblick erleichtern. Die Argumentationsfiguren lassen sich grundsätzlich in drei Gruppen einteilen, die sich aus ihrer Wirkungsabsicht herleiten:

(1) Die *kommunikativen und appellativen Figuren* sind vorrangig auf den Zuhörer beziehungsweise Leser gerichtet und bezeichnen Methoden, mit denen sich ein Redner seinem Publikum beziehungsweise ein Autor seinen Lesern zuwenden kann, um dessen Aufmerksamkeit zu erregen, zu steigern oder zu bewahren.

(2) Die *semantischen Figuren* dagegen sind primär auf die Sache, auf das zu behandelnde Thema gerichtet; sie beschreiben die verschiedenen Verfahrensweisen eines Redners oder Autors, mit dem Redegegenstand umzugehen – wie er argumentativ operiert und welche Mittel er dabei anwendet.

(3) Von den beiden ersten Gruppen läßt sich eine dritte unterscheiden, in der weder der Rezipient noch die Sache, sondern die Person des Gegenübers ins Visier genommen wird. Diese Redemittel entstammen der antiken Gerichtsrede, leiten sich also aus dem verbalen Schlagabtausch zwischen Kläger und Beklagten, Anwalt und Verteidiger her, sie lassen sich aber noch heute und auch außerhalb der Gerichtssäle beobachten, und zwar in allen dialogischen Redesituationen, sie kommen aber auch in geschriebenen Texten vor. Diese *personalen Figuren* werden meist mit pragmatischen Argumentationszielen verknüpft (s.S.72) und sind dementsprechend personenbezogen, in der Regel unsachlich und bewußt verletzend.

2.3.1. Kommunikative und appellative Figuren

Mittels der kommunikativen und appellativen Figuren wird das Publikum direkt angesprochen und mehr oder weniger in die Rede miteinbezogen. Sie tendieren dazu, den monologischen Redefluß des Rhetors oder Autors zu unterbrechen oder ihn kurzzeitig ganz aufzuheben und in eine dialogische Redeform zu überführen – allerdings wird diese Intention nur vorgetäuscht, es kommt also nicht wirklich ein Dialog zwischen Redner und Publikum zustande. Vielmehr ist diese spezifische Form der Publikumsansprache darauf angelegt, die Aufmerksamkeit und das Interesse der Zuhörer oder Leser punktuell zu steigern. Diese inszenierte Kommunikation durch appellative Mittel wird mit dem Begriff *Communicatio* (*deliberatio*) beschrieben: Der Rhetor bezieht sein Publikum in einen fiktiven Mitteilungsprozeß mit ein, in dem er mangelndes Wissen vortäuscht, sich vorgeblich Rat holt oder um andere Hilfen bittet – tatsächlich ist sein Wissen aber vollständig, die erbetene Hilfe also nicht nötig.

Vermutlich ist die *Rogatio* (*interrogatio*), also die Frage, die bekannteste Figur der fingierten Publikumsansprache. Sie ist nicht ernsthaft gestellt, der Frager erwartet keine Antwort aus dem Publikum – im umgangssprachlichen Gebrauch hat sich der Ausdruck ›rhetorische Frage‹ eingebürgert –, sondern die Antwort ist entweder in der Frage schon impliziert und daher überflüssig, oder der Redner gibt die Antwort selbst. Kommt es zu einem solch inszenierten Frage- und Antwortspiel in der Rede des Sprechers, spricht man von einer *Subiectio*, die meist auf einen kämpferisch-polemischen oder ironischen Redestil verweist.

Ebenfalls spielerischen, den Kontakt zum Publikum fördernden Charakter haben Figuren, in denen der Redner Schwierigkeiten mit seinem Thema oder mit dessen Darstellung simuliert. Dabei kann er Zweifel über sich, seine Kompetenz als Redner, oder über die Sache äußern – *Aporie* (*dubitatio*, *deliberatio*) – und anschließend das Publikum um eine (in Frageform vorgebrachte) Beratung bitten. Oftmals tauchen solche vorgeblichen Zweifel als Exordialtopoi am Beginn einer Rede auf: »Womit soll ich beginnen?« Der Redner kann aber auch den eigenen Standpunkt einer Selbstkorrektur, einer *Correctio* unterziehen – dies kann in einem längeren Exkurs geschehen, in dem er sich ausdrücklich verbessert, um dann unter neuer Perspektive die eigene Argumentation fortzusetzen, dies kann aber auch nur ein ganz punktuell eingesetztes, meist die Aussage noch steigerndes Mittel sein: »... und mit diesen Vorstellungen, nein: neurotischen Wahnvorstellungen, müssen wir uns heute ...«. Im Extremfall kann der Redner in einer *Concessio* sogar vor den Schwierigkeiten (scheinbar) kapitulieren, also beispielsweise einräumen, daß bestimmte Argumente der Gegenseite stichhaltiger sind als die eigene Position – meist setzt er im gleichen Atemzug jedoch ein noch überzeugenderes Argument beziehungsweise eine ironische Abwertung des eben noch gelobten gegnerischen Arguments hinzu.

Auch in dieser rhetorischen Sackgasse können wieder kommunikative Figuren eingesetzt werden. Redner oder Autor bitten das Publikum (oder andere Instanzen) um Rat oder Beistand: »Hier stock ich schon! *Wer hilft mir weiter fort?*« (Goethe, *Faust*). Aus der antiken Redepraxis ist nicht nur die gesteigerte Form dieser Figur, die flehentliche Bitte bzw. Beschwörung, die *Obsecratio* bekannt, sondern auch die *Invocatio*, die Anflehung der Götter. In nachantiker Zeit ist diese Figur, die dann auch die Anrufung Gottes bzw. der Musen umfaßt, als literarisch-poetischer Topos weit verbreitet. Der Publikumskontakt kann schließlich auch durch die scheinbare Verweigerung hergestellt werden, die vorgeblichen Schwierigkeiten beseitigen zu wollen; dann nämlich kann es der Redner in einer *Permissio* sogar seinem Publikum überlassen, die Sache fortzuführen: »Was wünscht der geneigte Leser, daß ich in diesem Falle tun soll?« (Sterne, *Tristram Shandy*). Unter Umständen gibt er dazu noch einen ironisch-falschen Rat: »Mach doch, was du willst!«

Weniger auf den kommunikativen Prozeß ausgerichtet scheint eine besonders affektische Appellfigur zu sein, die *Exclamatio*, der gespielte Ausruf, häufig mit »Oh!« und »Ach!« beschrieben. Doch auch sie verschafft nicht wirklich der emphatischen Ergriffenheit des Redners Ausdruck, sondern appelliert unverhohlen ans Publikum, sich von der (intentional eingesetzten) Emotionalität des Redners mittragen zu lassen. In dieser Funktion ist auch die Exklamatio zur Stimulation der Rezipienten eingesetzt, wenngleich sie heute vor allem in die pathetische Rede verwiesen ist. Im Theater dagegen gehört sie seit jeher zum deklamatorischen Repertoire. Bestimmte Formen der Exklamatio sind uns aber auch aus der heutigen politischen Rhetorik wohlvertraut (»Das ist doch Unsinn!«; »Schluß mit dem Theater!«) und sie kommt ebenso in Alltagsdialogen (»Auch das noch!«; »Das darf doch nicht wahr sein!«) und natürlich auch in der Werbesprache vor (»So gut ging's uns noch nie!«; »Wir sind wieder da!«).

Eine gewisse Sonderstellung unter den kommunikativen und appellativen Figuren nimmt die *Sermocinatio* (*allocutio, imitatio, percontatio*) ein, in welcher der Redner vorgibt, die Rede eines anderen wiederzugeben oder einen Dialog mit ihm zu führen. Diese rednerisch imitierte Person kann real, aber auch schon verstorben beziehungsweise gänzlich frei erfunden sein. Dementsprechend unterscheidet man die Sermocinatio in eine *ēthopoeía* (*notatio*) und eine *eidōlopoeiá*. Sie kann zur Charakterisierung des anderen, imitierten Sprechers dienen, in ihr können aber auch ganze Dialoge erfunden werden, die realiter nicht möglich sind – beispielsweise in den sogenannten Totengesprächen –, sie ist unter Umständen aber auch mit ironischer oder parodistischer Absicht eingesetzt. In der Sermocinatio kann freilich auch die Meinung eines anderen Sprechers oder der Gegenpartei Ausdruck finden, wenn der Redner einen anderen Redner wörtlich zitiert. In der antiken Übungspraxis diente die Sermocinatio vor allem dazu, eine von der eigenen Meinung abweichende Position einzunehmen und aus dieser heraus eine fiktive Rede zu halten.

2.3.2. Semantische Figuren

Mit den semantischen Figuren sind alle Argumentationsfiguren erfaßt, die primär dazu dienen, die Sache, das Thema argumentativ zu behandeln, voranzutreiben, fortzuführen oder zu veranschaulichen. Selbstverständlich sind auch sie wirkungs- und rezipientenorientiert, doch werden die semantischen Figuren von den kommunikativen und appellativen und von den personalen Figuren geschieden, weil sie vorrangig auf die Sache und den Argumentationsgang bezogen sind. Die große Fülle der semantischen Figuren macht es sinnvoll, diese noch einmal dreizuteilen: Eine erste Gruppe beinhaltet alle Mittel zur direkten Argumentationsführung, eine zweite diejenigen, die zur Explikation und Veranschaulichung eines Gedankens oder Sachverhalts dienen, und in einer dritten Gruppe sind schließlich jene semantischen Figuren versammelt, die auf semantischer und syntaktischer Ebene den Argumentationsgang markant akzentuieren und zuspitzen.

2.3.2.1. Die semantischen Figuren zur Argumentationsführung

Die Figuren der Gedankenführung dienen ausschließlich dazu, die eigene Argumentation sachlich voranzubringen. Hierzu kann der Rhetor seinem Publikum gewisse Hilfen anbieten, damit es den Inhalten im Vortrag oder im Text leichter folgen kann, oder aber er gibt bestimmte Hinweise auf die Lücken oder Fehler in der Argumentationsführung seines Gegenübers.

In der *Praeparatio* (*propositio*) bereitet der Redner oder Schreiber sein Publikum generell auf das vor, was im Text folgen wird. Zum Beispiel kann er die einzelnen Redeteile ankündigen – »ich komme zum Schluß meiner Ausführungen« –, er kann aber auch auf Besonderheiten oder besonders wichtige Argumente verweisen – »... und dies ist der Kern meiner These ...« –, Beispiele vorbereiten oder Exkurse ankündigen. Je nach ihrer Funktion im Text ist die Praeparatio unterschiedlich lang, sie kann als Parenthese in den Gedankenzusammenhang eingeschoben sein oder sich zu einem Exkurs auswachsen. Eine ähnliche Hilfe für den Rezipienten bietet die *Definitio*, in der der Redner oder Autor bestimmte Begriffe darstellt oder erläutert, besonders wenn sie in seiner Argumentation eine gewichtige Rolle spielen. Dies kann geschehen, um Unverständnis oder Mißverständnisse möglichst auszuschließen oder generell die *perspicuitas* zu erhöhen. Auch spezielle Fachbegriffe können mittels der Definitio vorgestellt und im folgenden dann ohne zusätzliche Erläuterungen im Text verwendet werden.

Die Figuren zur Argumentationsführung müssen aber nicht ausschließlich den eigenen Gedankengang betreffen, sie können auch Argumente anderer ins Auge fassen. Die *Antizipation* (*praeventio, praeoccupatio, conciliatio*) hat vorbereitenden Charakter, hier kann der Redner Argumente der Gegenpartei vorwegnehmen und sie damit entkräften. Dies geschieht auch mittels der *Concessio*, eines partiellen Zugeständnisses, das dann entweder gänzlich widerrufen, abgeschwächt oder relativiert wird – oftmals läßt sich die Struktur eines »Ja – aber« erkennen (s.S.134). Liegt dagegen keine Relativierung vor, besteht also Übereinstimmung mit der Gegenseite (zumindest in einem Punkt), dann ist ein Konsens (*consensio*) erreicht. Das darin mündende Zugeständnis ist von der rednerischen Kapitulation (s.S.184) unterschieden, weil es nicht ironisch vorgetäuscht, sondern ernsthaft eingesetzt ist, eventuell aus taktischen Gründen.

Sehr viel direkter als alle Formen der Antizipation ist die direkte und explizite Zurückweisung eines Arguments, Standpunkts oder auch eines Vorwurfs der Gegenseite und die entsprechende sachliche Richtigstellung (*correctio*, nicht identisch mit der Selbstkorrektur, obwohl die lateinischen Bezeichnungen die gleichen sind): »Es entspricht schlicht und einfach nicht den Tatsachen, wenn die Opposition behauptet ...«. Keine ausgrenzende, sondern vielmehr vermittelnde Funktion zwischen der eigenen Position und den Standpunkten anderer hat dagegen das *Dilemma* (*divisio*): Hierbei werden dialektisch die Vor- und Nachteile der Argumente aufgezeigt, hier diskutiert der Redner oder Autor das Für und Wider eines problematischen Sachverhalts quasi mit sich selbst (s.S.134). Das Abweichen von der strikt monologischen Redeform läßt sich im antithetischen Aufbau dieser Argumentationsfigur erkennen: »Auf der einen Seite ..., auf der anderen dagegen ...«.

Ebenfalls zu den semantischen Argumentationsfiguren gehören jene, die durch bestimmte Ankündigungen gezielt mit Publikumserwartungen spielen und dadurch die Aufmerksamkeit steigern. Da sie aber eher auf den argumentativen Fortgang zielen und weniger kommunikative Aufgaben erfüllen, sind sie zu den semantischen Figuren zu zählen. Die *Paralipse* (*occupatio, praeteritio*) ist die ausdrückliche Erklärung, daß der Rhetor auf bestimmte Gegenstände oder Themen nicht näher eingehen wird, wodurch diese gerade nachdrücklich hervorgehoben werden: »Hier soll nicht davon die Rede sein, wie fragwürdig der staatliche Antifaschismus der DDR von Anfang an war [...]. Auch nicht davon, daß sich die neue Herrschaft von der alten gar nicht so wesentlich unterschied.« (Die Welt, 12.5.1990). Die Erscheinungsform der Paralipse ist außerordentlich variabel, entsprechend auch ihre Wirkung: Sie kann nur vorgeschoben sein, d.h. der Sprecher kündigt eine Unterlassung zwar an, um dann aber um so nachdrücklicher auf den Sachverhalt einzugehen; hier spekuliert er auf die Neugier, die er mit seiner Ankündigung einer Auslassung hervorruft. Die Paralipse kann aber auch die Darstellung von Sachverhalten erheblich verkürzen, gerade weil diese nur kurz angerissen werden und der Redner entweder auf ein breites Wissen des Publikums vertraut, welches er teilt, oder diese Übereinstimmung zumindest suggeriert. Oftmals kündigen bestimmte Floskeln diese Absicht an: »Ich brauche hier nicht im einzelnen aufzuführen, daß ...«; »wie wir alle wissen ...«. Äußerst problematisch sind Paralipsen dann, wenn der Sprecher eine Unterlassung einer Äußerung deshalb vornimmt, weil er einerseits den darin ausgedrückten Sachverhalt kaum ernsthaft oder öffentlich vertreten könnte, er andererseits aber bestimmte Dinge unausgesprochen ausdrücken, also etwas suggerieren oder unterstellen will. In diesem Fall bekommt die Paralipse den Charakter einer Anspielung (*allusio*).

Ähnlich wie die Paralipse spielt auch der affektbetonte Redeabbruch, die *Aposiopese* (*praecisio, interruptio, reticentia*) mit der Auslassung von Informationen. Während bei der Paralipse die Auslassung zwar angekündigt, die Informationen dann aber mehr oder weniger ausführlich nachgetragen werden, entfallen diese bei der Aposiopese vollständig und müssen gedanklich vom Publikum ergänzt werden. Dies kann nur gelingen, wenn der Inhalt oder die Botschaft des nicht mehr ausgeführten Redebeitrags im Vorausgegangenen entsprechend vorbereitet wurde. Auch mittels der Aposiopese können Sachverhalte unausgesprochen zur Sprache gebracht werden, sie kann aber auch als Ausdruck einer besonderen emotionalen Anteilnahme des Sprechenden eingesetzt werden. Nicht zuletzt deshalb ist die Aposiopese im Drama des 18. Jahrhunderts ein beliebtes Stilmittel der affektbetonten Bühnenrede: »Wenn es mir nicht gelingt, den Grafen augenblicklich zu entfernen: so denk' ich – / Doch, doch; ich glaube, er geht in diese Falle gewiß« (Lessing, *Emilia Galotti*).

In der *Apostrophe* (*aversio*) wendet sich der Redner oder der Autor überraschend vom seinem eigentlichen Publikum ab – in der gesprochenen Rede sind dies die anwesenden Zuhörer, im geschriebenen Text die Leser – und spricht statt dessen zu einem ›Zweitpublikum‹, zu einer gar nicht beim Redevortrag anwesenden Person – »dem Herrn Bundeskanzler in Bonn aber möchte ich von dieser Stelle zurufen ...« – oder zu einer gar nicht zum Leserkreis zu rechnenden Person oder Institution, wie der folgende ironische Gebrauch der Apostrophe belegt: »Nach des Tages harter Arbeit lege ich mich ins Gras. Zwecks entspannter Weiterbildung wird wahllos im ›dizionario‹ gelesen. Das schult. Ich kann inzwischen fließend so irre Vokabeln wie ›Rechnungslegung‹ oder ›Wunderlaterne‹ (Laterna magica. *Danke, Langenscheidt*) ...« (Zeit-Magazin, 31.12.1993). Ursprünglich fand dieses Mittel der besonderen Publikumsansprache in der Gerichtsrede Verwendung, wenn sich der anklagende oder verteidigende Rhetor vom Richter ab- und einem Zeugen oder der Gegenpartei direkt zuwandte. Diese Zuwendung konnte auch fingierten oder historischen Personen oder den Göttern gelten und damit in die Invokation übergehen (s.S.185).

Hatten die bisherigen Argumentationsfiguren eher mit der Publikumserwartung gespielt und darin auch kommunikative Funktion erfüllt, so geht der Redner oder Autor mit der folgenden auf Konfrontationskurs zu seinen Hörern oder Lesern. In der *Licentia* brüskiert er seine Rezipienten, wenn es die wahrheitsgemäße Vertretung seiner Sache verlangt: »Auch wenn Sie das nicht gerne hören, so muß ich doch darauf bestehen ...«. Der Rhetor riskiert es also, das Publikum gegen sich aufzubringen, wenn er auf sein Anliegen pocht. Meistens verwendet er diese Figur, wenn er sich verteidigen muß, oder aber in polemischen Angriffen.

2.3.2.2. Die semantischen Figuren zur Explikation und Veranschaulichung

Die semantischen Figuren zur Explikation und zur Veranschaulichung von Begriffen und Gedankeninhalten bedienen sich vor allem des Mittels der Hinzufügung. Gehäuft werden Details, die den jeweiligen Kerngedanken oder Begriff erläutern, besser verständlich oder anschaulich machen sollen. Diese Häufung ist unter dem Oberbegriff der *Accumulatio* zusammengefaßt und kann in drei verschiedenen Formen auftreten: Die Häufung der beschreibenden Details ist entweder unmittelbar auf die behandelte Sache selbst gerichtet und direkt mit dem Thema verbunden (*innerthematische Häufung*); anders ist es, wenn zur Erläuterung ein neuer Gedanke eingeführt oder andere Begriffe herangezogen werden, wenn sich die Hinzufügungen zu eigenständigen Einheiten innerhalb des Argumentationsgangs auswachsen (*außerthematische Häufung*). Eine dritte Möglichkeit ergibt sich, wenn die Erläuterung nicht dem Kerngedanken hinzugefügt, sondern darin als Unterbrechung eingefügt ist (*eingeschobene Ergänzung*).

Zu den innerthematischen Hinzufügungen gehört in erster Linie die *Enumeratio* (*dinumeratio*), die Aufzählung im Sinne einer Aneinanderreihung von Einzelelementen. Diese weisen eine (mehr oder weniger) kausale Beziehung zum jeweiligen Thema auf und sind untereinander semantisch und syntaktisch verschieden, sind also keine Formen der Wiederholung: »Es entsteht ein [...] Gemälde, auf dem die Figuren einen unentwirrbaren Knäuel bilden. [...] Es sind Kaufleute, Richter, Ärzte, Funktionäre, Kleinbürger, Handwerker, Literaten und Frauen aller Art, jeden Alters, jeden Standes« (Wassermann, *Laudin und die Seinen*). Die Aufzählung umfaßt aber nicht nur die reine Akkumulation verschiedener Details, sondern auch jene, die einen Sachverhalt lediglich abwandeln, ihn also unter verschiedenen Gesichtspunkten darstellen: »Vergebens sucht Dostojewski als Künstler objektiv zu schaffen, außen zu bleiben, bloß zu erzählen und zu gestalten, Epiker zu sein, Referent von Geschehnissen, Analytiker der Gefühle [...]« (Stefan Zweig, *Drei Meister*).

Eine besondere Form der Aufzählung ist die *Descriptio* (griechisch *ékphrasis*). Auch sie beinhaltet die Beschreibung eines Gegenstands oder Sachverhalts durch Aufzählung von Details zur Erhöhung der Anschaulichkeit, von der Enumeratio unterscheidet sich die Descriptio jedoch durch ihre kunstvolle Beschreibungstechnik mittels bestimmter Topoi. Schon in der Antike gehörte sie als schematisierende Personenbeschreibung zum festen Bestandteil der epideiktischen Rede; in nachantiker Zeit wanderte sie in den Bereich der Literatur hinüber und galt seit der Renaissance als Mittel, dem Hörer, später auch dem Leser und dem Theaterpublikum, die beschriebenen Sachverhalte buchstäblich miterleben zu lassen.

Ebenfalls akkumulativ und daher mit Aufzählung und Descriptio eng verwandt ist die *Distributio* (*digestio*, *partitio*), die Aufspaltung eines Hauptbegriffes in mehrere Unterbegriffe. Doch im Unterschied zur Enumeratio, bei der die Rezipienten induktiv aus den aufgezählten Details auf einen (nicht genannten) Hauptbegriff schließen müssen, wird bei der Distributio dieser Hauptbegriff explizit genannt und zusätzlich in verschiedene Unterbegriffe aufgespalten: »Nachdem das *Waffenlager* ausgehoben war, kamen Mörser und Granaten, automatische Gewehre, Pistolen, Granatwerfer, Handgranaten und Panzerminen zum Vorschein.« Dabei spielt es keine Rolle, ob der übergeordnete Begriff vor der distributiven Aufzählung oder im Anschluß an sie genannt wird.

Die aufzählende Reihung kann über rein semantische Aspekte hinausgehen und affektische Gestaltungsmittel einsetzen, um die Eindringlichkeit des Gesagten zu steigern. Beim *Polysyndeton* (*acervatio*) werden die aufgezählten Glieder durch Konjunktionen miteinander verbunden; wird immer dieselbe Konjunktion verwendet, unterstreicht dies die Menge der aufgezählten Gegenstände oder die Fülle der Erscheinungen. Ein Beispiel aus der Literatur belegt, daß diese Wortfigur auch lange Satzpartien strukturieren kann:

»Nur gebe es Naturen wie ihn, die nicht schweigen könnten, die, weil sie im Laufe der Zeit zur Vernunft gekommen seien und nicht schweigen könnten und sich äußern müßten und sich dadurch immer wieder strafbar oder lächerlich oder strafbar und lächerlich machten und nach der herrschenden Strafgesetzordnung immer noch strafbarer und nach der herrschenden Gesellschaftsordnung immer noch lächerlicher.« (Thomas Bernhard, *Das Kalkwerk*)

Das *Asyndeton* (*dissolutio*) bezeichnet den umgekehrten Fall: Die Glieder der Aufzählung werden nicht durch Konjunktionen miteinander verknüpft, um die Reihung kürzer, energischer und eindringlicher zu gestalten. Besonders einprägsam sind kurze, aus drei Elementen bestehende Asyndeta: Caesars »Veni, vidi, vici« gehört dazu wie Schillers »Alles rennet, rettet, flüchtet« oder der olympische Spruch »Schneller, höher, weiter.« Natürlich hat sich die Werbung diese sprachgestalterische Möglichkeit nicht entgehen lassen: »Quadratisch, praktisch, gut.« In den genannten Beispielen ist die *detractio* – das Weglassen konjunktionaler Verbindungen – allein zur energischen Aufzählung (*Asyndeton enumerativum*) eingesetzt; bei anderen Formen des Asyndetons können aber auch argumentative Elemente ersetzt werden: Das *Asyndeton summativum* ersetzt die Nennung eines Resultats – hier werden Wendungen wie »kurz«, »oder«, »also«, »mit einem Wort« fortgelassen (und möglicherweise durch einen Doppelpunkt ersetzt), das *Asyndeton consecutivum* ersetzt die Nennung einer logischen Folgerung oder selbstverständlichen Folge, das *Asyndeton adversativum* ist der unverbundene scharfe Gegensatz: »Alle reden vom Wetter. Wir nicht!«

Aufgrund ihrer affektischen Wirkungssteigerung lassen sich Polysyndeton und Asyndeton auch zu den Amplifikationsfiguren zählen. Gerade die Unterscheidungsmöglichkeiten beim Asyndeton zeigen aber, welch argumentativer Charakter ihrem amplifikatorischen Gehalt eigen ist.

Alle Formen der innerthematischen Hinzufügung dienen der Explikation oder Verdeutlichung eines Themas beziehungsweise eines Teils der Argumentation. Zwar sind auch die außerthematischen Hinzufügungen illustrative und erläuternde Ergänzungen zur Sache, doch im Unterschied zur innerthematischen Häufung bilden sie im Grunde eigenständige Einheiten, die das Thema zwar beschreiben oder kommentieren, mit ihm selbst aber nur mittelbar verbunden sind.

Die *Similitudo* (*comparatio*), der Vergleich, illustriert einen Begriff oder Gedanken innerhalb der Argumentationsführung durch einen ähnlichen Begriff oder Gedanken. Voraussetzung dafür ist die prinzipielle Vergleichbarkeit beider Bereiche, also eine beiden inhärente Gemeinsamkeit (*tertium comparationis*), die durch die Partikel »wie« oder »als« ausgedrückt wird. Entfällt diese sprachlich realisierte Vergleichung, wird der Vergleich zur Metapher – die nach der antiken Theorie ja ein verkürzter Vergleich ist (s.S.169f.).

Verwandt mit dem Vergleich ist das Beispiel, das *Exemplum* (*paradeigma*). Als eine vergleichende Verdeutlichung und anschauliche Explikation eines Sachverhalts ist es aber umfangreicher und eigenständiger als der Vergleich und überdies nicht notwendigerweise durch ein *tertium comparationis* mit dem Gedanken oder Begriff verbunden. Das Exempel kann sowohl ausschmückende wie beweisende Funktion haben, als Verdeutlichung eines Sachverhalts oder als Beleg einer aufgestellten Behauptung dienen, weshalb in der Argumentationslehre auch zwischen dem illustrativen und dem induktiven Beispiel unterschieden wird (s.S.81ff.). Natürlich ist nur das illustrative Beispiel eine rhetorische Figur.

Die *Sententia* bezeichnet einen Sinn- und Denkspruch, der, meist in knapper und einprägsamer Formulierung, allgemein Bekanntes zum Ausdruck bringt und der mit allgemeiner Zustimmung rechnen kann. Als rhetorische Gedankenfigur ist die Sentenz dem Enthymem nicht unähnlich, und der argumentative beziehungsweise topische Gehalt der Sentenz liegt darin, über eine gemeinsame Verständigungsbasis eine Verbindung zwischen Redner oder Autor und seinem Publikum herzustellen. In der argumentativen Verkürzung, auf der eine Sentenz notwendigerweise basiert, lauert aber auch die Gefährlichkeit dieser Figur – sie kann komplexe Sachzusammenhänge unzulässig simplifizieren, kann pejorativ gegen Sachen und Personen eingesetzt und als Vorurteil mißbraucht werden.

Ähnlichen Charakter wie die Sentenz hat auch die *Allusio*, die Anspielung, beziehungsweise die *Significatio*, die Andeutung. Auch in diesen beiden Figuren ist mehr ausgedrückt als wirklich ausgesprochen. Formen, Intentionen und Wirkungen von Anspielungen und Andeutungen sind äußerst vielfältig und fast immer kontext- oder situationsabhängig; in unserem Zusammenhang interessieren nur solche Erscheinungen, die sich auf der sprachlichen Ebene festmachen lassen. Im rein textlichen Bereich bedeutet die Allusion eine Verfremdung eines anderen Textes, der allerdings so bekannt sein muß, daß in der Verfremdung das Original wiedererkannt, also die Verfremdung als solche wahrgenommen werden kann: »Die unerträgliche Seichtigkeit des Scheins« parodiert offenkundig einen bekannten Roman- und Filmtitel; hier wird der sprachspielerische Charakter der Allusio deutlich (Paronomasie, s.S.161). In der Regel werden tief in der Alltagssprache verwurzelte Sinn-, Denk- und Werbesprüche abgewandelt: »In der Auswahl seiner Feinde kann man nicht sorgfältig genug sein«; »Abschalten und Tee trinken.« Die Tatsache, daß Anspielungen und Andeutungen vom Rezipienten verstanden werden müssen, ohne daß der Sprecher sie explizit entschlüsselt, rückt beide Figuren in die Nähe der Ironie.

Neben den beiden Formen der erläuternden Hinzufügungen zum Thema gibt es auch Figuren, die als Ergänzung in den Argumentationsgang eingeschoben sind und ihn auf kurz oder länger unterbrechen. In jedem Fall handelt es sich hier um Einschübe, deren Inhalte und Botschaften für die Argumentationsführung des Hauptgedankens nicht zwingend notwendig sind. Liegt eine nur kurze Unterbrechung des Gedankengangs vor, spricht man von einer Parenthese, der *Interpositio* (*declinatio*, *interpellatio*); hier ist eine semantisch selbständige Einheit in einen Satz eingeschoben worden, ohne dessen Struktur zu zerstören. Der Umfang einer Parenthese kann dabei von einem Wort über mehrere Worte (»Doch darum, *in der Tat*, ging es«) bis hin zu eigenständigen Teilsätzen schwanken; die Gefahr von Parenthesen liegt darin, daß sie die Satzspannung zerstören, besonders wenn mehrere Einschübe hintereinandergeschaltet sind, was im Deutschen oft durch ineinandergeschachtelte Relativsätze bewerkstelligt wird.

Auch die *Digressio*, der Exkurs also, bezeichnet einen Einschub innerhalb des fortlaufenden Argumentationsgangs, doch dieser wird hier durch eine sehr viel längere und in sich geschlossene Texteinheit unterbrochen. Der Exkurs umfaßt mindestens eine Satzeinheit, kann aber auch einen oder mehrere Absätze beinhalten. Dem Hauptthema kann er – wie die Parenthese – in ergänzender, konträrer, illustrierender oder kommentierender Funktion beigegeben sein und dementsprechend in Form eines Exempels, eines Vergleichs etc. auftreten. Allerdings könnte dies auch leicht zur *vitia* werden, wenn nämlich Einschub auf Einschub folgt und so der Argumentationszusammenhang verlorengeht. In der antiken Rhetoriktheorie wurde der Exkurs übrigens nicht zum Figurensystem, sondern wegen seines Umfangs und seiner relativen Selbständigkeit zu den Redeteilen gerechnet (s.S.60).

2.3.2.3. Die semantischen Figuren zur Gedankenzuspitzung

Die Figuren der Gedankenzuspitzung sind graduelle Steigerungen der Figuren der Gedankenführung. Obwohl auch ihnen ein starker amplifikatorischer Zug eigen ist, dienen sie doch primär der forcierten oder pointierten Gedankenführung und werden deshalb zur Gruppe der semantischen Figuren gerechnet.

Von der Enumeratio als Figur der Gedankenführung (s.S.189f.) läßt sich eine Steigerungsform unterscheiden, in der nicht mehr in Form einer Umschreibung verschiedene Einzelelemente zwecks größerer Anschaulichkeit aneinandergereiht werden, sondern das Gesagte in einer Stufenfolge gesteigert wird. Die Argumentationsfigur der *Klimax* (*gradatio, progressio*) ist von der gleichnamigen Amplifikationsfigur (s.S.160) nicht nur quantitativ unterschieden – die Argumentationsfigur kann nicht nur punktuell steigern, sondern längere Passagen argumentativ formen –, sondern für sie ist auch die Wiederholung exakt derselben Worte nicht notwendig. Genau wie bei der Amplifikationsfigur aber muß es sich bei der Klimax nicht ausschließlich um eine Abstufung nach oben, sondern es kann sich auch um eine Herabstufung (*Antiklimax, extenuatio*) handeln: »Kontinente, Länder und Regionen ...«.

In der *Antithese* (*contentio, contrarium, oppositio*) sind zwei konträre inhaltliche Komponenten gegenübergestellt. Diese können, müssen aber keine genauen Gegensätze bilden. Die Antithese kann sowohl in Form einzelner Wörter auftreten als auch in Wortgruppen, Teilsätzen, Satzgruppen oder ganzen Textabschnitten. Nicht selten ist sogar ein gesamter Text antithetisch strukturiert. Die Antithese kann wiederum in verschiedenen kunstvollen Formen auftreten – häufig ist sie in Form eines Chiasmus gestaltet. Wenn die antithetische Konfrontation zwischen zwei Redebeiträgen liegt, also der nachfolgende Redner entsprechend auf seinen Vorgänger reagiert, handelt es sich um eine *Regressio*; entwirft ein Redner ein antithetisches Frage- und Antwortspiel (mit sich selbst), spricht man – wie bei der kommunikativen und appellativen Figur – von einer *Subiectio* (s.S.184).

Eine gesteigerte Form der Antithese ist das *Oxymoron*, das zwei gegensätzliche und sich eigentlich ausschließende Begriffe miteinander verbindet: »Dichtung und Wahrheit.« Dabei können die beiden polaren Glieder Bestandteile nur eines Wortes sein (»süßsauer«; »Eishölle«), sie können aber auch innerhalb eines Satzes oder Teilsatzes arrangiert sein: »Im Vergnügungspark gibts jede Menge Ärger.« Entsteht der Gegensatz zwischen einem Substantiv und seinem adjektivischen Beiwort, spricht man von einer *Contradictio in adiectio*: »beredtes Schweigen«, »dröhnende Stille.« Konstitutiv für ein Oxymoron ist, daß die beiden Gegensätze im Textzusammenhang relativ nahe beieinanderstehen müssen, um wirken zu können; in seiner Kürze, Prägnanz und Wirkung ist es den Amplifikationsfiguren sehr ähnlich.

Schließen sich die beiden polaren Glieder nicht nur eigentlich, sondern tatsächlich aus, liegt also ein echter Widerspruch vor, dann handelt es sich um ein *Paradoxon*. Ähnlich wie beim Oxymoron werden die polaren Elemente in der rhetorischen Figur zusammengebunden, und beim Paradoxon entpuppt sich dann – unter einer bestimmten Perspektive – der echte Widerspruch als ein nur scheinbarer, die Elemente einer an sich widersprüchlichen Äußerung erweisen sich im situativen Kommunikationszusammenhang als folgerichtig und sinnstiftend: »Auch Kopfarbeit muß Hand und Fuß haben.« Der Hörer oder Leser wird durch ein Paradoxon sowohl in Spannung versetzt als auch durch die unerwartete logische Konstruktion verblüfft: »Das Leben ist der Tod, und der Tod ist das Leben.« Ähnlich wie auch das Oxymoron ist das Paradoxon oftmals in Form eines Chiasmus gestaltet (s.S.165f.).

Die antithetischen Figuren – Antithese, Oxymoron und Paradoxon – wirken allein schon durch die einander entgegengestellten beziehungsweise sich eigentlich ausschließenden semantischen Gehalte, ihre Wirkung kann aber noch gesteigert werden, wenn deren Satzglieder auch in eine auffällige syntaktische Koordination zueinander gebracht werden. Die bereits unter den Positionsfiguren abgehandelten Parallelismen und Chiasmen ließen sich, als strukturbildend speziell für die antithetischen Figuren, hier noch einmal aufführen. Bei der chiastischen Wortstellung einer Antithese spricht man von einer *Antimetabole* (*commutatio*), hier erfolgt ebenfalls eine Überkreuzstellung der Satzelemente: »Man kann alles, was man will, solange man nicht will, was man nicht kann.« Allerdings kann die Antimetabole auch in Form einer Epanode aufgebaut sein (s.S.160), allein der antithetische Gehalt der Teilsätze unterscheidet sie jetzt noch von der Wiederholungsfigur: »1835: Die Bahn revolutioniert Deutschland. 1994: Deutschland revolutioniert die Bahn.«

Das syntaktische Gegenstück der Antimetabole ist der antithetisch aufgebaute Parallelismus, für den es keinen eigenen Fachterminus gibt: »Die Alten zum Rat, die Jungen zur Tat«; »Sie forderts als eine Gunst, gewähr es ihr als Strafe« (Schiller, *Maria Stuart*). Beide Koordinationsformen können noch einmal miteinander kombiniert werden (auch hier wird der Begriff *Antimetabole* verwendet): »Nicht um zu essen leben wir, sondern um zu leben essen wir.« Dergestalt entstehen teilweise syntaktisch-semantisch hochkomplexe und kaum mehr auflösbare Satzgebilde – die in der Prosa- und Alltagssprache freilich kaum vorkommen – oder anspruchsvolle Paradoxien: »Ihr Leben ist dein Tod! Ihr Tod dein Leben« (Schiller, *Maria Stuart*).

2.3.3. Personale Figuren

Die personalen oder personenbezogenen Figuren sind diejenigen Mittel, in denen der Redner oder Autor nicht die Sache selbst, sondern sich auf den oder die Opponenten bezieht. In den allermeisten Fällen handelt es sich dabei um direkte Zurückweisungen, die aber eben nicht sach-, sondern personenbezogen sind – sehr oft in Form bewußt verletzender Angriffe. Das Ethos des Rhetors verbietet ihren Gebrauch; allein ihre Analyse und mögliche Abwehrstrategien gebietet die Rhetorik.

Vorauszuschicken ist, daß einige der kommunikativen und appellativen Argumentationsfiguren (s.S.183ff.) durchaus auch personalisiert und unsachlich verwendet werden können, etwa die Frage als permanente Störung (»Glauben Sie eigentlich, was Sie da sagen«?) oder die Exclamatio als störender Zwischenruf (»Unsinn!«). Doch abgesehen von diesem Mißbrauch einiger Argumentationsfiguren existieren Formen, die eindeutig als unsachliche, allein auf die ›Zerstörung‹ der Person des Gegenübers gerichtete Argumentationsmittel einzustufen sind. Obgleich sie leicht als unsachliche Argumentationsmittel auszumachen sind, fällt es in der tatsächlichen Gesprächssituation meist doch recht schwer, sie zu erkennen und sich entsprechend zur Wehr zu setzen – nicht zuletzt deshalb, weil einige der Angriffe auch verdeckt vorgetragen werden und gleichsam unter dem Schleier einer harmlosen Frage oder gar der persönlichen Anteilnahme daherkommen.

Leicht erkennbar ist dagegen ein grobes Vorgehen, beispielsweise ein an den Opponenten gerichteter Tadel – *Obiurgatio* –, der sich freilich zu wahren Schimpfkanonaden auswachsen kann, oder die Äußerung des Zorns – *Iracundia* –, die bis hin zum Verfluchen und zur Verwünschung – *Exsecratio* – reichen kann. Diese Strategien erreichen ihre beabsichtigte Wirkung immer dann, wenn der Opponent sich davon dominieren oder verunsichern läßt, sei es aus einem Autoritäts- und Machtgefälle heraus (der Vorgesetzte kanzelt einen Untergebenen ab, die Eltern weisen ihr Kind zurecht), sei es aus einem psychischen oder intellektuellen Unterlegenheitsgefühl heraus. Die einzige Möglichkeit, sich dieser Attacken zu erwehren, besteht darin, die Vorgehensweise des Angreifenden zu benennen, auf ihre Wirkung hinzuweisen und auf deren Beendigung zu bestehen. Ein Teil der intendierten Wirkung ist zumindest schon verpufft, wenn man dem Angreifer zu verstehen gibt, daß dessen Mittel und Absichten bekannt sind, und daß man sich gegen ihn und sein Vorgehen zur Wehr setzen wird.

Ungleich schwerer zu orten ist die absichtliche Verletzung des Gegenübers (*laesio*), wenn diese verdeckt durchgeführt wird. Die

Demontage eines Gesprächspartners muß nämlich keineswegs offen und offensichtlich erfolgen (»Sie Idiot«), sondern kann auf die Schwachstellen von dessen Persönlichkeit zielen und sogar unter dem Deckmantel der Anteilnahme vorgebracht werden. Gerade durch die scheinbar verständnisvolle Erwähnung des schon fortgeschrittenen Alters eines der Angestellten könnte ein Personalchef durchaus bezwecken, diese Person als untauglich für eine weitere Beschäftigung zu desavouieren. Dieser Mißbrauch zeigt, daß praktisch alle gesellschaftlich sanktionierten Negativ- und Vorurteile – je nach Standpunkt des Angreifers – entsprechend eingesetzt werden können: gesellschaftliche Stellung, Bildungsniveau etc. Zu diesem Bereich gehören übrigens auch die expliziten Schreckbilder, die auf ›negativen‹ Autoritätstopoi basieren: »Sie sind der schlimmste Hetzer seit Goebbels« (s.S.112).

Neben diesen auf dem Normensystem unserer Gesellschaft basierenden Angriffen gibt es auch solche, die auf die psychische Disposition des Gegenübers zielen, wenn dort Schwachstellen erkannt oder vermutet werden. Auch hier gehen ausgebuffte Gesprächsteilnehmer scheinbar verständnisvoll vor. Wenn sich jemand aus (berechtigtem) Anlaß über eine (manipulative) Gesprächsführung beklagt, bekommt er vielleicht zur Antwort: »Ich verstehe, daß Sie sich aufregen. Alle Choleriker regen sich auf, Sie können ja gar nicht anders, ich verstehe das doch.«

Bei allen Vorgehensweisen hängt es erheblich davon ab, ob und wie schnell der Angreifende durchschaut und gestoppt werden kann. Besonders unangreifbar ist er immer dann, wenn er zum Mittel der ironischen Verspottung (*inlusio, illusio*) greift, weil diese, wenn sie nicht drastisch, sondern subtil eingesetzt ist, von der Gegenposition nur sehr schwer durchbrochen werden kann und überhaupt immer aus einer gewissen Position der Überlegenheit heraus geführt wird.

2.4. Die Compositio

Zur rhetorischen Figurenlehre im weiteren Sinne zählte in der antiken Theorie, neben den Tropen und Figuren selbst, noch die *compositio*, die kunstvolle Anordnung der Wörter im Satz. Hierbei ist die von der Grammatik festgeschriebene Variabilität von ausschlaggebender Bedeutung: Ist die Satzfolge weitgehend festgelegt (wie im Deutschen), sind die Möglichkeiten der *compositio* beschränkt, ist sie dagegen relativ frei (wie im Lateinischen), eröffnet sich die Gelegenheit, mit der Wortfolge beziehungsweise einer daraus entstehenden Satzrhythmik das Gesagte oder Geschriebene amplifikatorisch zu steigern. In der griechischen Rhetorik verhinderte die *sýnthesis* beispielsweise, daß ein mit einem Vokal endendes Wort eines folgt, das mit einem Vokal beginnt. In der römischen Antike wurde die *compositio* dann zu einer Satzlehre ausgebaut, die sowohl den Satzbau als Ganzes (Periode), aber auch dessen einzelne Glieder (Kolon, Kola) betraf – es galt als unschön, mehrere gleichlange Wörter hintereinander zu stellen. Cicero hat die *compositio* im *Orator* zu einer komplizierten Silbenlehre ausgebaut. Mit dem Aufkommen der volkssprachigen Rhetoriken verlor die *compositio* in der deutschen Prosasprache allmählich ihre ursprüngliche Funktion; schon vorher war sie jedoch in die Poetiken hinübergewandert, wo sie zur Metrik erweitert wurde. Im hier vorgelegten Figurensystem lassen sich Reste der *compositio* noch im Parallelismus und im Chiasmus erkennen (s.S.165f.). Einen genaueren Überblick über die Systematik der lateinischen *compositio*-Lehre gibt Heinrich Lausberg (^{3}1990, §§ 911-1054).

3. Rhetorische Stillehre

Neben den Stilprinzipien und der rhetorischen Figurenlehre gehört auch die rhetorische Stillehre zur *elocutio*. Doch anders als die Figuren, die die Sprache in einzelnen Aspekten formen, bestimmt der Stil die Sprache als Ganzes, bezieht sich die Stillehre also auf die elokutionären Makrostrukturen. Doch allein mit der rhetorischen Stillehre ist der Stilbegriff der Rhetorik noch nicht erfaßt – seit der Antike nämlich existiert noch eine zweite, von der Stillehre unabhängige Stilauffassung. In ihr spricht sich die Überzeugung aus, daß zwischen der sprachlichen Ausdrucksweise eines Menschen und seiner geistig-moralischen Disposition eine Übereinstimmung besteht. Schon Platon und Isokrates verbinden ›Wohlredenheit‹ mit Wohlgesonnenheit, die römische Rhetorik knüpft das Stilvermögen explizit an das Ideal des perfekten Redners. Quintilian wird nicht müde, im Zusammenhang mit seiner Konzeption des *vir bonus* immer wieder zu betonen, daß nur ein wirklich guter Mensch zu einem guten Redner werden kann, und stellt damit explizit Bezüge her zwischen der sprachlich-stilistischen Kompetenz und der charakterlichen Disposition des Redners: »Die Rede bringt nämlich meistens die (Art der) Gesittung zum Vorschein und enthüllt das verborgene Innere; und nicht ohne Grund haben die Griechen den Satz: wie jedermann lebe, so rede er auch« (*Inst.or.* XI.1.30).

Mit dem Ideal des *orator perfectus* und des *vir bonus* ist das moralische Diktum des guten Redners zum Synonym für die Praxis der Rhetorik geworden. Bei Aristoteles lassen sich die Wurzeln dieses Gedankens finden. Dieser hatte sich ja in seiner Affektenlehre dem Problem zugewandt, daß ein Redner sich selbst – als Redner – glaubwürdig, daß er sich als rechtschaffenden Menschen und nicht als potentiellen Betrüger darstellen muß (s.S.120f.). Das *ḗthos* des Redners macht Aristoteles allerdings nicht an stilistischen Aspekten fest, sondern an verschiedenen Beweismitteln und an einigen Grundvoraussetzungen: Der Redner muß seine eigene Haltung und damit Gang und Ziel seiner Argumentation deutlich machen, er muß über lebenspraktische Erfahrung verfügen, moralisch gefestigt, sittlich gebildet, aufgeschlossen und tolerant sein. Doch gerade diese Grundvoraussetzungen lassen erkennen, daß Aristoteles – und gleiches gilt für Cicero und Quintilian – die charakterliche Disposition eines Menschen, seine Persönlichkeit nicht im modernen Sinne versteht, also nicht als ein ›originaler‹, einzigartiger Charakter als sichtbarer Ausdruck seiner seelischen und psychologischen Anlagen. In der gesamten Antike pflegt man ein Menschenbild, das sich von dem unsrigen, heutigen, erheblich unterscheidet: Der Mensch wurde als ein ›gesellschaftliches Wesen‹ verstanden, das seine speziell menschlichen Fähigkeiten erst durch *imitatio* und die entsprechende *ars* ausbilden und trainieren muß. Damit aber wird deutlich, daß man das ethisch-moralisch fundierte Sprechen in erster Linie als eine technische, als lehr- und lernbare Komponente betrachtete. Dieses Menschenbild der Antike, das praktisch bis ins 18. Jahrhundert gültig bleibt, erklärt auch, daß die beiden Aspekte der rhetorischen Stilauffassung – der Stil als Ausdruck des Charakters und als eine erlernbare Fähigkeit – nicht miteinander kollidierten. Im Stilverständnis der Antike ist das stilistische Vermögen noch nicht mit der Subjektidentität moderner Prägung verbunden, zumindest ist der antiken Subjektauffassung das Pathos der neuzeitlichen Individualität noch fremd.

Daß Stil und Stilvermögen als Teil einer lehr- und lernbaren *ars* aufgefaßt werden, zeigt die Tatsache, daß die Rhetorik eigens eine Stillehre ausgebildet hat. Obwohl das Schema variiert, setzt sich vermutlich schon mit dem Aristoteles-Schüler Theophrast, spätestens aber in der römischen Rhetorik das Konzept einer Dreistillehre durch, die sich aus der dreifachen Wirkungsfunktion (s.S.9f.) herleitet: Die drei Stilebenen (*genera dicendi* oder *genera elocutionis*) werden gebildet durch den niederen oder schlichten Stil (*genus subtile* oder *humile*), den mittleren Stil (*genus medium*, auch *moderatum* oder *ornate*) und durch den hohen oder pathetisch-erhabenen Stil (*genus grande*, auch *robustum* oder *sublime*). Die Aufgaben der drei Stile erfahren jedoch im Laufe der Rhetorikgeschichte mannigfache und teilweise so gravierende Veränderungen, daß von der rhetorischen Dreistillehre ›an sich‹ kaum gesprochen werden kann, wenngleich die grundsätzliche Auffassung von einer Stiltrias von der römischen Antike bis ins 17. Jahrhundert hinein im rhetorischen und poetischen Schriftgut präsent ist.

Selbst die Entstehung der Dreiteilung der Stillehre ist bis heute nicht restlos geklärt. Zwar war schon den griechischen Rhetorikern eine Dreiergruppierung bekannt, der erste erhaltene Beleg für eine explizite Dreistillehre findet sich aber erst beim Auctor ad Herennium. Seine Stiltrias fußt mit ziemlicher Sicherheit auf einer älteren, nur zwei Stilarten umfassenden Lehre. Schon Aristoteles war – was sein Schüler Theophrast dann wohl ausführlich dargelegt und begründet hat – von einer prinzipiellen Zweiteilung in einen sachlichen und einen affektischen Stil ausgegangen, worin sich bereits die spätere Scheidung in den niederen und hohen Stil ankündigt: Die eine Stilebene war ausschließlich der sachlogischen Beweisführung vorbehalten, die andere der Gefühlserregung.

Warum zu diesen beiden kontrapunktischen Stilen im Laufe der griechischen Rhetorikgeschichte noch eine dritte, mittlere Stilart hinzugekommen ist, darüber läßt sich nur spekulieren. Vermutlich ist die peripatetische Lehre vom Ausgleich zweier Extreme über die Vorstellung von der Angemessenheit der sprachlichen Darstellung in die Stillehre eingedrungen, wo sie als Bereicherung des relativ groben Stilrasters hochwillkommen war. Dennoch ließ sich die ursprüngliche Auffassung einer nur zwei Stile umfassenden Lehre dadurch nicht auslöschen, im Gegenteil: Schon der griechischen Ästhetik ist eine Zweistillehre bekannt, die sich neben allen Versuchen, eine Stiltrias zu entwickeln, behaupten kann. Mit der *Ars poetica* des Horaz tradiert die lateinische Poetik – parallel zur rhetorischen Dreistillehre – ebenfalls ein Zweistilmodell, das die beiden Stilhöhen fest an bestimmte poetische Gattungen knüpft, etwa in der Art, daß niedere Gattungen (z.B. Komödie oder Hirtengedicht) eine niedere Stilart erfordern, hohe Gattungen (z.B. Tragödie oder Epos) dagegen einen großartig-erhabenen Stil. Allerdings sind in der horazischen Stilkonzeption ursprünglich nicht die beiden rhetorischen ›Eckstile‹ gemeint, sondern eher der niedere und der mittlere Stil, denn deren Wirkungsfunktion hatte Horaz bekanntlich mit *prodesse* und *delectare* umschrieben, mit Belehren und Unterhalten.

Cicero ist es, der die drei rhetorischen Stilebenen explizit mit den drei *officia oratoris*, den Aufgaben des Redners verknüpft, die dann Quintilian folgendermaßen bestimmt: »Die Aufgabe des Redners sei in den drei Punkten enthalten, die Zuhörer zu unterrichten, zu erregen und zu unterhalten« (*Inst.or.* VIII. prooemium 7). Damit geht Cicero über den Auctor ad Herennium hinaus, der von dieser wirkungsästhetischen Funktion der Stilebenen noch nichts zu berichten wußte. Ciceros Wirkungsintention der Dreistillehre aber wird zum Maßstab (wenngleich in der Rhetorikgeschichte zum Teil davon abweichende Bezeichnungen und Intentionen verwendet werden), der bereits im Zusammenhang mit der Affektenlehre dargestellt worden ist (s.S.123f.):

(1) Das *docere* soll sachlich informieren, dem Redezweck gehorchend ist der schlichte Stil einfach, deutlich und klar, er dient ausschließlich der exakten Information über die Sache und ihrer Wahrscheinlichmachung durch rationales Argumentieren. Das *genus subtile* ist schmucklos, fast nüchtern, es besteht aus einfachen, kürzeren Sätzen und ist der Alltagssprache angenähert.

(2) Das *delectare* ist der mittleren Stilebene zugeordnet, es richtet sich sowohl an die Ratio des Rezipienten, aber auch an dessen Affekte. Demgemäß ist diese Stilebene nicht zu schlicht, aber auch nicht zu schmuckreich, weder zu komplex noch zu einfach, und es empfiehlt sich ein mäßiger, doch bewußter Gebrauch der rhetorischen Schmuckmittel.

(3) Dem schlichten Stil und dem *docere* entgegengesetzt ist die Funktion des *movere*. Der hohe oder erhabene Stil gilt in der römischen Rhetorik als der wirksamste unter den drei Stilvarianten, weil er ausschließlich auf starke Affekterregung zielt – aber er gilt zugleich auch als die Stilart, die am schwierigsten auszuüben ist und deshalb das meiste Können und die längste Erfahrung voraussetzt. Selbst Pseudo-Longin, der ja dem pathetischen Stil das Wort redet, warnt vor dessen Gefahren – wenn man ihn nämlich nicht angemessen verwende, dann klinge der erhabene Ausdruck »sogleich matt, riecht nach hohlen Phrasen und ist plump« (*Vom Erhabenen* 29.1).

Im Gegensatz zu den beiden anderen ist nicht nur die Herkunft der mittleren Stillage ungeklärt, auch ihre Bewertung bleibt durch die gesamte Rhetorikgeschichte hindurch problematisch. Selbst ihre Stellung zwischen den beiden Eckstilen ist unklar: Teilweise wird das *genus medium* aufgefaßt als eine eigenständige Stilhöhe, als eine dritte Möglichkeit, die als ein Art Mittelweg zwischen den beiden Extremen verläuft, teilweise wird es aber auch verstanden als die einzig ›richtige‹ Stillage, die Elemente beider Extreme in sich aufnimmt und ausbalanciert, zum Teil aber auch gedeutet als eine mindere Form, als das blassere Abbild des *genus grande*, weil der mittlere – wie der hohe Stil – prinzipiell auf die Emotionen des Zuhörers zielt. Während die erstgenannte Auffassung, die dem mittleren Stil eine eigene ›Höhe‹ zumißt, erst in der lateinischen Rhetorik greifbar ist, sind die beiden anderen Stilmodelle in der vorrömischen Antike offensichtlich als zwei sich ausschließende Alternativen verstanden worden. Paradoxerweise gehen sie beide auf Aristoteles zurück, wenngleich dieser gar nicht immer explizit den Stil beziehungsweise die Stilhöhe im Auge hatte.

Bedeutsam für die Auffassung, der mittlere sei ein Mischstil, sind Aristoteles' eher beiläufige Ausführungen in der *Rhetorik*: Als die der ›Prosarede‹ einzig angemessene elokutionäre Tugend bestimmt er die Deutlichkeit (*saphḗneia*) und dementsprechend einen Stil, der »weder niedrig noch über die Maßen erhaben sei sondern angemessen« (*Rhet.* III.2.1). Dieser läßt allgemein gebräuchliche Redeweisen zu, neben der nicht-metaphorischen Redeweise fordert Aristoteles aber ausdrücklich auch die Metapher, die beim Hörer bekanntlich etwas Fremdartiges erzeugt, das erkenntnisfördernd ist und die Erkenntnislust stimuliert (s.S.150). Aristoteles also geht von nur einem Stil aus, der Extreme vermeiden soll: die Banalität eines allzu schlichten Stils auf der einen und auf der anderen Seite eine ins Vage tendierende Vieldeutigkeit, die er allein dem ›poetischen Stil‹ zugesteht. Doch bemißt sich diese Mitte bei Aristoteles immer an der jeweiligen Redesituation, ist die Stilhöhe also nicht völlig festgelegt, sondern nach dem Redeanlaß, den Redezielen und den Zuhörern entsprechend ausgerichtet. Hier deshalb von einer Einstillehre zu sprechen, ist angesichts der zugestandenen Flexibilität bei der Wahl der Stilhöhen nicht angebracht. Bei Theophrast kündigt sich dann eine schematische Ausweitung der aristotelischen Stilauffassung an, nicht geklärt jedoch ist die Frage, ob die Dreiteilung der Stilebenen schon auf ihn zurückgeht. Unzweifelhaft allerdings ist, daß er über den aristotelischen ›Mittelstil‹ hinausgeht und zumindest auch einen hohen Stil akzeptiert.

Aber auch die Zuordnung des mittleren zum hohen Stil geht auf Aristoteles zurück, sie fußt auf seiner Unterscheidung der Beweismittel in drei Klassen: die logische Beweisführung, die affektrhetorischen Mittel und die sittlich-moralische Disposition des Redners, die von den römischen Rhetorikern dann zu den drei ›Affektgraden‹ *docere*, *delectare* und *movere* uminterpretiert werden (s.S.123ff.). Bei Aristoteles aber bilden *ḗthos* und *páthos* eine Einheit, da sie als affektische Mittel von »der Rede selbst« (*Rhet.* I.2.3), d.h. von der sachlogischen Argumentation geschieden sind. Die Affektunterscheidung in eine ›milde‹ und in eine ›erregte‹, eine stärker emotionalisierte Variante sowie ihre Zuordnung zu bestimmten Stilebenen aber ist und bleibt willkürlich – die aristotelische Klassifizierung hatte vermutlich einen anderen Sinn gehabt, nämlich eine Differenzierung der juristischen Beweismittel in eine die Zuhörer und Richter aufrüttelnde Anklage und in eine das Publikum milde stimmende Verteidigung. Entsprechend der Unbestimmtheit des mittleren Stils ist auch das mittlere *officium* des Redners, das *delectare*, relativ vage definiert, und man kann sich nicht ganz des Eindrucks erwehren, daß die Lehre von den *officia oratoris* ursprünglich nur zwei Aufgaben beinhaltet hat, nämlich die des sachlichen Informierens durch das *docere* und die der affektischen Gefühlserregung durch das *movere*, und daß in dieses ältere Zweiersystem später »etwas künstlich das Element des *delectare* eingefügt wurde und zwar, um gegenüber dem inzwischen entwickelten Dreiersystem der *genera dicendi* ein Pendant für das *genus medium* zu haben« (Zundel 1981, 29).

Quintilian übernimmt die Stiltrias von Cicero, der er zunächst in bekannter Manier die rednerischen Aufgaben des *docere*, des *delectare* (bzw. *conciliare*) und des *movere* zuordnet. Doch mit Quintilian kommt zugleich ein neuer Aspekt in die ohnehin unklare Sachlage. Seinen Ausführungen zufolge könnte die Aufgabe des *delectare* nämlich auch anders bestimmt sein: Sie bezieht sich weniger auf den abgeschwächten Affektausdruck, sondern ist vielmehr eine Ausdrucksform, ein Werkzeug der *elocutio* – ein Mittel der sprachlichen Redegestaltung also, das auf die beiden anderen *officia* einwirkt, indem es sowohl die informierend-sachlichen und argumentativen Redeteile ›erfreulich‹, d.h. unterhaltsam gestaltet, als auch die emotionalisierten, stark affektischen Teile ›erträglich‹ macht, also mildert. Bei Quintilian wäre das *delectare* demzufolge keine Stilebene, sondern es dient – nicht mehr den *officia oratoris* unterstellt – allein »der angenehmen, erfreulichen, ästhetischen Gestaltung des gesamten Redetextes, sowohl der Partien, die dem *docere* dienen, als auch derer, die dem *movere* dienen. Der Zuhörer soll durch das *delectare* zum Zuhören gewonnen werden, was erst sekundär als Überredungsmoment wirksam werden kann« (Zundel 1981, 31). Nach dieser Definition Quintilians erfüllt allein das *conciliare* die Funktion der abgeschwächten Affekterregung; das *delectare* ist dagegen eine zunächst zweckfreie Instanz, um das Gesagte ästhetisch anspruchsvoll und psychologisch wirkungsvoll zu präsentieren. Das *docere* wäre demnach auf die Sache, das *movere* auf den Hörer bezogen, das *delectare* auf die sprachliche Form.

Nach Quintilian wird die rhetorische Stillehre noch einmal entscheidend umgedeutet – wenngleich die spätantiken Stiltheoretiker nichts gänzlich Neues in sie hineintragen, sondern lediglich bereits beim Auctor ad Herennium und bei Cicero angelegte Tendenzen aufgreifen, diese aber radikalisieren. Zunächst wird eine feste Relation zwischen der Stilhöhe und dem Stoff der Rede hergestellt, also eine Verbindung konstruiert zwischen dem sprachlichen Ausdruck und den in der Rede behandelten Themen, Inhalten oder Personen. Hier überträgt sich das aus der Poetik stammende Prinzip in die Rhetorik, nach dem ein niederes, also ein unbedeutendes Thema oder eine ›einfache‹ Person eine entsprechend niedere Stilart, ein großes Thema oder eine ›hochgestellte‹ Persönlichkeit dagegen einen erhabenen Stil bedingen. Diese Bindung der Stilhöhe an den Stoff der Rede besagt, daß dem schlichten Stil alltägliche, gebräuchliche Themen entsprechen, die eher privater Natur sind und kein öffentliches Interesse beanspruchen, also nicht aufs Forum oder ins Gericht gehören. Unklar bleibt naturgemäß die stoffliche Zuordnung zur mittleren Stillage – für Quintilian dürfen die darin abgehandelten Inhalte zumindest nicht unwichtig sein. Dem affektbetonten hohen Stil sind all jene Themen zugeordnet, die schon von sich aus emotionale Qualitäten besitzen beziehungsweise deren rednerische Behandlung automatisch die Affekte stimulieren. Cicero hat sie benannt: »Zuneigung, Haß, Zorn, Neid, Mitleid, Hoffnung, Freude, Furcht, Verdruß« (*De or.* II.206). Gerade hierin zeigt sich, warum die Beherrschung des pathetischen Stils so problematisch ist, denn der Redner kann nie ganz sicher sein, ob das gewählte Thema und entsprechend die hohe Stillage tatsächlich diese emotionale Qualität besitzen beziehungsweise beim anwesenden Publikum auch erwekken – ist dies nicht der Fall, verkommt der angestrebte erhabene Ausdruck schnell zum leeren, hohlen Pathos.

Aus der Zuordnung der Stilebenen zu den Redegegenständen ergibt sich freilich ein gravierendes Problem, das die Rhetorik auch in der nachantiken Zeit nicht befriedigend zu lösen vermag: Die Festlegung der Stilhöhen auf Themenbereiche schränkt die Freiheit in der variablen Stilverwendung enorm ein. Anstatt die Stilebenen innerhalb einer Rede zu wechseln, wie es ja die verschiedenen Redeteile durchaus erlauben und wie es der Auctor ad Herennium und Cicero, Quintilian und Pseudo-Longin ausdrücklich gefordert hatten, erstarrt nun die Dreistillehre zu einem festen Raster, dessen Schematismus die individuelle Stilgestaltung und den souveränen Umgang mit den elokutionären Mittel erstickt. Ihre markante Umprägung hat die Stillehre dadurch erfahren, daß die Stilarten nun weniger auf die Redesituationen und -absichten bezogen werden, sondern auf den Inhalt der Rede.

Das Problem einer Schematisierung der rhetorischen Stillehre verschärft sich noch, als der spätantike Grammatiker Servius (um 400 n.Chr.) die aus der *Rhetorica ad Herennium* schon bekannte sozialständische Zuordnung der sprechenden Personen zu den drei Stilhöhen aufgreift und diese Sozialbindung systematisiert: den

Herrschenden angemessen ist der hohe, pathetische Stil, über die ›einfachen‹ Leute spricht man einfach und schlicht. Damit ist der Stil durch den Stoff bestimmt, das elokutionäre, ästhetische Stilverständnis tritt demgegenüber gänzlich in den Hintergrund. Diese aus der antiken Poetik abgeleitete (und später als ›Ständeklausel‹ überaus wirksam gewordene) soziale Bindung der Stilhöhe ebnet einer materiellen Dreistillehre den Weg, die von nun an alle anderen Stilauffassungen dominiert. Von Servius wird sie ins Mittelalter tradiert, das die Sozialbindung weiter schematisiert, wie uns die *rota Vergilii* des Johannes von Garlandia zeigt. In dieser Grafik ist ein Rad mit konzentrischen Kreisen abgebildet, die in drei Sektoren eingeteilt sind; der jeweiligen Stilart im äußeren Kreis, die man beispielhaft in drei Werken Vergils zu erkennen glaubt (*Aeneis*; *Georgica*; *Bucolica*), werden in den inneren Kreisen entsprechende Spezifika zugewiesen – der soziale Stand der agierenden Personen (Heerführer oder Herrscher; Bauer; Hirte), die zudem mit charakteristischen Attributen versehen sind (Schwert; Pflug; Hirtenstab) und oftmals bestimmte historische oder mythologische Namen tragen (Hector und Ajax; Triptolemus und Caelius; Tityrus und Meliboeus). Diesen jeweiligen Gruppierungen entsprechen bestimmte Tiere (Pferd; Stier; Schaf), Bäume und Pflanzen (Lorbeer und Zeder; Obstbaum; Buche) und auch die ›Schauplätze‹ der jeweiligen Handlung (die befestigte Stadt oder das Heerlager; der Acker oder das freie Feld; die Viehweide). Gestützt auch durch das mittelalterliche Ständedenken, setzt sich in der sozialständischen Dreistillehre ein materielles Stilverständnis durch, bei dem eine Stilvariabilität ausgeschlossen ist und die Bezüge zu den *officia oratoris* weitgehend verlorengegangen sind.

4. Aus der Geschichte der rhetorischen Stiltheorie

Die Frühe Neuzeit verbindet die lateinisch-ciceronianische Stiltradition mit den mittelalterlichen Traditionssträngen: Einerseits greift man auf die alte, wirkungsästhetisch bestimmte Stiltrias zurück, andererseits pflanzt sich das sozialständische Stilverständnis fort. Seit dem 16. Jahrhundert, nicht zuletzt vor dem Hintergrund der Entstehung volkssprachiger Rhetoriken und Stillehren, wird die konventionelle Dreiteilung durch breitere Ausdrucksvarianten ersetzt. Diese Ausweitung des normativen Stilideals führt nicht nur zu einem erbitterten Streit unter den Humanisten über den Wert der Nachahmung des ciceronianischen Stilideals (*Ciceronianismus*), sondern auch zu einem exzessiven Stilgebrauch vor allem in der dichterischen Praxis, gegen den wiederum die Stillehren der Zeit entschieden Position beziehen und das Ideal eines einfachen und schlichten Stils propagieren. Doch verlieren diese radikalen *puritas*-Bewegungen in der ersten Hälfte des 17. Jahrhunderts wieder an Bedeutung, in den Gesamtrhetoriken und Poetiken tritt die klassische Dreistillehre zunächst wieder in ihr altes Recht.

Die Auflösung des rhetorischen Stilschemas wird von der cartesianischen Sprachphilosophie eingeleitet, infolge derer sich die seit der Antike bestehende Auffassung vom Kunstcharakter der rhetorischen (und poetischen) Sprache verändert. René Descartes und Theoretiker der Schule von Port-Royal (Antione Arnauld, Pierre Nicole: *La Logique ou l'art de penser*, 1662) nämlich richten ihre Aufmerksamkeit auf eine sozusagen vor der *ars* liegende natürliche Beredsamkeit und sehen in der Sprache nicht mehr die sprachlich-stilistischen Wirkmittel, sondern ausschließlich die sich sprachlich artikulierenden Affekte und Emotionen der Sprechenden: die ›Bewegungen der Seele‹. Die Rationalisten gehen von einer strikten Trennung von rationalem Erkenntnisvermögen und gefühlsmäßigem Empfinden aus, wobei sie die Sprache letzterem zuordnen (und darin abwerten). Dadurch allerdings erfahren die sprachlichen Mittel vor allem in Frankreich und England eine starke Psychologisierung (und damit eine enorme Aufwertung), die systematisiert erstmals dargeboten wird in *De l'art de parler* (1675) von Bernhard Lamy, einem häufig aufgelegten Lehrbuch, dessen Wirkung im 18. Jahrhundert kaum zu überschätzen ist. Mit zur Auflösung des rhetorischen Stilschemas beigetragen hat aber auch die Auffassung von einem ›natürlichen‹ Stil (s.S.38f.), die sich aus einer Anthropologisierung des Stilvermögens herleitet und mit Psychologisierungstendenzen einhergeht. Entwickelt wird diese Stilidee im französischen Klassizismus, der ursprünglich nur den einfachen, klaren Stil einfordert. Während Lamy und auch Nicolas Boileau (*L'Art poétique*, 1674) trotz aller Neuerungen noch die klassische Stiltrias vertreten, kündigt sich in den *Réflexions* (1672) des französischen Jesuitenpaters René Rapin das neue Stilideal einer (scheinbaren) Natürlichkeit an, das auf die traditionelle Stilschichtung verzichtet.

Bei Jean-Jacques Rousseau laufen beide Entwicklungslinien zusammen. Konsequent fordert er Schlichtheit der Gefühle und Aufrichtigkeit des Herzens und erhebt den subjektiv-empfindsamen Stil zum neuen Stilideal. Mit einem ebenso ›natürlichen‹ wie sensualisierten Stil aber ist die rhetorische Auffassung von einer differenzierten Wirkungsintentionalität des stilistischen Ausdrucks obsolet geworden (s.S.38), ein solcher Stil ist allein auf die Gefühle gerichtet. Die Wirkungsfunktion ist in einer Gefühlsästhetik aufgegangen, die sich jeder normativen Definition entzieht. Die theoretischen Grundlagen für diesen Individualstil geschaffen hatten Jean-Baptiste DuBos in seinen *Réflexions critiques sur la poésie* (1719), der eine regelfreie (und pathosorientierte) Stilauffassung vertritt, sowie der Privatgelehrte (und als Naturforscher berühmt gewordene) Graf von Buffon (*Discours sur le style*, 1753), welcher anstelle einer lehr- und lernbaren Stiltheorie den Sprachstil als Ausdruck individueller und anthropologischer Bedingungen sieht: le style est l'homme même. Seine vor der Académie française gehaltene Rede ist »ein Plädoyer für die Verlagerung des Stilbegriffs von außen nach innen, [...] in die Seele, in das Denken, das die Form der Seele ist, und das heißt: für ein Abrücken des Stilbegriffs von der Sprache« (Trabant 1992, 111).

In Deutschland vollzieht sich die Auflösung der rhetorischen Dreistillehre zugunsten eines Individualstils mit einiger zeitlicher Verzögerung. Seit Alexander Gottlieb Baumgartens Begründung der Ästhetik (*Aestetica*, 1750/58) wird auch hierzulande das sensitive Empfindungsvermögen rehabilitiert und einer theoretischen Betrachtung unterzogen. Damit ist der Weg frei auch für ein empfindsames Sprach- und Stilverständnis, wie es neben Johann Georg Hamann vor allem Johann Gottfried Herder in seinen sprachhistorischen und sprachphilosophischen Arbeiten skizziert. In der Folge entwickelt sich die Vorstellung von einem Individualstil als Ausdruck der Persönlichkeit, der sich jeder normativen Definition entzieht. Unter dem Einfluß der Sturm und Drang-Ästhetik gegen Ende des 18. Jahrhunderts wendet sich Karl Philipp Moritz ganz entschieden einer Individualstilistik zu und kappt die Verbindung zur rhetorischen Stillehre. In seinen *Vorlesungen über den Stil* (1793/94) sieht er den Stil nicht mehr als Resultat von Bildung und schriftstellerischer Übung (*ars* und *exercitatio*), sondern als »Inkarnation der persönlichen Gefühle und Gedanken des Autors« (Müller 1981, 85). Hier sind nicht mehr die Regeln der ›Schreibart‹ gefragt, sondern die dem sprachlichen Ausdruck zugrundeliegenden ›Gedanken‹ werden als individuelles stilistisches Vermögen angesehen – als eine Fähigkeit, die außerhalb der Versprachlichungsprozesse angesiedelt ist. Damit hat Moritz das Stilvermögen aus dem Rahmen der Rhetorik herausgelöst und der nicht-regelhaften, individualistischen *natura* des ›empfindenden‹ Subjekts unterstellt. Die Dreistillehre ist, ebenso wie die Figurenlehre, obsolet geworden, als vermeintlich rein mechanisches Räder- und Regelwerk vermögen beide dem individuell-empfindsamen Stil keinen Ausdruck mehr zu verschaffen: Der Ausdruck des Redners, so Moritz, »muß notwendig das Resultat von der Seelenstimmung sein, in welche er sich versetzt hat. Die rednerischen Figuren aber können ja bei dem Redner die erforderliche Seelenstimmung nicht hervorbringen« (*Vorlesungen über den Stil*, 630).

Mit dem Niedergang der rhetorischen Stilistik – die nur eine Facette des umfassenden Traditionsbruchs in der Rhetorik ist – bildet sich allmählich eine eigenständige Disziplin, die ›Stilistik‹ heraus, die in ihren Anfängen, also in der zweiten Hälfte des 18. Jahrhunderts, noch kaum etwas anderes ist als die um eine differenzierte Stillehre erweiterte traditionelle *elocutio* (Johann Christoph Adelung: *Ueber den Deutschen Styl*, 1785). Erst im Verlauf des 19. Jahrhunderts wird die Funktion der *elocutio* bestritten; allein die für den Schulgebrauch konzipierten, ganz pragmatischen Stillehren transportieren die Kernelemente der *virtutes elocutionis* und selbst Teile der Figurenlehre weiter bis ins 20. Jahrhundert hinein, wo auch diese in den zahlreichen populären Stillehren schließlich gänzlich untergehen (Eduard Engel, *Deutsche Stilkunst*, 1912; Ludwig Reiners, *Stilkunst*, 1943; Wolf Schneider, *Deutsch für Kenner*, 1987). Erst in jüngster Zeit scheint innerhalb der Stilistik eine Rückbesinnung auf die rhetorischen Grundelemente der Disziplin stattzufinden: Zu lange hatte man die stilistische Analyse weniger auf die Untersuchung konkreter sprachlicher Erscheinungen gerichtet, sondern mehr den Text ›als Ganzes‹ zu erfassen versucht – oftmals mehr intuitiv als analytisch – oder den Stil eines Autors, einer Epoche oder gar den einer Nation bestimmt.

Anders als bei der Dreistillehre hat es ein festes System der Figurenlehre »in der Geschichte der Rhetorik nie gegeben. Das Kriterium für die Aufnahme oder Ausgrenzung von Elementen war die vom einzelnen Autor abhängige allgemeine Überlegung, ob sie für die sprachliche Gestaltung von Texten als wichtig anzusehen seien oder nicht« (Knape 1994, 1023). Die über die Zeiten hinweg zu beobachtenden Veränderungen belegen, daß Figurenkataloge ihrer Struktur und Inhalte nach variabel sind und es auch sein müssen, denn die historische, sprachliche und kulturelle Bedingtheit des *ornatus* erfordert ein ständig revidierbares Modell und nicht ein überzeitliches, universal gültiges System. Allein hinsichtlich der Gliederungsprinzipien läßt sich seit dem Auctor ad Herennium und vor allem seit Quintilian ein einigermaßen festes Raster erkennen, das im Grunde erst im 20. Jahrhundert aufgelöst wird.

Quintilian unterteilt seine Figurenlehre in Tropen (*tropi*) und in die eigentlichen Figuren (*figurae*), und letztere noch einmal in Gedankenfiguren (*figurae sententiarum*), Wortfiguren (*figurae verborum*) und in die Wortfügung (*compositio*). Seine Systematik basiert also auf einer grundlegenden Zweiteilung von Tropen und den rhetorischen Figuren im engeren Sinne. Als Tropen wurden schon vor

Quintilian alle Wendungen klassifiziert, die nicht im eigentlichen, sondern in einem übertragenen, meist bildlichen Sinn verwendet werden. Diesen Unterschied zwischen Gemeintem und Gesagtem gibt es bei den Figuren nicht: Ohne den gemeinten Wortlaut zu verändern, verdeutlichen, veranschaulichen oder schmücken die Figuren den sprachlichen Ausdruck. Diese grundlegende Zweiteilung in Tropen und Figuren ist aber schon seit alters her strittig und teilweise auch willkürlich geblieben, wenngleich sie bis in die jüngste Rhetorikgeschichte aufrechterhalten worden ist. Erst Heinrich F. Plett und die Lütticher »Groupe μ« betrachten die Tropen konsequent als einen Teil der rhetorischen Figuren und ordnen sie diesen auch zu.

	ornatus		
Tropen	Figuren		
per immutationem	Gedankenfiguren	Wortfiguren *per adiectionem* *per detractionem* *per transmutationem*	Wortfügungen

Schematische Darstellung der Figurenlehre Quintilians

Hinter Quintilians Zweiteilung des rhetorischen Figurensystems läßt sich allerdings noch ein weiteres Kategorisierungsschema erkennen, das zumindest die Tropen und Wortfiguren erfaßt. Gemeint sind die (erst später so genannten) vier Änderungskategorien (*quadripartita ratio*), die durch Hinzufügung (*per adiectionem*), Auslassung (*per detractionem*), durch Umstellung (*per transmutationem*) oder durch die tropische Ersetzung von Wörtern oder Wortgruppen (*per immutationem*) viele der Figuren übersichtlich ordnen. In dieser durchdachten und brauchbaren Systematik macht sich allerdings die von Quintilian beibehaltene Trennung von Tropen und Figuren störend bemerkbar, denn nach dem Funktionsprinzip der vier Änderungskategorien müßten die durch *immutatio* gebildeten Tropen eigentlich zwingend zu den Figuren gerechnet werden.

Mit Quintilian verstärkt sich aber auch die seit den Sophisten (und auch von Aristoteles) gehegte Vorliebe, die rhetorischen Figuren in allererster Linie als stilistisch-affektische Phänomene zu betrachten und nicht als argumentationssteuernde Strukturen beziehungsweise als argumentative Sequenzen. Obwohl der Autor der *Institutio* explizit das argumentative Potential der Figuren hervorhebt, sind sie ihm in Wirklichkeit doch nur Mittel einer effektvollen Abweichung von einer als wirkungslos empfundenen sprachlichen ›Normalstufe‹. Im Grunde institutionalisiert Quintilian damit die einseitige Überbetonung der affektischen Figuren auf Kosten der argumentativen und begründet hier eine Tradition, die sich auch nach seiner Wiederentdeckung zu Beginn des 15. Jahrhunderts in der gesamten Frühen Neuzeit fortschreibt. Die enge Verbindung von Rhetorik und Dichtkunst seit der Renaissance sorgt zudem dafür, daß viele der poetisch-literarischen Figuren ins rhetorische Figurensystem eindringen. Die zunehmende Überbetonung der *elocutio* in der Rhetoriktheorie und die partielle Verselbständigung der Figurenlehre sind hauptverantwortlich dafür, daß die spätscholastische Logik das rhetorische System zerschlagen kann und die Rhetorik zu dem zurechtstutzt, was seit der Frühen Neuzeit als ihr eigentlicher Inhalt angesehen wird: zu einer reinen *elocutio*-Rhetorik. Damit beginnt aber auch jene unheilvolle Geschichte eines großen Mißverständnisses, nach dem die Rhetorik allein auf die *elocutio* beschränkt und ausschließlich als Stil- und Figurenlehre betrachtet wird.

Mit dem Niedergang der Rhetorik im Laufe des 18. Jahrhunderts wandern die rhetorischen Figuren teilweise in die sich allmählich von der Rhetorik emanzipierende Stilistik hinüber, teilweise fallen sie schlicht und einfach dem Vergessen anheim. Für das Verständnis der rhetorischen Figuren im 20. Jahrhundert bedeutsam sind die seit den 60er Jahren unternommenen Versuche, das Figurenmodell zu erweitern und zu verändern. Während in Deutschland Heinrich Lausberg mit seinem *Handbuch der literarischen Rhetorik* (1960) beziehungsweise mit seinen *Elementen der literarischen Rhetorik* (1949, ²1963) die rhetorische Textanalyse nach klassischem Muster wiederbelebt hat, sind zeitgleich verschiedene Versuche unternommen worden, neue rhetorische Textmodelle zu entwickeln, um über das reine Benennen einzelner Figuren hinauszugelangen und zu einer linguistisch motivierten, in sich geschlossenen Stiltheorie der Rhetorik zu gelangen. Sie stammen vor allem aus der französischsprachigen und angloamerikanischen Rhetorik, in der deutschsprachigen Rhetorik hat Heinrich F. Plett das rhetorische Figurensystem modifiziert. Alle Modelle zeichnen sich dadurch aus, daß neben semiotischen und linguistischen Aspekten auch kommunikationstheoretische und kulturelle Gesichtspunkte in die Systematiken eingeflossen sind – und daß dadurch das alte rhetorische Modell zwar erweitert, nicht aber grundsätzlich verändert wurde.

Die Lütticher Rhetorikergruppe »Groupe μ« – zu der unter anderem Jacques Dubois und Jean-Marie Klinkenberg gehören – erweckt mit dem Titel ihrer Gemeinschaftsarbeit *Rhétorique générale* (1970) zunächst falsche Vorstellungen, denn keinesfalls handelt es sich hierbei um eine *Allgemeine Rhetorik* – so die deutsche Übersetzung –, sondern lediglich um eine Darstellung der *elocutio*. Ihr Figurenmodell basiert auf insgesamt vier möglichen Abweichungen von einer Nullstufe (*degré zéro*), die in etwa den schon in der Antike verwandten vier Änderungskategorien entsprechen: Die Detraktion (*suppression*), die Adjunktion (*adjonction*), die Immutation (*suppression-adjonction*) und die Transmutation (*permutation*). Die Operationen können sich auf der Wort-, der Satz- und der Bedeutungsebene vollziehen, daraus leiten sich drei Figurenklassen ab, die Metaplasmen, die Metataxen und die Metaseme. Eine vierte Klasse, die der Metalogismen, beschreibt alle sprachlichen Strukturen, die den logischen Wert eines Satzes verändern und deshalb auf der rein sprachlichen Ebene nicht mehr zu fassen sind – sie entsprechen ungefähr den klassischen Gedankenfiguren. Dieser Entwurf erweist sich bei näherem Hinsehen keineswegs als die phänomenale Neuerung, als welcher er angekündigt wird. Allerdings gelingt es darin wie in keinem anderen System, auch satzübergreifende, textuelle Phänomene zum Gegenstand der Betrachtung zu machen. Fraglich bleiben jedoch einige andere Thesen in der *Rhétorique générale*; dazu gehört die behauptete generelle Übertragbarkeit der rhetorischen Figuren auf andere Zeichensysteme, die implizit vollzogene Gleichsetzung von elokutionärer mit rhetorischer Kompetenz und die Aufhebung der Grenze zwischen Rhetorik und Poetik.

Eine weitere Modifikation des klassischen Figurenmodells unternimmt Heinrich F. Plett in seinem Buch *Textwissenschaft und Textanalyse* (1975), worin fünf sprachliche Operationen voneinander unterschieden werden, vier regelverletzende (Addition, Subtraktion, Substitution, Permutation) und eine regelverstärkende (Äquivalenz), wobei letztere durch verschiedene Suboperationen (Position im Satzgefüge, Umfang, Ähnlichkeitsgrad, Häufigkeit im Text etc.) weiter differenziert wird. Anhand linguistischer Beschreibungskriterien gelangt Plett zu insgesamt fünf Figurengruppen: (1) phonologische, (2) morphologische, (3) syntaktische, (4) semantische und (5) graphemische Figuren. In diesem Modell entfernt sich Plett sehr viel entschiedener von der klassischen Figurenlehre als noch in seinem früheren Entwurf (*Einführung in die rhetorische Textanalyse*, 1971), in dem er schon die Trennung von Figuren und Tropen überwunden und die traditionellen vier Änderungskategorien in überzeugender Manier variiert und erweitert hatte. Seine spätere, semiotisch-linguistische Figurenlehre, und das gleiche gilt für die der Groupe μ, muß sich dagegen die Frage gefallen lassen, ob sie tatsächlich ein konkretes Struktursystem von einsichtigen Memorialtopoi liefert, die der Interpret bei der rhetorischen Textanalyse abrufen kann.

VI.
Die Performanzstadien der Rede

Gemäß den fünf Produktionsstadien gehören das Einprägen der Rede ins Gedächtnis (*mnémē*; *memoria*) und der eigentliche Vortrag (*hypókrisis*; *actio, pronuntiatio*) zu den beiden letzten Arbeitsphasen, die der Redner zu bewältigen hat. Sie zählen nicht zu den Textproduktionsstadien im engeren Sinne und werden deshalb auch als die beiden ›Performanzstadien‹ oder die ›aktionalen Redephasen‹ zusammengefaßt. Während *memoria* und *actio* für die mündliche Beredsamkeit große Bedeutung besitzen, entfallen sie bei den schriftlichen Formen der Rhetorik.

1. Memoria

Die meisten Lehrbücher zur Rhetorik geben lediglich knappe Anweisungen zur *memoria*, wohl auch deshalb, weil sie nur anhand von konkretem Beispielmaterial anschaulich gemacht und weniger nach abstrakten Vorschriften gelehrt werden kann. Meist beschränkt man sich auf wenige praktische Hinweise, etwa der Art, daß man eine längere Rede abschnittsweise auswendig lernen, daß man das Gelernte laut hersagen soll, um es dem Gedächtnis auf intensivere Art und Weise zugänglich zu machen, und daß eine exakt ausgearbeitete *dispositio* bei der *memoria* behilflich ist. Die Anweisungen gehen kaum über das hinaus, was der gesunde Menschenverstand und die entsprechende Erfahrung vorgibt – und das hat sich bis heute nicht geändert: Was man über die Mnemotechnik in den neueren Handbüchern findet, »ist an ratlosen Zirkeln nicht zu überbieten, schwankt zwischen Eselsbrücken und humanistischen Gemeinplätzen« (Haverkamp 1990, 89). Aus der Antike besitzen wir allein vom Auctor ad Herennium eine vergleichsweise ausführliche Darstellung der *memoria*, während Cicero und Quintilian unverblümt alle Grundkenntnisse voraussetzen und sich dementsprechend kurz fassen. Besonders problematisch ist, daß alle Lehrbücher mit konkreten Beispielen überaus sparsam sind, so daß wir nur einen sehr beschränkten Einblick in die konkrete Praxis der antiken Mnemotechnik (*ars memoriae, ars memorativa*) bekommen.

Diese Knappheit ist einerseits erstaunlich, war die *memoria* doch unumgänglicher Bestandteil jeder Redevorbereitung – schon aus technischen Gründen, denn ein Manuskript im heutigen Sinne gab es damals nicht, weil Papier oder ähnliche Hilfsmittel noch unbekannt waren, so daß sich der Redner nicht nur die gesamte Rede (die im Extremfall mehrere Stunden dauern konnte) gedächtnismäßig aneignen, sondern auch während des Entstehungsprozesses die einzelnen Teile der Rede schon mehr oder weniger auswendig lernen mußte. Bei dieser Prozedur konnte er sich zwar auf schriftliche Notizen stützen, doch standen ihm dazu nur Wachstafeln zur Verfügung, auf denen einmal Notiertes nicht dauerhaft konserviert werden konnte. Andererseits lassen sich die nur dürftigen Auskünfte zur *memoria* auf einen plausiblen Umstand zurückführen: Die Mnemotechnik war zur damaligen Zeit allgemein bekannt – so bekannt, daß sie in den Rhetoriklehrbüchern von Cicero und Quintilian offensichtlich vorausgesetzt werden konnte. Das läßt darauf schließen, daß sie schon vor der römischen Antike systematisiert und zu einer kunstvollen *ars* ausgebaut worden ist – was auch nicht verwundert, denn in »einer Welt [...] ohne reproduzierbare Informationsträger [...] steht die Mnemotechnik als kulturelle Basis hoch im Kurs« (Harth 1991, 22). Angesichts dieser kulturhistorischen Bedeutung der Mnemotechnik mutet es merkwürdig an, daß die ganze Antike über diskutiert wurde, ob das Gedächtnis eher eine natürliche, angeborene Fähigkeit oder das Produkt einer kunstvollen methodischen Übung sei. Die Technik eines solch ›künstlichen‹ Gedächtnisses stand dann allerdings allen Lehr- und Wissensgebieten offen, wie überhaupt die Mnemotechnik zunächst außerhalb der Rhetorik entwickelt und erst im Laufe der hellenistischen Rhetorikgeschichte ins rhetorische System übertragen worden ist. Umgekehrt hat sich die Rhetorik aus naheliegenden Gründen für die Mnemotechnik interessiert und sich dabei »zweifellos als ihr allerbester Anwalt in der europäischen Kulturgeschichte erwiesen« (Harth 1991, 24).

Wie das in den Anfängen ausgesehen hat, ist heute nur vage rekonstruierbar: Der voraristotelischen Rhetorik ist die *memoria* – als Bestandteil des Lehrgebäudes – unbekannt, allerdings haben schon die Sophisten die Mnemotechnik in Verbindung zur Rhetorik gebracht und sie zu einer Kunstlehre ausgebaut, die in Grundzügen wahrscheinlich schon von Hippias von Elis (5. Jh. v.Chr.), ganz sicher aber von dem Rhetor und Tragiker Theodektes (ca. 377-336 v.Chr.), einem Zeitgenossen des Aristoteles, fertiggestellt wurde. Aristoteles selbst behandelt die *memoria* in seiner *Rhetorik* nicht, er hat sich jedoch in seiner Schrift über *Gedächtnis und Erinnerung* (*perì mnḗmēs haì anamnḗseōs*) – die in den Umkreis seiner Untersuchungen über die Seele (*perì psychḗs*) gehört – zur Mnemotechnik geäußert, und einige kurze Bemerkungen finden sich auch in der *Topik* (163 ᵇ 28-30). Allerdings läßt sich Aristoteles dort, wie vor ihm schon Platon, eher über philosophische und erkenntnistheoretische Aspekte denn über die technischen Konzepte einer Gedächtnislehre aus. Verschiedene Hinweise lassen aber darauf schließen, daß Aristoteles nicht nur mit der zeitgenössischen Mnemotechnik vertraut war, sondern daß diese in etwa schon die Umrisse der sehr viel späteren *Rhetorica ad Herennium* gehabt haben muß (Blum 1969, 80). Mit ihr wiederum liegt uns zugleich der vollständigste Text zur antiken *memoria* vor, der auch die eigentliche Blütezeit der Mnemotechnik in Rom einleitet.

Die ›Erfindung‹ der *memoria* wird aber schon in der Antike dem Dichter Simonides von Keos (um 557-467 v.Chr.) zugeschrieben. In *De oratore* berichtet Cicero vom mythischen Ursprung der Mnemotechnik in einer recht drastischen Geschichte: Simonides sei zu einem Gastmahl eingeladen gewesen, und während er für kurze Zeit den Festsaal verlassen habe, sei dieser eingestürzt und die tonnenschweren Trümmer hätten alle dort verbliebenen Gäste erschlagen. Die bis zur Unkenntlichkeit entstellten Toten seien nur von Simonides zu identifizieren gewesen – er nämlich habe sich an die Sitzordnung erinnert und somit die Plätze bestimmen können, an denen die Gäste zuletzt gesessen hätten. Diese Begebenheit berichtet zugleich – und das macht sie so interessant – über die Technik der antiken *memoria*: Simonides erinnert sich an die Sitzordnung der Gäste und kann dadurch Gedächtnisbilder (die anwesenden Gäste) mit einer Raumstruktur (der Tischordnung) verbinden beziehungsweise sie dort verankern und speichern.

Die Mnemotechnik bietet ein System zur Einprägung und Wiedererinnerung durch die Umformung des sprachlichen Materials – des Redetextes – in ein künstliches, ›technisch‹ geformtes Gedächtnissystem. Die mnemotechnische Arbeit besteht aus drei nacheinander zu absolvierenden Schritten:

(1) Zunächst muß die fertige Rede, der versprachlichte Text, in ein nicht-sprachliches Gebilde, in Bilder (*imagines*), umgewandelt werden, d.h. der Redner soll sich die Zusammenhänge, über die er redet, bildhaft vorstellen und die darin enthaltenen Einzelteile zu einem leicht einprägsamen Handlungsablauf verdichten. Für die Gerichtsrede erweist sich dieses Verfahren als recht taugliches Mittel: War beispielsweise einen Giftmord zu rekapitulieren, dann entwarf der Redner eine Szene, in der das Opfer schon daniederliegt, den Täter plaziert er gleich daneben, den Giftbecher noch in der Hand. Diese Vorschläge fußen auf der (von der modernen mnemotechni-

schen Forschung bestätigten) Erkenntnis, daß visuelle Eindrücke nicht nur stärker im Gedächtnis haften als nicht-visuelle, sondern daß die Eindrücklichkeit durch menschliche Akteure und Bewegungen innerhalb der Gedächtnisbilder noch gesteigert wird (*imagines agentes*). Komplizierter wird es, wenn keine konkreten Geschehnisabläufe, sondern abstrakte Sachverhalte zu memorieren sind. Hier empfehlen die Lehrbücher Sinn- bzw. Merkbilder (statt Abbilder), die den Sachverhalt verknappen, aber aussagekräftig und einprägsam zusammenfassen, also etwa einen Anker für Seehandel oder Schiffahrt oder eine Lanze für Militärwesen oder Krieg.

(2) Die Gedächtnisbilder werden anschließend in eine Reihenfolge gebracht, die sich der Redner mittels räumlicher oder geographischer Strukturen schafft. Meist stellte man sich hierbei architektonische Gebilde vor – einen Palast, ein Haus, einen Garten –, die der Redner in einer bestimmten Ordnung durchschreitet und in deren Zimmern die einzelnen Bilder aufgehängt und aufgestellt sind. Wenn die Gedächtnisbilder so in eine Ordnung (*series, ordo*) gebracht sind, können die einzelnen Orte (*tópoi, loci* oder *sedes*) wie Haustüren in einer Straße oder die Zimmer eines Hauses durchnumeriert und als Struktur schließlich im Gedächtnis abgespeichert werden.

(3) Beim Vortrag selbst wird diese Raumstruktur dann vom Redner Schritt für Schritt ›abgegangen‹, wobei er die einzelnen Vorstellungsbilder ›liest‹ und diese dann wieder in Sprache, in den Redetext, umsetzt. »Wir müssen uns das etwa so vorstellen, daß der antike Redner, während er seinen Vortrag hält, im Geist durch sein Erinnerungsgebäude geht und an allen erinnerten Orten die dort deponierten Bilder abnimmt« (Yates 1990, 12). Er läßt also das räumliche (und das damit verknüpfte bildhafte) Schema am inneren Auge vorüberziehen und findet darin die ›abgelegten‹ Inhalte oder Worte wieder. Dabei muß ihm die Raumstruktur der Erinnerung so vertraut sein, daß er den Gedächtnisfaden an jedem beliebigen ›Ort‹ aufnehmen und mit der Reproduktion der Erinnerung beginnen kann: Die Struktur der Gedächtnisorte soll es erlauben, nicht nur an jeder beliebigen Stelle ›einsteigen‹, sondern die Struktur sowohl vorwärts wie rückwärts ›abgehen‹ zu können. Damit hat sie sich soweit verselbständigt, daß die mit ihr verbundenen Bilder beziehungsweise Inhalte auch gelöscht werden können und die Erinnerungsstruktur wieder frei wird für neue *imagines*. In dieser Form ist die Mnemotechnik quasi zur Umkehrung des Buchstabenlesens geworden, und wohl deshalb lag schon in der Antike der Vergleich des künstlichen Gedächtnisses mit einer Textstruktur nahe – Cicero merkt in seinen *Partitiones oratoriae* an, daß die *memoria* »irgendwie

eine Zwillingsschwester der schriftlichen Festlegung und trotz aller
Unähnlichkeit ihr letztlich sehr ähnlich ist« (VII.26). Die *loci* wären
demnach vergleichbar mit den Wachstäfelchen – dem Schreibzeug
der antiken Autoren –, die bleiben, wenn das darauf Geschriebene
ausgelöscht wird, und die danach bereit sind, neue Buchstaben aufzunehmen.

Diese an sich probaten Anleitungen zur rhetorischen Mnemotechnik erscheinen uns heutigen Lesern allerdings in zweierlei Hinsicht als ziemlich befremdlich. Denn zum einen empfahlen die antiken Theoretiker die bildhaften Merkhilfen nicht nur als Gedächtnisstützen, sondern diese sollten zugleich intensiviert und affektisch gesteigert werden. Die nur sehr spärlichen Beispiele zu einem solchen Verfahren bieten ein bizarres Panoptikum ausgefallener Szenerien, die uns größtenteils absurd vorkommen. Und zum anderen galten die Empfehlungen zur Visualisierung des Redetexts nicht nur für die Redeinhalte, sondern auch bis hin zu jedem einzelnen Wort. Die *memoria* konnte nämlich auch das wörtliche Auswendiglernen des gesamten Textes meinen (*memoria verborum*), sie war also nicht auf das Einprägen lediglich der gedanklichen Zusammenhänge (*memoria rerum*) beschränkt. Wenngleich sich Cicero und Quintilian darin einig sind, daß die Leistung des Sach- oder Faktengedächtnisses der des Wortgedächtnisses überlegen ist, so geht der Auctor ad Herennium ganz ernsthaft davon aus, daß eine bildhafte Umsetzung nicht nur für Sachverhalte und Handlungsabläufe möglich ist, sondern auch für jedes einzelne Wort in Frage kommt. Allerdings setzt diese Technik nicht nur ein unbegrenztes Bilderarsenal voraus, sondern auch die Fähigkeit, die Bilderflut zu strukturieren und im Gedächtnis abzuspeichern. Quintilian scheint da ganz recht zu haben, wenn er diese Art der Mnemotechnik, bei der jedes Wort in ein konkretes Bild umgesetzt wird, in Zweifel zieht – schon weil damit die Erinnerungsleistung schlicht und einfach überfordert wäre: »Denn wie soll dann die Rede im Zusammenhang dahinfließen, wenn man wegen jedes einzelnen Wortes auf die einzelnen Sinnbilder blicken muß?« (*Inst.or.* XI.2.26). Da hält es Quintilian lieber mit Cicero, der den Sinn und Zweck der Mnemotechnik dahingehend zusammengefaßt hatte: »Das eigentliche Feld des Redners ist die Technik, sich Inhaltliches einzuprägen« (*De or.* II.359). Ciceros Plädoyer für die *memoria rerum* dürfte sich nicht zuletzt seinen Erfahrungen als Prozeßredner verdanken: Zwar konnte ein Rhetor sein Plädoyer ausführlich und dementsprechend auch mnemotechnisch im Sinne der *memoria verborum* vorbereiten, doch mußte er sich während des gesamten Prozeßverlaufes auch die Positionen und Argumente der Gegenseite einprägen, um darauf effektiv und flexibel eingehen zu können, und dazu bedurfte es der Memorierung der inhaltlichen Hauptpunkte und der Wahrung des Überblicks, mithin der *ordo*, die allein mittels der *memoria rerum* zu erlangen ist.

In der heutigen Rhetorik hat sich diese Frage, ob man einen Text Wort für Wort auswendig lernen oder sich lediglich die wichtigen Stichworte einprägen soll, weitgehend erübrigt. In der Regel geht man davon aus, daß ein Stichwortzettel die beste Memorierhilfe ist, weil eine vollständig auswendig gelernte Rede einerseits das Gedächtnis des Redners rasch überfordert und jedes Stocken den Schwung der Rede unterbrechen würde, und weil andererseits ein vollständig ausformuliertes Manuskript den Sprechduktus behindert und ein abgelesenes Manuskript allzu oft einfach nur ›heruntergeleiert‹ wird.

2. Actio

Die *actio* bezeichnet den ausdrucksvollen Redevortrag, also die rhetorische Praxis im engeren Sinne, und nimmt in der klassischen Rhetorik den letzten Platz unter den fünf Produktionsstadien ein. Mehr noch als die *memoria* unterliegt die Vortragskunst dem merkwürdigen Dilemma, daß sie in der rhetorischen Theorie nicht allzu ausführlich behandelt wird – trotz der Einsicht in die Wirkungsmächtigkeit die *actio* und der Erkenntnis, daß sich der rhetorische Erfolg nicht nur den vorgetragenen Argumenten oder ihrer sprachlichen Formulierung verdankt, sondern auch der Vortragsweise und dem Auftreten des Redners. In der Antike ging man einerseits davon aus, daß die Art des Vortrags »für den Redner am meisten nützlich ist und am meisten zur Überredung beiträgt« (*Her.* III.11.19), und auch Cicero konstatiert: »Der Vortrag [...] hat in der Redekunst allein entscheidende Bedeutung. Denn ohne ihn gilt auch der größte Redner nichts, ein mittelmäßiger, der ihn beherrscht, kann aber oft die größten Meister übertreffen« (*De or.* III.213). Andererseits sind sich alle Theoretiker darin einig, daß der ›richtige‹ Auftritt weniger auf theoretischen Maximen beruht als vielmehr auf der individuellen Erfahrung der Redners, zu der die Lehre nur sehr allgemeine Angaben machen kann. Und so verwundert es kaum, daß – ähnlich wie schon bei der Mnemotechnik – auch im Zusammenhang mit der *actio* gefragt wurde, ob diese eher auf natürlicher Begabung beruht oder ob sie methodisch erlernbar ist. Aristoteles, der sich nur sehr knapp zur *hypókrisis* äußert, führt die Vortragskunst ganz entschieden auf das »natürliche Talent« des Redners zurück und begründet somit, daß er sie nicht in einem eigenen Kapitel behandelt: Sie sei eben »nicht eine Sache, die im Bereich der Theorie liegt« (*Rhet.* III.1.7). Die römischen Theoretiker beantworten diese Frage meist mit einem Kompromiß, doch betonen sie generell den Aspekt der *ars* sehr viel stärker als den der *natura*. Cicero und Quintilian erzählen beide die Anekdote, wonach Demosthenes, der berühmteste Redner der griechischen Antike, seine rednerischen Auftritte vor dem Spiegel geprobt, seine Atemtechnik durch Bergwanderungen geschult und seine Stimme durch das Deklamieren mit einem Kieselstein im Mund gestärkt habe. Sogar seine fehlerhafte Gestik – Demosthenes soll beim Sprechen immer eine Schulter hochgezogen haben – hätte er korrigieren können, indem er während seiner Sprechübungen eine Lanze in Schulterhöhe über sich gehängt habe. Danach befragt, welchen Rang er dem Vortrag unter allen rhetorischen Fertigkeiten zumißt, soll Demosthenes geantwortet haben: den ersten, zweiten und den dritten.

Die *actio* dient in erster Linie dazu, den Inhalt des Gesagten zu unterstreichen und zu verdeutlichen. Der eigentliche Zweck der *actio*-Lehre besteht aber darin, daß der Redner durch die richtige Körpersprache und Stimmführung zumindest den Eindruck erweckt, er sei an dem, was er vorträgt, innerlich wirklich beteiligt (Maier-Eichhorn 1989, 21). Im System der klassischen Rhetorik werden die Begriffe *actio* und *pronuntiatio* noch weitgehend synonym verwendet, erst seit der Frühen Neuzeit bezeichnet *pronuntiatio* explizit den stimmlichen Vortrag (auch *vox, figura vocis*), während *actio* die körperliche Beredsamkeit (auch *motus, motus corporis*) meint. Letztere wird noch einmal getrennt in die Bewegungen der Körpers, also Gesten und Gebärden (*gestus*), und in Mimik beziehungsweise Mienenspiel (*vultus*). Auch der stimmliche Vortrag wird nach verschiedenen Kriterien klassifiziert, nach Stimmumfang (*magnitudo*), nach Festigkeit (*firmitudo*) und Geschmeidigkeit (*mollitudo*) oder nach Lautstärke, Modulation und Rhythmus. Zu allen Kategorien werden jeweils recht schematische Raster angeboten, doch fehlt selten der Hinweis, daß der Redner diese Mittel abwechslungsreich einsetzen soll, teilweise gibt es sogar Vorschriften für die einzelnen Redeteile beziehungsweise für die unterschiedlichen Gattungen der Rede.

Mehr oder weniger feste Vorschriften gibt es auch für die Körperberedsamkeit, doch auch hier kommt es primär auf den situativen Einsatz der Mittel und auf Abwechslung, Nuancierung und letztlich Fingerspitzengefühl an. Das Repertoire der empfohlenen Möglichkeiten reicht vom ruhigen und gelassenen Gesprächston mit würdevollen, sparsam eingesetzten Gesten bis hin zum feurigen, lauten Auftritt, einer atemlosen Stimmführung mit schnellen und heftigen Bewegungen und Aufstampfen, was zu furioser Theatralik gesteigert werden konnte: »Wenn wir aber den steigernden Ton in Form des Wehklagens anwenden, so muß man auf die Schenkel klatschen, gegen den Kopf schlagen, das Gebärdenspiel muß mitunter gemäßigt und beständig, die Miene traurig und verstört sein« (*Her.* III.15.27). Doch ganz generell ziehen die Autoren die Natürlichkeit des Auftretens einer forcierten Künstlichkeit vor und sehen in der Glaubwürdigkeit das ausschlaggebende Kriterium. Die aktionalen Mittel, so resümiert Cicero in den *Partitiones oratoriae*, »werden dann die größte Wirkung erzielen, wenn sie mit der Art der Rede übereinstimmen und deren Gewicht und Vielgestaltigkeit entsprechen« (VII.25).

Der Haupttenor aller Empfehlungen lautet stets, daß die Inhalte und Botschaften der Rede im Vordergrund stehen und der Redner diese durch seine Körpersprache und Stimmführung unterstützen und die *actio* dementsprechend ausrichten soll. Daß dies in der rhetorischen Praxis keineswegs immer befolgt wurde, belegen zahlreiche Beispiele aus der Geschichte der Beredsamkeit. Von den Deklamatoren der römischen Kaiserzeit, als die Rhetorik schon vom Forum verdrängt und in den realitätsfernen Schulbetrieb abgeschoben war, wissen wir beispielsweise von schauspielerhaften Vorträgen, von mehr oder weniger gesungenen Deklamationen, von falschem Pathos und einer überaus affektierten Gestik und Mimik, von auffälliger Kleidung und von falschem Haar. Aus Tacitus' Schähschrift *Dialogus de oratoribus* stammt der Spruch, »unsere Redner sprächen zierlich, die Schauspieler tanzten beredt« (26.3).

Am ausführlichsten beschäftigt sich Quintilian mit der *actio* des Redners, »mit geradezu penibler Gründlichkeit wird jeder einzelne Körperteil einer genauen Analyse unterzogen« (Maier-Eichhorn 1989, 32): Zuerst die Kopfstellung, das Mienenspiel, die Augen und die Lippen, dann der Nacken, die Schultern, die Arme und vor allem die Hände und Finger mit ihren zahlreichen Ausdrucksmöglichkeiten, schließlich die Bein- und Fußstellung. Quintilian bereichert die rhetorische *actio*-Lehre vor allem durch seine detaillierten Vorschriften zur sogenannten Chironomie, also zu Handbewegungen und Fingerstellungen, die er auf ihre affektische Wirkung hin analysiert. Dies ist zugleich ein Beleg für die enorme Bedeutung solch kleiner Gesten im Altertum, die uns auch aus der griechischen Kunst bekannt sind. Quintilian verdanken wir schließlich auch Einblicke in die historischen Bedingungen und Techniken des Redevortrags. Dazu gehörte beispielsweise, daß die Redner im Altertum grundsätzlich frei sprachen, also kein Pult und kein Manuskript zur Verfügung hatten, und mit der linken Hand die Toga halten mußten, während die rechte Hand zur Gestik eingesetzt werden konnte.

Die Mimik hat besonders für die Autoren eine große Bedeutung, die an der affektischen Steigerung der Rede durch die *actio* interessiert sind. »Doch vom Gesicht hängt alles ab«, erklärt Cicero in *De oratore*, ganz besonders von den Augen. Cicero und Quintilian weiten die *actio* auf das äußere Aussehen des Redners und dessen Kleidung aus und stellen Zusammenhänge zwischen *actio* und *ēthos* des Redners her: Ihr »Rednerideal, der weise, gebildete Redner und Philosoph zugleich, zeigt sich als Vorbild auch bei seinem maßvollen Auftreten vor dem Publikum« (Steinbrink 1992, 48).

Insgesamt erweist sich die *actio* als ein flexibles Arbeitsstadium, dessen wenige Regeln die Lehrschriften vermitteln können, das aber wesentlich auf Übung und Erfahrung basiert. In den modernen Populärrhetoriken ist die Individualisierung des Vortrags, die unterschwellig schon in den antiken Theorien gefordert wurde, zum alles beherrschenden Leitsatz erhoben worden, während der übrige rhetorische Regelkanon meist über Bord ging. Angesichts dieser Ent-Regelung ist es ein wenig erstaunlich, daß gerade die *actio* das Hauptgewicht in den populärrhetorischen Ratgebern ausmacht. Doch spiegelt sich darin eben auch jene naive Vorstellung, daß das Gelingen einer Rede einzig und allein vom Auftreten des Redners abhängt, von seiner Körpersprache und – ein stets behandeltes Problem – vom richtigen Umgang mit dem Lampenfieber. Auf dieser Schwundstufe der Rhetoriktheorie hat die *actio* auf fatale Weise eine so große Bedeutung bekommen, daß sie alle anderen Bereiche der rhetorischen Kunstlehre (wenn diese überhaupt präsentiert werden) überstrahlt. Mit zu dieser Trivialisierung beigetragen hat aber auch das gegenwärtige Interesse an Körpersprache, Ausdruckspsychologie und nonverbaler Kommunikation. Besonders die sogenannte Kinesik hat aus der Körper- geradezu eine Geheimsprache gemacht, die demjenigen, der sie zu dechiffrieren weiß, ganz neue und ›andere‹ Informationen über Personen zu geben vermag. Daß sich dann ein Mensch ganz anders ›lesen‹ läßt, und daß sich dadurch rhetorische Prozesse effektiver gestalten lassen, ist größtenteils pseudowissenschaftlicher Unsinn – was allerdings nicht verhinderte, daß die Kinesik einen festen Platz in den modernen Populärrhetoriken gefunden hat.

3. Aus der Geschichte der Performanzstadien

Die *memoria* ist auch in nach-antiker Zeit in ihrem klassischen Schema weitertradiert worden – die wirklichen Veränderungen in der Mnemotechnik haben sich außerhalb der Rhetorik vollzogen. Schon im Mittelalter wurde sie als magische Gedächtniskunst (*ars notoria*) gepflegt, in der Frühen Neuzeit ist sie Gegenstand zahlreicher Versuche, allumfassende Ordnungsprinzipien zu entwerfen, nach denen sich das gesamte menschliche Wissen methodisch strukturieren und abrufen läßt. Schon Raimundus Lullus (1232-1316) und später Giordano Bruno (1548-1600) entwickeln Theorien eines universalen Wissens, das durch die Kapazität des Gedächtnisses zusammengehalten wird. Dabei verschiebt sich der Schwerpunkt der antiken Mnemotechnik, der ganz auf dem reproduzierenden Akt der Gedächtnisleistung gelegen hatte, hin zu einem kreativen, produzierenden Gedächtnisverfahren, das nicht von ungefähr Ähnlichkeiten mit der rhetorischen Topik aufweist (*ars combinatoria*). Ziel dieser Versuche ist eine über allen Disziplinen stehende und alle Disziplinen vereinende ›Über-Wissenschaft‹ (*scientia universalis*), ist die Idee, »die Totalität des Wißbaren, kodifiziert im umfassenden Spektrum der Wissensdisziplinen, durch eine Schlüsselwissenschaft oder eine zentrale Methode verfügbar zu machen« (Leinkauf 1993, 3) – eine Idee, die bis ins 17. Jahrhundert hinein für eine Flut von Memoria-Abhandlungen sorgt.

Innerhalb der Rhetorik wird die *memoria* auch während der Frühen Neuzeit tradiert, vom allmählichen Zerfall des bis dato überaus stabilen Lehrgebäudes im 16. und 17. Jahrhundert ist sie dann jedoch in besonderem Maße betroffen. Dazu beigetragen hat vor allem die schon in der Antike geführte Diskussion, ob die *memoria* eine natürliche Gabe oder eine technische, systematisierbare *ars* sei. Philipp Melanchthon beispielsweise favorisiert eindeutig das Konzept der *memoria naturalis*, er verzichtet daher auf die Darstellung der *memoria* und grenzt sie auch aus dem rhetorischen Schulunterricht aus. Ein zweiter, vernichtender Schlag gegen die rhetorische Mnemotechnik erfolgt von seiten des Ramismus. In der von Agricola vorbereiteten und von Ramus mit Konsequenz vollzogenen Auflösung des rhetorischen Systems fällt die *memoria* – zusammen mit der *inventio* und *dispositio* – an die ›Dialektik‹ genannte Logik, die Ramus nach räumlich-mnemonischen Strukturprinzipien geordnet hatte. In seinen *Scholae in liberales artes* (1569) betont er ausdrücklich, daß die wahre Gedächtniskunst ein und dasselbe sei wie die Dialektik.

Obwohl der Ramismus sich nicht überall konsequent durchsetzen kann, fällt die *memoria* allmählich aus dem rhetorischen Lehrgebäude heraus. Das läßt sich nicht nur in den ramistischen Rhetoriken des 17. Jahrhunderts beobachten – in Deutschland gehören dazu Dieterichs *Institutiones rhetoricae* (1613) und Meyfarths *Teutsche Rhetorica* (1634) –, sondern auch bei jenen Autoren, die sich noch ganz der humanistisch-klassischen Tradition verbunden fühlen, wird die *memoria* fast immer ausgegrenzt (Knape 1993, 282): In den beiden wichtigsten Rhetoriklehrbüchern der Barockepoche, in Soarez' *De arte rhetorica libri tres* (um 1560) und Vossius' *Commentariorum rhetoricorum* (1606) wird die *memoria* gerade noch erwähnt, in seiner kompilierten Schulfassung (*Rhetorices contractae*, 1621) spricht Vossius dagegen ausdrücklich von nur vier Arbeitsstadien des Redners. Damit hat sich anstelle des fünfteiligen Produktionsstadienmodells ein Viererschema etabliert, das teilweise von den deutschen Aufklärungsrhetorikern übernommen wird. Doch während bei Gottsched (*Ausführliche Redekunst*, 1736) die *memoria* keinen Platz mehr findet, läßt sich bei Hallbauer (*Anweisungen zur verbesserten Teutschen Oratorie*, 1725) die letzte große Umrüstung der rhetorischen Mnemotechnik bereits in Umrissen erkennen. Denn dort wird auch das Vortragsmanuskript vorgestellt, wobei Hallbauer empfiehlt, der Redner solle »nicht von Wort zu Wort ablesen, sondern nur zuweilen einen Blick hinein zu thun nöthig haben« (*Anweisungen zur verbesserten Teutschen Oratorie*, 544). Mit der Aufklärungsrhetorik aber ist klassische *memoria* aus dem Lehrsystem der Rhetorik verschwunden, wenngleich sie in den Schulrhetoriken noch fortlebt. Seit dem 19. Jahrhundert ist die Mnemotechnik zunehmend Gegenstand der psychologischen und inzwischen auch medizinischen (Hirn-)Forschung geworden.

Auch die *actio* ist vom Zerfall des rhetorischen Systems während der Frühen Neuzeit betroffen, wenn auch auf andere Weise als die *memoria*. Ramus hatte die *actio* nämlich (neben der *elocutio*) der Rumpfrhetorik zugeordnet – doch die nicht ramistisch beeinflußten Theoretiker des 17. Jahrhunderts gliedern die *actio* dann de facto aus dem Gesamtsystem der Rhetorik aus, wenngleich sie sie wenigstens noch mit einigen kurzen Sätzen erwähnen. Im zeitgenössischen Schulbetrieb dagegen, mit seinen Theateraufführungen und dem obligatorischen Schulactus, haben sowohl *actio* wie *memoria* nach wie vor große Bedeutung. Mit dem Theater freilich ist bereits diejenige Domäne genannt, in der sich die *actio* aus dem rhetorischen System löst und schließlich verselbständigt. Die enge Verwandtschaft zwischen rhetorischer *actio* und der Schauspiellehre ist seit den Anfängen der Rhetorik bekannt, wie schon der griechische Begriff für die Vortragskunst zeigt (*hypokritḗs* = Schauspieler). Dazu kommt, daß in der Antike die rhetorische Schulung der Stimmbildung und Körperbeherrschung nicht von den Rhetoriklehrern, sondern von Schauspielern übernommen wurde. Doch zwischen rhetorischer und schauspielerischer *actio* und *pronuntiatio* existiert ein grundlegender Unterschied, den die Antike stets nachdrücklich hervorgehoben hat: Während der Schauspieler die Wirklichkeit nur nachahmt, präsentiert der Redner diese Wirklichkeit in seiner Rede selbst und ist darin, in der unmittelbaren Wirkung, der Nachahmung überlegen. Die Rhetoren unterscheiden also scharf zwischen Schauspieler und Redner – jener habe seine Rolle zu spielen, dieser aber durch seine Person zu wirken, durch sein *éthos* zu überzeugen.

Die Verbindung zwischen rhetorischer *actio* und Theatertheorie, die in der Frühen Neuzeit bis zur totalen Identifikation vorangeschritten war, beginnt sich im 17. Jahrhundert zu lösen, und die Schauspiellehre entwickelt sich hier zu einer eigenen Disziplin, wobei die Glaubwürdigkeit, die die antiken Theoretiker stets für die Rhetorik reklamiert hatten, nun an die Schauspielkunst verwiesen wird: der Schauspieler soll darstellen, was er laut seiner Rolle zu sein hat. Daß in der Schauspieltheorie des 18. und auch des 19. Jahrhunderts rhetorisch-deklamatorische Elemente weiterleben, belegen allerdings nicht nur Lessings Fragment *Der Schauspieler* (1754/55) und Goethes *Regeln für den Schauspieler* (1803), sondern auch jene Versuche, beide Bereiche, Rhetorik und Theater, noch einmal zusammenzuführen, so wie beispielsweise Wötzel in seinem *Grundriß eines allgemeinen und faßlichen Lehrgebäudes oder Systems der Declamation* (1814). Eine anderes weites Feld eröffnet sich der *actio* und *pronuntiatio* mit der überaus beliebten kunstvollen Deklamation, die vor allem im 19. Jahrhundert als Deklamation der ›Nationaldichter‹ praktiziert wird und zu der zahlreiche Anleitungen, die sogenannten Deklamierbücher, verfaßt werden. Ziel dieser zum Teil auch öffentlichen Veranstaltungen ist die vollendete Kunst des ›Schönsprechens‹ – wobei meist aber die Kunst des Ablesen gemeint ist.

Doch nicht nur als Fundament der Schauspieltheorie und als Deklamationskunst, sondern auch als eine eigene, sich vom rhetorischen System emanzipierte Disziplin mit eigenen Schwerpunkten lebt die *actio* weiter. Die Loslösung von der Rhetorik beginnt bereits im Frankreich des 17. Jahrhunderts – die erste eigenständige *actio*-Abhandlung stammt von Le Faucheur (*Traitté de l'action de l'orateur*, 1657) – und greift gegen Ende des 18. Jahrhunderts auch auf Deutschland über. Die Lehrbücher von Cludius (*Grundriß der körperlichen Beredsamkeit*, 1792) oder Pfannenberg (*Ueber die rednerische Aktion*, 1796) sind jedoch nichts weniger als *actio*-bezogene Spezialrhetoriken, die den Stoff lediglich ausführlicher und nach den neuesten wissenschaftlichen Erkenntnissen beschreiben und systematisieren. Sie sind jedoch auch die Wegbereiter einer weitgehend entrhetorisierten *pronuntiatio*, die gegenwärtig als Stimmbildungslehre und Phonetik sogar wieder Eingang in den akademischen Betrieb gefunden hat.

VII.
Abkürzungs- und Zeitschriftenverzeichnis

AJPhil	American Journal of Philology.
Colloquium Helveticum	Schweizer Hefte für allgemeine und vergleichende Literaturwissenschaft.
CompCrit	Comparative Criticism. A Yearbook.
DASD	Jahrbuch der Deutschen Akademie für Sprache und Dichtung.
De or.	Cicero: *De oratore*.
DU	Der Deutschunterricht. Beiträge zu seiner Praxis und wissenschaftlichen Grundlegung.
FS	Festschrift
Ginkgo-Baum	Germanistisches Jahrbuch für Nordeuropa.
Gymnasium	Zeitschrift für Kultur der Antike und humanistische Bildung.
Her.	*Rhetorica ad Herennium*
Hermes	Zeitschrift für klassische Philologie.
HL	Historiographia Linguistica. International Journal for the History of Linguistics.
HWR	Historisches Wörterbuch der Rhetorik. Hrsg. von Gert Ueding. Tübingen 1992 ff.
Inst.or.	Quintilian: *Insitutio oratoria*.
JbIG	Jahrbuch für Internationale Germanistik.
Kodikas	Kodikas/Code. Ars Semeiotica. An International Journal of Semiotics
LiLi	Zeitschrift für Literaturwissenschaft und Linguistik.
MJb	Mittellateinisches Jahrbuch. Internationale Zeitschrift für Mediävistik.
Merkur	Deutsche Zeitschrift für europäisches Denken.
Muttersprache	Zeitschrift zur Pflege und Erforschung der deutschen Sprache.
ND	Nachdruck; Neudruck
PhilRhet	Philosophy and Rhetoric.
Phoenix	Journal of the Classical Association of Canada.
PhR	Philosophische Rundschau.
Poetica	Zeitschrift für Sprach- und Literaturwissenschaft.
Rhet.	Aristoteles: *Rhetorik*.
Rhetorica	A Journal of the History of Rhetoric.
Rhetorik	Ein internationales Jahrbuch.

Sprachkunst	Beiträge zur Literaturwissenschaft.
STZ	Sprache im technischen Zeitalter.
Wirkendes Wort	Deutsche Sprache und Literatur in Forschung und Lehre.
ZDPh	Zeitschrift für Deutsche Philologie.
ZG	Zeitschrift für Germanistik.
ZGL	Zeitschrift für germanistische Linguistik.
ZThK	Zeitschrift für Theologie und Kirche.

VIII.
Literaturverzeichnis

1. Quellentexte zur Rhetorik:

Antike

Anaximenes: *Ars rhetorica*. Hrsg. von Manfred Fuhrmann. Leipzig 1966.
Aristoteles: *Rhetorik*. Übersetzt, mit einer Bibliographie, Erläuterungen und einem Nachwort von Franz G. Sieveke. München ³1989.
– : *Topik*. Übersetzt und mit Anmerkungen versehen von Eugen Rolfes. Hamburg ³1992.
– : *Sophistische Widerlegungen*. Übersetzt und mit Anmerkungen versehen von Eugen Rolfes. Hamburg ²1968.
– : *Lehre vom Schluß oder Erste Analytik*. Übersetzt und mit Anmerkungen versehen von Eugen Rolfes. Hamburg ³1992.
– : *Lehre vom Beweis oder Zweite Analytik*. Übersetzt und mit Anmerkungen versehen von Eugen Rolfes. Hamburg ³1990.
– : *Nikomachische Ethik*. Auf der Grundlage der Übersetzung von Eugen Rolfes hrsg. von Günther Bien. Hamburg ⁴1985.
– : *Politik*. Übersetzt mit erklärenden Anmerkungen versehen von Eugen Rolfes. Mit einer Einleitung von Günther Bien. Hamburg ⁴1981.
[Aristotle: *On Rhetoric. A Theory of Civic Discourse*. Newly Translated with Introduction, Notes, and Appendixes by George A. Kennedy. New York, Oxford 1991.]
[Aristote: *Rhétorique*. Texte établi et traduit par Médéric Dufour et André Wartelle. 3 Bde. Paris ⁴1989/1991].
Augustinus → Mittelalter
Cicero, Marcus Tullius: *De oratore. Über den Redner*. Lateinisch/Deutsch. Übersetzt und hrsg. von Harald Merklin. Stuttgart ²1986.
– : *Orator*. Lateinisch-deutsch. Ed. Bernhard Kytzler. München ²1980.
– : *Partitiones oratoriae. Rhetorik in Frage und Antwort*. Lateinisch und deutsch. Hrsg., übersetzt und erläutert von Karl und Gertrud Bayer. Zürich 1994.
– : *Rhetorik oder Von der rhetorischen Erfindungskunst (De inventione)*. Übersetzt von Wilhelm Binder. Stuttgart o.J.
– : *Brutus*. Lateinisch/deutsch. Ed. Bernhard Kytzler. Darmstadt ⁴1990.
– : *Topica. Die Kunst, richtig zu argumentieren*. Lateinisch und deutsch. Hrsg., übersetzt und erläutert von Karl Bayer. München 1993; Darmstadt 1994.
– : *Sämtliche Reden*. Ausgabe in 7 Bdn. Eingeleitet, übersetzt und erläutert von Manfred Fuhrmann. Zürich, München 1970-1982.
Demosthenes: *Politische Reden*. Griechisch/deutsch. Übersetzt und hrsg. von Wolfhart Unte. Stuttgart 1985.

Gorgias von Leontinoi: *Reden, Fragmente und Testimonien*. Griechisch-deutsch. Hrsg. mit Übersetzung und Kommentar von Thomas Buchheim. Hamburg 1989.

Horaz [Quintus Horatius Flaccus]: *Ars poetica. Die Dichtkunst*. Lateinisch/deutsch. Übersetzt und mit einem Nachwort hrsg. von Eckart Schäfer. Stuttgart 1972.

Isokrates: *Sämtliche Werke*. Bd.1: *Reden I-VIII*. Übersetzt von Christine Ley-Hutton, eingeleitet und erläutert von Kai Brodersen. Stuttgart 1993.

Longinus: *Vom Erhabenen*. Griechisch/Deutsch. Übersetzt und hrsg. von Otto Schönberger. Stuttgart 1988.

Platon: *Gorgias*. In: Werke in 8 Bdn. Griechisch und deutsch. Hrsg. von Gunther Eigler. Bd.2. Darmstadt ³1990, 269-503.

– : *Phaidros*. In: Werke, Bd.5, Darmstadt ²1990, 1-193.

Pseudo-Longin → Longinus

Quintilianus, Marcus Fabius: *Ausbildung des Redners. Zwölf Bücher (M. Fabii Quintiliani institutionis oratoriae libri XII)*. Hrsg. und übersetzt von Helmut Rahn. 2.Bde. Darmstadt ²1988.

Rhetorica ad Herennium. Lateinisch-deutsch. Hrsg. und übersetzt von Theodor Nüßlein. München, Zürich 1994.

Tacitus, P. Cornelius: *Dialogus de oratoribus. Dialog über die Redner*. Lateinisch/deutsch. Hrsg. von Dietrich Klose. Stuttgart 1981.

Mittelalter

Alain de Lille: *Summa de arte praedicatoria*. In: Migne, Jacques Paul (Ed.): *Patrologiae cursus completus*. Paris 1841-1864, Bd.210, 110-198.

Alberich von Montecassino: *Alberici Casinensis Flores Rhetorici*. Ed. par Mauro Inguanez (= Miscellanea Cassinese 14, Montecassino 1938).

Alkuin: *Disputatio de rhetorica*. In: Halm, Karl (Hrsg.): *Rhetores Latini Minores* [1863]. Frankfurt/Main 1964, 523-550.

Augustinus: *Vier Bücher über die christliche Lehre*. Aus dem Lateinischen übersetzt und mit Einleitungen versehen von P. Sigisbert Mitterer. München 1925 (= Bibliothek der Kirchenväter, Bd.49).

Boethius: *De differentiis topicis*. In: Migne [→ Alain de Lille], Bd.64, 1173-1218.

Cassiodor: *Compendium artis rhetoricae*. In: Halm [→ Alkuin], 493-504.

Faba, Guido: *Summa dictaminis*. Ed. A. Gaudenzi. In: Il Propugnatore (nova serie) 3 (1890), Parte I, 287-338; Parte II, 345-393.

Galfrid von Vinsauf: *Poetria nova*. In: Faral, Edmond: *Les Arts poétiques du XIIe et du XIIIe siècle*. Paris 1958, 194-262.

(H)Rabanus Maurus: *De clericorum institutione*. In: Migne [→ Alain de Lille], Bd.107, 293-420.

Isidor: *De arte rhetorica*. In: Halm [→ Alkuin], 505-522.

Johannes de Garlandia: *Parisiana poetria*. In: Lawler, Traugott (Ed.): *The ›Parisiana Poetria‹ of John of Garland* [mit engl. Übersetzung]. New Haven, London 1974.

Martianus Capella: *Liber de arte rhetorica*. In: Halm [→ Alkuin], 449-492.

Matthaeus de Vendôme: *Ars versificatoria.* In: Faral [→ Galfrid], 106-193.
Notker: *De arte rhetorica.* In: Piper, Paul (Hrsg.): *Die Schriften Notkers und seiner Schule*, Bd.1. Freiburg, Tübingen 1882, 623-684.
– : *Boethius de consultatione* (Buch II). In: *Die Schriften Notkers*, 51-125.
Wilhelm von Auvergne: *Ars praedicandi.* In: Revue néo-scolastique de philosophie 25 (1923), 192-209.

Frühe Neuzeit

Agricola, Rudolph: *De inventione dialectica libri tres. Drei Bücher über die Inventio dialectica.* Kritisch hrsg., übersetzt und kommentiert von Lothar Mundt. Tübingen 1992.
Boccaccio, Giovanni: *Genealogie deorum gentilium libri.* A cura di Vincenzo Romano. 2 Bde. Bari 1951.
Boileau-Despréaux, Nicolas: *L'art poétique.* Hrsg., eingeleitet und kommentiert von August Buck. München 1979. Dt.: *Die Dichtkunst.* Hrsg. von Heinz-Ludwig. Arnold. Stuttgart 1967.
Castiglione, Baldesar: *Das Buch vom Hofmann.* Übersetzt von F. Baumgart. München 1986.
Erasmus: *De conscribendis epistolis. Anleitung zum Briefschreiben* (Auswahl). In: *Ausgewählte Schriften – Ausgabe in 8 Bdn.* Hrsg. von Werner Welzig. Bd.8. Darmstadt 1980.
– : *De duplici copia verborum ac rerum commentarii duo.* In: *Opera omnia Desiderii Erasmi Roterdami. Recognita et adnotatione critica instructa notisque illustrata.* Ordinis I, Tomus XI. Amsterdam, New York 1988.
– : *Dialogus cui titulus Ciceronianus sive de optimo dicendi genere. Der Ciceronianer oder der beste Stil. Ein Dialog.* In: *Ausgewählte Schriften*, Bd.7. Darmstadt 1972, 2-355.
– : *Ecclesiastes sive de ratione concionandi.* In: *Opera omnia*, Ordinis V, Tomi IV et V. Amsterdam, New York 1991, 1994.
Fabri, Pierre: *Grand et vrai art de pleine rhétorique.* Ed. par A. Héron. Rouen 1889/90.
Lamy, Bernhard: *De l'art de parler. Kunst zu reden.* Hrsg. von Ernstpeter Ruhe. ND der Ausgaben Paris 1676 und Altenburg 1753. München 1980.
Melanchthon, Philipp: *Melanchthons ›Rhetorik‹* [Hrsg. und übersetzt von Joachim Knape]. Tübingen 1993.
Peacham, Henry: *The Garden of Eloquence* (1593). Introduction by William G. Crane. Gainesville 1954.
Puttenham, George: *The Arte of English Poesie.* Ed. by Gladys D. Willock and Alice Walker. Cambridge 1936.
Ramus, Petrus: *Scholae in liberales artes.* ND der Ausgabe Basel 1569. With an Introduction by Walter J. Ong. Hildesheim, New York 1970.
Rapin, René: *Les réflexions sur la poétique de ce temps et sur les ouvrages des poétes anciens et modernes.* Ed. par E. T. Dubois. ND Genève 1970.
Scaliger, Iulius Caesar: *Poetices libri septem. Sieben Bücher über die Dichtkunst.* Unter Mitwirkung von Manfred Fuhrmann hrsg. von Luc Deitz und Gregor Vogt-Spira. Stuttgart 1994 ff.

Sidney, Sir Philip: *An Apology for Poetry or The Defence of Poesy*. Ed. by Geoffrey Shepherd. London 1965.
Valla, Lorenzo: *Elegantiarum libri VI*. In: *Laurentii Vallae opera*. ND der Ausgabe Basel 1540. Hrsg. von Eugenio Garin. Bd.1, Torino 1962, 1-235.
– : *De voluptate*. In: *Laurentii Vallae opera*, 896-999.

Barock

Harsdörffer, Georg Philipp: *Poetischer Trichter/ Die Teutsche Dicht= und Reimkunst/ ohne Behuf der Lateinischen Sprache/ in VI. Stunden einzugiessen*. ND der Ausgabe Nürnberg 1648-53. Darmstadt 1975.
– : *Frauenzimmer Gesprächspiele*. Hrsg. von Irmgard Böttcher. ND der Ausgabe Nürnberg 1641-1649. Tübingen 1968/69.
– : *Der Teutsche Secretarius*. ND der Ausgabe Nürnberg 1656/59. 2 Bde. Hildesheim 1971.
Kindermann, Balthasar: *Der Deutsche Redner*. ND der Ausgabe Frankfurt/Oder 1660. Kronberg/Ts. 1974.
Klaj, Johann: *Lobrede der Teutschen Poeterey* [...]. ND der Ausgabe Nürnberg 1645. In: Ders.: *Redeoratorien*. Hrsg. von Conrad Wiedemann. Tübingen 1965, 377-416.
Meyfarth, Johann Matthäus: *Teutsche Rhetorica oder Redekunst*. Hrsg. von Erich Trunz. ND der Ausgabe Coburg 1634. Tübingen 1977.
Opitz, Martin: *Buch von der Deutschen Poeterey*. Hrsg. von Cornelius Sommer. Stuttgart 1971.
Stieler, Kaspar: *Teutsche Sekretariats-Kunst* [...]. 2 Bde. Nürnberg 1673/74.
Vossius, Gerhard Johannes: *Commentariorum Rhetoricorum, sive Oratoriarum Institutionum libri sex*. ND der Ausgabe Leiden 1630. Kronberg/Ts. 1974.
Weise, Christian: *Politischer Redner*. ND der Ausgabe Leipzig ²1683. Kronberg/Ts. 1974.
– : *Neu-Erleuterter Politischer Redner*. ND der Ausgabe Leipzig 1684. Kronberg/Ts. 1974.

Aufklärung und 19. Jahrhundert

Adelung, Johann Christoph: *Über den deutschen Stil*. ND Hildesheim 1974.
Baumeister, Friedrich Christian: *Anfangsgründe der Redekunst in kurzen Sätzen abgefaßt* [...]. ND der Auflage Leipzig und Görlitz 1754. Kronberg/Ts. 1974.
Baumgarten, Alexander Gottlieb: *Aesthetica*. ND der Ausgabe Frankfurt/Oder 1750 und 1758. Hildesheim 1961; Teilübersetzung in: Ders.: *Theoretische Ästhetik. Die grundlegenden Abschnitte aus der »Aesthetica«* (1750/58), hrsg. von Hans Rudolf Schweizer. Lateinisch-Deutsch. Hamburg 1983.
Buffon, Georges-Louis Leclerc (Comte de): *Discours prononcé dans l'Academie françois*, ed. par P. Battista. Rom 1967.
DuBos, Jean-Baptiste: *Réflexions critiques sur la poësie et sur la peinture*. ND der 7. Auflage Paris 1770. Genève 1967. Dt.: *Kritische Betrachtungen über die Poesie und Mahlerey*. 3 Teile. Kopenhagen 1760/61.

Fabricius, Johann Andreas: *Philosophische Oratorie* [...]. ND der Ausgabe Leipzig 1724. Kronberg/Ts. 1974.
Gellert, Christian Fürchtegott: *Gedanken von einem guten deutschen Briefe.* In: *Gesammelte Schriften.* Kritische, kommentierte Ausgabe, hrsg. von Bernd Witte. Bd.4. Berlin, New York 1989, 97-104.
– : *Briefe, nebst einer praktischen Abhandlung von dem guten Geschmacke in Briefen.* In: *Gesammelte Schriften,* Bd.4, 105-221.
Gottsched, Johann Christoph: *Ausführliche Redekunst* [...]. ND der Ausgabe Leipzig 1736. Hildesheim, New York 1973.
– : *Versuch einer Critischen Dichtkunst* [...]. ND der Ausgabe Leipzig ^{4}1751, Darmstadt 1962.
Hallbauer, Friedrich Andreas: *Anweisung zur verbesserten Teutschen Oratorie* [...]. ND der Ausgabe Jena 1725. Kronberg/Ts. 1974.
– : *Anleitung zur Politischen Beredsamkeit* [...]. ND der Ausgabe Jena und Leipzig 1736. Kronberg/Ts. 1974.
Hegel, Georg W. Fr.: *Vorlesungen über die Ästhetik.* Mit einer Einführung hrsg. von Rüdiger Bubner. 2 Bde. Stuttgart 1971.
Kant, Immanuel: *Kritik der Urteilskraft,* hrsg. von Karl Vorländer. Hamburg ^{7}1990.
Knigge, Adolph Freiherr von: *Über den Umgang mit Menschen,* hrsg. von Gert Ueding. Frankfurt/Main 1977.
Moritz, Karl Philipp: *Anleitung zum Briefschreiben.* 3., von Theodor Heinsius verbesserte und vermehrte Auflage. Berlin 1814.
– : *Vorlesungen über den Stil.* In: *Werke,* hrsg. von Horst Günther. Bd.3. Frankfurt/Main 1981, 585-756.
Sulzer, Johann Georg: *Allgemeine Theorie der schönen Künste.* ND der Ausgabe Leipzig ^{2}1792-1794. Hildesheim 1967/70.
Vico, Giambattista: *De nostri temporis studiorum ratione. Vom Wesen und Weg der geistigen Bildung.* Lateinisch-deutsche Ausgabe. Übersetzung von Walter F. Otto. Darmstadt 1984.

20. Jahrhundert

Apel, Karl-Otto: *Diskurs und Verantwortung. Das Problem des Übergangs zur postkonventionellen Moral.* Frankfurt/Main 1988.
Burke, Kenneth: *The Philosophy of Literary Form. Studies in Symbolic Action.* Baton Rouge 1941.
– : *A Rhetoric of Motives.* New York 1950.
Dubois, Jacques [u.a.]: *Rhétorique générale.* Paris 1970. Dt.: *Allgemeine Rhetorik,* übersetzt und hrsg. von Armin Schütz. München 1974.
Gadamer, Hans-Georg: *Hermeneutik I. Wahrheit und Methode. Grundzüge einer philosophischen Hermeneutik* [1960]. Tübingen ^{5}1986.
Habermas, Jürgen: *Theorie des kommunikativen Handelns.* 2 Bde. Frankfurt/Main 1981.
Kienpointner, Manfred: *Alltagslogik. Struktur und Funktion von Argumentationsmustern.* Stuttgart Bad-Cannstatt 1992.
Perelman, Chaïm; Olbrechts-Tyteca, Lucie: *La nouvelle rhétorique. Traité de l'argumentation.* Paris 1958. Engl.: *Treatise on Argumentation.* Notre

Dame, London 1969. Dt. Teilübersetzung in: *Das Reich der Rhetorik. Rhetorik und Argumentation*. Aus dem Französischen übertragen von Ernst Wittig. München 1980.
Plett, Heinrich F.: *Textwissenschaft und Textanalyse. Semiotik, Linguistik, Rhetorik*. Heidelberg 1975.
Richards, Ivor A.: *The Philosophy of Rhetoric*. London 1936.
Toulmin, Stephen: *The Uses of Argument*. Cambridge 1958. Dt: *Der Gebrauch von Argumenten*. Kronberg/Ts. 1975.
Weaver, Richard M.: *The Ethics of Rhetoric*. Chicago 1953.

2. Grundlagenwerke, Gesamtdarstellungen und Sammelbände

Assmann, Aleida; Harth, Dietrich (Hrsg.): *Mnemosyne. Formen und Funktionen der kulturellen Erinnerung*. Frankfurt/Main 1991.
Ballweg, Ottmar; Seibert, Thomas Michael (Hrsg.): *Rhetorische Rechtstheorie*. Freiburg, München 1982.
Berns, Jörg Jochen; Neuber, Wolfgang (Hrsg.): *Ars memorativa. Zur kulturgeschichtlichen Bedeutung der Gedächtniskunst 1400-1750*. Tübingen 1993.
Borinski, Karl: *Die Antike in Poetik und Kunsttheorie* [1914/1924]. 2 Bde. Darmstadt 1965.
Breuer, Dieter; Schanze, Helmut (Hrsg.): *Topik. Beiträge zur interdisziplinären Diskussion*. München 1981.
Classen, Carl Joachim; Müllenbrock, Heinz-Joachim (Hrsg.): *Die Macht des Wortes. Aspekte gegenwärtiger Rhetorikforschung*. Marburg 1992.
Craemer-Ruegenberg, Ingrid (Hrsg.): *Pathos, Affekt, Gefühl. Philosophische Beiträge*. Freiburg, München 1981.
Curtius, Ernst Robert: *Europäische Literatur und lateinisches Mittelalter* [1948]. Bern, München ^{10}1984.
Dockhorn, Klaus: *Macht und Wirkung der Rhetorik. Vier Aufsätze zur Ideengeschichte der Vormoderne*. Bad Homburg 1968.
Göttert, Karl-Heinz: *Einführung in die Rhetorik. Grundbegriffe – Geschichte – Rezeption*. München 1991.
Haverkamp, Anselm (Hrsg.): *Theorie der Metapher*. Darmstadt 1983.
Kopperschmidt, Josef; Schanze, Helmut (Hrsg.): *Argumente – Argumentation. Interdisziplinäre Problemzugänge*. München 1985.
Kopperschmidt, Josef (Hrsg.): *Rhetorik*. Bd.1: *Rhetorik als Texttheorie*. Bd.2: *Wirkungsgeschichte der Rhetorik*. Darmstadt 1990/91.
Lausberg, Heinrich: *Handbuch der literarischen Rhetorik. Eine Grundlegung der Literaturwissenschaft* [1960]. Stuttgart ^{3}1990.
Martin, Josef: *Antike Rhetorik. Technik und Methode*. München 1974.
Norden, Eduard: *Die antike Kunstprosa. Vom VI. Jahrhundert v.Chr. bis in die Zeit der Renaissance* [1898]. 2 Bde. Darmstadt ^{9}1983.
Plett, Heinrich F.: *Einführung in die rhetorische Textanalyse* [1971]. Hamburg ^{8}1991.

– (Hrsg.): *Rhetorik. Kritische Positionen zum Stand der Forschung.* München 1977.
Ptassek, Peter: *Rhetorische Rationalität. Stationen einer Verdrängungsgeschichte von der Antike bis zur Neuzeit.* München 1993.
Schanze, Helmut (Hrsg.): *Rhetorik. Beiträge zu ihrer Geschichte in Deutschland vom 16. – 20. Jahrhundert.* Frankfurt/Main 1974.
Schanze, Helmut; Kopperschmidt, Josef (Hrsg.): *Rhetorik und Philosophie.* München 1989.
Ueding, Gert (Hrsg.): *Rhetorik zwischen den Wissenschaften.* Tübingen 1991.
– : *Aufklärung über Rhetorik. Versuche über Beredsamkeit, ihre Theorie und praktische Bewährung.* Tübingen 1992.
Ueding, Gert; Steinbrink, Bernd: *Grundriß der Rhetorik. Geschichte, Technik, Methode.* Stuttgart, Weimar ³1994.
Vickers, Brian (Ed.): *Rhetoric Revalued.* Binghamton 1982.
– : *In Defence of Rhetoric.* Oxford 1988.
Wagenknecht, Christian (Hrsg.): *Zur Terminologie der Literaturwissenschaft.* Stuttgart 1989.

3. Forschungsliteratur zu einzelnen Aspekten

Umfassende Gesamtdarstellungen der rhetorischen Theorie finden sich bei Lausberg, Martin, Ueding/Steinbrink und Göttert (s. VIII.2).

zu Kapitel I

Barner, Wilfried: *Barockrhetorik. Untersuchungen zu ihren geschichtlichen Grundlagen.* Tübingen 1970.
Blumenberg, Hans: *Die Lesbarkeit der Welt.* Frankfurt/Main 1981.
– : »Anthropologische Annäherung an die Aktualität der Rhetorik«. In: Ders.: *Wirklichkeiten in denen wir leben. Aufsätze und eine Rede.* Stuttgart 1981, 104-136.
Conley, Thomas M.: *Rhetoric in the European Tradition.* New York, London 1990.
Foss, Sonja K.; Foss, Karen A.; Trapp, Robert: *Contemporary Perspectives on Rhetoric.* Prospect Heights ²1991.
Fuhrmann, Manfred: *Rhetorik und öffentliche Rede. Über die Ursachen des Verfalls der Rhetorik im ausgehenden 18. Jahrhundert.* Konstanz 1983.
– : *Die antike Rhetorik. Eine Einführung.* München, Zürich 1984.
Gadamer, Hans-Georg: *Rhetorik und Hermeneutik.* Göttingen 1976.
– : »Die Ausdruckskraft der Sprache. Zur Funktion der Rhetorik für die Erkenntnis«. In: *DASD* 1979, 45-55.
Hommel, Hildebrecht: »Artikel ›Rhetorik‹«. In: *Lexikon der Alten Welt*, hrsg. von Carl Andersen [u.a.]. Zürich, Stuttgart 1965, 2611-2626. Wieder in: *Der Kleine Pauly. Lexikon der Antike*, hrsg. von Konrad Ziegler und Walther Sontheimer. Bd.4. München 1972, 1396-1414.

Jens, Walter: »Artikel ›Rhetorik‹«. In: *Reallexikon der deutschen Literaturgeschichte*, begr. von Paul Merker und Wolfgang Stammler, hrsg. von Werner Kohlschmidt [u.a.]. Bd.3. Berlin, New York ²1977, 432-456.

Kennedy, George A.: *A History of Rhetoric*. Vol.1: *The Art of Persuasion in Greece*. Vol.2: *The Art of Rhetoric in the Roman World*. Vol.3: *Greek Rhetoric under Christian Emperors*. Princeton 1963, 1972, 1983.

Lausberg (1990) → VIII.2.

Murphy, James J.: *Rhetoric in the Middle Ages. A History of Rhetorical Theory from Saint Augustine to the Renaissance*. Berkeley, Los Angeles, London 1974.

– (Ed.): *Medieval Eloquence. Studies in the Theory and Practice of Medieval Rhetoric*. London 1978.

– (Ed.): *Renaissance Eloquence. Studies in the Theory and Practice of Renaissance Rhetoric*. Berkeley, Los Angeles, London 1983.

Niehues-Pröbsting, Heinrich: *Überredung zur Einsicht. Der Zusammenhang von Philosophie und Rhetorik bei Platon und in der Phänomenologie*. Frankfurt/Main 1987.

– : »›Kunst der Überlistung‹ oder ›Reden mit Vernunft‹? Zu philosophischen Aspekten der Rhetorik«. In: *PhR* 37 (1990), H.1/2, 123-152.

– : »Über den Zusammenhang von Rhetorik, Kritik und Ästhetik«. In: Barner, Wilfried (Hrsg.): *Literaturkritik – Anspruch und Wirklichkeit*. Stuttgart 1990, 237-251.

Oesterreich, Peter L.: *Fundamentalrhetorik. Untersuchung zu Person und Rede in der Öffentlichkeit*. Hamburg 1990.

Plett, Heinrich F. (Hrsg.): *Renaissance-Rhetorik. Renaissance Rhetoric*. Berlin, New York 1993.

Ueding/Steinbrink (1994) → VIII.2.

zu Kapitel II

Barner (1970) → Lit. zu Kap.I.

Biermann, Wolf: »Der Lichtblick im gräßlichen Fatalismus der Geschichte«. In: Böthig, Peter; Michael, Klaus (Hrsg.): *MachtSpiele. Literatur und Staatssicherheit im Fokus Prenzlauer Berg*. Leipzig 1993, 298-304.

Braungart, Georg: »Rhetorik, Poetik, Emblematik«. In: Glaser, Horst Albert (Hrsg.): *Deutsche Literatur. Eine Sozialgeschichte*, Bd.3. Reinbek bei Hamburg 1985, 219-236.

– : *Hofberedsamkeit. Studien zur Praxis höfisch-politischer Rede im deutschen Territorialabsolutismus*. Tübingen 1988.

– : »Zur Rhetorik der Polemik in der frühen Neuzeit«. In: Bosbach, Franz (Hrsg.): *Feindbilder. Die Darstellung des Gegners in der politischen Publizistik des Mittelalters und der Neuzeit*. Köln, Weimar, Wien 1992, 1-21.

Bremerich-Vos, Albert: *Populäre rhetorische Ratgeber. Historisch-systematische Untersuchungen*. Tübingen 1991.

Buchheit, Vinzenz: *Untersuchungen zur Theorie des Genos Epideiktikon von Gorgias bis Aristoteles*. München 1960.

Dyck, Joachim: *Ticht-Kunst. Deutsche Barockpoetik und rhetorische Tradition* [1966]. Tübingen ³1991.

Ettl, Susanne: *Anleitungen zu schriftlicher Kommunikation. Briefsteller von 1880 bis 1980.* Tübingen 1984.

Fischer, Ludwig: *Gebundene Rede. Dichtung und Rhetorik in der literarischen Theorie des Barock in Deutschland.* Tübingen 1968.

Förster, Uwe: »Moderne Werbung und antike Rhetorik«. STZ 81 (1982), 59-73.

Fuhrmann, Manfred: *Einführung in die antike Dichtungstheorie.* Darmstadt 1973.

Fuhrmann (1984) → Lit. zu Kap.I.

Greenfield, Concetta C.: *Humanist and Scholastic Poetics, 1250-1500.* Lewisburg 1981.

Grimm, Gunter E.: *Literatur und Gelehrtentum in Deutschland. Untersuchungen zum Wandel ihres Verhältnisses vom Humanismus bis zur Frühaufklärung.* Tübingen 1983.

Haft, Fritjof: *Juristische Rhetorik.* Freiburg, München 1978.

Herzog, Urs: *Geistliche Wohlredenheit. Die katholische Barockpredigt.* München 1991.

Holtus, Günter; Schweickard, Wolfgang: »Rhetorik und Poetik«. In: Gumbrecht, Hans Ulrich; Mölk, Ulrich (Hrsg.): *Grundriß der romanischen Literaturen des Mittelalters*, Bd.X/2. Heidelberg 1989, 21-48.

Hommel (1965) → Lit. zu Kap.I.

Jenninger, Philipp: *Gedenkrede aus Anlaß der Pogrome des nationalsozialistischen Regimes gegen die jüdische Bevölkerung vor 50 Jahren.* In: Laschet, Armin; Malangré, Heinz: *Philipp Jenninger – Rede und Reaktion.* Aachen, Koblenz 1989, 11-26.

Jens, Walter: *Von deutscher Rede.* München 1969.

Kammerer, Patrick: »Die veränderten Konstitutionsbedingungen politischer Rhetorik. Zur Rolle der Redenschreiber, der Medien und zum vermeintlichen Ende öffentlicher Rede«. *Rhetorik* 14 (1995), 14-29.

Kimpel, Dieter: »Philosophie, Ästhetik und Literaturtheorie«. In: Glaser, Horst Albert (Hrsg.): *Deutsche Literatur. Eine Sozialgeschichte*, Bd.4. Reinbek bei Hamburg 1980, 101-119.

Knape, Joachim [u.a.]: »Artikel ›Barock‹«. In: HWR I (1992), 1285-1366.

Kopperschmidt, Josef: »Öffentliche Rede in Deutschland. Überlegungen zur politischen Rhetorik mit Blick auf zwei Gedenkreden im Deutschen Bundestag«. *Muttersprache* 99 (1989), 213-230.

Koster, Severin: *Die Invektive in der griechischen und römischen Literatur.* Meisenheim/Glan 1980.

Kristeller, Paul Oskar: *Humanismus und Renaissance.* 2 Bde., hrsg. von Eckhard Keßler. München 1974/76.

– : *Studien zur Geschichte der Rhetorik und zum Begriff des Menschen in der Renaissance.* Göttingen 1981.

Lausberg (1990) → VIII.2.

Ludwig, Otto: *Der Schulaufsatz. Seine Geschichte in Deutschland.* Berlin, New York 1988.

Mainberger, Gonsalv K.: *Rhetorica I: Reden mit Vernunft. Aristoteles, Cicero, Augustinus.* Stuttgart-Bad Cannstatt 1987.

Martin (1974) → VIII.2.

Matuschek, Stefan: »Artikel ›Epideiktische Beredsamkeit‹«. In: HWR II (1994), 1258-1267.

Monfasani, John: »Humanism and Rhetoric«. In: Rabil, Albert Jr. (Ed.): *Renaissance Humanism. Foundations, Forms, and Legacy*, Vol.3. Philadelphia 1988, 171-235.

Müller, Wolfgang G.: »Artikel ›Brief‹«. In: HWR II (1994), 60-76.

Murphy (1974) → Lit. zu Kap.I.

Nickisch, Reinhard M. G.: *Brief.* Stuttgart 1991.

– : »Artikel ›Briefsteller‹«. In: HWR II (1994), 76-86.

Niehues-Pröbsting, Heinrich: »Über den Zusammenhang von Rhetorik, Kritik und Ästhetik«. In: Barner, Wilfried (Hrsg.): *Literaturkritik – Anspruch und Wirklichkeit.* Stuttgart 1990, 237-251.

Schneyer, Johann Baptist: *Geschichte der katholischen Predigt.* Freiburg 1969.

Sinemus, Volker: *Poetik und Rhetorik im frühmodernen deutschen Staat. Sozialgeschichtliche Bedingungen des Normenwandels im 17. Jahrhundert.* Göttingen 1978.

Steer, Georg: »Geistliche Prosa«. In: *Geschichte der deutschen Literatur von den Anfängen bis zur Gegenwart*, begr. von Helmut De Boor und Richard Newald. Bd.3/2, hrsg. von Ingeborg Glier. München 1987, 306-370.

Stenzel, Jürgen: »Rhetorischer Manichäismus. Vorschläge zu einer Theorie der Polemik«. In: Schöne, Albrecht (Hrsg.): *Kontroversen, alte und neue. Akten des VII. Internationalen Germanisten-Kongresses Göttingen 1985.* Bd.2. Tübingen 1986, 3-11.

Stolt, Birgit: *Wortkampf. Frühneuhochdeutsche Beispiele zur rhetorischen Praxis.* Frankfurt/Main 1974.

Tinkler, John F.: »Renaissance Humanism and the ›genera eloquentiae‹«. *Rhetorica* 5 (1987), 279-309.

Worstbrock, Franz Josef; Klaes, Monika; Lütten, Jutta: *Repertorium der Artes dictandi des Mittelalters. Teil 1: Von den Anfängen bis um 1200.* München 1992.

Zimmermann, Alexandra: *Von der Kunst des Lobes. Eine Analyse der Textsorte Laudatio.* München 1993.

zu Kapitel III

Hansen, Monika: *Der Aufbau der mittelalterlichen Predigt.* Phil. Diss. Hamburg 1972.

Martin (1974) → VIII.2.

Ueding/Steinbrink (1994) → VIII.2.

Worstbrock, Franz Josef: »Die Antikerezeption in der mittelalterlichen und der humanistischen Ars Dictandi«. In: Buck, August (Hrsg.): *Die Rezeption der Antike. Zum Problem der Kontinuität zwischen Mittelalter und Renaissance.* Hamburg 1981, 187-207.

zu Kapitel IV

Bärsch, Claus-E.: »Das Erhabene und der Nationalsozialismus«. *Merkur* 43 (1989), 777-790.

Baeumer, Max L. (Hrsg.): *Toposforschung*. Darmstadt 1973.

Ballweg, Ottmar: *Rechtswissenschaft und Jurisprudenz*. Basel 1970.

Behrens, Rudolf: *Problematische Rhetorik. Studien zur französischen Theoriebildung der Affektrhetorik zwischen Cartesianismus und Frühaufklärung*. München 1982.

Benoit, William L.; Hample, Dale; Benoit, Pamela J. (Eds.): *Readings in Argumentation*. Berlin, New York 1992.

Bohrer, Karl Heinz: »Am Ende des Erhabenen. Niedergang und Renaissance einer Kategorie«. In: *Merkur* 43 (1989), 736-750.

Bormann, Karl: »Zur stoischen Affektenlehre«. In: Craemer-Ruegenberg (1981), 79-102.

Bornscheuer, Lothar: *Topik. Zur Struktur der gesellschaftlichen Einbildungskraft*. Frankfurt/Main 1976.

– : »Zehn Thesen zur Ambivalenz der Rhetorik und zum Spannungsgefüge des Topos-Begriffs«, in: Plett (1977), 204-212.

– : »Artikel ›Topik‹«. In: *Reallexikon der deutschen Literaturgeschichte*, begr. von Paul Merker und Wolfgang Stammler, hrsg. von Werner Kohlschmidt [u.a.]. Bd.4. Berlin, New York ²1984, 454-475.

– : »Neue Dimensionen und Desiderata der Topik-Forschung«. *MJB* 22 (1987), 2-27.

Calboli-Montefusco, Lucia: »Die Topik in der Argumentation«. In: Ueding (1991), 21-34.

Campe, Rüdiger: *Affekt und Ausdruck. Zur Umwandlung der literarischen Rede im 17. und 18. Jahrhundert*. Tübingen 1990.

Curtius (1948) → VIII.2.

Dockhorn, Klaus: »Die Rhetorik als Quelle des vorromantischen Irrationalismus in der Literatur- und Geistesgeschichte«. In: Dockhorn (1968), 46-95.

Drach, Erich: *Redner und Rede*. Berlin 1932.

Eemeren, Frans H. van; Grootendorst, Rob; Kruiger, Tjark: *Handbook of Argumentation Theory. A Critical Survey of Classical Backgrounds and Modern Studies*. Dordrecht, Providence 1987.

Eemeren, Frans H. van; Grootendorst, Rob: *Argumentation, Communication, and Fallacies. A Pragma-Dialectical Perspective*. Hillsdale 1992.

Eggs, Ekkehard: *Die Rhetorik des Aristoteles. Ein Beitrag zur Theorie der Alltagsargumentation und zur Syntax von komplexen Sätzen*. Frankfurt/Main 1984.

– : »Artikel ›Argumentation‹«. In: HWR I (1992), 914-986.

Fuhrmann (1984) → Lit. zu Kap.I.

Geißner, Hellmut: »Der Fünfsatz. Ein Kapitel Redetheorie und Redepädagogik«. *Wirkendes Wort* 18 (1968), 258-278.

– (Hrsg.): *Rhetorik*. München 1973.

Göttert, Karl-Heinz: *Argumentation. Grundzüge ihrer Theorie im Bereich theoretischen Wissens und praktischen Handelns*. Tübingen 1978.

Habermas, Jürgen: »Der Universalitätsanspruch der Hermeneutik«. In: Bubner, Rüdiger; Cramer, Konrad; Wiehl, Reiner (Hrsg.): *Hermeneutik und Dialektik*. FS Hans-Georg Gadamer, Bd.1. Tübingen 1970, 73-103.

– : »Vorbereitende Bemerkungen zu einer Theorie der kommunikativen Kompetenz«. In: Ders.; Luhmann, Niklas: *Theorie der Gesellschaft oder Sozialtechnologie – Was leistet die Systemforschung?* Frankfurt/Main 1971, 101-141.

Hellwig, Antje: *Untersuchungen zur Theorie der Rhetorik bei Platon und Aristoteles*. Göttingen 1973.

Herbig, Albert F.: ›*Sie argumentieren doch scheinheilig!*‹ *Sprach- und sprechwissenschaftliche Aspekte einer Stilistik des Argumentierens*. Frankfurt/Main, Berlin 1992.

– : »Argumentation und Topik. Vorschläge zur Modellierung der topischen Dimension argumentativen Handelns«. *ZG* N.F. 3 (1993), 584-595.

Jacobi, Klaus: »Aristoteles über den rechten Umgang mit Gefühlen«. In: Craemer-Ruegenberg (1981), 21-52.

Jehn, Peter (Hrsg.): *Toposforschung. Eine Dokumentation*. Frankfurt/Main 1972.

Kallendorf, Craig [u.a.]: »Artikel ›Erhabene, das‹«. In: HWR II (1994), 1357-1389.

Kemper, Jozef A. R.: »Topik in der antiken rhetorischen Techne«. In: Breuer/Schanze (1981), 17-32.

Kienpointner, Manfred: *Argumentationsanalyse*. Innsbruck 1983.

– : »Topische Sequenzen in argumentativen Dialogen«. *ZGL* 14 (1986), 321-355.

Kienpointner (1992) → VIII.1.

Klein, Wolfgang: »Argumentation und Argument«. *LiLi* 10 (1980), H.38/39, 9-57.

Kopperschmidt, Josef: »Überzeugen. Problemskizze zu den Gesprächschancen zwischen Rhetorik und Argumentationstheorie«. In: Schecker, Michael (Hrsg.): *Theorie der Argumentation*. Tübingen 1977, 203-240.

– : *Argumentation*. Stuttgart 1980.

– : »Argumentationstheoretische Anfragen an die Rhetorik. Ein Rekonstruktionsversuch der antiken Rhetorik«. *LiLi* 11 (1981), H.43/44, 44-65.

– : »Müssen wir Verständigung wollen? Zu Jürgen Habermas' »Theorie des kommunikativen Handelns« und ihrer Bedeutung für die Konzeptualisierung einer allgemeinen Argumentationstheorie«. In: Kopperschmidt/Schanze (1985), 96-109.

– : *Methodik der Argumentationsanalyse*. Stuttgart-Bad Cannstatt 1989.

– : »Formale Topik. Anmerkungen zu ihrer heuristischen Funktionalisierung innerhalb einer Argumentationsanalytik«. In: Ueding (1991), 53-62.

Kraus, Manfred: »Artikel ›Enthymem‹«, in: HWR II (1994), 1197-1222.

Lausberg (1990) → VIII.2.

Menninghaus, Winfried: »Zwischen Überwältigung und Widerstand. Macht und Gewalt in Longins und Kants Theorie des Erhabenen«. *Poetica* 23 (1991), 1-19.

Michels, Norbert: *Bewegung zwischen Ethos und Pathos. Zur Wirkungsästhetik italienischer Kunsttheorie des 15. und 16. Jahrhunderts*. Münster 1988.

Müller, A.: »Artikel ›Erhaben, das Erhabene‹«. In: *Historisches Wörterbuch der Philosophie*, hrsg. von Joachim Ritter. Bd.2, Basel 1972, 623-635.

Müller, Wolfgang G.: »›Ars Rhetorica‹ und ›Ars Poetica‹. Zum Verhältnis von Rhetorik und Literatur in der englischen Renaissance«. In: Plett (1993), 225-243.

Niehues-Pröbsting (1990) → Lit. zu Kap.I.

Öhlschläger, Günther: *Linguistische Überlegungen zu einer Theorie der Argumentation*. Tübingen 1979.

– : »Enthymeme«. In: Kühlwein, Wolfgang; Raasch, Albert (Hrsg.): *Kongreßbericht der 9. Jahrestagung der Gesellschaft für Angewandte Linguistik*, Bd.4. Heidelberg 1979, 60-69.

Perelman (1958) → VIII.1.

Petter, Yvonne: »Argumentationsstrategien.« In: Sandig, Barbara (Hrsg.): *Stilistisch-rhetorische Diskursanalyse*. Tübingen 1988, 103-120.

Plett, Heinrich F.: *Rhetorik der Affekte. Englische Wirkungsästhetik im Zeitalter der Renaissance*. Tübingen 1975.

Plett (1991) → VIII.2.

Pries, Christine (Hrsg.): *Das Erhabene. Zwischen Grenzerfahrung und Größenwahn*. Weinheim 1989.

Quasthoff, Uta M.: »Argumentationsbarrieren. Die Manifestation von Gruppenspezifik und die Behinderung von Verständigung durch topisches Argumentieren«. In: Kopperschmidt/Schanze (1985), 170-207.

Rotermund, Erwin: »Der Affekt als literarischer Gegenstand. Zur Theorie und Darstellung der Passiones im 17. Jahrhundert«. In: Jauß, Hans Robert (Hrsg.): *Die nicht mehr schönen Künste. Grenzphänomene des Ästhetischen*. München 1968, 239-269.

Schmidt, Josef: »Aristotelische Affektenlehre und modernes Marketing. Neuer Wein in alten Schläuchen«. In: Ueding (1991), 263-269.

Schön, Erich: »Die Rhetorik der Affekte. Zur historischen Relativität des hermeneutischen Menschenbildes«. In: Bachmaier, Helmut; Fischer, Ernst Peter (Hrsg.): *Glanz und Elend der zwei Kulturen. Über die Verträglichkeit der Natur- und Geisteswissenschaften*. Konstanz 1991, 209-236.

Schrijvers, Michael: *Spinozas Affektenlehre*. Bern, Stuttgart 1989.

Schryvers, P. H.: »Invention, imagination, et théorie des émotions chez Cicéron et Quintilien«. In: Vickers (1982), 47-57.

Sieber, Armin [u.a.]: »Artikel ›Dispositio‹«. In: HWR II (1994), 831-866.

Spillner, Bernd: »Thesen zur Zeichenhaftigkeit der Topik«. In: Breuer/Schanze (1981), 256-263.

Spira, Andreas: »Topik und Ordnung.« In: Ballweg/Seibert (1982), 125-140.

Sprute, Jürgen: »Topos und Enthymem in der aristotelischen Rhetorik.« *Hermes* 103 (1975), 68-90.

– : *Die Enthymemtheorie der aristotelischen Rhetorik*. Göttingen 1982.

Struck, Gerhard: *Topische Jurisprudenz. Argument und Gemeinplatz in der juristischen Arbeit*. Frankfurt/Main 1971.

Toulmin (1958) → VIII.1.
Ueding, Gert: *Schillers Rhetorik. Idealistische Wirkungsästhetik und rhetorische Tradition*. Tübingen 1971.
Viehweg, Theodor: *Topik und Jurisprudenz*. München ²1963.
Viëtor, Karl: »Die Idee des Erhabenen in der deutschen Literatur«. In: Ders.: *Geist und Form. Aufsätze zur deutschen Literaturgeschichte*. Bern 1952, 234-266.
Wisse, Jakob: *Ethos and Pathos from Aristotle to Cicero*. Amsterdam 1989.
– : [u.a.]: »Artikel ›Affektenlehre‹«. In: HWR I (1992), 218-253.
Wörner, Markus H.: »Enthymeme als Argumentationshandlungen«. In: Kühlwein, Wolfgang; Raasch, Albert (Hrsg.): *Kongreßbericht der 9. Jahrestagung der Gesellschaft für Angewandte Linguistik*, Bd.4. Heidelberg 1979, 78-86.
– : »›Pathos‹ als Überzeugungsmittel in der Rhetorik des Aristoteles«. In: Craemer-Ruegenberg (1981), 53-78.
– : »Enthymeme – ein Rückgriff auf Aristoteles in systematischer Absicht«. In: Ballweg/Seibert (1982), 73-98.
– : »Charakterdarstellung und Redestil«. In: Kühlwein, Wolfgang; Raasch, Albert: *Stil. Komponenten, Wirkungen*, Bd.2. Tübingen 1982, 129-134.
– : »›Pistis‹ und der argumentierende Umgang mit reputablen Meinungen in der Rhetorik des Aristoteles«. In: Kopperschmidt/Schanze (1985), 9-17.
– : *Das Ethische in der Rhetorik des Aristoteles*. Freiburg, München 1990.
Zelle, Carsten: *›Angenehmes Grauen‹. Literarhistorische Beiträge zur Ästhetik des Schrecklichen im 18. Jahrhundert*. Hamburg 1987.

zu Kapitel V

Asmuth, Bernhard: »Artikel ›Angemessenheit‹«. In: HWR I (1992), 579-604.
Ax, Wolfram: »Quadripertita ratio. Bemerkungen zur Geschichte eines aktuellen Kategoriensystems (Adiectio – Detractio – Transmutatio – Immutatio)«. *HL* 13 (1986), 191-214.
Birus, Hendrik; Fuchs, Anna: »Ein terminologisches Grundinventar für die Analyse von Metaphern«. In: Wagenknecht (1989), 157-174.
Black, Max: »Die Metapher«; »Mehr über die Metapher«. In: Haverkamp (1983), 55-79; 379-413.
Blumenberg, Hans: *Paradigmen zu einer Metaphorologie*. Bonn 1960.
Braak, Ivo: »Stilform«. In: Ders.: *Poetik in Stichworten. Literaturwissenschaftliche Grundbegriffe. Eine Einführung*. Unterägeri ⁷1990, 41-71.
Breuer, Dieter: »Rhetorische Figur. Eingrenzungsversuche und Erkenntniswert eines literaturwissenschaftlichen Begriffs«. In: Wagenknecht (1989), 223-238.
Brinkmann, Hennig: *Zu Wesen und Form mittelalterlicher Dichtung* [1928]. Tübingen ²1979.
Coenen, Hans Georg: »Literarische Rhetorik«. *Rhetorik* 7 (1988), 43-62.
Derrida, Jacques: »Der Entzug der Metapher« [1979]. In: Bohn, Volker (Hrsg.): *Romantik, Literatur und Philosophie. Internationale Beiträge zur Poetik*. Frankfurt/Main 1987, 317-355.

Dijk, Teun A. van: *Textwissenschaft. Eine interdisziplinäre Einführung*. Tübingen 1980.
Dirscherl, Klaus: »Stillosigkeit als Stil. Du Bos, Marivaux und Rousseau auf dem Weg zu einer empfindsamen Poetik«. In: Gumbrecht, Hans Ulrich; Pfeiffer, K. Ludwig (Hrsg.): *Stil. Geschichten und Funktionen eines kulturwissenschaftlichen Diskurselements*. Frankfurt/Main 1986, 144-154.
Drux, Manfred: »Metapher und Metonymie. Zur Brauchbarkeit rhetorischer Kategorien für die Analyse literarischer Texte«. In: Sandig, Barbara (Hrsg.): *Stilistisch-rhetorische Diskursanalyse*. Tübingen 1988, 63-74.
Fix, Ulla (Hrsg.): *Beiträge zur Stiltheorie*. Leipzig, Tübingen 1990.
Gauger, Hans-Martin: »Zur Frage des Stils«. In: Erzgräber, Willi; Gauger, Hans-Martin (Hrsg.): *Stilfragen*. Tübingen 1992, 9-27.
Geil, Gerhild: »Zur Typologie der Tropen«. In: Hartmann, Dietrich [u.a.] (Hrsg.): *Sprache in Gegenwart und Geschichte*. FS Heinrich M. Heinrichs. Köln, Wien 1978, 47-56.
Grassi, Ernesto: *Die unerhörte Metapher*. Frankfurt/Main 1992.
»Groupe μ« → VIII.1 (Dubois).
Gumbrecht, Hans Ulrich: »Schwindende Stabilität der Wirklichkeit. Eine Geschichte des Stilbegriffs«. In: Gumbrecht/Pfeiffer [→Dirscherl], 726-788.
Hendrickson, G. L.: »The Peripatetic Mean of Style and the Three Stylistic Characters«. *AJPhil* 25 (1904), 125-146.
– : »The Origin and Meaning of the Ancient Characters of Style«. *AJPhil* 26 (1905), 249-290.
Horn, András: Zur Paradoxie der Metapher. *Colloquium Helveticum* 5 (1987), 9-28.
– : Zur Syntax der Metapher. *Sprachkunst* 18 (1987), 245-264.
Hülzer, Heike: *Die Metapher. Kommunikationssemantische Überlegungen zu einer rhetorischen Kategorie*. Münster 1987.
Hülzer-Vogt, Heike: *Kippfigur Metapher. Metaphernbedingte Kommunikationskonflikte in Gesprächen. Ein Beitrag zur empirischen Kommunikationsforschung*. 2 Bde. Münster 1991.
Innes, Doreen: »Cicero on Tropes«. *Rhetorica* 6 (1988), 307-325.
Knape, Joachim: »Artikel ›Änderungskategorien‹«. In: HWR I (1992), 549-566.
– : »Artikel ›Elocutio‹«. In: HWR II (1994), 1022-1083.
Köller, Wilhelm: »Dimensionen des Metaphernproblems«. *Zeitschrift für Semiotik* 8 (1986), 379-410.
Kopperschmidt, Josef: »Die Antithese als rhetorische Figur und ihre pragmatische Funktionalisierung«. In: Knoblauch, Beat [u.a.]: *Ein Bilderbuch. Studie zur visuellen Antithese*. Ulm 1972, 7-102.
Kozy, John: »The Argumentative Use of Rhetorical Figures«. *PhilRhet* 3 (1970), 141-151.
Kubczak, Hartmut: *Die Metapher*. Heidelberg 1978.
– : »Metaphern und Metonymien als sprachwissenschaftliche Untersuchungsgegenstände«. *ZDPh* 105 (1986), 83-99.

Kurz, Gerhard: *Metapher, Allegorie, Symbol.* Göttingen ³1993.
Lakoff, George; Johnson, Mark: *Metaphors we live by.* Chicaco, London 1980.
Lang, Wilhelm: »›Tropen und Figuren‹«. *DU* 18 (1966), H.5, 105-152.
Lausberg, Heinrich: *Elemente der literarischen Rhetorik. Eine Einführung für Studierende der klassischen, romanischen, englischen und deutschen Philologie* [1949; ²1963]. München ⁹1987.
Lausberg (1990) → VIII.2.
Lindner, Hermann: *Der problematische mittlere Stil. Beiträge zur Stiltheorie und Gattungspoetik in Frankreich vom Ausgang des Mittelalters bis zum Beginn der Aufklärung.* Tübingen 1988.
Linn, Marie-Luise: *Studien zur deutschen Rhetorik und Stilistik im 19. Jahrhundert.* Marburg 1963.
Man, Paul de: »Epistemologie der Metapher«. In: Haverkamp (1983), 414-437.
Meibauer, Jörg: *Rhetorische Fragen.* Tübingen 1986.
Müller, Wolfgang G.: *Topik des Stilbegriffs. Zur Geschichte des Stilverständnisses von der Antike bis zur Gegenwart.* Darmstadt 1981.
– : »Ironie, Lüge, Simulation, Dissimulation und verwandte rhetorische Termini«. In: Wagenknecht (1989), 189-208.
Plett, Heinrich F.: »Die Rhetorik der Figuren. Zur Systematik, Pragmatik und Ästhetik der ›Elocutio‹«. In: Plett (1977), 125-165.
– : »Ironie als stilrhetorisches Paradigma«. *Kodikas* 4/5 (1982), 75-89.
– : »Das Paradoxon als rhetorische Kategorie«. In: Geyer, Paul; Hagenbüchle, Roland (Hrsg.): *Das Paradox. Eine Herausforderung des abendländischen Denkens.* Tübingen 1992, 89-104.
Plett (1971) → VIII.2.
Plett (1975) → VIII.1.
Quadlbauer, Franz: *Die antike Theorie der ›genera dicendi‹ im lateinischen Mittelalter.* Graz, Wien, Köln 1962.
Reiners, Ludwig: *Stilkunst. Ein Lehrbuch deutscher Prosa.* Neubearbeitete Ausgabe München 1991.
Richter-Reichhelm, Joachim: *Compendium scholare troporum et figurarum. Schmuckformen literarischer Rhetorik. Systematik und Funktion der wichtigsten Tropen und Figuren.* Frankfurt/Main 1988.
Ricoeur, Paul: *La métaphore vive.* Paris 1975. Dt.: *Die lebendige Metapher.* München 1986.
Sanders, Willy: »Die Faszination schwarzweißer Unkompliziertheit. Zur Tradition deutscher Stillehre im 20. Jahrhundert«. *Wirkendes Wort* 38 (1988), 376-394.
– : Stil und Spracheffizienz. Zugleich Anmerkungen zur heutigen Stilistik. *Rhetorik* 7 (1988), 63-77.
Sandig, Barbara: *Stilistik der deutschen Sprache.* Berlin, New York 1986.
Scaglione, Aldo: »Artikel ›Compositio‹«. In: HWR II (1994), 300-305.
Schenkeveld, Dirk M.: »Figures and Tropes. A Bordercase Between Grammar and Rhetoric«. In: Ueding (1991), 149-157.
Schneider, Wolfgang: *Deutsch für Kenner. Die neue Stilkunde.* Hamburg 1987.

Skreb, Zdenko: »Zur Theorie der Antithese als Stilfigur«. *STZ* 25 (1968), 49-59.
Sowinski, Bernhard: *Stilistik. Stiltheorien und Stilanalysen.* Stuttgart 1991.
Spang, Kurt: *Grundlagen der Literatur- und Werberhetorik.* Kassel 1987.
– : »Artikel ›Dreistillehre‹«. In: HWR II (1994), 921-972.
Spillner, Bernd: »Termini stilistischer Wertung«. In: Wagenknecht (1989), 239-256.
Stolt, Birgit: »Lieblichkeit und Zier, Ungestüm und Donner. Martin Luther im Spiegel seiner Sprache«. *ZThK* 86 (1989), 296-299.
Strelka, Joseph: »Der literarische Stil als ganzheitliches Gefüge«. *JbIG* 11 (1979), 26-35.
Strietz, Monika: »Themen aktueller Metapherndiskussion: Zur kognitiven Funktion von Metaphern und ihrem Handlungspotential«. *Ginkgo-Baum* 11 (1992), 22-30.
Trabant, Jürgen: »Die Schäferstunde der Feder. Hamanns Fußnoten zu Buffons ›Rede über den Stil‹«. In: Erzgräber, Willi; Gauger, Hans-Martin (Hrsg.): *Stilfragen.* Tübingen 1992, 107-128.
Ueding/Steinbrink (1994) → VIII.2.
Vickers, Brian: »Rhetorical and Anti-Rhetorical Tropes: On Writing the History of ›elocutio‹«. *CompCrit* 3 (1981), 105-132.
– : »The Expressive Function of Rhetorical Figures«. In: Vickers (1988), 294-339.
Wehrli, Fritz: »Der erhabene und der schlichte Stil in der poetisch-rhetorischen Theorie der Antike«. In: Gigon, Olof [u.a.] (Hrsg.): *Phyllobolia für Peter von der Mühll.* Basel 1946, 9-34.
Weinrich, Harald: *Sprache in Texten.* Stuttgart 1976.
– : »Zur Definition der Metonymie und zu ihrer Stellung in der rhetorischen Kunst«. In: Arens, Arnold (Hrsg.): *Text-Etymologie. Untersuchungen zu Textkörper und Textinhalt.* FS Heinrich Lausberg. Wiesbaden 1987, 105-110.
Zobel, Klaus: »Anhang zur Rhetorik«. In: Ders.: *Textanalysen. Eine Einführung in die Interpretation moderner Kurzprosa.* Paderborn 1985, 319-374.
Zundel, Eckart: *Lehrstil und rhetorischer Stil in Quintilians institutio oratoria. Untersuchungen zur Form eines Lehrbuchs.* Frankfurt/Main 1981.

zu Kapitel VI

Antoine, Jean-Philippe: »Ars memoriae – Rhetorik der Figuren, Rücksicht auf Darstellbarkeit und die Grenzen des Textes«. In: Haverkamp, Anselm; Lachmann, Renate (Hrsg.): *Gedächtniskunst: Raum – Bild – Schrift. Studien zur Mnemotechnik.* Frankfurt/Main 1991, 53-73.
Barnett, Dene: *The Art of Gesture. The Practices and Principles of 18th Century Acting.* Heidelberg 1987.
Berns, Jörg Jochen: »Umrüstung der Mnemotechnik im Kontext von Reformation und Gutenbergs Erfindung« In: Berns/Neuber (1993), 35-72.
– ; Neuber, Wolfgang: »Mnemonik zwischen Renaissance und Aufklärung. Ein Ausblick«. In: Berns/Neuber (1993), 373-385.

Blum, Herwig: *Die antike Mnemotechnik*. Hildesheim, New York 1969.
Bolzoni, Lina: *Il Theatro della Memoria. Studi su Giulio Camillo*. Padua 1984.
– : »Gedächtniskunst und allegorische Bilder. Theorie und Praxis der ›ars memorativa‹ in Literatur und Bildender Kunst Italiens zwischen dem 14. und 16. Jahrhundert«. In: Assmann/Harth (1991), 147-176.
Bosmajian, Haig A. (Ed.): *The Rhetoric of Nonverbal Communication*. London 1971.
Dockhorn, Klaus: »›Memoria‹ in der Rhetorik«. In: Dockhorn (1968), 96-104.
Ernst, Ulrich: »›Ars memorativa‹ und ›Ars poetica‹ in Mittelalter und Früher Neuzeit. Prolegomena zu einer mnemonistischen Dichtungstheorie«. In: Berns/Neuber (1993), 73-100.
Fantham, Elaine: »Quintilian on Performace. Traditional and Personal Elements in ›Institutio‹ 11.3". In: *Phoenix* 36 (1982), 243-263.
Fortenbaugh, William W.: »Theophrastus on Delivery«. In: Ders. [u.a.] (Eds.): *Theophrastus of Eresus. On his Life and Work*. New Brunswick, London 1985, 269-288.
– : »Aristotle's Platonic Attitude toward Delivery«. In: *PhilRhet* 19 (1986), 242-254.
Goldmann, Stefan: »Statt Totenklage Gedächtnis. Zur Erfindung der Mnemotechnik durch Simonides von Keos«. *Poetica* 21 (1989), 43-66.
Harth, Dietrich: »Gedächtnisbilder und Erinnerungsspuren«. In: Ders.: *Die Erfindung des Gedächtnisses*. Frankfurt/Main 1991, 13-48.
Haverkamp, Anselm: »Auswendigkeit. Skizzen zum Gedächtnis der Rhetorik«. *Rhetorik* 9 (1990), 84-102.
Kapp, Volker: »Die Lehre von der actio als Schlüssel zum Verständnis der Kultur der frühen Neuzeit«. In: Ders. (Hrsg.): *Die Sprache der Zeichen und Bilder. Rhetorik und non-verbale Kommunikation in der frühen Neuzeit*. Marburg 1990, 40-64.
Keller, Barbara: »Mnemotechnik als kreatives Verfahren im 16. und 17. Jahrhundert«. In: Assmann/Harth (1991), 200-217.
Knape, Joachim: »Die Stellung der ›memoria‹ in der frühneuzeitlichen Rhetoriktheorie«. In: Berns/Neuber (1993), 274-285.
Leinkauf, Thomas: »›Scientia universalis‹, ›memoria‹ und ›status corruptionis‹. Überlegungen zu philosophischen und theologischen Implikationen der Universalwissenschaft sowie zum Verhältnis von Universalwissenschaft und Theorien des Gedächtnisses.« In: Berns/Neuber (1993), 1-34.
Maier-Eichhorn, Ursula: *Die Gestikulation in Quintilians Rhetorik*. Frankfurt/Main 1989.
Molcho, Samy: *Körpersprache*. München 1983.
Plett, Heinrich F.: »Topik und Memoria. Strukturen mnemonischer Bildlichkeit in der englischen Literatur des XVII. Jahrhunderts«. In: Breuer/Schanze (1981), 307-333.
Ritter, Hans Martin: »Gestisches Sprechen«. In: Ockel, Eberhard (Hrsg.): *Freisprechen und Vortragen*. Frankfurt/Main 1989, 139-152.

Schmidt, Siegfried J. (Hrsg.): *Gedächtnis. Probleme und Perspektiven der interdisziplinären Gedächtnisforschung.* Frankfurt/Main ²1992.
Schmitt, Jean-Claude: *Die Logik der Gesten im europäischen Mittelalter.* Stuttgart 1992.
Steinbrink, Bernd: »Artikel ›Actio‹«. In: HWR I (1992), 43-74.
Wöhrle, Georg: »Actio. Das fünfte officium des antiken Redners«. In: *Gymnasium* 97 (1990), H.2, 31-46.
Wülfing, Peter: »Antike und moderne Redegestik. Eine frühe Theorie der Körpersprache bei Quintilian«. In: Faber, Richard; Kytzler, Bernhard (Hrsg.): *Antike heute.* Würzburg 1992, 68-80.
Yates, Frances A.: *Gedächtnis und Erinnern. Mnemonik von Aristoteles bis Shakespeare* [1966]. Weinheim 1990.

Sachregister

abusio 172
accumulatio 189
accusatio 17
acervatio 190
actio 13, 15, 45, 50, 181, 212, *217-220*, *222-224*; → pronuntiatio
adiectio 209
adiunctio 163
adnominatio 161
Affekterregung, affektische Beeinflussung 10 f., 29, 34, 50 f., 54, 56, 59 f., 66 f., 117-128, 136-139, 142, 162, 163, 164, 185, 188, 190, 191, 200-204, 206 f., 209, 216, 219 f.
affektische Überzeugungsmittel 11, 66 f., 112, *117-127*, *136-139*, 142, 182; → éthos; → páthos; → delectare; → movere
Aischrologie 182
Allegorie 173
Alliteration 162
allocutio 158
allusio 188, 192
amplificatio 59, 61, 147, 151, 179 f.
Anadiplose 160
Anaklasis 162
Anapher 160, 165
Anastrophe 164 f.
annominatio 161
Antiklimax 160, 194
Antimetabole 195
antiquitas → Archaismus
Antistasis 162
Antithese 76, 163 f., 166, 187, *194*, 195
Antizipation 187
Antonomasie 175 f.
apología 17
Aporie 184

Aposiopese 164, 188
Apostrophe 188
apotropē 17
Appelativum 175, 176
Appell 60, 65, 185
aptum 30, 49, 147, *152-155*, 156, 163, 171, 178
Archaismus 148, 182
argumentatio 53 f., 56, *57-59*, 60-62, 80, 129, 140
Argumentation, sachlogische bzw. rationale 10 f., 51, 66, *67-117*, 118-120, 122 f., 125, 134, *136-139*, 142, 182, 200-203; → docere; → lógos; → affektische Überzeugungsmittel
argumentum → ratiocinatio
ars, ars rhetorica, ars oratoria 6-8, 31, 46 f., 49, 51 f., 199, 206 f., 213, 218, 221; → téchnē
ars argumentandi → ars disputandi
ars bene dicendi/scribendi 5 f., 9, 12 f., 148, 158
ars dictandi, ars dictaminis 35, 37
ars disputandi 41
ars epistolandi 37
ars grammatica 148
ars inveniendi 89, 146
ars memoriae, ars memorativa → memoria
ars praedicandi 31-34, 35
ars recte dicendi 148, 158
ars versificatoria 47 f.
assumptio, assumptionis approbatio 79
Asyndeton 164, 191
attentum parare 55
auctoritas 148; → imitatio
aúxēsis → amplificatio
aversio 188

Barbarismus 149
Beispiel → exemplum
Beispielargumentation 58, 73, 79, *81-85*, 86, 91, 98, 109, 113, 136
benevolum parare 55
Beratungsrede → genus deliberativum
brevitas 57, 147
Brief 7, 15, 18, 31, *35-39*, 42, 47, 49, 53, *61*, 155

captatio benevolentiae 55 f., 61
Chiasmus 165 f., 194 f., 198
chreía, chrie 41
Ciceronianismus 37, 147, 205
circumlocutio 181
circumscriptio 181
claritas 149
climax 160; → Klimax
colores rhetorici 48
commiseratio 60
communicatio 184
commutatio 195
comparatio 61, 191
complexio 79, 160
comprehensio 175
compositio 48, 127, 147, 165, *197 f.*, 208
conceptio 175
concessio 184, 187
conciliare 123, 203
conciliatio 187
concitare 123
conclusio 53, 61, 129
concursio 160
conduplicatio 159
confirmatio 58, 60 f., 79 f., 129
confutatio 58, 61, 129
conlocatio 127
connexio 160
conplexio 80
conquestio 60
consensio 187
consilium 154
constitutio coniecturalis → status coniecturalis

constitutio definitiva → status finitionis
constitutio generalis → status qualitatis
constitutio translativa → status translationis
consuetudo 148
contentio 194
continua metaphora 173
contradictio in adiectio 194
contrarium 194
controversia 28, 30, 41
conversio 160
correctio 184, 187
credibilis 57

declinatio 193
decorum → aptum
defectio 163
defensio 17
definitio 186
delectare 10, 34, 47, 56, *123*, 124, 142, 200, *201 f.*
deliberatio 184
denominatio 174
depulsio 17
descriptio 56, 190
detractio 163, 179, 191, 209
Diaphora 162
dictamina 36
diégēsis → narratio
digestio 190
digressio 193; → Exkurs
Dilemma 187
dinumeratio 189
dispositio 13 f., 47, 53, 65, 118, *127-135*, 145 f., 212, 221
Disposition 15, 62 f., 67, 70 f., *127-135*, 136
disputatio 41
dissimulatio 177 f.
dissolutio 191
dissuasio 17
distinctio 162
distributio 190
divisio 60, 61, 129, 187
docere 10, 47, 56, *123*, *201-203*

247

docilem parare 55
doctrina 8, 49
Dreistillehre → Stillehre
dubitatio 184

eclipsis 163
eidolōpoeiá 185
eikós 53
Eikos-Enthymem 137
Einleitung 61, 62 f., 64, 129;
    → exordium
ékphrasis 56, 190
elegantia 147
Ellipse 163, 180
elocutio 13 f., 33, 37, 47 f., 118,
    127, 135 f., (*145-198*), 199,
    203, 208, 210 f., 222
elocutio-Rhetorik 210, 142 f.
Emphase 181
Enallage 164
enkōmion 18
Enthymem 58 f., *73-81*, 81-86,
    87, 92, *136-139*, 144, 192
Enthymemargumentation *73-79*,
    84, 86, 89, 93
enumeratio 59, 161, 189 f. (191),
    194
épainos 17
Epanode 160, 166, 195
Epicheirem 59, *79-81*, 143
epideiktische Rede → genus demonstrativum
epílogos, epilogus → peroratio
epiníkion 18
Epipher 160, 165
epitáphioi lógoi 18
Epitheton 176, 182
eristischer Syllogismus 137
›Erzählung‹ → narratio
ēthopoeía 185
ēthos 118 f., *120 f.*, 122-125,
    136, 138, 142, 196, 199, 202,
    220, 223; → lógos, → páthos
Euphemismus 181 f.
evidentia 126
exadversio 180
exclamatio 185, 196

exemplum 8, 20, 30, 33, 36, 47,
    58, 70, 81, *82-85*, 109, 112 f.,
    137, 149, 186, *192*
exercitatio 8, 49, 128, 131, 207
(prae-)exercitationes → progymnásmata
Exkurs 60, 184, 186, 193
exordium 53, *54-56*, 61, 63, 123 f.,
    129, 131; → Einleitung
exornatio 80
expositio 57
exsecratio 196
extenuatio 194

Festrede → genus demonstrativum
fictio 182
figura etymologica 161
figura vocis 218
figurae sententiarum 208 f.
figurae verborum 208 f.
Figuren, Figurenlehre 14-16, 36,
    45, 48, 50, 65, 76, 84, 103,
    118, 125, 146-150, *151 f.*,
    155-198, 207 f., *208-211*;
    → elocutio
firmitudo 218
Formulare, Formular-Bücher 37

Gedankenfiguren 208 f.
Gedächtnis → memoria
Gelegenheitsrede → genus demonstrativum
geminatio 159 f.
genera [rhetorische Gattungen] 6,
    15, *17-24*, 24-46, 47, 53, 56, 61,
    66, 131, 138 f., 142, 156, 218
– génē tōn lógōn → genera
– genera causarum 17; → genera
– genera rhetorices → genera
– génos dēmēgorikón → genus deliberativum
– génos dikanikón → genus iudiciale
– génos epideiktikón → genus demonstrativum
– génos panēgyrikón → genus demonstrativum

- génos symbouleutikón → genus deliberativum
- genus contionale → genus deliberativum
- genus deliberativum 15, *18-24*, 26 f., 61; politische Rhetorik
- genus demonstrativum 15, *17-24*, 26, *27-30*, 31, 40, 42-44, 48, 63, 66, 138 f., 190
- genus didascalicon, genus didacticum 31
- genus familiare 37
- genus iudiciale 15, 17, *18-27*, 30, 33, 35, 37, 40, 42, 53, 56-58, 60 f., 65 f., 67, 79, 86, 118, 129, 139 f., 183, 189, 214
- genus laudativum → genus demonstrativum
- genera [Stilhöhen] 199, 203
- genera dicendi 203
- genera elocutionis → genera dicendi
- genus grande 200 f.
- genus humile → genus subtile
- genus medium 199, 201, 203
- genus moderatum → genus medium
- genus ornate → genus medium
- genus robustum → genus grande
- genus sublime → genus grande
- genus subtile 199, 201
- genera [Teile der Statuslehre]
- genus legale 140
- genus rationale 140 f.

Gerichtsrede → genus iudiciale
gestus 218
gnōmē 58
gradatio 160, 194

Hauptteil 54-56, 60, *62 f.*, 64, 131
hellēnismós → latinitas
Hyperbaton 164
Hypallage 164
Hyperbel 180

hypókrisis → actio
hypóthesis → quaestio finita
Hysteron proteron 165

idíai protáseis 90, 138
illusio 177, 197
illustratio 126
illustratives Beispiel 81 f., *84 f.*, 112, 192
imagines, imagines agentes 214 f.
imitatio 8, 49, 185, 199
immutatio 209 f.
immutatio verborum 166
impropria dictio 169
in utramque partem-Prinzip 89
inclusio 159
indignatio 60
Indiz, Indizienargumentation 58, *85 f.*, 136 f.
induktives Beispiel 81, *82-84*, 84 f., 91, 112, 192
ingenium 49, 51, 130
inlusio 197
insinuatio 54-56
intellectio 175
intentio 17
interpellatio 193
interpositio 193
interrogatio 184
interruptio 188
Interview 43, 69
inventio 13 f., 47, 50, 53, 65, 118, 127-130, 135, 141, 145 f., 154, 221
inversio 164
invocatio 185
iracundia 196
Ironie 150, 164, 173, *177-179*, 180 f., 184 f., 187, 193, 197
irrisio 177
Isokolon 165
iteratio 159

iudicum 8, 130, 154
juristische Rede → genus iudiciale

Kakozelon 172

Katachrese 172 f.
katēgoría 17
Klimax 194; → climax
Konklusion 73-83, 86, 89, 108, 110, 114
Kontra-Argumentation 58, 60, 73, 77, 83, 92, 135
kósmos → ornatus
Kyklos 159 f.

laesio 196
latinitas 146, *148 f.*, 150
Laudatio 17, 43
laus 17
Lehrdialog, -gespräch 2, 6, 30, 41
licentia 189
Litotes 180 f.
Lob, Lobtopoi 17 f., 21-24, 30, 36, 48, 63, 139, 177
Lobrede 17 f., 20-25, 28 f., 30, 40, 42, 63 f.; → genus demonstrativum
loci → tópoi
– loci a circumstantia 139
– loci a loco 139
– loci a modo 139
– loci a persona 21, 115, 139
– loci a re 139
– loci a tempore 139
– loci communes 90, 139
lógos 119, *122-125*, 136; → ēthos, → páthos

magnitudo 218
mala affectatio 173
Manipulation 11 f., 110 f., 117, 119 f., 135, 197
meíōsis → minutio
memoria 13, 15, *221-217*, *221 f.*
– memoria rerum 211
– memoria verborum 216
Memorialtopoi 156, 211
mérē tou lógou → partes orationis
metabole 160
Metalogismen 211
Metapher 145, 149, 156, *168-174*, 176 f., 179 f. 192, 202

Metaplasmen 149, 211
Metaseme 211
Metataxen 211
Metonymie 174 f., 176 f.
minutio 59, 147, 180
mnḗmē → memoria
mollitudo 218
motus, motus corporis 218
movere 10, 34, 47, 56, *123 f.*, 126, 142, *201-203*

narratio 53 f., *56 f.*, 59-62, 129
natura 8, 49, 51, 207, 218
Nekrolog 18, 43
Neologismus 182
notatio 185

obiurgatio 196
obscuritas 150
obsecratio 184
occupatio 187
officia oratoris [Wirkungsfunktionen] 10, 123 f., 127, 200, 203, 205
officia oratoris [Produktionsstadien] 13
omissio → Ellipse
Onomatopoeia 179
Opponent 68-70, 76, 88, 101, 110, 112, 114, 134 f., 196; → Proponent
oppositio 194
ornatus 146, 151 f., 154, 156, 169, 171; → Figuren
ordo [Redeaufbau] 128-135
– ordo artificialis 128-131
– ordo artificiosus 129
– ordo naturalis 128 f., 132
– ordo temporis 129
– ordo [Satzbau] 164
– ordo [Gedächtnis] 215, 217
Oxymoron 166, 194 f.

parádeigma 58, 81, 192; → exemplum
Paradeigma-Enthymem 137
Paradoxon 195

Paralipse 164, 187 f.
Parallelismus 165, 195, 198
Paraphrase 182
Paronomasie 161, 192
parékbasis 60; → Exkurs
Parenthese 186, 193
Parison 165
pars pro toto 175
partes artis → Produktionsstadien
partes epistolae 61
partes orationis 53 f., 58, 129
partes rhetorices → Produktionsstadien
partitio 60; → distributio
páthos 119 f., *121 f.*, 123-125, 136, 138, 142, 199, 202, 204, 207, 219; → ēthos, → lógos
percontatio 185
perfectus orator 3, 12, 29, 121, 137, 142, 199; → vir bonus
Periphrase 173, 176, 181 f.
perístasis 140
permissio 185
peroratio 53, *59 f.*, 61, 63, 124, 129, 131
perspicuitas 57, 146, *149 f.*, 162, 171, 186
Persuasion, persuasiv 9, 11-13, 15, 34, 45, 48, 50 f., 66, 108, 117-123, 127, 136, 145 f., 148, 150, 157
petitio 17, 36, 59, 61
písteis atechnoi → probationes inartificiales
písteis éntechnoi → probationes artificiales
pístis 53
pithanótēs 57
Plausbibilität → Wahrscheinlichkeit
Pleonasmus 161
ploke 162
politische Rede/Rhetorik *17-24, 25-27*, 28, 40, 42, 44, *45 f.*, 66, 138, 185
Polyptoton 160
Polysyndeton 190 f.
praecepta 8

praecisio 188
praeoccupatio 187
praeparatio 186
praeteritio 187
praeventio 187
Predigt → ars praedicandi
prépon → aptum
Preziösität 182
principium → exordium
probabilis 57
probare 123
probatio 53, 58, 61
probationes artificiales 58
probationes inartificiales 58
prodesse et delectare 47, 200
Produktionsstadien der Rede 13-15, 47, 49, 65, 130, 135, 145 f., 212, 217, 222
progressio 194
progymnásmata 20, 128
pronominatio 176
pronuntiatio 13, 212, 217-220, 222-224; → actio
prooemium 54 f.
prooímion → exordium
Proponent 68-71, 74, 101, 112, 114
propositio 57, 60 f., 79 f.; → praeparatio
Protasen-Enthymem 137
próthesis 57
protropḗ 17
proverbium 61
prudentia → iudicum
psógos 17
puritas 147, 148, 206

quaestio 67, 140
quaestio civilis generalis → quaestio infinita
quaestio civilis specialis → quaestio finita
quaestio finita 20, 140
quaestio infinita 20

ratiocinatio 58, 79, 141; → Epicheirem

ratiocinatio quinquepartia 80
recapitulatio 59 f.
redditio 159
Redeschluß → peroratio
Redeanfang → exordium
reduplicatio 160
reflexio 162
refutatio 58, 60 f.
regressio 194
relatio 160
repetitio 59, 159
reprehensio 58
res und verba, res-verba-Problematik 14, 135 f., 145 f., 151 f., 154, 166
reticentia 188
reversio 160, 164
rogatio 184

salutatio 36, 61, 155
saphḗneia → perspicuitas
Sarkasmus 179
schḗma 149
Schlußregel 73-84, 86-88, 90 f., 93, 103, 106, 109 f., 114
sedes, sedes argumentorum 87, 215
sēmeíon → Indiz
Semeion-Enthymem 137
sententia 58, 192
series 215
sermocinatio 185
significatio 192
signum → Indiz
similitudo 166, 170, 191
simulatio 177 f.
soloecismus, Soloezismus 149
Staatsrede → genus deliberativum
stásis → status
status, Statuslehre 20, 67, *140-142*
– status coniecturalis 141
– status finitionis 141
– status qualitatis 141
– status translationis 141
Stil, rhetorischer 3 f., 13-15, 33, 36-39, 47-50, 56, 65, 75 f., 118, 124 f., 135, 139, 142, *145-208*, 209 f.

Stillehre 14 f., 48, 124 f., 147, *198-208*
Stilprinzipien → virtutes elocutionis
Streitgespräch 6, 30, 41; → ars disputandi
suasio 17
suasoriae 28, 41
superlatio 180
Syllogismus; eristischer Syllogismus 76 f, 137
Symploke 160
Synekdoche 175-177
Synonym 161 f.
sỹnthesis 198
syntomía → brevitas

Tadelrede → vituperatio
Tautologie 98, 112, 161 f.
táxis → dispositio
téchnē 8, 17, 23, 90, 117 f., 125
tekmḗrion → Indiz
Tekmerion-Enthymem 137
tertium comparationis 168, 171, 174, 192
thésis → quaestio infinita
Topik 14 f., 33, 59, 74, 78, *86-117*, 121 f., *137-139*, 141-144, 221
tópoi; loci 20 f., 50, 59, 61, 63 f., 87-92, *93-117*, 126, 136, *137-139*, 141 f. 144, 153, 156, 184 f., 190, 192, 197, 211, 215 f.; → loci
tópoi koinoí 90, 138
traductio 160
traiectio 164
transgressio 164
translatio 168
transmutatio 164 f., 174, 209, 211
Tropen 48, 125, 157, 161, *166-182*, 197, *208 f.*, 211

Überzeugen → Wahrscheinlichkeit
Überzeugungsmittel → probationes artificiales; → probationes inartificiales

usus 8, 148

verbum proprium 166, 181
versimilis 57
vetustas 148
vir bonus 3 f., 12, 25, 29, 50, 212, 137, 142, 198 f.;
  → perfectus orator
virtutes dicendi, virtutes elocutionis 48, *146-155*, 161, 208
vitia elocutionis 149 f., 161, 208
vituperatio 17, 20, 28-30, 63
Vortrag → actio

vox 218
vultus 218

Wahrscheinlichkeit 9-12, 13, 57, 66, 69 f., 71 f., 73-79, 82-84, 85, 86-92, 93-96, 99, 101, 103 f., 110, 114 f., 128, 130, 134, 136 f., 139, 142 f., 210
Wirkungsfunktionen der Rede
  → officia oratoris
Wortfiguren 208 f.

Zeugma 163 f.

Angaben zum Autor

Clemens Ottmers ist Assistent am Seminar für Allgemeine Rhetorik der Universität Tübingen.